W0086444

Dalmatien

Unterwegs zwischen Zadar und Dubrovnik

Matthias Koeffler

Trescher Verlag

2., aktualisierte Auflage 2011

Trescher Verlag
Reinhardtstr. 9
10117 Berlin
www.trescher-verlag.de

ISBN 978-3-89794-179-3

Herausgegeben von Bernd Schwenkros und
Detlev von Oppeln

Reihenentwurf und Gesamtgestaltung:
Bernd Chill
Gestaltung, Satz und Bildbearbeitung:
Martina Sailer, Ulla Nickl
Lektorat: Corinna Grulich
Stadtpläne und Karten: Johann Maria Just,
Martin Kapp
Kapitel ›Kroatische Literatur‹ und ›Glagolica‹
von Matthias Jacob

Das Werk einschließlich seiner Teile ist urheber-
rechtlich geschützt. Jede Verwertung ist ohne
Zustimmung des Verlages unzulässig. Dies gilt
insbesondere für den Aushang, Vervielfältigun-
gen, Übersetzungen, Nachahmungen, Mikrover-
filmung und die Einspeicherung und Verarbeitung in elektronischen Systemen.
Alle Angaben in diesem Buch wurden sorgfäl-
tig recherchiert und überprüft, trotzdem kann
für die Richtigkeit keine Gewähr übernommen
werden. Hinweise und Informationen unserer
Leserinnen und Leser nimmt der Verlag gerne
entgegen. Bitte schreiben oder mailen Sie unter
obiger Adresse.

Gedruckt auf chlorfrei gebleichtem Papier

Printed in Germany

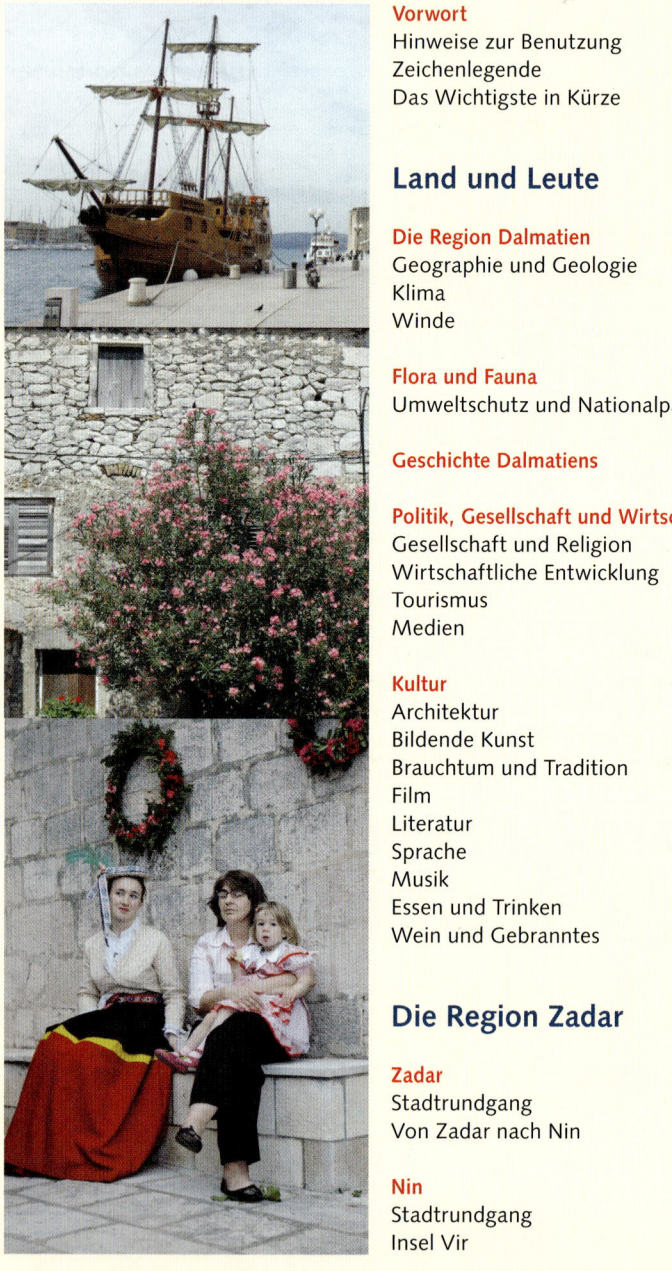

Vorwort

Sonne, Strand und Steine: Mit diesen drei Begriffen lässt sich die raue Schönheit der kroatischen Küste wohl auf den Punkt bringen. Steile Berge steigen aus dem Meer auf, gleißende Sonne scheint auf Strände unter Pinien, und über 1000 Inseln und Inselchen ragen aus dem weiten und flachen Meer.

Dalmatien war bereits zu jugoslawischer Zeit ein Urlaubsparadies. Viele kennen noch den Tourismus à la ›Camping und Čevapčići‹. Die Kommunisten wollten einen unbeschwerten Tourismus, der sich um historische Details nicht kümmern sollte, denn mit dem Tito-Regime sollte ein neues Kapitel in der Geschichte aufgeschlagen werden. Die Traditionen wurden zur folkloristischen Kulisse, die damit verbundene und gelebte Identität sollte ausgelöscht werden.

Heute lässt sich eine dramatische Geschichte Europas an der Nahtstelle zwischen Ost und West besichtigen. Über 400 Jahre lang begann hinter der nordöstlichen Grenze Dalmatiens das Osmanische, das türkische Reich. Gleichzeitig versuchte über 800 Jahre lang auch der Westen, diese Region zu kolonisieren: zuerst die Ungarn, dann die Venezianer, die Österreicher und schließlich die deutschen und italienischen Faschisten. Über die Köpfe der Dalmatiner hinweg tobten die Schlachten zwischen Orient und Okzident, zwischen Europa und Asien, zwischen Christen und Moslems. Die Folge war der Balkankrieg zwischen 1991 und 1995, der die Region bis heute prägt.

So lässt sich Dalmatien nach dem Ende Jugoslawiens neu entdecken: Mit Burgen, großen Handelsstädten und kleinen Piratennestern, großen Palazzi und einfachen Fischerhäusern, Kirchen und Klöstern erwartet eine eigene Kulturregion die Besucher. Auch die nach dem Krieg entstandene moderne und wachsende Kunst- und Kulturszene verdient Beachtung. Die Dalmatiner sind ein fröhliches und herzliches Volk, das sich seinen Sinn für Gastfreundschaft erhalten hat. So ist es auch nicht schwer, das Land zu bereisen. Vor allem in den kleineren Dörfern sind die Menschen ehrlich um die Gäste bemüht. Statt in großen Hotels findet man leichter in Privatunterkünften Quartier, die man am besten vor Ort sucht.

Ausgedient hat auch das einheitliche sozialistische Essen; heute kommen naturnahe, mediterrane Gerichte auf den Tisch, insbesondere Fisch und Fleisch vom Grill. Beides lässt sich lecker mit Salzkartoffeln und Blitva (Mangold) oder Mais kombinieren. Dazu sind die zahlreichen herben und erdigen Weinsorten Dalmatiens zu empfehlen.

Viel Spaß auf Ihrer Entdeckungsreise wünscht

Matthias Koeffler

Gasse in Korčula-Stadt

Hinweise zur Benutzung

Im Abschnitt **Das Wichtigste in Kürze** finden sich die wichtigsten Informationen zur Einreise und zum Aufenthalt im Land.

Das Kapitel **Land und Leute** widmet sich der Geographie, dem Klima und der Flora und Fauna Dalmatiens. Geschichte, Kultur, Bräuche und die Küche des Landes werden ausführlich vorgestellt.

Im **Reiseteil**, aufgeteilt in geographisch sinnvolle Abschnitte, werden Städte und Regionen dargestellt. Wichtige Informationen zu Unterkünften, Gastronomie und Freizeitgestaltung stehen in den **blauen Infokästen** am Ende des jeweiligen Kapitels. Die **Preisangaben der Hotels** beziehen sich auf ein Doppelzimmer mit Frühstück in der Hauptsaison und dienen nur als Anhaltspunkte für das Preisniveau (Abkürzungen: DZ=Doppelzimmer, HP=Halbpension). Die Preise sind in Euro angegeben, vor Ort wird aber in der Regel in Kuna bezahlt.

Im Anhang gibt ein **Sprachführer** einen kleinen Einblick in die kroatische Sprache und vermittelt einige Wörter für den touristischen Alltag. In den Reisetipps von A bis Z sind alle Informationen aufgeführt, die für einen Aufenthalt in Dalmatien wichtig oder interessant sind.

Zeichenlegende

- Vorwahl, Touristeninformation
- Postamt
- Banken
- Internetcafés
- Busbahnhof, Busverbindungen
- Bahnhof, Bahnverbindungen
- Flughafen, Flugverbindungen
- Fähren
- Taxiruf
- Unterkünfte
- Campingplätze
- Restaurants
- Bars, Nachtleben
- Weinkellereien, Weinproben
- Museen
- Veranstaltungen
- Radverleih, Vorschläge für Touren
- Angelclubs, Angeltouren
- Strände
- Marinas
- Tauchclubs
- Sportliche Aktivitäten, Ausflüge, Kartenmaterial
- Einkaufsmöglichkeiten
- Tankstellen
- Kliniken, Apotheken

Das Wichtigste in Kürze

Wichtige Telefonnummern
Internationale Vorwahl: 003 85.
Allgemeiner Notruf: 112.
Feuerwehr: 93, **Polizei**: 92.
Pannenhilfe: 987, mit dem ausländischen Handy 003 85/1/987.
Such- und Seenotrettungsdienst: 9155.
ADAC-Notruf für Kroatien in Zagreb: Tel. 01/344 06 66.
Zentrale Nummern zum Sperren von EC-Karten etc.: 00 49/11 61 16, 00 49/30/40 50 40 50.

Einreise
Deutsche, Österreicher und Schweizer: Reisepass oder Personalausweis.
Kinder: Eintragung von Kindern in Reisepass eines Elternteils ist ausreichend.

Anreise
Auto: Führerschein, Fahrzeugschein und grüne Versicherungskarte.
Bus: Knapp 50 Zielorte in Kroatien, www.deutsche-touring.com, www.euro lines.at, www.eurolines-schweiz.ch.
Bahn: Eurocity München–Split, Fahrzeit 20 Stunden. Autoreisezug bis Split.
Flughäfen: Rijeka, Zadar, Split, Brač, Dubrovnik.
Billigflieger: Tui, www.tui.com; Germanwings, www.germanwings.com, Ryanair, www.ryanair.com. Die einheimische Fluglinie ist Croatia Airlines, www.croa tiaairlines.hr.

Reisen im Land
Auto: Gurtpflicht, Kinder unter 12 Jahren müssen hinten sitzen.
Bus: Sehr gut ausgebautes Busnetz, Expressbusse zwischen großen Städten und Touristenorten.
Bahn: Keine direkte Verbindung zwischen den Küstenstädten.

Schiff: Autofähren (Trajekt), Brsobrodske (Schnellboote) und Personenfähren. Dominierendes Unternehmen ist die Reederei ›Jadrolinja‹, www.jadrolinja.hr.

Geld
Wechselkurs: 1 Euro = 7,20 Kuna (Stand Juni/2010). **Abhebungen**: an den meisten Bankautomaten mit der deutschen EC-Maestro-Card oder der Kreditkarte möglich. **Kartenzahlung:** in vielen Geschäften und an allen Tankstellen.

Unterkunft
Hotels: Die meisten Hotels bieten mittleren Standard, DZ 70–90 Euro. Häufig Pauschal- oder All-inclusice-Angebote.
Privatunterkunft: an blauen Schildern ›Sobe‹ oder ›Apartman‹ zu erkennen. Mittlerer Standard 15–40 Euro, Apartments bis zu 60 Euro.
Campingplätze: fast an der ganzen Küste zu finden.

Ausführliche Informationen in den Reisetipps von A bis Z ab Seite 323.

Sehenswürdigkeiten

UNESCO-Weltkulturerbe
Kathedrale in Šibenik (S. 129), Diokletianpalast Split (S. 168), Altstadt Trogir (S. 188), Altstadt Dubrovnik (S. 256).

Natur
Wasserfälle der Krka (S. 136), Naturschutzgebiet Kornaten (S. 156), Nationalpark auf der Insel Mljet (S. 308).

Kultur
Kirche Sv. Donat in Zadar (S. 69), Käse und Stickereien von der Insel Pag (S. 89), Verteidigungsmauer Ston auf Pelješac (S. 284), Altstadt Korčula (S. 291), Schwertertanz auf Korčula (S. 289).

Hier weht die Luft der weiten Welt herein. So stark ist die Vergangenheit hier hängen geblieben, daß man immer noch überall den Hauch der Geschichte spürt; und griechische und byzantinische und venezianische Herrlichkeit spricht mit königlichen Stimmen aus allen Steinen.

Hermann Bahr, Dalmatinische Reise, 1909

Land und Leute

Die Region Dalmatien

Dalmatien bezeichnet weder eine geographisch fest umrissene Region, noch wird damit eine politische oder verwaltungstechnische Einheit beschrieben. Dalmatien ist eher der Begriff für eine kulturelle Zusammengehörigkeit. Die Grenzen der Adriaregion lagen nie fest. Und doch ist die Region eine feste Größe, deren heimliches Zentrum Split ist.

Heute orientiert sich die Eingrenzung Dalmatiens an einer Phase größerer Stabilität im Mittelalter. Seit dem Jahr 1067 mit der Teilung Pags beginnt die nördliche Grenze südlich von Novalja und erstreckt sich im Südosten bis an die Bucht von Kotor. Nach Osten bildet das Dinarische Gebirge einen Riegel zum Landesinneren, an dem entlang die Grenze zu Bosnien-Herzogowina verläuft. Daran scheiden sich auch das dalmatinisch-mediterrane und das kontinentale Klima Bosniens.

Geographie und Geologie

Vor 33 Millionen Jahren, im Tertiär, geriet die afrikanisch-arabische Platte in Bewegung und schob sich unter die eurasische. Dabei faltete sie mit den Alpen auch das Dinarische Gebirge auf, das heute das Rückgrat der dalmatinischen Küste bildet. Seitdem gaben sich Gletscher und gibt sich heute der Regen mit seiner zunehmenden Säure alle Mühe, das aufgeworfene Kalksteingebirge wieder abzutragen.

Bis zur letzten Eiszeit vor etwa 12 000 Jahren lag auch das Adriabecken noch über dem Meeresspiegel, doch mit Einbruch der Kälteperiode senkte es sich vermutlich um knapp 100 Meter ab, so dass die vor der Küste liegenden Inseln als untergegangene Berge betrachtet werden können.

Vor vergleichsweise kurzer Zeit, vor 1400 Jahren, nach dem Ende des Römischen Reiches, senkte sich die ostadriatische Küste im Zuge eines Erdbebens erneut. Zahlreiche Täler wurden geflutet, und viele antike Hafenanlagen liegen seitdem unter Wasser. Leichte Erdstöße kommen immer mal wieder vor, allein 2009 gab es zwei kleinere.

Zwischen Küste und Dinarischem Gebirge durchziehen zahlreiche parallele Gebirgszüge das Land: vom mächtigen 140 Kilometer langen Velebit im Nordwesten über die Zagora, das Biokovo mit seinen Wintersportmöglichkeiten und dem Humin bis hin zum Orjen und den großen montenegrinischen Gebirgen. Der 1762 Meter hohe Sv. Jure im Biokovo-Gebirge ist die höchste Erhebung Kroatiens. Entstanden ist eine Karstlandschaft mit typischen Erscheinungen wie Karstkarren, Karstfeldern, Dolinen (trichterförmige Vertiefungen), Poljen (große Talbecken, die durch Einstürze entstanden) und vielen Höhlen. Das karstige Erscheinungsbild wird unterstützt durch Erosion infolge von starker Abholzung, Ausnahmen bilden einzelne Inseln, auf denen bereits früh eine Kultur der Aufforstung entwickelt wurde.

Von der 1780 Kilometer langen Küstenregion Kroatiens entfallen etwa 900 Kilometer auf Dalmatien. Die genaue Zahl der Inseln und Riffe kennt keiner, sie beläuft sich wohl auf knapp 1200. Die Küstenlänge Dalmatiens mit Inseln wird mit 3000 Kilometern angegeben.

Klima

Das Klima zwischen Adria und Dinarischem Gebirge ist typisch mediterran, weist aber zu den Bergen hin durchaus Unterschiede auf. An der Küste gibt es regnerische und kühle Winter und heiße trockene Sommer. In den Bergen sinkt die Durchschnittstemperatur signifikant. So kann es innerhalb kurzer Entfernungen von der Küste in das Landesinnere unterschiedliche Klimaregionen geben.

Während es am Wasser feucht und warm ist, nimmt der Pflanzenbewuchs mit zunehmender Höhe stark ab, so dass in den oberen Bergregionen der Makarska Riviera nur noch der nackte Fels zu sehen ist.

Bei der Lufttemperatur gibt es ein Nord-Süd-Gefälle. Im Juli betragen die sommerlichen Durchschnittstemperaturen im nördlichen Teil um die 34 Grad Celsius, während sie im südlichen Teil auf bis zu 38 Grad steigen. Im Winter können die Temperaturen allerdings im Gegensatz zu den übrigen Adriaregionen abhängig von den Winden durchaus Spitzenwerte um bis zu minus 16 Grad erreichen.

Winde

Häufigste Winde an der östlichen Adria sind Bora (Nordost), Jugo (Süd) und Maestral (Nordwest). Die Bora ist ein trockener, kalter Fallwind, der stoßweise aus Nord-Nordost oder Ost-Nordost bläst. Mit ihrem plötzlichen, orkanartigen Auftreten ist sie der Schrecken aller Seefahrer. Sie bringt dafür meist sonniges Wetter. Der Jugo dagegen, auch Široko (Schirokko) oder Šilok genannt, ist ein eher warmer Wind, der von Ost-Südost oder Süd-Südost weht und überwiegend Regen mitführt. Auch der mäßige Maestral kommt vom Meer und bringt häufig sonniges Wetter.

Extreme Karstgebiete gibt es auf der Insel Pag

Land und Leute

Flora und Fauna

Wie stark die Natur das Leben der Menschen geprägt hat, zeigt sich bereits beim Geldumtausch, wenn der Reisende die ersten Kuna in der Hand hält. Kuna heißt nämlich Marder. In früheren Zeiten wurde die Kaufkraft in der Einheit von Marderpelzen gerechnet.

Etwa 4000 Tier- und Pflanzenarten gibt es in Kroatien, davon stehen 380 Tier- und 44 Pflanzenarten unter Naturschutz. Sie leben in unterschiedlichen Klimaregionen an der Küste und im Hinterland. Zu den auch in Mitteleuropa lebenden Tieren kommen viele endemische, also nur an der östlichen Adria vorkommende Tierarten, aber auch viele durch die Seefahrt und den Kontakt nach Asien eingeführte Pflanzen und Tiere.

Pflanzen

Landschaftlich gesehen hat fast jede Jahreszeit in Kroatien ihren Reiz. Im Frühjahr, wenn noch kein Badeurlaub möglich ist, verwandelt sich die überwiegend macchiabestandene Landschaft in ein zartes Farbenmeer von blühenden Knollenpflanzen, kleinen Wiesenblumen und blühenden Sträuchern. Im Mai blüht der aus Asien importierte Oleander, und viele ziehen aus, um wilden Spargel zu ernten, im Juni folgen der Ginster und die Palmen.

Zum Herbst werden immer mehr Früchte reif: Feigen, Melonen, Trauben, Tomaten, Gurken und Paprika füllen die Marktstände. Ab Oktober bis in den Februar leuchten die Zitrusfrüchte in großer Artenvielfalt von den Bäumen. Das Grün der Landschaft bestreiten überwiegend Aleppokiefer, Pinie, verschiedene

Im Juni blüht der Oleander

niedrigwachsende Eichenarten und die Seestrandföhre. Bodennah sind viele Kräuter zu finden, die auch die Küche bereichern, wie Thymian, Salbei und Bohnenkraut. Lavendel kam erst in den 1930er Jahren aus dem westlichen Mittelmeerraum nach Dalmatien, insbesondere nach Hvar. Rosmarin wächst vor fast jedem Haus und erinnert an die Heirat. Denn bei einer dalmatinischen Hochzeit darf ein Sträußchen bläulich blühender Rosmarin in den Händen der Braut nicht fehlen.

Heute wird die nach dem letzten Krieg fast zum Erliegen gekommene Tradition, Kräuter schonend zu trocknen, wieder entdeckt. So werden wieder Bärlauch, aber auch Kornblumen, Malven, Veilchenblüten, Sonnenblumen und Ringelblumen geerntet und exportiert.

Tiere

Wer an Tiere in Dalmatien denkt, dem mag der Dalmatiner in den Sinn kommen. Der englische Bio-Historiker Thomas Bewick nannte vor etwa 200 Jahren Dalmatien als Heimat dieses charakteristisch weißen Hundes mit seinen braunen oder schwarzen Tupfen. In England begleitete der Dalmatiner die Kutschen Adliger zur Abschreckung von Zeitgenossen mit bösen Absichten. Deshalb wird ihm eine angeborene Liebe zu Pferden nachgesagt. Dalmatinische Kirchenbücher erwähnen ihn tatsächlich erstmals im 14. Jahrhundert.

Dennoch ist umstritten, ob Bewick Recht hatte. Angeblich ist der Dalmatiner bereits auf Gräbern von Pharaonen in Ägypten dargestellt und könnte somit lediglich über Dalmatien nach Europa gekommen sein. Die einzige Darstellung eines Dalmatiners befindet sich auf einem Gemälde aus dem frühen 18. Jahrhundert,

Esel als Haustiere sind selten geworden

das im Refektorium des Franziskanerklosters Zaostrog hängt. Die Einwohner scheinen sich mit dem Hund jedenfalls kaum zu identifizieren, denn er ist auf der Straße selten zu sehen.

Zu den furchterregenden Tieren gehören dagegen der Braunbär, der Skorpion und verschiedene Schlangenarten. Wirklich in Acht nehmen sollte man sich lediglich vor den Schlangen. Der Braunbär lebt meist sehr zurückgezogen. Die schwarzen Skorpione, die sich lieber in die dunklen Stellen der Häuser flüchten als anzugreifen, sehen gefährlicher aus, als sie sind. Ihr Stich ist kaum schlimmer als der einer Bremse und auf jeden Fall nicht tödlich.

Ähnlich scheu sind die vorkommenden Schlangenarten. Nur einige von ihnen sind giftig wie die Katzennatter, die Eidechsennatter, die Kreuzotter und die Wiesenotter. Berüchtigt ist der Poskok, eine Sandviper, die – wie sich auch der kroatische Name übersetzen lässt – springen kann. Doch die meisten flüchten bereits, wenn sie die Vibrationen der Schritte im Boden spüren. Jedenfalls ist es ratsam, beim Wandern feste und hochschließende Schuhe und lange Beinkleider zu tragen.

Im 19. Jahrhundert hat der österreichische Baron Schilling auf die Inseln Mljet und Korčula den Schlangen fressenden Mungo aus Indien importiert. Der hat ganze Arbeit geleistet, auf den Inseln gibt es heute nicht nur keine Schlange, sondern auch sonst kaum Kleingetier mehr. Denn der Mungo hat keine Feinde.

Vorsicht geboten ist bei den Seeigeln, die zwischen Steinen im Wasser ihre Stacheln ausstrecken. Ein Tritt in einen Seeigel kann sehr schmerzhaft sein. Unterwassersportler sollten wissen, dass auch hin und wieder Haie an die Küste schwimmen. Zuletzt kam es im Oktober 2008 nahe der Insel Vis zu einem der seltenen Angriffe eines Hais auf einen Taucher.

Umweltschutz und Nationalparks

Auf der Weltklimakonferenz 2009 in Kopenhagen hat Kroatien keine gute Figur gemacht. Dort erhielt das Land von den Nicht-Regierungsorganisationen die Auszeichnung ›Fossil des Tages‹. Grund: Die kroatische Regierung lehnt es ab, den Stand der CO^2-Emissionen von 1990 als Bezugsdatum zu akzeptieren. Eigentlich dürfte Kroatien keine Angst vor einem Vergleich mit 1990 haben. Denn viele alte, umweltverschmutzende Industriebetriebe aus jugoslawischer Zeit sind inzwischen still gelegt worden.

Das Meerwasser bekommt zwar regelmäßig Bestnoten vom ADAC. Das liegt aber vor allem daran, dass der Adriastrom das saubere Wasser vom offenen Mittelmeer zur kroatischen Küste bringt und verschmutzes Wasser in Richtung italienische Adria wegtreibt.

Tatsächlich ist das Umweltbewusstsein in der Bevölkerung eher schwach ausgeprägt, und so finden sich am Rand der Dörfer nicht selten wilde Müllkippen. Dennoch setzt ein zunehmendes Umweltbewusstsein in den mittleren Ebenen der Verwaltung ein: Im Sommer 2006 wurde ein Mülltrennungssystem nach deutschem Vorbild eingeführt. Trotz der guten Noten für die Wasserqualität ge-

Auch das Neretva-Tal soll ein Naturpark werden

ben die Gemeinden zu, dass Abwässer ungefiltert ins Meer geleitet werden. Viele haben Pläne für eine moderne Abwasserentsorgung in der Schublade oder sogar begonnen, sie umzusetzen. Immer noch ist es aber ratsam, nicht in der Nähe von Ortschaften zu baden.

Bei der Energieversorgung setzen immer mehr Gemeinden auch auf die Windkraft, denn Strom ist in Kroatien teuer. Für die Windverhältnisse an der Küste bedurfte es besonderer Windrad-Konstruktionen, da die starke Bora herkömmliche Windräder abgeknickt hatte. Ein Bewusstsein für die Probleme setzt dann ein, wenn sie den Tourismus oder die Fischerei und die Landwirtschaft betreffen.

Immerhin liegen in Dalmatien vier der acht kroatischen Nationalparks. Alle acht machen etwa zehn Prozent der gesamten Fläche Kroatiens aus. In diesen Parks ist das Betreten nur auf bestimmten Wegen gestattet. Jagen, Fischen und Tauchen sind stark eingeschränkt. Kritik gibt es allerdings an der Praxis, wie die Vorschriften für Nationalparks umgesetzt werden. So bemängeln Umweltschutzorganisationen, dass im Neretva-Delta der Schutz der Vögel nicht besonders ernstgenommen wird und es zu viele Jagdgenehmigungen gibt. In anderen Nationalparks wie etwa den Kornaten gibt es viele Privatgrundstücke mit entsprechenden Rechten.

Immerhin hat Kroatien in Bezug auf den Schutz von Delfinen eine Vorreiterrolle angenommen. Im Juli 2009 hat das kroatische Kulturministerium den Import von Delfinen für kommerzielle Zwecke, speziell für Delfinarien, verboten. Damit ist Kroatien weiter als der EU-Raum, der noch 60 der umstrittenen Delfinarien betreibt.

Geschichte Dalmatiens

In Dalmatien trafen im Laufe seiner Geschichte westliche und östliche Kulturen wie tektonische Platten aufeinander. Zunächst stieß in der östlichen Adria Rom auf Griechenland, später verlief dort die Grenze zwischen dem West- und dem Oströmischen Reich, dann traf dort Venedig auf Byzanz, und später kämpften die Osmanen mit den Venezianern und den Österreichern um die Adriaküste. Dabei wurde über die Köpfe der Dalmatiner hinweg nicht nur ein globaler Machtkampf der Kulturen ausgetragen. Zusätzlich haben Piraten und lokale Herrscher ihre Macht über die Bewohner der Region ausgeübt und ihren oft blutigen Tribut gefordert.

Für die Menschen in ihren heute so beschaulichen anmutenden Häusern am Meer bedeutete dies ein Leben unter ständiger Bedrohung. Dalmatien konnte sich als militärisches Aufmarsch- und Kolonialgebiet nur schwer eigenständig entwickeln. Künstlerschulen konnten kaum kontinuierlich wachsen. Nur eine Stadt konnte diese Lage wirklich für sich nutzen: Dubrovnik. Der Versuch, den zerrissenen Südbalkan mit seinen Konflikten zwischen westlich orientierten katholischen und östlich-orthodoxen Christen, zwischen Christen und Moslems, nach Jahrhunderten zu einem Staatsgebilde unter kommunistischer Diktatur zu schmieden, endete im Balkankrieg von 1991 bis 1995.

Slawen und Awaren

Es war mehr als ein staatspolitischer Akt, als am 5. August 1995 die kroatischen Soldaten auf der Burg Knin die Šahovnica, die blau-weiß-rot-gestreifte Fahne mit dem Schachbrettmuster und den fünf Wappen als Mittelsymbol, hissten, und sie der damalige kroatische Präsident Franjo Tuđman öffentlich küsste. Die Ortswahl war ein historisches Symbol. Tuđman knüpfte den neuen Staat an eine kurze Zeit im Mittelalter an, als Kroatien das erste und einzige Mal selbstständig auf der weltpolitischen Bühne agierte. Und dieses erste Mal endete bereits 1091.

Von dieser Burg aus haben Fürsten und später Könige mit klangvollen Namen wie Trpimir, Muncimir, Svetislav, Držislav, Zvonimir und Petar im Mittelalter den ersten kroatischen Staat regiert. Sie waren erst im 7. Jahrhundert als Hrvati von außen in das Land gekommen – zu einer Zeit, als die antike Welt vor ihrer Auflösung stand – und exakt in die Rissstelle eingedrungen, die zwischen den geschwächten Reichen von West- und Ost-Rom entstanden war. Sie bildeten eine neue Herrscherschicht über eine bereits dort sesshafte Bevölkerung mit langer Tradition.

Vielleicht gehört es bis heute zum Problem der kroatischen Identität, dass eigentlich niemand so genau weiß, woher die Kroaten kamen. Sicher ist: Erobert wurde Dalmatien um 600 zunächst von den Awaren. Das Reitervolk, das in der Steppe des Kaukasus aufgebrochen war, erreichte zwischen 612 und 619 brandschatzend und plündernd die Adriaküste. An der Adria nahmen sie Salona (heute Solin bei Split) ein und machten die größte römische Stadt an der östlichen Adria dem Erdboden gleich. Danach zerstörten die Awaren Zadar und Nin.

In ihrem Gefolge befanden sich Slawen, die sich an der Adria niederließen und sich selbst ›Hrvat‹ nannten. Die gewagteste Theorie ist, dass die Kroaten aus

Land und Leute

Das Niner Taufbecken des Königs Višeslav ist ein Symbol für die Katholisierung der Slawen

dem heutigen Iran über den Kaukasus in ihr heutiges Siedlungsgebiet eingewandert sein könnten. Denn auf dem Gebiet des heutigen Iran findet sich das Wort ›Haurvata‹, das ›Viehhüter‹ heißt. Diese Theorie beschert heute dem Land ein gutes Verhältnis zum Iran, über den für den letzten Krieg auch Waffen geliefert worden sein sollen.

Wahrscheinlich bezeichnet jedoch ein ›Hrvat‹-ähnlicher Begriff eine bestimmte gesellschaftliche Schicht oder eine bestimmte Kriegerschicht innerhalb der Awarenherrschaft. Als Karl der Große die Awaren 796 endgültig besiegte, löste sich damit der Zusammenhalt der awarischen Herrschaft auf. Damit übernahm eine Bevölkerungsgruppe, die sich ›Hrvat‹ nannte, die Herrschaft im heutigen Gebiet Kroatiens. Dass der Begriff aus einer iranischen Worttradition kommt, ist dabei nicht auszuschließen. ›Hrvati‹ wäre demnach eher der Oberbegriff für eine Herrscherschicht. Tatsächlich regierte im neuen Königreich nur eine Herrscherschicht über ein Völkergemisch, das bereits an dieser Nahtstelle zwischen Ost und West die kulturellen Errungenschaften der Griechen und Römer mitgebracht und weiterentwickelt hatte. Doch über welche Menschen herrschten die Kroaten eigentlich?

Die Steinzeit und die Illyrer

Noch im Neolithikum, der Jungsteinzeit, war die östliche Adria ein Brückenland für den Westen. Über diese Brücke des Balkan kam die neolithische Kultur nach Westeuropa. Nach Ansichten von Forschern erreichte auf diesem Weg ein jungsteinzeitlicher Innovationsschub mit Errungenschaften wie Ackerbau, Viehzucht und die Bearbeitung von Kupfer und Ton Westeuropa.

Illyrisches Symbol eines Halbmondes in einer Kirchenmauer

Die Steinzeitmenschen lebten in Stammesverbänden wie zum Beispiel in der Gudnja-Höhle, oberhalb von Ston auf der Halbinsel Pelješac. Dort wurden Reste einer Keramik ausgegraben, die auf die Zeit zwischen 6000 und 5000 vor Christus datiert wird und die sich sonst nirgendwo nachweisen lässt. Daher spricht man auch von der Gudnja-Kultur.

Die ersten, die ein überregionales Machtzentrum auf dem südlichen Balkan errichten konnten, waren im 2. Jahrtausend vor Christus die Thraker, sie wurden zwischen 1250 und 1150 vor Christus von den Illyrern abgelöst.

Als ›Illyrer‹ gelten die Stämme der Liburner und Dalmater. Eine Besonderheit dieser Stämme war, dass sie Städte und Festungen auf den möglichst höchsten Bergen bauten, nie in den Tälern und nie nahe am Meer. Sie besiedelten die Inselwelt, bis die Römer sie nach langen Feldzügen unterjochten und dieses Gebiet als Provinz Illyricum in ihren Staat eingliederten.

Noch im 19. Jahrhundert glaubte die Forschung, die Illyrer seien das Urvolk der Kroaten. Die Theorie war die Grundlage für den Illyrismus, eine Nationalbewegung, mit der junge Adelige die nationale Eigenständigkeit der Kroaten gegenüber Österreich-Ungarn betonten. Denn in der Donaumonarchie galt Kroatisch nicht einmal als offizielle Sprache.

Der Illyrismus bildete die Basis für panslawistische Ideen und die Identität der jungen kroatischen Nationalbewegung, die bis in die Ustaša-Zeit reichte. Bereits zuvor hatte Napoleon nach seiner Besetzung Dalmatiens diesen Landstrich in Anlehnung an die römische Zeit ›Illyrische Provinzen‹ genannt. Doch tatsächlich kamen die Kroaten erst mit den Awaren, etwa 600 Jahre nach dem Ende der Eigenständigkeit der Illyrer, in das Land.

Griechen und Römer

Zwar galten die Illyrer als ein starkes Kriegsvolk, doch sie konnten auf Dauer mit zwei Kulturen, von denen sich jeweils eine im Osten und eine im Westen herausbildete, nicht mithalten. Im Osten wurden zunächst die Griechen immer mächtiger und kolonisierten zunehmend auch vom Meer her die Inseln und die Küste. Im 6. Jahrhundert vor Christus gründeten Griechen auf der heutigen Insel Korčula in Lumbarda die erste Kolonie und nannten sie Korkyra Melaina.

Zwei Jahrhunderte später errichtete der Tyrann von Syrakus, Dionysios, unabhängig davon auf der Insel Vis eine griechische Kolonie und befestigte sie. Von dort aus ließ er sich in der Nähe des heutigen Split, in Pharos, dem heutigen Stari Grad auf Hvar, nieder, und schließlich gründeten die Griechen das heutige Trogir, das sie Tragurion nannten. Später bedrängten die Römer von Westen her die Illyrer.

Charakteristisch für die Liburner war, dass sie einen Schiffstyp entwickelt hatten, der schneller und wendiger und allen anderen der Adria überlegen war. Und weil die schönen Handelsgüter quasi vor der Haustür der Illyrer zwischen Griechenland und Rom hin- und herfuhren, verlegten sie sich auf die Seeräuberei und entwickelten darin eine große Fertigkeit. Damit wurden sie über Jahrhunderte zu einer mächtigen Plage für den Adriahandel. Als im 3. Jahrhundert vor Christus die illyrische Königin Teuta die Griechen vertreiben wollte und Korkyra Melaina (das heutige Korčula) eroberte und Issa (heute Vis) belagerte, griffen die Römer ein. Sie besiegten die Herrscherin und machten Illyrien von Rom abhängig. Trotzdem beendete das die Seeräuberei zunächst nicht. Bis heute gilt Teuta als sagenumwobene Herrscherin, die in manchen Mythen auch als große Piratin in Erscheinung tritt.

Im Jahr 35 vor Christus unterwarf Octavian die östliche Adria. Die Städte machte er dem Erdboden gleich, die Jungen ließ er töten, die Alten schickte er in die Sklaverei. Schließlich stieg Rom zu dem Riesenreich auf, das den ganzen Adriaraum beherrschte, aber im Laufe der folgenden Jahrhunderte immer unregierbarer wurde.

Einer der letzten großen römischen Herrscher, der das Reich zusammenhielt, war der Dalmatiner Diokletian, der es im 4. Jahrhundert nach Christus schaffte, über 20 Jahre eine stabile Regierung aufzubauen. Der Erbauer des Diokletianpalastes in Split ging aber vor allem als unbarmherziger Christenverfolger in die Geschichte ein.

Römische Reliefkunst auf einem Sarkophag im archäologischen Museum in Split

Sein ebenfalls aus Dalmatien stammender Nachfolger Konstantin ließ das Christentum gewähren. Dabei wurde die damals größte dalmatinische Stadt, Salona, heute ein Ruinenfeld oberhalb von Split, zur wichtigsten Missionsstadt im Römischen Reich, in der Domnius zum heute noch verehrten christlichen Märtyrer wurde.

Theodosius machte den Christusglauben 391 zur Staatsreligion und Byzanz zur Hauptstadt der Christen als Gegenstück zu Rom. Die Grenze zwischen Ost- und Westrom verlief exakt an der heutigen Grenze zwischen Dalmatien und Montenegro. Dalmatien wurde somit zur Grenzregion in den Konflikten des auseinanderbrechenden Römischen Reiches.

Gründung des kroatischen Staates

Im Hochmittelalter wurden die Slawen zwischen dem Reich Karl des Großen von Norden und Byzanz von Osten eingekeilt. Beide Seiten versuchten, die dalmatinische Küste zu christianisieren. Zwar hatte Karl der Große auf Dalmatien offiziell verzichtet und im Gegenzug die Erlaubnis von Byzanz eingekauft, sich in Rom zum Kaiser des Heiligen Römischen Reiches deutscher Nationen krönen lassen zu dürfen. Dennoch übte er starken Einfluss auf die östliche Adriaküste aus. Während Nin zum katholischen Zentrum wurde, geriet das Gebiet südlich von Split ab 878 unter byzantinische Oberhoheit.

Ab 845 begann das kroatische Geschlecht der Trpimirovići mit fränkischem Segen seine Machtstellung zu festigen, indem Fürst Trpimir zunächst einige Städte entlang der nördlichen Küste der Kvarner Bucht gründete, Fürst Branimir wurde als erster Dux Croatorum genannt und gründete in 879 Nin mit Erlaubnis Roms einen Bischofssitz.

Angebliche Darstellung des Königs Tomislav im ehemaligen Merkurtempel in Split

Tomislav I. konnte schließlich eine übergeordnete Machtstellung erreichen und ließ sich 925 in Nin mit dem Segen Roms zum kroatischen König krönen. Die Krönungskirche und kleinste Kathedrale der Welt ist heute noch erhalten. Damit wurde das nördliche Dalmatien zum Kernland des kroatischen Staates. Unter Petar Krešimir IV. (1058–1074) erlebte Kroatien seinen Höhepunkt, doch bereits 1091 starb die Dynastie aus, und das Land fiel an Ungarn.

Diese 200 Jahre relativ selbständige kroatische Herrschaft wurden bis 1995 nicht mehr erreicht und bilden bis heute die Grundlage des Mythos' vom einigen kroatischen Reich. Prägend wurde außerdem, dass sich der junge Adel von Anfang an nach Rom orientierte und fränkische Missionare von Aquileia aus in das Land ließ. Sie sicherten das Land gegen den Einfluss von Byzanz für das Weströmische Reich, das sich bis heute als römisch-katholisch von seinen östlichen Nachbarn abgrenzt. Mit ihrem Erstarken versuchten die Ungarn von Norden, Druck auf das Reich an der Adria auszuüben. Als 1091 König Zvonimir ermordet wurde, fiel die Erbfolge an Ungarn. Später unter Venedig sehnte man sich immer unter den Schutz Ungarns zurück, im Kaiserreich Österreich-Ungarn wurden Kroatien und Ungarn zur Einheit und von Budapest aus verwaltet.

Um die erste Jahrtausendwende zeichnete sich Venedig bereits als neue Macht im Mittelmeerraum ab. Doch im späten Mittelalter konnte weder eine innere noch eine äußere Macht stabil die Herrschaft über Dalmatien halten. Das Land wurde bis 1420 hin- und hergeworfen zwischen Ungarn, Venedig und weiteren italienischen Interessen. Je nach Stärke der jeweiligen Herrscher konnten der lokale Adel oder äußere Mächte mehr oder wenig Einfluss ausüben. So erstarkte im 10. Jahrhundert die Adelsfamilie der Šubić. Sie machte Bribir nordwestlich des Krka-Flusses zu ihrem Zentrum und konnte sich im Mittelalter zeitweise ein gutes Stück an der Küste von Šibenik bis Omiš sichern. Heute sind von dieser letzten Hoffnung auf das Wiedererstarken eines kroatischen Reiches nur noch Ruinen übrig. Piraten regierten ab Omiš bis zur Neretva und machten die Handelswege unsicher, von Norden her setzten die räuberischen Uskoken die Küste unter Druck. Gleichzeitig übten Stadtstaaten wie Zadar, Split und Dubrovnik mal mehr, mal weniger Macht aus.

Die Herrschaft Venedigs

Mit der Entdeckung der Salzgewinnung aus dem Meerwasser wurde die Küste der Ostadria zu einem Rohstofflieferanten, der zu einem wichtigen wirtschaftlichen Faktor wurde. In Pag, Nin, Trogir, Šibenik, Ston auf der Halbinsel Pelješac und anderen Orten wurde das weiße Gold gewonnen. Auf diesen Rohstoff wollte vor allem das aufstrebende Venedig Einfluss nehmen. Außerdem machte der Handel mit landwirtschaftlichen Gütern wie Olivenöl und Wein aus dem Hinterland die Küste zunehmend interessant.

Die Stadt am Lido errang im 12. Jahrhundert mehr und mehr das Monopol im Seehandel. Im Kampf gegen die Piraten wurde Venedig zunehmend zu einer Ordnungsmacht in der Adria und löste damit Byzanz ab. Gleichzeitig griff sie immer stärker auf die Küstenabschnitte zu und begann sie zu kolonisieren.

Land und Leute

Nachbau eines venezianischen Handelsschiffes im Hafen von Trogir

Dabei konkurrierte die Serenissima mit Zadar und dem aufstrebenden Dubrovnik. Doch Venedig scheute keine noch so zweifelhaften Mittel, die Oberherrschaft zu erlangen. So ließ es 1202 eine Flotte mit Kreuzrittern die Stadt Zadar angreifen. Die Serenissima erließ denen, die sich an der Eroberung der nordadriatischen Stadt beteiligten, die Abgaben. Und so plünderten über 30 000 deutsche und französische Söldner die Stadt. 1204 wurde Konstantinopel auf die gleiche Art geplündert. Die Kaufmannsrepublik hatte jedoch kein Interesse an Machtausübung und Staatsgründung. Ihr ging es um die Sicherung der Küste für den Handel. Und so wurde Dalmatien zum Spielball der Mächte.

Während noch vor der endgültigen Machtübernahme Venedigs noch Ladislaus von Neapel zu Beginn des 15. Jahrhunderts über Dalmatien herrschte, setzten von der Landseite her weitere Mächte die Küstenbewohner unter Druck. 1170 hatte sich im Osten der Großžupan Stefan Nemanja an die Macht geputscht und den ersten serbischen Staat gegründet. Seinen Höhepunkt erreichte das serbische Reich unter Stefan Dušan (1331–1355) mit den Eroberungen der byzantinischen Provinzen (bis zum Golf von Korinth), Restmazedoniens und Albaniens. Als er Anspruch auf die Halbinsel Pelješac erheben wollte, kaufte Dubrovnik ihm und dem bosnischen Ban Stjepan II. Kotromanić die Halbinsel ab. Während die Serben bis heute der ostchristliche Machtfaktor auf dem Gebiet des südlichen Balkans geblieben sind, kam Dubrovnik in den Besitz der Salinen von Ston und sicherte den Seehandel ab.

Zugleich begann der Aufstieg Bosniens. Stjepan II. Kotromanić hatte sich 1322 von den Adeligen Šubić lösen können, gestützt durch einen aufblühenden Bergbau in der bosnischen Bergregion. Anfang des 15. Jahrhunderts verbündete sich das bosnische Königtum mit Ladislaus von Neapel gegen den ungarischen König Sigismund. Doch Sigismund konnte die bosnischen Magnaten zur Anerkennung seiner Herrschaft zwingen, so dass Ladislaus seine Macht an der Küste schwinden sah.

Das führte zu einem historischen Schritt: 1409 verkaufte Ladislaus von Neapel Dalmatien für legendäre 100 000 Dukaten an Venedig. Ab 1420 herrschte die Serenissima 470 Jahre lang über ganz Dalmatien. Mit einer Ausnahme: der Stadt Dubrovnik.

Dubrovnik konnte sich ab dem 12. Jahrhundert schnell zu einem Stadtstaat entwickeln und später mit dem Reichtum der Salinen von Ston im Rücken und viel Chuzpe die Herrscher des Hinterlands und die erstarkende Stadt Venedig gegeneinander ausspielen. Dieses Prinzip nutzten die Diplomaten aus Dubrovnik besonders, als eine neue Macht im Hinterland auftauchte: die Türken. Im Streben, die Machtbalance an der Adria zu halten, wurde die Stadt zu einer Drehscheibe der Information für beide Seiten. Dubrovnik war die einzige Stadt, die das Leben auf der Grenze zwischen Orient und Okzident zu ihrem Nutzen gestalten konnte, bis Napoleons Truppen auch die starken Festungen dieser Stadt überwanden.

Die Osmanen

Für die Küste begann mit der Macht Venedigs im 15. Jahrhundert eine zwiespältige Zeit. Einerseits drückten hohe Abgaben, andererseits begann die Küste zunächst einmal zu prosperieren. Venedig garantierte zwar eine relativ lange Zeit des Friedens und bot erstmals seit 400 Jahren die Möglichkeit für eine kontinuierliche Entwicklung, man wünschte sich dennoch bis ins 18. Jahrhundert, wenn schon keine Eigenständigkeit zu erreichen war, die Herrschaft der Ungarn zurück.

Tatsächlich wurde die östliche Adria zu einer Art Kolonialgebiet. Doch an der ganzen Küste entlang wurden Häuser und Paläste, Kirchen und Herrscherhäuser gebaut. Kunst und Kultur der Renaissance konnten sich entwickeln.

Doch die Blüte erstickte langsam wieder, als im Hinterland die Türken zu einer wachsenden Bedrohung wurden. Dalmatien geriet zwischen die Fronten von Venezianischem und Osmanischem Reich. Die Küste wurde zunehmend zu einem militärischen Aufmarschgebiet, wodurch sie vom Handel mit den Produkten aus dem Hinterland abgeschnitten wurde. Das lähmte das wirtschaftliche, gesellschaftliche und künstlerische Leben.

Die Darstellung der Steinigung des Stephanus durch die Türken in der Kirche in Opuzen

Die Türken hatten sich bereits früh angekündigt, aber die Westeuropäer waren zu sehr untereinander zerstritten, als dass sie die Gefahr erkannt hätten; manche paktierten gar mit den Türken. Als die Osmanen 1389 die Serben auf dem Amselfeld schlugen, schien es kein Aufhalten mehr auf dem Weg an die Adriaküste zu geben. Die Türken eroberten Nin, griffen auf Zadar über und nahmen 1537 die Burg Klis oberhalb von Split ein. Šibenik konnte sich, geführt von einem deutschen General in venezianischen Diensten, nur mit einer ausgeklügelten Strategie gegen die Übermacht der Osmanen halten, Trogir verteidigte sich mühsam mit einer starken Befestigung.

Die Menschen flüchteten aus dem Hinterland in die Städte und Dörfer der Küste oder auf die Inseln und nahmen in Kauf, Piraten ausgesetzt zu sein. Immer wieder unternahmen die Türken Raubzüge von Bosnien aus an die Küste und blieben bis Ende des 18. Jahrhunderts eine ständige Bedrohung.

Nach ihrem Sieg über die moslemische Bedrohung 1683 vor Wien stieg die Habsburger Monarchie zur neuen Macht auf, die auch auf Dalmatien ihren Einfluss zunehmend ausübte. Sie sicherten das Land, indem sie entlang der Westgrenze des Osmanischen Reiches eine Militärgrenze einrichtete. Entlang eines bis zu 100 Kilometer breiten Korridors wurden Siedler aus orthodoxen Ländern angesiedelt und mit Sonderrechten ausgestattet. Dieses Gebiet bildete die spätere Krajina. Wirtschaftlich ging es in Dalmatien erst im 18. Jahrhundert langsam bergauf. Orte wie Šibenik, Zadar, Orebić, aber auch Inselchen wie Olib blühten in dieser Zeit durch den immer stärker werdenden internationalen Seehandel auf.

Dalmatien unter Österreich-Ungarn

Ende des 18. Jahrhunderts verlor auch Venedig an Stärke, lähmte die starre Ständeordnung das zunehmend wirtschaftlich aktive Bürgertum. Immer häufiger kam es zu Aufständen gegen das System des Adels. 1797 nahm die österreichische Monarchie dem Stadtstaat die Ostküste der Adria ab; allerdings nur, um sie 1805 im Frieden von Pressburg wieder an Italien, das im Bund mit Napoleon stand, zu verlieren. Napoleon blieb eine Episode. Unter seiner Herrschaft erlebte Dalmatien jedoch eine Reihe von administrativen Reformen, bis heute zum Beispiel erkennbar am Straßenbau entlang der Adriaküste. Die starre Herrschaft des Adels wurde aufgebrochen, und das Bürgertum erhielt mehr Handlungsfreiheit. Die Verwaltung wurde reformiert, das Land neu eingeteilt und aufgeforstet, die orthodoxe Kirche der katholischen gleichgestellt und erstmals eine Eparchie in Šibenik eingerichtet. Dennoch blieb die Bevölkerung an der Adria auf Grund des Atheismus' der Herrscher von der Seine auf Distanz. Die steigenden Steuerforderungen und die ständigen Rekrutierungen wurden zur Belastung.

Auch wenn die Österreicher 1813 mit dem Ende der napoleonischen Herrschaft vieles wieder rückgängig machten, fand Dalmatien dadurch den Anschluss an Westeuropa. Dass die Kroaten unter ungarische Herrschaft gestellt wurden, entwickelte sich zunehmend zum Ärgernis. Denn als Teil Ungarns mussten die Dalmatiner den Dienstweg über Budapest gehen, wenn sie etwas in Wien erreichen wollten. Und die Ungarn sorgten dafür, dass sie nur wenig erreichten. Auch das Bestreben Kaiser

Das ehemalige Hotel ›Bristol‹ aus der k.u.k.-Zeit in Zadar

Franz Josephs I., die Länder der Krone gleichberechtigt anzuerkennen und nicht wie eine Kolonie zu führen, blieb eher graue Theorie. Mit einigen wenigen Betrieben in den großen Städten wie Split und Šibenik erreichte die Industrialisierung Dalmatien nur in geringem Maße. Das Land blieb überwiegend von der Landwirtschaft geprägt. Vor allem Wein- und Olivenbau florierten, der Westen wurde ein dankbarer Abnehmer. Dennoch ging es wirtschaftlich unter der Monarchie zunächst bergauf. Der Kaiser besuchte seine neugewonnene Küste häufig. Zunächst wuchs das Reedereigeschäft weiter, allerdings nur, bis die österreichische ›Lloyd‹ ihren Betrieb aufnahm und Dampfschiffe über die adriatischen Gewässer stampfen ließ. Da konnten die dalmatinischen Reeder nicht mithalten. Unter Österreich-Ungarn wurde das Eisenbahnnetz ausgebaut, wenn auch aus militärischen Gründen. Aber in der zweiten Hälfte des 19. Jahrhunderts begann damit ein zaghafter Tourismus.

Gleichzeitig entwickelten sich einige eigenständige geistige, zum Teil widersprüchliche Strömungen. Einerseits entstand 1835 der Illyrismus, der in den Illyrern irrigerweise die Vorfahren der Kroaten sah und sich als eine nationale Bewegung der Wiedergeburt verstand. Andererseits übernahm eine Reihe von Intellektuellen panslawische Ideen, die wahlweise den Zusammenschluss der slawischen Völker in der Habsburg-Monarchie verfolgten oder eine Einigung aller slawischen Völker unter russischer Führung anstrebten. Gleichzeitig orientierte sich das Land insofern nach Westen, als dass sich Lateinisch als Schriftsprache mit Hilfe der Medien immer mehr durchsetzte.

1848 sprang der revolutionäre Funke Westeuropas auch nach Dalmatien über. Während der Westen um Demokratie rang, protestierten die Kroaten gegen die österreichische Oberherrschaft und Magyarisierung. Erst 1867/68 konnte eine gewisse Autonomie erreicht werden.

Der Erste Weltkrieg

Als der Kronprinz Erzherzog Franz Ferdinand über das dalmatinische Metković durch das Neretva-Tal per Eisenbahn nach Sarajevo reiste, ahnte noch niemand, dass er nicht lebend aus der bosnischen Stadt zurückkommen würde. Mit dem Attentat durch den Serben Gavrilo Princip am 28. Juni 1914 auf den Thronfolger schlitterte auch Dalmatien in den Ersten Weltkrieg. An dessen Ende mussten die Osmanen ihre Herrschaft auf dem Balkan aufgeben. Sie hinterließen eine starke moslemische Bevölkerungsgruppe in Bosnien. Der Rapallo-Vertrag von 1920 zerriss die dalmatinische Karte: Zusammen mit Istrien, Cres und Lošinj kam Zadar zu Italien, das übrige Dalmatien musste sich dem neugeschaffenen, von Belgrad regierten Königreich der Serben, Kroaten und Slowenen (SHS) unterordnen.

Damit befand sich der größte Teil Dalmatiens in einem Staatsverband, in dem drei Kulturen zusammenleben sollten, die in den letzten 1000 Jahren eher gegeneinander als miteinander agiert hatten. Was vorher ein äußerer Konflikt zwischen Völkern und Kulturen gewesen war, wurde nun durch die Grenzziehung um die Slawen auf dem Südbalkan zu einem ›inneren‹ Konflikt. Obwohl sie weitgehend eine gemeinsame Sprache hatten, wurde das Zusammenleben von Moslems, Ostchristen und Westchristen zur Keimzelle für den Krieg auf dem Balkan zwischen 1991 und 1995.

In der Zeit zwischen den Weltkriegen wurde der Balkan auch politisch zwischen Kommunismus und monarchistischer Demokratie zerrissen. Die kommunistische Partei hatte 1920 bereits 65 000 Mitglieder und war bei den ersten Wahlen drittstärkste Fraktion. 1921 wurde sie verboten. Doch zunächst eskalierte nicht der Klassenkampf, sondern der Konflikt zwischen Kroaten und Serben.

Der Streit verhinderte notwendige Reformen. Die Dörfer vor allem in Dalmatien waren bereits überbevölkert. Kurz nach dem Ersten Weltkrieg erreichte die Reblaus aus Amerika, die bereits seit Ende der 1870er Jahre in Westeuropa wütete, Dalmatien und vernichtete einen Großteil der Weinernte. Die zögerlich einsetzende Industrialisierung des Königreiches kam nur dem Norden zugute und konnte die ausgefallenen Arbeitsplätze in der Landwirtschaft nicht auffangen. In diese schwierige Situation brach 1929 die Weltwirtschaftskrise ein, die durch den Börsenkrach ausgelöst wurde. Eine massive Auswanderungswelle setzte ein.

Der Zweite Weltkrieg

Wie auch in Deutschland drifteten Ende der 20er Jahre die politischen Kräfte im Königreich Jugoslawien immer weiter auseinander. 1928 gründete Ante Pavelić eine Geheimorganisation, die faschistische Ustaša, mit der er von Italien aus die Abtrennung von Kroatien aus dem Königreich betrieb. Es gelang ihm schließlich 1934, den serbischen König Aleksandar in Marseille von einem mazedonischen Attentäter, gedeckt von Bulgaren und Italienern, ermorden zu lassen.

Da Aleksandars Sohn noch zu jung war, musste dessen Onkel Prinz Pavle die Amtsgeschäfte übernehmen. Bis die Deutschen Anfang April 1941 Belgrad eroberten und dann das Königreich SHS zusammenbrach, hatten die Kroaten bereits die Bildung einer autonomen Banschaft Kroatien durchgesetzt. Weil Hitler vor seinem Angriff auf Russland die südöstliche Flanke absichern wollte, befahl er unter einem Vorwand zusammen mit den Italienern den Angriff auf das Königreich und nahm es in zwei Tagen ein. Prinz Pavle flüchtete über Athen und Kairo und baute in London eine Exilregierung auf. Die Achsenmächte teilten sich den südöstlichen Balkan auf, wobei die Deutschen das Hinterland mit Zagreb und Sarajevo und die Italiener die Küste besetzten.

In Zagreb errichtete Ante Pavelić die Nezavisna država Hrvatska (NDH), den Unabhängigen Staat Kroatien. Doch bereits diese Bezeichnung war eine Farce, denn Kroatien hing am langen Arm von Berlin und Rom. Kroatien war kompliziert in mehrere Zonen aufgeteilt, so dass die kroatischen Faschisten nicht einmal über das ganze Land regierten.

Die Ustaša-Führung gerierte sich als Herrscherclique von deutschen Gnaden und verfügte nur über wenig Rückhalt in der Bevölkerung. Mit dem ›Gesetz zum Schutz von Volk und Staat‹ wurde mit dem Tode bestraft, wer gegen die ›Ehre und Lebensinteressen des kroatischen Volkes‹ verstieß. Mit diesem Paragraphen, der jede Auslegung offenließ, wurde eine Willkürherrschaft juristisch bemäntelt. Die Ustaša bastelte sich eine Arierideologie zurecht und leitete ihre Abstammung von den Goten her. Analog zu den Deutschen ging damit eine antisemitische Grundhaltung einher, die dazu führte, dass von 34 000 Juden, die 1941 auf dem Gebiet des ›Unabhängigen Staates Kroatien‹ lebten, 19 000 in Lagern umkamen und 7000 nach Deutschland deportiert wurden.

Es bildeten sich Terrorbanden, die auch Serben brutal verfolgten oder zur Konversion zwangen, bis sogar die deutschen Besatzer dies 1942 unterbanden. Die Ustaša richteten das Konzentrationslager in Jasenovac ein, in dem jüngsten Schätzungen zufolge zwar nicht 700 000 Menschen, wie nach dem Krieg behauptet, aber immerhin etwa 85 000 Juden, Serben, Sinti und Roma und politische Gegner umgekommen sein sollen.

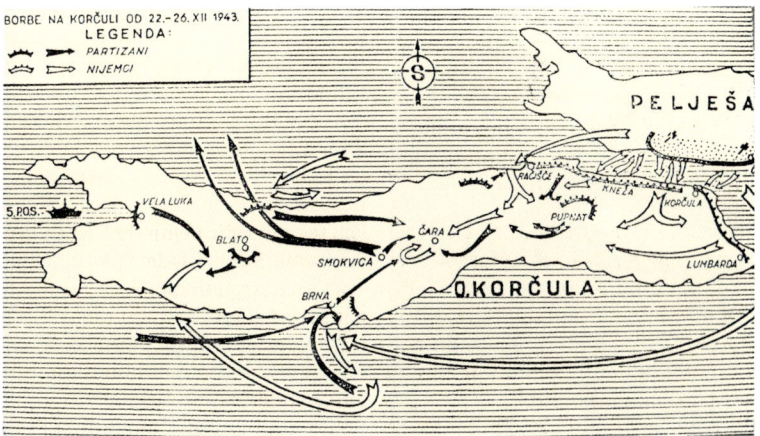

Strategieplan der Partisanen zur Rückeroberung von Korčula

Land und Leute

Der Befreiungskampf

Als Gegenbewegung zu den Ustaša organisierten sich gleich zu Beginn der deutsch-italienischen Besatzung die Četnici, eine serbische Widerstandsbewegung unter General Dragoljub Draža Mihajlović. Gestützt von der Exilregierung, war sie eine nationalistisch-serbische Organisation. Deshalb richtete sie ihren Gegenterror zunächst vor allem gegen führende Kroaten und Moslems unter den Nazis. Erfolgreicher war der Partisanenkampf der Kommunisten. Nicht nur, weil sie bereits seit 1921 im Untergrund wirkten und damit Erfahrung hatten. Ihr Anführer war flexibler. Er stellte in dieser Situation den Gedanken des Klassenkampfes und der Nationalitäten hinten an und konnte so den Widerstandwillen aller nationalen Gruppen des jugoslawischen Reiches vereinen. Er verzichtete darauf, gegen lokale Führer vorzugehen, die sich den Besatzern andienten und konzentrierte sich auf die Besatzer selbst. Es war dieses integrative Element, das Josip Broz Tito eigen war und mit dem über den Widerstand hinaus das sozialistische Jugoslawien zusammenhalten sollte. Tito, der bereits seit 1937 an der Spitze der Kommunisten stand, sammelte Kirchenleute ebenso wie die Führer der von der Ustaša verbotenen Parteien um sich.

Die erste spektakuläre Aktion war die Einnahme des Städtchens Srb in der Lika, mit wechselndem Erfolg eroberten sie weitere Gebiete und konnten dort eine funktionierende Verwaltung und eine Wirtschaft aufbauen. Zunächst organisierte Tito den Widerstand aus den Höhlen im bosnischen Jajce heraus. Doch nachdem ihn im Mai 1944 deutsche Fallschirmspringer bei Dvar fast gefangengenommen hatten, verlegte er die Zentrale des Widerstandes auf die dalmatinische Insel Vis, die von den Briten besetzt war. Auch dort bezog das Kommando eine Höhle. Auf Grund der zunehmenden Erfolge zwang Churchill die serbisch dominierte Exilregierung, Hilfe für Tito zu organisieren und Mihajlović zu entlassen. Unterstützt mit Waffen und be-

günstigt durch die Erfolge der Alliierten, konnten die Partisanen am 20. Oktober 1944 zusammen mit der Roten Armee Belgrad erobern. Als sie sieben Tage später Split als erste kroatische Stadt befreiten, wurde dort die erste kommunistische Partei der Kroaten gegründet. Zum Kriegsende versuchten Minister im Kabinett von Pavelić, einen Seitenwechsel zu organisieren, doch Pavelić ließ sie vermutlich kurz vor Kriegsende noch umbringen. Pavelić floh am 7. Mai 1945 nach Argentinien. Nach einem Attentat siedelte er nach Madrid über, wo er 1959 starb. Als die Partisanen auf Zagreb zumarschierten, löste dies einen Flüchtlingstreck aus. 100 000 Menschen flohen nach Kärnten, um dort in britische Gefangenschaft zu gehen.

Partisanen auf Korčula

Doch der englische Feldmarschall Harold Alexander übergab sie alle an die Partisanenarmee. Diese führte die Flüchtlinge auf einem Marsch unter brutalen Umständen in Internierungslager zurück. Unterwegs starben wahrscheinlich zwischen 45 000 und 55 000 Menschen. Dieser Marsch wurde später als ›Kreuzweg‹ bezeichnet und zu einem Symbol der antisozialistischen Opposition.

Wie hoch die Verluste im Zweiten Weltkrieg insgesamt auf jugoslawischer Seite waren, ist umstritten. Tito selbst hatte 1,7 Millionen angegeben, diese Zahl wurde noch unter seiner Führung in Zweifel gezogen.

Das sozialistische Jugoslawien

Der gemeinsame faschistische Feind hatte die Kulturen auf dem Balkan, die sich in hunderten von Jahren unterschiedlich entwickelt hatten, aber nach wie vor ähnliche Sprachen verwendeten, zwar geeint, aber die kulturellen Unterschiede nicht überwinden helfen können. So gelang es noch am 29. November 1945 mühelos, in Belgrad die Federativna Narodna Republika Jugoslavije (FNRJ), die Föderative Volksrepublik Jugoslawien zu gründen.

Um den Zusammenhalt zu fördern, wurde die Partisanenzeit zum Mythos stilisiert. Beflügelt durch die große Selbständigkeit der jugoslawischen Partisanen und ihrer Erfolge, forderte Tito nach dem Krieg mehr Selbständigkeit innerhalb der kommunistischen Staaten. Dabei eskalierte ein Streit mit Stalin, so dass Moskau Jugoslawien aus der Kominform ausschloss. Es folgte eine Wirtschaftsblockade, die Tito dazu zwang, westliche Hilfe anzunehmen und Güter aus dem Marshall-Plan zu beziehen.

Tito reagierte prompt auf die Ausgliederung und begann eine ›Säuberung‹, indem er alle Anhänger Stalins aus der kommunistischen Partei ausschloss und sie auf die Gefängnisinsel Goli Otok verbannte. Dort mussten zeitweise 30 000 Menschen in Steinbrüchen Zwangsarbeit leisten. Als Stalin 1953 starb, verbesserte sich zwar das Verhältnis zur Sowjetunion, doch Jugoslawien stieg zur Führungsnation der Blockfreien Länder auf.

In der Wirtschaft ging Tito ebenfalls einen eigenen Weg und hob die Kollektivierung bereits ab 1950 auf. Stattdessen führte er die Arbeiterselbstverwaltung ein. Landbesitz wurde nur auf eine Größe von 10 bis 20 Hektar beschränkt. Ende der 60er Jahre wurde der freie Reiseverkehr genehmigt. Mit der Ankunft vieler Gastarbeiter im deutschsprachigem Raum wurde nicht nur der jugoslawische Arbeitsmarkt entlastet, sondern konnten auch Oppositionelle ins Exil gehen. Allerdings wurden Oppositionelle in den Gastländern vom jugoslawischen Geheimdienst bespitzelt und zum Teil auch getötet.

Während in Westeuropa die 68er-Bewegung revoltierte, entstand 1967 auch in Zagreb eine Protestbewegung, die sich der ›Kroatische Frühling‹ nannte. Er war ein Ausdruck der Tatsache, dass die Frage der nationalen Identität ungeklärt geblieben war und sich über die Person Titos nicht mehr allein integrieren ließ. Unter anderem wurde kritisiert, dass Kroatien beim Rückfluss der Deviseneinnahmen aus dem Tourismus benachteiligt würde. So gingen alle Devisen an die Nationalbank in Belgrad und wurde den Unternehmen im Gegenwert als Dinare

Titos Konterfei auf einer jugoslawischen Briefmarke

gutgeschrieben. Trotz Zugeständnissen eskalierte der Konflikt bis hin zur Forderung einer weitgehenden Loslösung von Kroatien mit eigener Vertretung in den Vereinten Nationen.

Tito, der der Bewegung erst unentschlossen gegenüberstand, sprach am 29. November 1971 ein Machtwort. Er ›säuberte‹ die Partei und unterdrückte die Bewegung mit Gewalt. Dennoch wurde in der Folge 1974 noch einmal die Verfassung verändert, und sie erhielt mehr föderale Elemente. Touristikunternehmen konnten danach 45 Prozent aus den Deviseneinnahmen und Exportfirmen 20 Prozent behalten. Der Tod von Josip Broz Tito am 4. Mai 1980 bedeutete auch einen Generationenwechsel; die Kriegsgeneration trat ab. Titos Posten als Staatspräsident wurde nie mehr vergeben. Er wurde durch ein achtköpfiges Staatssspräsidium ersetzt, dessen Vorsitz rotierte. Das System brach auseinander, als Slobodan Milošević zunehmend eine Zentralisierung anstrebte, die Befürchtungen über eine serbische Dominanz auslöste. 1981 kam es zu einem Aufstand der Albaner im Kosovo, der brutal niedergeschlagen wurde. Als sich weiterer Widerstand aus Slowenien ankündigte, forderte Milošević Maßnahmen zur Zentralisierung auf einem Parteitag am 22. Januar 1990. Aus Protest gegen seine Politik verließen erst die Slowenen, dann die Kroaten unter Ivan Račan den Parteitag und besiegelten damit das Auseinanderbrechen der Partei.

Die Unabhängigkeit Kroatiens

Im April 1990 fanden die ersten freien Wahlen in Kroatien statt, aus der die Partei Kroatische Demokratische Gemeinschaft (HDZ) unter Franjo Tuđman als Sieger hervorging. Dieser gab der formal noch sozialistischen Republik sogleich eine neue Verfassung, deren Präambel er selbst schrieb und die er auf sich zuschnitt. Zudem wechselte er auch die offiziellen Symbole aus. Als Flagge diente ab sofort die ›Šahovnica‹, die bis heute gilt. Auch Milošević betrieb den Ausschluss Kroatiens und Sloweniens aus dem jugoslawischen Verband, wollte sich aber die serbisch dominierten Teile aus Kroatien und Bosnien-Herzegowina herausschneiden.

Zunächst machte sich die Krajina selbständig, ein Gebiet, das auf kroatischer Seite entlang der Westgrenze des heutigen Bosnien verläuft und etwa ein Drittel des kroatischen Staatsgebietes ausmacht. Außerdem besetzten die Serben das Gebiet östlich von Osijek in Slawonien. Die Kroaten bauten im Gegenzug eine paramilitärische Nationalgarde auf. Nach einigen Gewaltakten und Volksabstimmungen in Slowenien und Kroatien, vor allem nachdem der Serbe Borislav Jović sich geweigert hatte, den Vorsitz im Staatspräsidium an Stipe Mesić zu übergeben, erklärten beide Länder am 25. Juni 1991 ihre Unabhängigkeit.

Ab Mitte Juli 1991 eskalierte die Situation zum Krieg. Die Serben versuchten, Dalmatien vom übrigen Kroatien abzuschneiden, indem sie die Maslenica-Brücke nördlich von Zadar besetzten. So konnte Dalmatien mit Fahrzeugen nur noch über Pag erreicht werden. Dubrovnik wurde bombardiert und Split belagert. 245 000 Kroaten wurden zu Flüchtlingen.

Am 23. Dezember 1991 preschte die deutsche Regierung unter Helmut Kohl und Hans-Dietrich Genscher vor und erkannte Kroatien vorzeitig als neuen Staat an. Im Januar 1992 folgten die anderen EU-Staaten. Noch im selben Monat trat der Vance-Plan in Kraft, ein Waffenstillstand, nach dem UN-Truppen an den Grenzen postiert wurden, die den Grenzverkehr und die Rückkehr der Flüchtlinge garantieren sollten. Doch der gute Wille führte zu einem anderen Ergebnis: Damit wurde lediglich der Status quo zementiert, und es schien, als ob die serbische Politik gestützt werden sollte. Derweil führte Kroatien seine neue Währung, die Kuna, ein und teilte das Land in 20 Gespanschaften und 117 Općine (Kommunen) auf.

Zu wirtschaftlichen Problemen wurden der Unterhalt der Armee und die große Zahl der Flüchtlinge in dem 4,5 Millionen-Einwohner-Land, wobei mit dem einsetzenden Krieg in Bosnien 300 000 Kroaten aus dem Nachbarland dazukamen. Die Devisen aus dem Tourismus blieben aus. Bei der Versorgung Dalmatiens gab es zunehmend logistische Schwierigkeiten, manche Inseln mussten per Schiff mit Trinkwasser beliefert werden.

Nachdem die Europäische Gemeinschaft sich bei ihren Vermittlungsbemühungen selbst im Weg gestanden und die Amerikaner energisch eingriffen hatten, versuchte auch das neue Kroatien, Fakten zu schaffen. 1993 eroberte es die Maslenica-Brücke oberhalb von Zadar zurück und errichtete eine Pontonbrücke. 1995 begann nach langer Vorbereitung die Operation ›Blijesak‹, Blitz, mit der zunächst in Westslawonien Vukovar zurückerobert wurde. Als Antwort beschossen die Krajina-Serben Zagreb mit Raketen. Am 4. August 1995 begann mit der Operation ›Oluja‹ (Gewittersturm), dem Einmarsch in die Krajina, der letzte Akt. Bereits einen Tag später konnte Präsident Franjo Tuđman die kroatische Fahne auf der Burg Knin hissen. Fast die gesamte serbische Bevölkerung von etwa 130 000 Menschen ergriff die Flucht.

Stadttor in Nin, auf dem auch zu kommunistischen Zeiten die kroatische Flagge wehte

Land und Leute

Im Zuge der Rückeroberung der Krajina schalteten sich die Amerikaner aktiv in das Kriegsgeschehen ein, so dass schließlich am 21. November 1995 das Abkommen von Dayton möglich wurde. Mit ihm fand der Krieg auf dem Südbalkan ein Ende, und die heutigen Grenzen wurden festgeschrieben.

Nach dem Krieg

Insgesamt hat der Krieg Kroatien rund 40 Milliarden Dollar gekostet. Geld, das den Kroaten im Gegensatz zu Polen, Tschechen oder Ungarn für den Aufbau fehlte. Noch immer behindern ungeräumte Minenfelder Investitionen vor allem im ländlichen Raum. Nach dem Friedensvertag hat eine Aufarbeitungsschlacht begonnen, die sich nur selten an den Opfern, dafür mehr an politisch-wirtschaftlichen Interessen orientiert. Nach dem Krieg strebten die ehemaligen Gegner in die Europäische Vereinigung. Dafür machten zahlreiche EU-Mitglieder allerdings die Auslieferung der Kriegsverbrecher vor dem Internationalen Gerichtshof (IGH) zur Voraussetzung. Insbesondere das Erscheinen der serbischen Aggressoren war gefragt, doch die Serben wollten auch Kroaten auf der Anklagebank sehen wie zum Beispiel General Ante Gotovina, der den Angriff auf die Krajina in ihrem Südabschnitt geleitet hatte und dem zunächst 150, später 37 Morde und die Vertreibung von über 100 000 Serben vorgeworfen wurde. Doch nachdem der Ex-Fremdenlegionär am 8. Dezember 2005 auf Teneriffa gefasst worden war, kam es zu zahlreichen Kundgebungen in Kroatien und anderen europäischen Städten, auf denen er als Held gefeiert wurde.

Bereits 1999 erhob Kroatien vor dem 1993 gegründeten IGH Anklage gegen Serbien wegen Völkermords und machte die Serben für 14 000 Tote und 55 000

Die andauernde Verehrung von Franjo Tudman als Vater der Nation ist wie hier in Kaštela nicht zu übersehen

Verletzte sowie 590 verwüstete Städte und Dörfer verantwortlich. Zehn Prozent des Hausbestandes, 1800 Kulturdenkmäler und 450 katholische Kirchen seien demnach zerstört worden. Nachdem die Klage erst 2008 zugelassen worden war, erhob Belgrad 2009 seinerseits Anklage gegen Kroatien wegen Völkermords vor dem IGH, was den Weg Kroatiens in die EU erneut erschweren dürfte. Doch die kroatischen Gerichte wollen beweisen, dass auch sie EU-fähig sind und bemühen sich nun, die Fälle von Kriegsvergehen im eigenen Land juristisch zu werten. 2009 haben die kroatischen Behörden etwa 1000 Personen zur Fahndung ausgeschrieben. Mehr als 600 werden mit einem internationalen Haftbefehl gesucht.

Die serbischen Flüchtlinge finden dagegen nur schwer in ihre alte Heimat zurück. Die Zahlen der Rückkehrer gehen je nach kroatischen oder serbischen Angaben weit auseinander. Offiziell haben alle Serben freien Zugang zu ihrer alten Heimat, doch zu Behinderungen kommt es oft auf administrativer Ebene. So wird der serbischen Kirche in Šibenik die Genehmigung zur Eröffnung eines Ikonenmuseums seit Jahren verweigert. Hauptproblem für die Jungen ist es, in Kroatien wieder Arbeit zu finden. Oft kehren Pensionäre auf das Land zurück, um ihre Häuser, Höfe und Gärten zu bewirtschaften. Belgrad unterstützt die Rückkehrer sogar mit Zahlungen durch eine eigens gegründete Entwicklungsbank.

Die Nach-Tuđman-Ära

Tuđman ging als Nationalheld in die Geschichte ein. Doch in der Endphase seiner Regierungszeit war der erkrankte Präsident für dringende Reformen zu schwach. Stattdessen teilten die Parteigenossen die Pfründe unter sich auf und stellten wirtschaftliche Weichen. Als der Euroskeptiker Tuđman am 13. Dezember 1996 starb, war Kroatien zuvor noch Mitglied im Europarat geworden, doch das Land war so weit isoliert, dass selbst zum Begräbnis von Tuđman einzig der türkische Staatspräsident Süleyman Demirel kam, ansonsten waren die Länder nur durch ihre Botschafter vertreten. Tuđmans Nachfolger wurde am 18. Februar 2000 der letzte Vorsitzende im Staatspräsidium des alten Jugoslawien, Stipe Mesić. Der ehemalige Studentenführer, der in den Nachwehen des ›kroatischen Frühlings‹ 1971 zeitweise auch im Gefängnis saß, hat das Land auf einen demokratischen Weg gebracht und der EU geöffnet. Zwar blühte unter seiner Ägide die Korruption, doch er wies die Nationalisten zurück, indem er als erster Kontakt zu Serbien aufnahm und sich gegen Kreuzsymbole in öffentlichen Einrichtungen aussprach. Zudem entschuldigte er sich bei den Angehörigen der Opfer des Konzentrationslagers Jasenovac.

Im Januar 2010 musste der beliebte Bürgerpräsident verfassungsgemäß das Amt an den inzwischen gewählten Ivo Josipović übergeben. Der gebürtige Zagreber und bekennende Agnostiker gilt als international anerkannter Völkerrechtsexperte, ist Komponist und nicht zuletzt ein sprachgewandter, überzeugter und überzeugender Europäer. Josipović muss mit einer konservativen Regierung um die HDZ-Ministerpräsidentin Jadranka Kosor regieren. Sie gelten als Hoffnungsträger bei der Bekämpfung der Korruption. Die noch von Tuđman geförderte Zagreberin hatte im Sommer 2009 das Amt von dem aus bis heute ungeklärten Gründen zurückgetretenen Ivo Sanader übernommen. Nachdem die Regierung Sanader auf die

Wirtschaftskrise von 2008 nicht beherzt genug reagiert hatte, musste Kosor zügig drastische wirtschaftspolitische Maßnahmen einleiten, wobei sie zusätzlich mit einem überschuldeten Staatshaushalt fertig werden musste. So strich sie öffentliche Ausgaben um 400 Millionen Euro, führte eine Krisensteuer von vier Prozent auf Einkommen über 825 Euro ein und kürzte Renten über 270 Euro, so dass Josipović mit der Forderung für Rentenerhöhung Stimmen sammeln konnte. Doch Korruptionsvorwürfe gegen drei ihrer Minister schwächten die gelernte Journalistin. Die kroatische Wettmafia spielte als ›Exportartikel‹ auch eine wichtige Rolle bei den Skandalen um manipulierte Spiele in der deutschen Bundesliga. Einen spannenden Einblick in die korrupte Gesellschaft Kroatiens bietet der Roman ›Der Spieler‹ von Edo Popović. Die Korruption gehört auch zu den größten Herausforderungen angesichts des EU-Beitritts Kroatiens, das bereits seit April 2009 Mitglied der NATO ist. Mit diesem wird frühestens im Jahr 2012 gerechnet. Lange hatte Slowenien die Zustimmung wegen offener Grenzfragen vor allem in der Bucht Piran blockiert. Nur mühsam hatte man sich einigen können, den Konflikt einem internationalen Schiedsgericht zu übergeben, das erst nach der Unterzeichnung des EU-Beitrittsvertrags Kroatiens tagen soll. Seitdem die Slowenen dieser Lösung per Refendum zustimmten, ist der Beitritt fast nur noch eine Frage der Zeit.

Als außenpolitische Provokation gelten auch einige Verkehrsprojekte des Landes. Streit herrscht derzeit um eine Brücke, die Ploče mit Pelješac verbinden soll. Das 260 Millionen Euro teure Projekt, das den Haushalt drastisch einengt, soll die Durchfahrt der bosnischen Küstenregion um Neum unnötig machen und wird den Bosniern Einnahmeverluste bescheren.

Politik, Gesellschaft und Wirtschaft

Dalmatien besteht aus 4 der 21 Gespanschaften (wie Kreise, die aber in direktem Kontakt mit Zagreb stehen) und ist neben Istrien, Kvarner, Zagorje, Slawonien eine von fünf größeren historischen Einheiten. Split gilt dabei noch immer als die heimliche Hauptstadt Dalmatiens, auch wenn die Regionen seit 2001 keine eigenständigen landespolitischen Kompetenzen mehr besitzen.

Regiert wird die Republik Kroatien (Republika Hrvatska) als eine parlamentarisch demokratische Republik mit starker Ausrichtung auf ihren Präsidenten. Der vom Parlament (Sabor) gewählten Regierung steht ein Ministerpräsident vor, der die Regierung leitet. Nachdem Ex-Präsident Franjo Tuđman (HDZ) stark präsidial ausgerichtet regiert hatte, wurden mit der Verfassungsreform 2001 zahlreiche Kompetenzen an das Parlament zurückverlagert. Stärkste Partei ist auch nach der Wahl 2009 die konservative Hrvatska Demokratska Zajednica/Kroatische Demokratische Union (HDZ), die derzeit den Ministerpräsidentin in Gestalt von Jadranka Kosor stellt. Zweitstärkste Partei ist die Sozialdemokratska Partija Hrvatske/Sozialdemokratische Partei Kroatiens (SDP). Am rechten Rand fischen außerdem einige nicht unbedeutende Splitterparteien wie Hrvatska Seljačka Stranka/Kroatische Bauernpartei (HSS). Im Prinzip gilt auch in Kroatien die Fünf-Prozent-Hürde, doch gemeinsame Listen sind erlaubt, und so schaffen es einige kleine Parteien per Huckepackverfahren in den Sabor.

Split: Römische Tradition als Wirtschaftsfaktor in der Moderne

Gesellschaft und Religion

Gesellschaftlich macht Kroatien eine Turboentwicklung vom Nationalismus des 19. Jahrhunderts zum heutigen EU-Gedanken durch. Das Land, das über fast 1000 Jahre unter den jeweiligen Weltmächten aufgeteilt war, erhielt 1995 erstmals die Chance, sich als Nation zusammenzufinden. Mit der Anerkennung Kroatiens als eigene Kulturnation durch die europäischen Staaten fällt es den Kroaten allerdings leichter, sich einer übergeordneten Gemeinschaft zu öffnen. Bislang bildet der Stolz auf die eigene Leistung und die Opfer im letzten Krieg die Grundlage des starken Nationalgefühls.

Nicht nur die staatliche Zerrissenheit, auch die zahlreichen Gastarbeiter und deren Kinder tragen die Frage nach der eigenen Identität in das Land. Deren Besinnung auf die Heimat und Rückkehr beschert dem Land einen Bauboom und eine starke Zersiedelung.

Probleme gibt es bei der Toleranz gegenüber Schwächeren und Minderheiten. Jede zweite Frau leidet an häuslicher Gewalt. Unterschiedliche Volksgruppen wie Serben, Bosnier oder sogar Kroaten aus Bosnien, aber auch gesellschaftliche Minderheiten wie Homosexuelle haben es nach wie vor schwer. Sie müssen stets Übergriffe und Schlägereien fürchten. Immerhin gibt es inzwischen eine Internetseite für Homosexuelle, www.croatia-gay.com. Split gilt in dieser Hinsicht als liberale Stadt.

In den letzten Jahren hat der Einfluss von Mafia und Korruption erheblich zugenommen. Dies zeigt der Fall des in Österreich verhafteten Ex-Generals, Vize-Verteidigungsminister und späteren Bauunternehmers Vladimir Zagorec. Nach seiner Demission 1993 soll er Diamanten im Wert von etwa 3,4 Millionen

Euro aus dem Verteidigungsministerium mitgenommen haben, die als Sicherheit für illegale Waffengeschäfte hinterlegt waren. Knapp nach der Überstellung aus Österreich wurde die Tochter seines kroatischen Anwalts im Zentrum von Zagreb durch Kopfschüsse regelrecht hingerichtet. Der als Zeuge aufgerufene Journalist Ivo Pukanić fiel Ende Oktober einem Bombenanschlag zum Opfer. Zusammenhänge wurden offiziell weder bestätigt noch dementiert.

Alltägliche Probleme bereitet die Korruption in den sehr bürokratisierten Abläufen in der Verwaltung mit ihrer Überregulierung. Mit den zahlreichen, oft gegenläufigen Verordnungen kann so mancher lokale Beamtenfürst seine private Politik machen und Dinge beschleunigen, verzögern oder sogar verhindern.

Die katholische Kirche

Mit dem Ende des Kommunismus und der Auswanderung hunderttausender Serben durch den Krieg dominiert die katholische Kirche das gesellschaftliche Leben stärker als in anderen eruopäischen Ländern. Seit dem 7. Jahrhundert fühlt sich die kroatische Küste zu Rom gehörig. Für die Kroaten ist der Glaube bis heute Teil der ethnischen Zugehörigkeit und Abgrenzungszeichen gegenüber Serben (orthodox) und Bosniern (muslimisch).

Als einzige Opposition in kommunistischen Zeiten mit zahlreichen Märtyrern, deren bekanntester Name der umstrittene Zagreber Kardinal Alojze Stepinac ist, genießt die Kirche wie in Polen und trotz einiger Affären einen überaus positiven Ruf. Ihr Verhalten zu Zeiten der faschistischen Marionettenregierung Ante Pavelićs ist aber bis heute nicht geklärt. Ganz profan ist sie derzeit mit ihren vielen Bauvorhaben der zehntgrößte Auftraggeber im Land. Zu Verstimmungen mit dem vorangegangenem Präsidenten Stipe Mesić kam es, als dieser das Aufhängen von Kreuzen in öffentlichen Gebäuden verbot.

Die serbisch-orthodoxe Kirche

Es ist heute schwer zu entscheiden, wo die Anfänge der serbisch-orthodoxen Kirche in Dalmatien liegen. Die Orthodoxen sagen, bereits Paulus hätte Dalmatien christianisiert. Unter ostkirchlichen Einfluss kam Dalmatien, als es ab dem 4. Jahrhundert zu Byzanz gehörte. Griechische Kaufleute in den Städten, Flüchtlinge, die nach der Schlacht auf dem Amselfeld 1389 an das Meer geflüchtet waren, von den Österreichern angesiedelte orthodoxe Gläubige in der Krajina und Vertriebene aus serbischen Teilen Bosniens bildeten die Gemeinden. Erst Napoleon erlaubte den Orthodoxen, sich von der Verwaltung durch die katholische Kirche zu lösen und Šibenik zu ihrem orthodoxen Zentrum zu machen.

Im Ustaša-Staat gab es anhaltende Progrome gegenüber zehntausenden von orthodoxen Gläubigen mit Zwangskatholisierungen. Insgesamt folterten und töteten Kroaten 27 serbisch-orthodoxe Geistliche, zerstörten 17 Kirchen und beschädigten 23 schwer. 49 Archive und 30 Kirchenbibliotheken wurden vernichtet. Im letzten Krieg von 1991 bis 1995 wurden in Dalmatien erneut 14 orthodoxe Kirchen zerstört und 45 schwer beschädigt.

Wirtschaftliche Entwicklung

Nach dem Krieg erlebte Kroatien dank des Tourismus, der 20 Prozent des Bruttoinlandprodukts ausmacht, einen beispiellosen wirtschaftlichen Aufschwung. Doch im Herbst 2008 hat die Weltwirtschaftskrise auch die kroatische Wirtschaft voll erfasst. Lag das Wirtschaftswachstum 2007 noch bei 5,5 Prozent, schwächte es sich 2008 auf 2,2 Prozent ab. Das kroatische Finanzministerium hat Ende 2009 einen Wirtschaftsrückgang um 6 Prozent für das Jahr prognostiziert.

Die Wirtschaft befindet sich in keinem guten Gesamtzustand. Der Staatshaushalt ist bis an die Grenze des Bankrotts überschuldet, so dass es zu drastischen Budget- und Gehaltskürzungen bei Beamten und Rentnern kam. Noch immer bringt das Land jährlich eine Milliarde Euro für die Kriegsfolgen auf. 2008 stieg die Arbeitslosenquote um fast zwei Prozentpunkte gegenüber dem Vorjahr und lag bei 13,7 Prozent.

Die Globalisierung hat zu einem Ausverkauf der Großunternehmen in dem kleinen Land geführt. So sind die Telekommunikationsfirmen überwiegend ebenso in ausländischer Hand wie private Medien, Banken und neuerdings auch Einzelhandelskonzerne.

2009 haben zahlreiche Wirtschaftsskandale vor allem in den alten Staatsbetrieben wie der Postbank HPB, der INA, im Lebensmittelkonzern Podravka und Unregelmäßigkeiten bei der Insolvenz der Hypo Group Alpe Adria, einer Tochter der Bayerischen Landesbank, das Vertrauen erschüttert.

In der Landwirtschaft machen vor allem die Dumpingpreise der EU den einheimischen Produkten zu schaffen. Bislang ist der Kuna stabil, Experten rechnen

Ordensleute und Mönche, insbesondere Franziskaner, genießen hohes Ansehen und sind in die Gesellschaft integriert

aber mit einer Abwertung, spätestens bei der Einführung des Euro, sollte Kroatien
Mitglied der EU werden. Doch dann werden die Karten neu gemischt: Offiziellen
Berechnungen zur Folge könnte Kroatien 2,4 Milliarden Euro an Regionalhilfen
und 700 Millionen Euro für den Agrarsektor erwarten.

Tourismus

Auf die Frage ›Welchen Tourismus will Kroatien?‹, sagte die leitende Managerin
einer lokalen ›Turistička zajednica‹ im Zuge der Recherchen zu diesem Buch un-
gewöhnlich offen: »Das ist die große Frage, die wir uns auch jeden Tag stellen.«

Immerhin besuchten elf Millionen Touristen das Land 2009. Krisenbedingt
war damit die Zahl zwar nur leicht gegenüber dem Vorjahr gesunken, gravierender
fiel ins Gewicht, dass die Besucher rund eine Milliarde Euro weniger ausgaben als
im im Jahr zuvor.

Der Tourismus begann, als mit Kroatien das Meer in die österreichischen
Landesgrenzen kam. Als Startschuss gilt der Bau eines großen Hotels in Opatija
1844. Mit dem Bau der Eisenbahnlinie nach Dalmatien erreichten die ersten Er-
holungsreisenden die südliche Adriaküste. 1868 entdeckten die ersten Touristen
die Stadt Hvar zur Erholung und wenig später auch Jelsa, Orebić und Kaštel bei
Split. Nach einer kurzen Blüte Ende der 20er und Anfang der 30er Jahre wurden
die Gäste in Jugoslawien zu einem Wirtschaftsfaktor und Kroatien zu einem Land
der Billigreisen.

Billig ist Kroatien längst nicht mehr. Die Campingpreise haben sich laut
ADAC bereits zu den dritthöchsten in Europa entwickelt. Lediglich der Restau-
rantbesuch und die Übernachtungen in Privatunterkünften sind noch relativ
preiswert, vor allem Hotelpreise steigen aber kontinuierlich. Überall wird betont,
dass Kroatien weg vom Billigtourismus möchte, aber die entsprechenden Ange-

Ikonostase der Kirche Uspenie Bogomatere in Šibenik

bote fehlen. Hotels mit mehr als vier Sternen oder kleine, aber gute und luxuriöe Pensionen sind noch Mangelware, aber in vielen Gemeinden sind entsprechende Projekte in Planung. Derzeit wird jedes Zimmer vermietet, das sich freimachen lässt. Das hat persönlichen Charme, und man kann die herzliche kroatische Gastfreundschaft genießen.

Geeignet ist das Land für Familientourismus, zum einen wegen der sauberen Strände und auch deshalb, weil Kroaten überwiegend sehr kinderfreundlich sind. Immerhin bescheinigt der ADAC dem Land wachsende Sicherheit auf den Straßen und vor allem in den Tunnels, auch wenn die Kroaten selbst eine eher temperamentvolle Fahrweise an den Tag legen und die Unfallraten noch vergleichsweise hoch sind.

Festzustellen ist, dass der Anteil der Deutschen bei den Besuchern eher abnimmt. Vor allem Italiener holen auf und stellen mancherorts die Masse der Touristen. Aber auch Österreicher und Ungarn reisen verstärkt nach Kroatien. Das südliche Dalmatien haben vor allem die Briten entdeckt, die mit über 170 000 Urlaubern inzwischen einen nicht unbeträchtlichen Faktor darstellen. Ein so gemischt-nationaler Tourismus stellt durchaus besondere Anforderungen an das Konzept.

Medien

›Slobodna Dalmacija‹ (Freies Dalmatien) – der Titel dieser Zeitung ist ständig präsent, und sie ist das Identifikationsmedium einer ganzen Region. Gegründet wurde sie von den Partisanen im Zweiten Weltkrieg, bevor ihr Redaktionssitz Split am 26. Oktober 1944 befreit wurde. Das Blatt wurde beliebt, weil es unter kommunistischer Ägide mit einem Augenzwinkern auch abweichende politische Meinungen unterzubringen wusste. Auch unter Tudman wurde ebenfalls zunächst einem breiten redaktionellen Spektrum Raum gegeben, was der Zagreber Führung zunehmend missfiel. Die verschacherte das Blatt kurzerhand an einen HDZ-Mann, der das renommierte Blatt fast in den Ruin trieb.

Dabei haben mutige Printmedien in Kroatien durchaus Tradition. So legte der Journalist Ljudevit Gaj im 19. Jahrhundert mit Gründung der Zeitschrift ›Horvatske novine‹ gegen den Willen der ungarische Zentralverwaltung die Grundlage für die heutige lateinische Schriftsprache.

Um die Pressefreiheit ist es schlecht bestellt: Kritischen Journalisten drohen Einschüchterung, Entlassung oder sogar Mord. Über die Bildschirme flimmern derzeit drei staatlich kontrollierte und zwei private Fernsehprogramme. Wie auch im Westen bedeutet die Kommerzialisierung der kroatischen Medien nicht ein Mehr an Freiheit. So hat RTL 2005 innerhalb von einem Jahr die Marktführerschaft der Privaten übernommen.

Zunehmend kaufen sich die europäischen Medienhäuser in Kroatien ein. So sind die österreichische Styria AG (Die Pressse) und die deutsche WAZ-Gruppe aktiv. Letztere ist indirekt auch an der ›Slobodna Dalmacija‹ beteiligt. Zuletzt hat auch Kroatien die Anzeigenkrise der Printmedien erreicht und zahlreiche lokale Blätter vor das Aus gestellt.

Wichtige Persönlichkeiten

Juraj Dalmatinac (gest. 1473) ist der für Dalmatien wichtigste Name. Er hat unter anderem die gesamte Stadt Pag entworfen. Sein Lebenswerk ist die Planung der Kathedrale von Šibenik, wo er vor allem für die beeindruckende Taufkapelle den Fries der 74 Köpfe geschaffen hat und die Vorarbeiten für die Kuppel geleistet hat. Weil er mit diesem Werk bekannt wurde, nannte er sich auch Giorgio da Sebenico. Sein Schaffensdrang war enorm: Im gleichen Jahr, in dem er in Šibenik an der Taufkapelle baute, schuf er im italienischen Ancona 1452 die Loggia dei Mercanti. Danach arbeitete er in Dubrovnik am Fürstenpalast und an der Festungsanlage. Er soll in Šibenik gestorben sein.

Nikolaj Firentinac, in Florenz geboren, gestorben 1505, war nach Dalmatinac der bedeutendste Baumeister Dalmatiens, weil er architektonisch den Renaissancestil durchsetzte. Der ehemalige Gehilfe von Donatello, der ihn nachhaltig beeinflusst hatte, entwarf ab 1468 mit Andrija Aleši und Ivan Duknović die Ursini-Kapelle im Dom von Trogir. Ab 1477 übernahm er die Bauleitung der Kathedrale von Šibenik. Seine Skulpturen zeichnen sich durch Zartheit und Lebendigkeit aus.

Andrija Medulić (1500–1563), Maler aus Zadar, war beeinflusst von byzantinischer Kunst, ging bei Tizian in die Lehre und war Lehrer in der Frühphase von Tintoretto.

Lucijano Vranjanin, ebenfalls aus Zadar, trieb die Entwicklung der italienischen Renaissance auf ihren Höhepunkt. Er hinterließ Werke in Neapel, Venedig und Mantua, als sein Meisterwerk gilt der Palazzo Ducale in Urbino.

Faust Vrančić (1551–1617) aus Šibenik war eine Art Leonardo da Vinci Kroatiens. Der Schwerpunkt dieses Universalgelehrten, der auf der vorgelagerten Insel Prvić geboren wurde, lag jedoch nicht so sehr in der Malerei als vielmehr in

Die Šibeniker Kathedrale bauten zwei der größten Söhne Dalmatiens: Juraj Dalmatinac und Nicolaj Firentinac

der Literatur. Als erster hat er eine Art Fallschirm entwickelt. In einem quadratischen Holzrahmen von sechs mal sechs Meter spannte er ein Tuch und segelte damit 1617 vor zahlreichen Zuschauern vom Glockenturm des 86 Meter hohen St. Martinsdoms in Bratislava unbeschadet in die Tiefe. Später wiederholte er erfolgreich seinen Sprung in Venedig. Der Bischof und spätere Kardinal schrieb außerdem das erste Wörterbuch mit den seiner Meinung nach ›edelsten‹ europäischen Sprachen: Lateinisch, Italienisch, Deutsch, Kroatisch und Ungarisch. Er schrieb außerdem eine Geschichte Kroatiens und förderte als Archäologe erfolgreich römische Reste zu Tage.

Faust Vrančić: Der Erfinder des Fallschirms stammt aus Šibenik

Franz von Suppé kam 1819 in Split zur Welt. Seine Familie war allerdings aus Belgien über Italien nach Split eingewandert. Suppés Vater war Staatsbeamter der österreichisch-ungarischen Monarchie. Mit 13 komponierte Suppé seine erste Messe, die ›Missa Dalmatica‹. Der Vater zwang ihn zum Jurastudium nach Padua, doch als dieser starb, zog Suppé mit seiner Mutter nach Wien, wo er erst spät mit Operetten wie ›Fatinitza‹ (1876) und ›Bocaccio‹ (1879) Erfolge feierte. Es heißt, Suppé sei sprachlich seine dalmatinische Herkunft immer anzumerken gewesen.

Dado Pršo (geb. 1974). Die Geschichte des Fußballspielers, der international von sich reden machte, zeigt viel von den Konflikten des Landes. Pršo musste sich stets dem Vorwurf stellen, er sei kein Kroate, sondern Krajina-Serbe. Wegen der langen Belagerung Zadars während des Krieges Anfang der 90er, die von den Krajina-Serben unterstützt wurde, ist dieser Vorwurf ein Politikum. »Ich bin Kroate, und alles andere ist Unsinn«, versuchte Pršo alle Unklarheiten aus dem Weg zu räumen.

Dražen Petrović, Basketballer aus Šibenik, wurde wegen seiner leichten Spielweise auch als ›Mozart des Basketballs‹ bezeichnet. Ebenso frühzeitig wie der Komponist Mozart kam er allerdings auch ums Leben, bei einem Autounfall auf der A9. Der 1964 Geborene führte in 35 Länderspielen die jugoslawische Mannschaft einmal zur Weltmeister- und einmal zur Europameisterschaft. Mit 13 entdeckt, spielte der Sohn eines Šibeniker Polizisten für Real Madrid und in der nordamerikanischen NBA-Liga. Bei den Olympischen Spielen in Barcelona holte Petrović Silber für Kroatien. 2002 wurde Petrović in die amerikanische Hall of Fame aufgenommen.

Goran Ivanišević ist der gefeierte Sohn der Stadt Split. Der 1971 geborene Tennisspieler spielte bereits als 18jähriger in Wimbledon im Halbfinale, und 2001 gewann er schließlich das Turnier. 1992 errang er bei den Olympischen Spielen in Barcelona die erste Medaille für das unabhängige Kroatien. Bekannt war er für seine Flüche auf dem Platz, die für ihn lange Zeitstrafen nach sich zogen.

Kultur

Palazzi, Kirchen und Renaissancehäuser: Große einheimische und venezianische Baumeister und Bildhauer haben überall in Dalmatien ihre Spuren hinterlassen.

Dabei hatte es die Region auf Grund seiner Zerrissenheit und der zahlreichen Kriege nicht leicht, eine eigene Kultur zu entwickeln. Bis heute ist aus Malerei, Literatur, Musik und Film nur weniges über die Grenzen Kroatiens hinaus bekannt geworden, obwohl vieles eine nähere Betrachtung lohnt.

Das Brauchtum wird vielerorts wiederbelebt und gepflegt, und kein Tourist sollte sich die Gelegenheit entgehen lassen, bei der Aufführung eines Schwertertanzes oder eines Klapasingens dabei zu sein.

Architektur

Enge Gassen, unverputzte Häuser aus Naturstein mit schön verzierten Fenstern und Türen, einfache bis ausladende Palazzi und alles überragende Kirchen: Die Architektur, die heute Städte und kleinere Ortschaften so romantisch wirken lässt, ist überwiegend in der Zeit der ersten historischen Blüte Dalmatiens ab 1400 entstanden. Der Großteil der Altstadthäuser und Kirchen wurde vor allem ab dem Übergang von der Gotik in die Renaissance und in der k.u.k.-Zeit errichtet.

Aus der frühen Besiedelung des Landes sind durch Krieg und die häufigen Kämpfe der Machtzentren gegeneinander nur noch einzelne Bauwerke und Kirchen erhalten. Einzige Ausnahme bildet die Innenstadt von Split, die in den Komplex des ehemaligen römischen Diokletianpalastes hineingebaut ist und

Jugendstil: das Kurhaus in Split

auf diese Weise das Lebensgefühl der Römer bis heute vermittelt.

Während die Römer ihrerseits alle illyrischen Siedlungen bis auf wenige Trockenmauern auf den Bergspitzen dem Erdboden gleichgemacht hatten, sind aus ihrer Herrschaftszeit noch erstaunlich viele Reste zu besichtigen: zum Beispiel die Stadtanlage in Salona, aber auch das Amphitheater in der Nähe von Bribir, die Festung Asseria und Aquädukte auf Pag und bei Split.

An romanischer Architektur des frühen Mittelalters sind hauptsächlich Kirchen erhalten, die in einem einzigartigem Mischstil zwischen westlichen und byzantinischen Formen errichtet wurden. Dazu gehören die berühmten Kirchen Sv. Donat in Zadar und Sv. Duh in Nin, wie auch das Kirchlein Sv. Mihovil in Ston (Pelješac) mit seinen beeindruckenden Fresken. Einer der ersten namhaften Baumeister des Spätmittelalters war Bonino von Milano, der mit der Kirche in Trogir wegweisend gewirkt hat.

Die Renaissance setzte sich Ende des 15. Jahrhunderts erst relativ spät durch, denn über lange Jahre konnten sich die Einheimischen nicht zu diesem neuen Stil, der in Italien entstanden war, durchringen. Das ist nirgendwo besser zu erkennen als in Pag. Dort wurde die gleichnamige Stadt im 15. Jahrhundert neu auf dem Reißbrett entworfen und am Ende doch noch eine Kirche im gotischen Stil auf dem zentralen Platz gebaut.

Der hervorragende Baumeister dieser Zeit war Juraj Dalmatinac, der neben der Stadtplanung von Pag auch die Kathedrale in Šibenik und die Stadtbefestigung in Dubrovnik konzipiert hat. In seiner Folge taten sich außerdem Nikola Firentinac und zahlreiche lokale Baumeister wie Andrija Aleši aus Korčula hervor.

Einen weiteren Boom in der Architektur nach der Renaissance erlebte das Land unter Österreich-Ungarn. Insbesondere Ende des 18. Jahrhunderts entstand seitens der Kirche aus dem nördlichen Machtzentrum der Wunsch, den Katholizismus in der späten Gegenreformation durch viele Kirchbauten in den dalmatinischen Dörfern zu festigen. Durch die sehr ähnlichen Bauweisen wirken diese fast wie ein Serienbau.

Einen weiteren Akzent in der Architektur setzte der Jugendstil, der vor allem von der Wiener Sezession geprägt wurde. In großen Städten sind zahlreiche Bauwerke mit individuellem Charakter zu entdecken, die den dalmatinischen Metropolen wie Split und Zadar mondänes Flair verleihen.

Bildende Kunst

Kunst und Kultur entstanden unter den Verhältnissen eines im Mittelalter bedrohten und zerrissenen, dann eines kolonisierten Landes. Schon deshalb hat sich in Dalmatien kaum eine eigenständige Kunst entwickelt, die auch das übrige Europa hätte prägen können.

Erst unter der Herrschaft Venedigs entwickelte sich auch in Malerei und Skulptur eine künstlerische Kontinuität, so dass Dalmatien durch Renaissancekunst geprägt wurde. Die Strömungen europäischer Kunst und Bildhauerei wurden in das Land hineingetragen, und manche seiner Meister setzten diese genial um, doch wurden sie in Europa kaum wahrgenommen.

Maler und Bildhauer

Charakteristisch sind die frühromanischen kunstvollen Kapitelle und Ornamente in Form eines Flechtwerks, vor allem in Ziborien und Abschlusssteine gehauen. Von dieser sogenannten Flechtwerkornamentik behaupten kroatische Historiker und Tourismusmanager gern, sie sei eine typische kroatische Kunstform. Doch ist diese Behauptung umstritten, denn sie hat römische Vorbilder, und ähnliche Zierornamente sind auch in Apulien zu sehen. Dennoch ist eine derartige durchgehende Verwendung dieses Stilmittels sicher einmalig. Historisch bedeutsam sind

Land und Leute

Die Johanneskapelle der Trogirer Kathedrale ist ein Meisterwerk der Renaissancekunst

das Taufbecken von Nin, das in Split im Museum der kroatischen Kunst zu sehen ist, die Fresken in der Kirche Sv. Mihovil in Ston und das Relief einer Darstellung des Tomislav im ehemaligen Julius-Tempel von Split.

Der erste Meister, der im Mittelalter namentlich auftaucht, ist Andrija Buvina, der 1214 die Türflügel in der Kathedrale von Split aus Nussbaumholz schnitzte. Eine starke Persönlichkeit, die selbst hinter der starren romanischen Darstellungsweise erkennbar wird, war Meister Radovan, der im 13. Jahrhundert zusammen mit Schülern das Portal der Kathedrale von Trogir meißelte.

Dominierend in der Malerei der Gotik war der Maler Blaž Jurjev Trogiranin, dessen Werke in vielen Kirchen und Sammlungen im gesamten südadriatischen Raum anzutreffen sind. Sein Name weist auf Trogir als Herkunftsort, doch erstmals wird er 1412 in Šibenik erwähnt, bevor er 1419 in Trogirer Dokumenten auftaucht. Zur Zeit der venezianischen Besatzung 1420 flüchtete er nach Dubrovnik, wo er sich über sieben Jahre gut etablieren konnte. Über Trogir ging er nach Zadar, wo er erneut erfolgreich war und schließlich 1450 starb. In dem engen Variationsraum der gotischen Kunst zeichnet sich Trogiranin durch besonders schlanke und zarte Gestalten aus. Dabei nahm er verschiedene Strömungen norditalienischer Kunst seiner Zeit auf und verband sie mit eigener Emotionalität.

Der genialste und umtriebigste Baumeister Dalmatiens war Juraj Dalmatinac. Sein Alterswerk und Summe seines Schaffens ist die Kathedrale von Šibenik, die Köpfe an dessen Ostseite haben sogar Unterhaltungswert. Jacopo Tintoretto steuerte von Venedig aus zahlreiche Kunstwerke in Dalmatien bei. Umgekehrt wanderten zahlreiche Künstler Dalmatiens nach Italien aus. Sie hatten die Eigenart, sich den Beinamen Schiavone (Slawe) zu geben. Andrija Medulić Schiavone gilt als einer der Maler, der das Spiel von Licht und Farbe bei Tintoretto vorwegnahm.

Neue Impulse im künstlerischen Leben der Bildhauerei setzte erst wieder im 19. Jahrhundert der aus Supetar auf Brač geborene und zu Lebzeiten verkannte Bildhauer Ivan Rendić. In seiner Folge entwickelte sich eine Bildhauerschule, deren größter Künstler bis heute Ivan Meštrović ist. Der Schüler Rodins hat seine Kunst nicht nur national geprägt und wurde damit auch für den heutigen neuen Staat identitätsbildend, sondern er verband seine Werke mit starker Emotionalität und verlieh damit vor allem seinen Jugendstilarbeiten große Lebendigkeit.

Für die Malerei übernimmt der in Cavtat geborene Vlaho Bukovac die Rolle, den Anschluss an die europäische Kunst geschafft zu haben, sicher unterstützt von Celestin Medović aus Kuna (Pelješac), der von der Münchener Schule geprägt wurde. Eine starke Szene mit naiven Malern entstand in den 60er Jahren, von denen der auf der Insel Šolta geborene Eugen Buktenica internationale Anerkennung genießt.

Heute gibt es insbesondere unter den Modernen eine Reihe von Entdeckungen zu machen, die die europäische Kunstszene noch viel zu wenig wahrnimmt: Namentlich zu erwähnen sind der lange in Bol beheimatete Josip Botteri, aber auch Miša Baričević oder Đuro Politika.

Brauchtum und Tradition

Brauchtum und Folklore erhalten in Kroatien eine neue und teilweise auch politische Bedeutung. Mit der neuen Unabhängigkeit Kroatiens besinnt man sich gern der alten Traditionen, um damit die eigene Identität zu stärken und sich von den Nachbarregionen auch auf lokaler Ebene abzugrenzen. Grundsätzlich ist die Folklore in Dalmatien sehr lebendig und entwickelt sich auch weiter. Dabei beteiligen sich viele junge Leute am Brauchtum. Zahlreiche Feiern gehen von der Kirche aus. Dazu gehört der Karneval, der, angelehnt an den Karneval in Venedig, in vielen Küstenorten begangen wird. Die Hochburg liegt außerhalb von Dalmatien, in Rijeka, aber auch auf Pag, in Zadar und auf vielen kleinen Inselorten wird Karneval gefeiert. Dazu kommen zahlreiche Prozessionen, insbesondere an Karfreitag, zu Frohnleichnam und vor allem zur Himmelfahrt Mariens am 15. August.

Ein fast alltäglicher Brauch ist das Klapasingen. Klapa wird allgemein ein volkstümlicher Chor genannt. Traditionell werden die mehrstimmigen Lieder von den Dalmatinern in Städten und Dörfern spontan angestimmt, wenn eine Gruppe von Freunden im Dorf zu-

Tracht der Seefahrerfrauen aus Pelješac

sammensteht oder man sich auf kleinen Feiern trifft. Als Tourist ist man allerdings etwas vom Glück abhängig, einen solchen spontanen Gesang zu erleben.

An Tänzen gibt es viele lokal ausgeprägte Gruppentänze, die meist im Kreis getanzt werden. Über den ganzen Balkan bekannt ist der Kolo, wobei der Vrlicko Kolo, der in Vrlika nordöstlich von Šibenik getanzt wird, sehr bekannt geworden ist. Er wird im Rahmen des Volksfestes ›Vrlicki dernek‹ jährlich aufgeführt.

Auf der Insel Korčula hat sich in der Moreška und der Kumpanija eine Form des Schwertertanzes erhalten, wie es ihn einmal in ganz Europa gegeben hat. Die Moreška kommt ursprünglich aus Spanien und erinnerte dort an den Kampf gegen die Mauren. In Korčula wurde er zur Erinnerung an den Kampf gegen die Türken angenommen. Der in sieben Folgen getanzte Kreistanz ist wild und nicht ungefährlich, immer wieder können auch leichte Verletzungen auftreten.

Teuer und oft wertvoll sind die Trachten mit ihren komplizierten Mustern und feinen Stickereien, die sich regional unterscheiden und entweder neu angefertigt werden oder über Generationen vererbt werden. Dabei sind vor allem die Trachten Pags zu nennen, die mit viel Pager Spitzenarbeiten ausgestattet sind.

Film

Die größte Stätte für Filmproduktionen im ehemaligen Jugoslawien und Südosteuropa waren die ›Jadra‹-Filmstudios in Zagreb, die auch als Kooperationspartner für die Karl-May-Filme in den 60er Jahren fungierten. Der Versuch, diese Studios 1991 zu privatisieren, schlug fehl und brachte das kroatische Filmschaffen zum Erliegen. Als großer jugoslawischer Filmemacher galt Emir Kusturica (›Zeit der Zigeuner‹, ›Arizona dream‹), der heute aber als bosnischer Serbe betrachtet wird.

Der neue kroatische Film etabliert sich erst seit 1995 und macht seitdem mit sechs bis acht Filmproduktionen jedes Jahr auf sich aufmerksam. Wurden zu Beginn der 90er Jahre die Kroaten als Opfer des Krieges und der Widerstand im Kommunismus thematisiert, werden die Filmemacher Krieg und Nationalismus gegenüber kritischer. Viele neuere Streifen handeln vom neuen Alltag nach dem Krieg und der Suche nach Identität: Dabei entdeckten die Regisseure das Stilmittel der Ironie, die zum Beispiel für den Film ›Wie der Krieg auf meine Insel kam‹ von Vinko Brešan (1996) prägend wurde. Viele Filme schaffen es, mit einfachen Mitteln aus dem Alltag zu erzählen und Sogwirkung zu entfalten wie zum Beispiel der Film ›Die Kassiererin will ans Meer‹ (Blagajnica hoče ići na more) von Dalibor Matanić aus dem Jahr 2000.

Außerdem hat es weitere Anerkennungen gegeben: Mit dem Film ›Go for it‹ von Dejan Aćimović (2009) über einen blinden Gewinner eines paralympischen Wettbewerbs wurden erstmals Minderheiten in den Fokus gerückt. Der Film ›Armin‹ von Regisseur Ognjen Svilčić aus Split, eine Koproduktion mit Bosnien und Herzegowina und Deutschland, war 2005 sogar für den Oscar in der Kategorie ›bester ausländischer Film‹ nominiert. Eine lange Tradition hat der Animationsfilm, der seit den 60er Jahren von der Abteilung ›Duga Film‹ in Zagreb produziert wurde. Er konnte allerdings erst nach einer langen Krise Mitte der 80er Jahre wieder an die alten Erfolge anknüpfen. Dagegen nimmt der Video- und Experimentalfilm einen starken Aufschwung. In Split konnte sich das ›Internationale Festival des neuen Films und Videos‹ seit 1996 etablieren. Unterstützt wird die Videokunst seit der Gründung der Spliter Kunstakademie mit ihrer Abteilung ›Design der visuellen Kommunikation‹.

Neben Zagreb rückt zunehmend auch Split in den Fokus des Filmschaffens. Dafür stehen Streifen wie ›Eine wunderbare Nacht in Split‹ (Ta divna Splitska noć) von Arsen Ostojić oder die Spliter Regisseure Ognjen Svilčić (›Armin‹) und Branko Ivanda. Letzterer brachte 2003 den Historienschinken ›Der Reiter‹ (Kojnanik) in die Kinos. Mit ihm kann man sich gut auf eine Reise nach Dalmatien vorbereiten, denn der Film greift in einer Art Romeo-und-Julia-Geschichte die Geschichte Dalmatiens im Spannungsfeld zwischen Venedig und dem Osmanischen Reich auf.

Literatur

Als ältestes kroatisches Sprachdenkmal ist die Tafel von Baška auf der Insel Krk erhalten, eine um 1100 entstandene glagolitische Steininschrift. Nach dem Vordringen der Türken auf den Balkan blieb die kroatische Literatur am westeuropäischen Kulturmodell orientiert. Im 15. und 16. Jahrhundert entfaltete sich, von italienischen Vorbildern angeregt, eine bedeutende Renaissanceliteratur in den Zentren Ragusa/Dubrovnik, Split, Zadar und Hvar.

Der bekannteste kroatische Humanist ist Marko Marulić (1450–1524). Er stammte aus Split und beschrieb in seiner Dichtung ›Gebet wider die Türken‹ eindringlich und realistisch die Angst vor den Osmanen. Das originellste Werk dieser Zeit ist ›Vom Fischen und Fischergespräche‹ des Dichters und Philosophen Petar Hektorović (1487–1572), das eine Reise mit Fischern rund um die Insel Hvar beschreibt.

Kroatische Literatur war Schwerpunkt der Leipziger Buchmesse 2008

Im 17. und 18. Jahrhundert schrieben kroatische Barockdichter bedeutende didaktisch-enzyklopädische Schriften und bukolische Dichtungen. Der bekannteste von ihnen ist der Dubrovniker Patrizier Ivan Gundulić (1589–1638), dessen allegorisches Hirtendrama ›Dubravka‹, ein mythisch-pastorales Spiel um Gerechtigkeit und Liebe, den Freiheitsdrang seiner Heimatstadt besingt. Später verlor Dalmatien seine Führungsrolle in der kroatischen Kultur. Im 19. Jahrhundert öffnete sich die kroatische Literatur der gesamteuropäischen romantischen Bewegung. Themen entstanden nun aus dem wachsenden Interesse an der Volkspoesie und dem Nationalbewusstsein, das sich in Kroatien mit dem politischen Ziel einer Vereinigung aller Südslawen verband. Der Verfasser der kroatischen Nationalhymne ist Antun Mihanović (1796–1861): ›Unser schönes Vaterland/Oh, du liebe heldenhafte Erde,/Alten Ruhmes Ahnenreihe,/Bleibe immer ehrenhaft!‹.

Gegen Ende des 19. Jahrhunderts formierte sich die kroatische Moderne mit Vladimir Nazor (1876–1949), dessen bekanntestes Gedicht ›Die Zikade‹ mit lautmalerischen Mitteln eine antik-heidnische Freude an der Natur zum Ausdruck bringt: ›I cvrči cvrči cvrčak na čvoru crne smrče‹ – Und es zirpt, zirpt die Zikade auf dem knorrigen Ast der schwarzen Kiefer.

Schon während des Ersten Weltkriegs wies die kroatische Literatur expressionistische und gesellschaftskritische Tendenzen auf. Der bedeutendste Autor dieser Zeit war Miroslav Krleža (1893–1981), der den Untergang der dekadenten Aristokratie und Bourgeoisie thematisierte. In den Erzählungen ›Der kroatische Gott Mars‹ (1922) polemisierte er gegen das verlogene Bild des Kriegs und stellte ihm die barbarische Wirklichkeit entgegen. In den 1950er Jahren leitete Krleža die Abkehr der kroatischen Literatur von der Doktrin des sozialistischen Realismus ein. Seine Verteidigung der individuellen Freiheit des Künstlers und des Kunstcharakters der Literatur prägte die Entwicklung der kroatischen Gegenwartsliteratur.

In den 50er und 60er Jahren wurde der Einfluss der angloamerikanischen Literaturen und des französischen Existenzialismus deutlich. Slavko Mihalić (geb. 1928) gestaltet in dem Lyrikband ›Stille Scheiterhaufen‹ (deutsch 1990) existenzielle Fragen des einsamen, bedrohten Menschen.

Eine sehr einflussreiche Strömung der 60er und 70er Jahre war die an J. D. Salinger und Ulrich Plenzdorf orientierte ›Jeans-Prosa‹ (proza u trapericama), die durch die Verwendung von Slang und Jargon aus der Umgebung von Zagreb gekennzeichnet ist und vor allem die Probleme Jugendlicher darstellte. Die 80er Jahre brachten eine Vielzahl von unterschiedlichen literarischen Richtungen hervor. Sehr körperbezogene Prosa schreibt Slavenka Drakulić (geb. 1949). Ihr Hang zur Beschreibung schockierender Inhalte zeigt sich in ihren Romanen wie ›Marmorhaut‹ (1989, deutsch 1998), ›Das Liebesopfer‹ (deutsch 1997) und ›Als gäbe es mich nicht‹ (deutsch 1999), der von Vergewaltigungen im Bosnienkrieg handelt.

Postmoderne Tendenzen finden sich bei Dubravka Ugrešić (geb. 1949), die in Deutschland durch Essaybände über den serbisch-kroatischen Krieg (›Kultur der Lüge‹, ›Das Museum der bedingungslosen Kapitulation‹) bekannt ist. Der Essayband ›Das Ministerium der Schmerzen‹ (deutsch 2005) thematisiert alltägliche Erfahrungen im ehemaligen Jugoslawien.

Auch die zeitgenössische kroatische Literatur umfasst ein reiches Spektrum an Strömungen und Stilen. Ein Meister der Kurzgeschichte ist der aus Sarajevo stammende Miljenko Jergović (geb. 1966), der in dem Erzählband ›Sarajevo Marlboro‹ (deutsch 1996) in scheinbar alltäglichen Situationen den Bosnienkrieg als groteske Tragödie darstellt. Der Roman ›Buick Rivera‹ (deutsch 2006) beschreibt voller Situationskomik, wie ein Serbe und ein Muslim, die beide in die USA emigriert sind und dort bei einem Autounfall aufeinandertreffen, plötzlich von ihrer Vergangenheit eingeholt werden.

Skurril und voll schwarzem Humor sind die Erzählbände ›Walt Disneys Mausefalle‹ (deutsch 1996) und ›Der Engel im Abseits‹ von Zoran Ferić (geb. 1961). Das chaotische Leben einer heimatlosen Generation, die nach dem Zerfall des kommunistischen Jugoslawien angesichts des westlichen Konsumhedonismus ihren eigenen Weg sucht, beleuchtet Rujana Jeger (geb. 1968) in dem Roman ›Darkroom‹ (deutsch 2004).

Sprache

Auf dem südlichen Balkan ist die Frage der Sprache bis heute eine hochpolitische. Zwar sind die Unterschiede zwischen Serbisch, Kroatisch und Bosnisch nicht größer als zwischen britischem und amerikanischem Englisch. Doch gerade wegen der eher geringen Unterschiede ist der Abgrenzungswunsch umso höher. Größer sind die Unterschiede zum Slowenischen.

Als die Slawen im Gefolge der Awaren im 6. Jahrhundert auf den Balkan einwanderten, brachten sie keine Schriftsprache mit. Erst Kyrill und Method versuchten von Osten her, der Sprache mit der Glagolica eine eigens entwickelte Schrift zu verleihen. Im 19. Jahrhundert stellte sich auch die Frage der sprachlichen Verein-

Inschrift in Bosančica auf einer Tafel in Sućuraj (Hvar)

heitlichung auf dem Balkan. Dabei wollte jede Sprachgruppe dem Ganzen ihren Stempel aufdrücken, insbesondere zwischen Kroatisch und Serbisch kam es zu einer scharfen Konkurrenz.

Der jugoslawische Siedlungsraum enthält verschiedene Sprachgebiete, die zum einen nach der Verwendung eines Vokals und zum anderen nach der Verwendung des Fragepronomens ›Was?‹ unterteilt werden. Einerseits wird in Ijekavica, Ikavica und Ekavica eingeteilt. Als kroatische Hochsprache gilt heute Ijekavica, in Serbien Ekavica. In Dalmatien wird weiterhin Ikavica gesprochen. So lautet das Wort für Zeit/Wetter auf serbisch ›vreme‹, auf kroatisch ›vrijeme‹ und auf dalmatinisch ›vrime‹. Küste und Festland grenzen sich sprachlich auch in der Verwendung des Fragepronomens ›Was?‹ ab. Während die Insulaner meist das italienisierte ›ča?‹ gebrauchen, heißt es in der heutigen Hochsprache ›što?‹. Entsprechend werden die Dialekte als ›čakavica‹ oder ›štokavica‹ bezeichnet. Es ist bis heute ein wichtiges Unterscheidungsmerkmal vor allem gegenüber Flüchtlingen aus dem Landesinneren.

Im 19. Jahrhundert einigte man sich bereits weitgehend auf eine serbokroatische Variante, die in Reinform in Sarajevo gesprochen wurde. Der Versuch, mit Gründung des jugoslawischen Königreiches 1918 serbisches Ekavica als gesprochene Sprache durchzusetzen und kroatisch-lateinisch zu schreiben, um so eine einheitliche Sprachregelung zu schaffen, schlug fehl. 1967 hielt eine Sprachendeklaration fest, dass die serbokroatische Sprache in Serbien in serbischer Form und in Kroatien in kroatischer Form verwendet wird.

Mit dem Ende der jugoslawischen Einheit versuchen die neuen Staaten, allen voran Kroatien, sich von den anderen Sprachen im früheren Bund abzugrenzen, zum Teil mit Gewalt, was zuweilen lächerlich wirkt. Der frühere Aerodrom wurde in Kroatien zum ›Zračna Luka‹ (Lufthafen), aus dem Hubschrauber, früher ›helikopter‹, wird ›zrakomlat‹, wörtlich: ›Luftschmetterer‹.

Musik

Die klassische kroatische Musikszene lebt aus touristischer Sicht vor allem in den Festivals auf. Herausragend ist das Dubrovnik-Musikfestival, das seit 1950 viele internationale Stars der klassischen Musikwelt an die Adria holt. Aber jede Stadt organisiert im Sommer ihre musikalischen Attraktionen: Eine Liste mit Terminen halten die Touristenbüros parat.

Dabei werden allerdings selten die barocken und frühklassischen Komponisten aus dem eigenem Land gespielt. Dalmatien ist eher ein Land der Volkslieder. Joseph Haydn hat zahlreiche kroatische Volkslieder in seine Kompositionen aufgenommen. Größere Schaffenskraft entwickelten erst kroatische Opernkomponisten, als sie von der Mode der italienischen Oper ergriffen wurden.

Der namhafteste Komponist Dalmatiens wurde 1819 in Split geboren: Franz von Suppé. Er stammte aus einer Familie, die aus Belgien eingewandert war. Suppé komponierte seine erste Messe mit 13 und ging früh nach Wien, wo es allerdings lange dauerte, bis er seinen späteren Ruhm ernten konnte.

Unter den Orchestern ist vor allem die Zagreber Philharmonie weltbekannt. Der Kroate Lovro von Matačić (1899–1985) war zwischen 1970 und 1980 ihr

Glagolica

Ein Champignon? Ein Dreizack? Ein seitenverkehrtes E? Seltsame Zeichen mit Kanten und Ecken finden sich an Kirchen und Häusern vieler Orte Dalmatiens. Es sind die Buchstaben der Glagolica, der ältesten slawischen Schrift, die in Kroatien bis Ende des 19. Jahrhunderts im kirchlichen und privaten Leben in Gebrauch war und bis heute zum kulturellen und nationalen Selbstverständnis der Kroaten gehört.

Nach vorherrschender Meinung entwarf der Slawenapostel Konstantin (Kyrill) die glagolitische Schrift um 863 nach Christus. Ihr Name stammt von dem kirchenslawischen Wort glagoljati – sprechen. Enstanden ist sie, als Kyrill und Method nach Mähren gingen. Sie wollten die dortige ostfränkische Christianisierung durch eine byzantinisch-orthodoxe Mission zurückdrängen und schufen die Glagolica als erste slawische Schrift, um das Altkirchenslawische als Schrift- und Liturgiesprache zu etablieren. Ihre Buchstaben, die auch Zahlenwerte bezeichnen, erinnern an das Griechische, andere verweisen auf das Koptische, Hebräische oder Syrische. Möglich ist auch eine freie graphische Gestaltung, die christliche Symbole (Kreuz, Kreis und Dreieck) kombiniert oder Zeichen griechisch-byzantinischer Herkunft verwendet.

Von Mähren und Makedonien, wo Schüler der Slawenapostel wirkten, gelangten die glagolitische Schrift und die altkirchenslawische Liturgie nach Kroatien, wo sie sich seit dem 12. Jahrhundert zu der jüngeren, ›eckigen Glagolica‹ entwickelte.

Neben Istrien, der Kvarner Bucht (Insel Krk) und Senj gab es auch in Dalmatien bedeutende Zentren glagolitischen Schrifttums, wie das Benediktinerkloster in Tkon (Insel Pašman), das Eremitenkloster Blaca (Insel Brač) oder das glagolitische Seminar in Omiš.

Der Papst hatte Vorbehalte gegen slawische Liturgie und glagolitische Schriftlichkeit, die in Kroatien zeitweise sogar zu Symbolen des Widerstands gegen Fremdherrschaft und lateinischen Klerus im südlichen Dalmatien wurden. Als Dalmatien nach der Spliter Synode 925 unter römische Jurisdiktion geriet, wurde die Schrift verboten. Rom konnte das Verbot aber nicht durchsetzen.

Mitte des 13. Jahrhunderts sah sich Papst Innozenz IV. (um 1195–1254) sogar genötigt, dem Bistum Senj und einzelnen Klöstern auf der Insel Krk die slawische Liturgie zu erlauben. Damals verbreiteten findige Glagoliter-Mönche, der heilige Hieronymus (um 347–419/420) sei der Erfinder der Glagolica.

In einigen Regionen Kroatiens konnte sich die Glagolica ohne Unterbrechung bis in das 20. Jahrhundert halten. Noch 1961 las ein Pfarrer in Nin (bei Zadar) die Messe nach einem glagolitischen Messbuch.

Nach der Selbständigkeit Kroatiens (1991) propagierte man die glagolitische Schrift als Symbol kroatischer nationaler und kultureller Identität: Noch heute bieten Grundschulen ihre Erlernung als Wahlfach an, Bibliotheken veranstalten Glagolicakurse.

Man findet die glagolitischen Buchstaben auf Gefallenendenkmälern, Münzen, Geldscheinen und Briefmarken, Telefonkarten und Plakaten. Und natürlich finden sich die seltsamen eckigen Zeichen auch auf Souvenirs.

Ein Orchester in Korčula begleitet einen Moreška-Tanz

berühmtester Dirigent. Der international gefeierte Orchesterleiter hat in seinen Wanderjahren ab 1956 auch lange in Deutschland gewirkt, unter anderem von 1961 bis 1966 als Gereralmusikdirektor in Frankfurt.

In der weitgehend westlich geprägten und vielfach adaptierten Unterhaltungsmusik ist heute Jugo-Nostalgie angesagt, und so spielen die Sender immer noch Bands wie ›Bijelo Dugme‹ (Weißer Knopf), ›Prljavo Kazalište‹ (Schmutziges Theater) oder die Lieder von Oliver Dragojević, selten den Ethno- und Experimentalrock von Emir Kusturica und Partner Goran Bregović, deren Band das ›No Smoking Orchestra‹ ist. In der Rockmusik fand während des Kommunismus die subversive Kraft ein Ventil.

Eine international bekannte Kroatin ist die Sängerin Dunja Rajter. 1989 gewann die Popgruppe ›Riva‹ mit Sängerin Emilja den ›European Song Contest‹ in Lausanne. So fand sich die ganze Popszene 1990 kurz vor dem Krieg in Zagreb ein, um dort den Sängerwettstreit auszutragen.

Essen und Trinken

Da Restaurants und Cafés die beste Einnahmequelle aus dem Tourismus sind, braucht an der Küste niemand zu darben. So konkurrieren in den Ferienorten Pizzerien, Tavernen und Konobas – eigentlich Keller, rustikal eingerichtete Gasthäuser, die meist dalmatinische Hausmannskost anbieten – miteinander. Dabei sind Fischgerichte meist deutlich teurer als Fleischgerichte. Das Preisniveau in der Gastronomie Dalmatiens liegt insgesamt durchaus unter dem von Italien, Deutschland oder Österreich, gleicht sich aber immer weiter an diese Länder

Stehimbiss in Šibenik

an. Der Tourismus in kommunistischer Zeit war bemüht, die kulinarische Vielfalt zugunsten einer schnellen Küche zu vereinheitlichen. Das hat dem Speisezettel nicht gutgetan. Und so finden sich auch an der Küste Čevapčići, Ražnjići, Hackbraten, Gulasch und Schnitzel nebst Pommes auf den Speisekarten, eine Küche, die eigentlich eher aus Slawonien oder sogar Serbien stammt.

Dalmatien ist bekannt für seinen luftgetrockneten geräucherten Schinken, den pršut, und seinen harten Käse (sir) aus Schafs- und Kuhmilch, die als Vorspeise oder zwischendurch serviert werden. Vielfach werden diese Spezialitäten noch hausgemacht, doch auch in den Supermärkten gibt es mindestens zwei empfehlenswerte einheimische Käsesorten: den Paški Sir aus Pag und den Dalmatia, der in Dubrovnik hergestellt wird. Käse und Schinken werden häufig zusammen mit Oliven und Zwiebeln als Vorspeise gereicht. Außerdem gibt es etwas lockeres Weißbrot und einen schweren roten oder weißen Wein.

Die dalmatinische Küche ist schon wegen der mannigfachen Einflüsse vielfältig: italienische Pasta, österreichischer Strudel, türkischer Burek und Kaffee, griechische Musaka. Die Küche ist vor allem fischreich, doch auch Rind, Schwein und Lamm gehören zu ihren Bestandteilen. Die weiteren Zutaten sind schlicht: Olivenöl, Gemüse wie Tomaten, Paprika und Mangold, Maronen und Oliven, gewürzt mit wildwachsenden Kräutern der Küstenregion, dazu Krautsalat.

Fisch schmeckt am besten gegrillt, schlicht mit Olivenöl und Zitrone beträufelt, oder als Fischeintopf (Brudet) zubereitet. An frischem Seefisch werden Zahnbrasse, Seebarsch, Makrele und Sardinen angeboten. Außerdem werden Mollusken wie Tintenfisch, Octopus, Kuttelfisch oder Krustentiere wie Shrimps oder Hummer oder Muscheln wie Austern oder Miesmuscheln gedünstet, in Eintöpfen oder als Risotto serviert. Lamm wird wie in ganz Kroatien am offenen Feuer gedreht. Eine

Besonderheit ist, gewürztes Fleisch oder Fisch auf dem Feuer unter einer Ton- oder Edelstahlglocke (Peka) zu grillen. Das dauert aber gut zwei Stunden und sollte vorbestellt werden. Dazu sollte man sich nicht den Maisbrei oder Kartoffeln mit Blitva (Mangold) entgehen lassen. Nicht wundern muss man sich bei Fisch über den Kilopreis auf den Karten: Das heißt nicht, dass man ein Kilo Fisch abnehmen muss. Wegen der unterschiedlichen Größe des Fangs wird die Menge berechnet, die auf den Teller kommt. Vor allem auf den Inseln hat sich eine Vielfalt an Gerichten erhalten. Zum Beispiel Vitalac, ein Gericht aus Lamminnereien in Lammdarm am Spieß gegrillt, das auf den Inseln Hvar, Korcula und Brač angeboten wird. Auf Vis werden wie zur Zeit der alten Griechen Sardinen am Spieß gegrillt, oder es gibt eine salzige Tarte mit Sardinen, ähnlich der Pizza.

Wein und Gebranntes

Wein, egal ob rot oder weiß, gehört zu jeder größeren Mahlzeit. Es gibt kaum einen Einheimischen auf dem Lande, der nicht einen kleinen Weingarten sein eigen nennt und nicht seinen Wein für den Hausgebrauch keltert. Auf das Ergebnis sind die Einheimischen in jedem Fall stolz – unabhängig von der Qualität, die dabei entsteht.

Der Weinbau hat eine lange Tradition. Archäologische Funde legen nahe, dass an der dalmatinischen Adriaküste bereits im 6. Jahrhundert vor Christus Weinbau betrieben wurde. Auch Griechen und Römer hinterließen beim Weinbau ihre Spuren. So heißt auf Korčula noch heute die bekannteste weiße Rebsorte Grk (Griechischer), sie wird ausschließlich auf der Insel angebaut.

Weinkeller auf Pelješac

Im 2. Jahrhundert vor Christus schrieb der griechische Historiker und Gerograph Agatharchid aus Knidos, dass es auf der Welt keinen besseren Wein als aus Issa (heute Insel Vis) gäbe. Auch James Joyce soll seinem Biographen zufolge am liebsten Wein von Vis getrunken haben.

Im 18. und 19. Jahrhundert war Wein ein Exportschlager, der hauptsächlich nach Italien und Österreich geliefert wurde und an der Adria ganze Regionen ernährt hat. Nach dem Ersten Weltkrieg wurde Dalmatien jedoch von einer aus Amerika importierten Reblaus befallen, gegen die alle Abwehrmittel versagten. Sie vernichtete die Weinberge großflächig. Viele Menschen sahen ihre Existenzgrundlage zerstört und gingen ins Exil.

Eine der großen Firmen, die bereits seit 1862 Alkoholika produziert, ist ›Badel‹. Von Wein bis Slivovic hat sie alles im Programm. Noch heute profitiert sie von ihrem auch zu sozialistischen Zeiten legendären Namen, auch wenn vieles aus diesem Hause eher industriell gefertigt daherkommt.

Dagegen ist zu empfehlen, die kraftvollen und schweren Rot- und Weißweine aus den autochthonen Rebsorten neu zu entdecken, die schwerpunktmäßig in bestimmten Gebieten angebaut werden. Am bekanntesten ist die Halbinsel Pelješac für ihren Wein. Auf ihr werden die Rebsorten Plavac Mali, Postup und Dingač angebaut. Ihr Wein ist auch häufig auf den Speisekarten kroatischer Restaurants in Deutschland zu finden. Ein erster Preis auf der Pariser Weltausstellung 1910 ist zwar schon lange her, zeigt aber die Tradition. Junge Winzer haben heute Wein aus Pelješac international wieder wettbewerbsfähig gemacht.

Bislang sind die Hauptabnehmer im Export auch heute noch die ehemaligen sozialistischen Länder. Auch an die ehemaligen Feinde, die Serben, wird wieder verkauft. Ein hervorragender Plavac mali wird außerdem auch in Bol auf Brač und auf Korčula gekeltert.

In Norddalmatien wird die beachtenswerte Traube Babić angebaut, aus dem vor allem zwischen Primošten und Trogir ein guter und gehaltvoller Wein entsteht. Zu einem guten Weißwein wird im Hinterland die Traube Debit verarbeitet, aus dem der Žutinawein entsteht. Seltenere autochtone Trauben sind Plavina und Refosk.

Dalmatinische Weine können einen Alkoholgehalt von bis zu 13,5 Prozent haben. Inhaltsreicher sind naturgemäß die Schnäpse, die auch in Dalmatien gebrannt werden. Sie erreichen gern 40 Prozent. Überwiegend wird Hochprozentiges aus Trauben gebrannt, sogenannter Rakija. Aus Kirschen entsteht in Zadar und Umgebung der Maraskino, Mandarinenschnäpse werden im Neretva-Delta hergestellt. Seltener gibt es den für das ehemalige Jugoslawien bekannten Šlivovica aus Pflaumen an der Küste. Er findet eher im Landesinneren Kroatiens und in Bosnien seine Verbreitung.

Tipp beim Wein: Falls er Ihnen zu stark ist, auch die Kroaten trinken ihren Wein gern als ›Bevanda‹ – als Schorle. Wasser zum Wein zu gießen, ist im Alltag sogar eher üblich.

Und noch ein Tipp: Gern wird man zur Weinprobe eingeladen. Doch wenn der Wein nicht schmeckt, besteht kein Zwang zum Kauf. Mit einem diplomatischen Lächeln und einem freundlichem ›Entschuldigung, aber nicht für mich‹ (Oprostite, ali ne dobro za mene) kann man sich ohne Probleme aus der Affäre ziehen.

Rezepte

Pastičada

Zutaten
750 g Rindfleisch, 100 g Speck
3 Zwiebeln, gehackt
100 ml Portwein, dalmatinischer Prošek oder schlicht Rotwein
(süß und hochprozentig)
100 g Tomatenmark
wahlweise 120 g Backpflaumen, entsteint, oder Maronen
1 Sellerieknolle
5 Gewürznelken
5 Knoblauchzehen
5 Nelken
5 grüne Oliven
1 Teelöffelspitze Zucker
Olivenöl
Muskat
Fleischbrühe
500 ml roter Balsamico
Salz und Pfeffer

Zubereitung
Das Fleisch mit den Gewürznelken, den in Stifte geschnittenen Knoblauchzehen
und dem Räucherspeck spicken und über Nacht (mindestens 12 Stunden) in Wein-
essig marinieren (am besten im Gefrierbeutel).

Pastičada

Das Fleisch mit Küchenpapier trockentupfen und mit dem Öl in einem tiefen Topf von allen Seiten anbraten. Die gehackten Zwiebeln, das Brot, die Pflaumen oder die Maronen und die kleingewürfelte Sellerieknolle hinzufügen und kurz anrösten. Das Tomatenmark und den Zucker dazugeben und kurz braten lassen. Schließlich das Ganze mit dem Port- oder Rotwein und der Brühe ablöschen. Salzen, pfeffern und die Lorbeerblätter zugeben.

Das Fleisch bei kleiner Hitze gut 3 Stunden garen. 10 Minuten vor Ende die in Hälften geschnittenen grünen Oliven zugeben. Wenn das Fleisch weich ist, wird es in dicke Scheiben geschnitten und noch einmal für 10 Minuten in der Sauce bei kleiner Hitze weitergekocht. Fleisch herausnehmen und die Sauce leicht mit Mehl binden. Das Fleisch auf einer Platte anrichten.

Dazu passen Kartoffeln und Spinat (oder kroatisches Mangold, Blitva), aber auch Gnocci oder Nudeln.

Torte Makarena

Diese Torte nach einem traditionellem Rezept aus Makarska ist zwar eine echte Kalorienbombe, schmeckt aber hervorragend.

Zutaten
Für den Teig:
400 g Mehl
200 g Butter
3 Eier
Schale einer Zitrone (gerieben)
wenig Maraskino, 2 Löffel Zucker
Für die Füllung:
1 kg Mandelmehl (am besten aus ganzen Mandeln mahlen)
1 kg Zucker
1 Päckchen Vanillezucker
15 Eier, Schale einer Zitrone (gerieben)
Schale einer Orange (gerieben)
2–3 Schnapsgläser Maraskino

Zubereitung
Springform mit Butter einstreichen. Aus den Zutaten einen weichen Teig herstellen. Ein Fünftel des Teiges separat aufbewahren. Den größeren Teil so ausrollen, dass er den Rand und den Boden der Springform bedeckt.

Creme: Die zuvor geschälten und gebrannten Mandeln mahlen (Mandeln lassen sich leicht schälen, wenn sie zuvor mit heißem Wasser übergossen wurden). Den Zucker, den Vanillezucker und die 15 Eier vermischen und die gemahlenen Mandeln, die geriebenen Zitronen- und Orangenschale und den Maraskino hinzugeben.

Den restlichen Teig ausrollen, in Streifen schneiden und netzförmig über die Torte verteilen.

Im vorgeheizten Ofen bei 175–200 °C ca. 45 Minuten backen.

Eingehüllt in den uralten Geruch des Salzwassers, der Algen und der Fische, von drei Seiten von Meer umschlossen, langgestreckt, verhältnismäßig schmal mutet Zadar selbst wie ein vor Anker liegendes Schiff an, wie eine steinerne Galeere, vor dem leicht hügeligen, fruchtbaren Hinterland Ravni Kotari fest vertaut ...

Stephan Vajda, ›Zadar oder Maraskino und Könige‹

Die Region Zadar

Zadar

Wie kaum eine andere dalmatinische Hafenstadt strahlt Zadar italienisches Flair aus. Die auf einer Halbinsel gelegene Hafenstadt, unter österreichischer Herrschaft Zara genannt, ist mit Flughafen und Bahnhof das norddalmatinische Wirtschafts- und Touristenzentrum. Von der Stadt wird der Tourismus von der Insel Pag bis zum Küstenort Pakoštane gesteuert. Spätestens zum ›Subotna kava‹, dem ›Samstagmorgenkaffee‹, treffen sich Einheimische aus Stadt und Umland in den Cafés des alten Zentrums und tauschen neuesten Klatsch und Tratsch aus.

Die Attraktion ist der große Platz des **Forums:** Hier liegen die Kirchen **Sv. Donat** mit ihrer charakteristisch runden Form und die an toskanische Kirchen erinnernde **Sv. Stošija.** Weitere Sehenswürdigkeiten sind der **goldene Schrein des heiligen Simeon** in der Kirche Sv. Šimun und das **Franziskanerkloster.**

Kulinarisch ist Zadar für seinen Maraskino-Likör berühmt, eine Spezialität aus dem Zadarer Hinterland. Seit 400 Jahren wird er aus der ›Maraska Weichsel‹, einer Sauerkirschsorte, gebrannt. Berühmt wurde der Likör durch die Erinnerungen von Marschall Marmont und seine Erwähnung in dem Roman ›Un debut dans la vie‹ von Honoré de Balzac.

Das älteste Haus Zadars ist der Palazzo Ghirardini-Marci

Geschichte

Bis heute bestimmen die Römer die Wege der Zadarer Bürger und der Touristen. Nachdem die Römer die liburnische Siedlung 200 vor Christus zerstört hatten, bauten sie die Stadt unter dem Namen Jadar neu auf und legten ihr Straßennetz im Schachbrettmuster an, in dem bis heute die Gassen festgelegt sind. Auch nachdem im 6. Jahrhundert ein Erdbeben die Stadt in Schutt und Asche gelegt hatte, wurde sie nach dem alten römischen Grundriss neu aufgebaut.

Ab dem 10. Jahrhundert war Zadar in die erste Liga der mächtigen Städte in der Adria aufgestiegen und konkurrierte mit Venedig um die führende Stellung. Um die Konkurrenz loszuwerden, griff die Serenissima zu Mitteln, die selbst damals umstritten waren: Als sich in Venedig 1202 der vierte Kreuzzug formierte, erließ die Stadt denjenigen die Abgabepflichten, die sich an der Eroberung Zadars beteiligen würden. Und so zerstörten im Jahr 1202 deutsche und französische Ritter mit insgesamt 31 000 Mann von 480 Schiffen aus die Stadt und plünderten sie. 1204 eroberte die gleiche Truppe dann Konstantinopel.

150 Jahre später, als der ungarische König Ludwig Venedig entscheidend

schwächte, musste Venedig in der heute noch zu besichtigenden Sakristei des Franziskanerklosters von Zadar den Verzicht auf Dalmatien unterschreiben. Der berühmte goldene Schrein des Sv. Šimon zeigt den Einzug Ludwigs in Zadar, gestiftet von Ludwigs Frau Elisabeth.

Doch Zadar verbündete sich im folgenden mit Ladislaus von Neapel, und die Handelsaristokraten krönten Ladislaus in der noch heute existierenden Kirche Sv. Kršsevan voreilig zum ungarisch-kroatischen König. Im Kampf um die ungarische Krone unterlag Ladislaus und verkaufte Dalmatien 1420 inklusive Zadar für 100 000 Dukaten an Venedig.

Mit dem Vertrag von Rapallo 1920 kamen die Stadt und einige der istrischen Inseln zu Italien, während das übrige Dalmatien ins Königreich Jugoslawien eingegliedert wurde.

Im Zweiten Weltkrieg wurde die Stadt von Deutschen besetzt und von alliierten Bombern zu 65 Prozent zerschossen. Erst nachdem am 31. Oktober 1944 jugoslawische Partisanen die Stadt übernommen hatten, kam Zadar zu Jugoslawien.

Während des südslawischen Krieges zwischen 1991 und 1995 näherte sich die serbische Armee der Stadt bis auf 800 Meter. 180 Menschen fielen den Angriffen zum Opfer. 156 Tage lang hatte die Stadt keinen Strom, drei Jahre war die Wasserversorgung gestört; die Stadt musste von See aus per Schiff versorgt werden. Fast alle Kulturdenkmäler wurden getroffen. Am 22. Januar 1993 befreite die kroatische Armee die Stadt aus der rest-jugoslawischen Umklammerung, 1995 wurde in der ›Operation Oluja‹ unter der Federführung des auf Pašman geborenen Generals Ante Gotovina das Hinterland gewonnen. Gleichzeitig wurde die serbische Minderheit misshandelt, getötet und vertrieben.

Die Region Zadar

Zadar

Stadtrundgang

Am besten lässt sich die Altstadt über die Fußgängerbrücke in der Verlängerung der Straße S. Radića betreten, die geradewegs auf die **Nova Vrata,** das in der Renaissance errichtete Neue Tor, führt. Sie lässt den Besucher durch die mächtige Stadtmauer, auf der immerhin eine zweispurige Fahrbahn Platz hat.

■ **Narodni trg**
Über die Jurja Barakovića geht es auf den Narodni trg (Volksplatz). Er bildet seit dem Mittelalter das weltliche Zentrum der Stadt. Der markanteste Bau ist die **Loggia** von 1565 mit den drei großen, heute verglasten Bögen, die von Doppelsäulen getragen werden. In der Renaissance von Giangirolamo Sanmicheli erbaut, entstand nach dem Zweiten Weltkrieg darin eine Galerie, die heute ein wichtiger Künstlertreffpunkt der Stadt ist.
Vier Häuser zurück in der östlichen Ecke des Platzes steht das älteste Haus der Stadt, der schmale **Palazzo Ghirardini-Marci** aus dem 15. Jahrhundert. Von der Schlichtheit des Gebäudes hebt sich im ersten Stock das Fenster in venezianischer Gotik ab, das vermutlich nachträglich von Nikola Firentinac eingebaut wurde. Das gegenüberliegende, die ganze Nordostseite einnehmende Gebäude ist das 1936 unter italienischer Herrschaft erbaute Rathaus der Stadt im Architekturstil des Mussolini-Faschismus.
Auf der Nordseite daneben hat das Café ›Lovre‹ Reste der frühmittelalterlichen Kirche **Sv. Lovro** (Laurentiuskirche) in seine hinteren Räume integriert. Vermutlich erbaut im 11. Jahrhundert, wirkt sie wie eine stilisierte dreischiffige Basilika. Zwei der vier Säulen sind Fundstücke aus noch älteren Zeiten. Links neben dem Café befindet sich die **Stadtwache** mit

ihrem orangefarbenen manieristischen Turm auf einem Renaissancegebäude. Das Gebäude wurde 1562 in venezianischer Zeit nach Plänen von Michele Sanmicheli – einem Onkel von Giangirolamo Sanmicheli, der die Loggia gegenüber baute – fertiggestellt. Der Turm entstand erst später, aus den runden Öffnungen des Gitters von 1783 ragten früher Kanonen heraus. Im Inneren des Gebäudes werden seit 1950 Volkstrachten der Stadt und der Umgebung ausgestellt.
Lohnend ist ein Abstecher in die Gasse Mihe Klaića mit ihren schönen Häusern und Toren aus der Renaissance. An der nächsten Kreuzung befindet sich eines der wenigen gotischen Denkmäler der Stadt, die Kirche **Sv. Mihovil.** Sie gehört zum angrenzenden Franziskanerkloster. In der Lünette ist der heilige Michael zu erkennen, der die Waagschale mit den gerechten Taten vor dem Teufel verteidigt, der die Verdienste stehlen will. Zwischen Kirchraum und gotischem Chor mit alten Fresken hängt in dem ansonsten barokisierten Kircheninneren eine vermutlich aus Paris stammende Kreuzdarstellung aus dem 13./14. Jahrhundert.

■ **Forum**
Vom Narodni Trg führt die Flaniermeile der Stadt, die **Široka ulica,** auch Kalelarga genannt, zum Forum. Für die Bewohner ist die nach dem Zweiten Weltkrieg wieder aufgebaute Straße Kult. Hier haben viele Liebesbeziehungen begonnen oder sind in die Brüche gegangen.
Das Forum ist das kirchliche Gegenstück zum weltlichen Platz. Wie der Name vermuten lässt, war es einst das römische Zentrum mit Thermen, öffentlichen Einrichtungen und einem Jupitertempel an der Westseite des Platzes. Durch ein Erdbeben im 6. Jahrhundert wurde auch das Forum zerstört.

Karte S. 67

■ **Kirche Sv. Donat**

Im 9. Jahrhundert entstand dann die Rundbaukirche Sv. Donat. In ihrem Sokkel, der erst nach dem Zweiten Weltkrieg freigelegt wurde, wurden römische Trümmer verarbeitet.

Nach ihrem Erbauer Bischof Donatus wurde die Kirche erst im 15. Jahrhundert benannt. Ursprünglich dem Heiligen Geist geweiht, soll Donatus das 26 Meter hohe Bauwerk nach einer diplomatischen Mission an den Aachener Hof Kaiser Karls des Großen in Auftrag gegeben haben. Das mögliche Vorbild der westlichen Kaiserpfalzkapelle verband er mit östlich-byzantinischen Stilelementen. Auch das Eingangsportal ist aus antiken Bruchstücken zusammengesetzt.

Im schlichten Inneren der Kirche wurde der Boden nachträglich mit Resten der Steinplatten ausgelegt, mit denen die Römer ursprünglich das Forum gepflastert hatten. Von 1893 bis 1954 diente die Kirche als Archäologisches Museum, heute wird sie als Konzertsaal genutzt. Auf die Galerie führt eine Treppe, die durch eine Seitentür erreichbar ist.

■ **Archäologisches Museum**

Die Ausstellungsstücke, die früher in Sv. Donat waren, befinden sich jetzt auf dem Platz gegenüber im Archäologischen Museum. Die etwas lieblos verwaltete Sammlung im wenig attraktiven Gebäude bietet über zwei Stockwerke eine Geschichte mit Fundstücken aus der Großregion um Zadar. Töpfe, Waffen und Fibeln aus der Bronzezeit sind hier ebenso zu besichtigen wie lebensgroße Figuren, Amphoren und Gräber aus der Römerzeit. Im Erdgeschoss befinden sich originale Meisterwerke großer romanischer Kunst, wie zum Beispiel eine berühmte Chorschranke mit einem Relief, das die Flucht von Jesus und Maria nach Ägypten darstellt.

Die Region Zadar

Die Kirche Sv. Donat und der Turm der Kirche Sv. Stošija

■ **Benediktinerinnenkloster**

Südlich angrenzend an das Archäologische Museum liegt ein großes Benediktinerinnenkloster mit der Kirche **Sv. Marija**. Gegründet 1066 von der Halbschwester des kroatischen Königs Krešimir IV., scheint es die größte Aufgabe des Klosters zu sein, die Dauerausstellung kirchlicher Kunst in Zadar zu beherbergen.

Die Kirche Sv. Marija mit ihrem für die Renaissance typischen kleeblattförmigen Giebel wurde vom ungarischen König Koloman im 11. Jahrhundert finanziert. Aus dieser Zeit stammt nur noch der Turm, der auch den Namen Kolomans trägt. Dem äußeren Umbau in der Renaissance folgte 1744 ein innerer mit Barockisierung. Im Zweiten Weltkrieg wurde die Kirche weitgehend zerstört und danach in langwierigen Arbeiten wieder originalgetreu aufgebaut. Dabei wurde aber auf die frühere Farbgebung verzichtet.

Goldschmiedearbeit im Benediktinerinnenkloster

Mit großem Engagement werden im **Museum des Klostergebäudes** die historischen Gold- und Silberschätze der Stadt ausgestellt. Die Sammlung ist im Zweiten Weltkrieg entstanden, als die Goldarbeiten aller Kirchen der Stadt im Kloster versteckt wurden. Sie blieben auch danach dort, und 1976 wurden die heutigen Ausstellungsräume dafür eingerichtet. Unzählige Armreliquare und Kreuze, die auf den ersten Blick kaum von einander unterscheidbar sind, zeigen, wie stark ausgeprägt die Goldschmiedekunst in Zadar war. Der Besuch lohnt wegen der ausdrucksstarken Reliquarbüsten. Im Erdgeschoss findet sich die Rekonstruktion der heiligen Sonntagskirche, auch Sv. Ivan genannt, aus dem 11. Jahrhundert. Beeindruckend ist vor allem die Kreuzdarstellung, ursprünglich aus einem kleinen Kirchlein oberhalb von Zadar, und das Grab des heiligen Simeon.

■ **Domkirche Sv. Stošija**

Während sich draußen auf dem Forum neben dem Eingang zur Donatuskirche das **Bischofspalais** nach Süden hin anschließt, befindet sich auf der Nordseite ein Turm, der zur Domkirche Sv. Stošija (heilige Anastasia) gehört und deren Zentralbau sich hinter Sv. Donatus erstreckt. Die erste Kirche an dieser Stelle wurde im frühen 12. Jahrhundert erbaut, um den Reliquien der heiligen Anastasia einen Anbetungsraum zu geben. 1202 zerstörten die Kreuzritter sie bei ihrer Eroberung der Stadt im Auftrag Venedigs.

Unter der Herrschaft von Ladislaus von Neapel schufen Baumeister aus der Toskana die heutige Kirche und gaben der romanischen Fassade das an Pisa erinnernde Gepräge. Das Datum der endgültigen Fertigstellung des Baus ist zusammen mit einer Widmungsschrift im Hauptportal eingemeißelt: 1324. Der Bau des heute 56 Meter hohen Turms wurde erst Mitte des 15. Jahrhunderts begonnen und auch erst 1892 vom englischen Architekten T. G. Jackson im neuromanischen Stil nach alten Zeichnungen beendet. Seine Spitze bietet eine schöne **Aussichtsplattform,** die sich gegen geringes Entgelt ersteigen lässt.

Die **Kirchenfassade** ist vor allem im oberen Teil reich mit Blendbögen verziert. Von den zwei Rosetten ist die obere, die deutlich gotische Züge trägt, erst später eingebaut worden. Das Innere der Kathedrale wirkt vor allem durch das monumentale Mittelschiff. Vorn auf den erhöhten Chorraum überdacht ein frühgotisches Ciborium aus dem Jahr 1332 den Altar. Besonders sehenswert ist das feingliedrige Chorgestühl vom venezianischen Meister Matteo Morozon, der 1418 mit der Arbeit begann.

Die **Reliquien der heiligen Anastasia** befinden sich im Altar des linken Seitenschiffes. Der Sarg aus dem 9. Jahrhundert trägt eine Weiheschrift des Bischofs Donatus. Im Halbrund über dem Altar zeigen Reste von Fresken aus dem 13. Jahrhundert Christus und den heiligen Thomas Beckett. In der rechten Apsis sind auf Fresken Christus mit Johannes dem Täufer und der federführend an der Christianisierung Dalmatiens beteiligte heilige Domnius zu erkennen.

Vom rechten Seitenschiff aus lässt sich auch die **Taufkapelle** betreten, ein sechseckiger Bau aus dem 9. Jahrhundert, der während des Zweiten Weltkriegs zerstört und später originalgetreu wieder aufgebaut wurde. Bei den Aufbauarbeiten wurde unter der Taufkapelle der Grundriss einer altchristlichen Kreuzkirche gefunden. Ebenfalls vom rechten Seitenschiff aus erreichbar ist die **Sakri-**

Details aus der Fassade von Sv. Stošija

stei, in der in den 70er Jahren frühchristliche Bodenmosaiken freigelegt wurden. Sie zeigen einen Hirsch und eine Hirschkuh, ein Symbol aus dem ›Hohen Lied der Liebe‹.

Unter dem Chor befindet sich die **Krypta,** die von Säulenreihen in einen dreischiffigen Raum unterteilt wird. Eine Säule zeigt eine Flechtwerkverzierung aus dem 9. Jahrhundert, sie stammt vermutlich aus einem anderem (Vorgänger?-) Kirchbau. Der Steinsarkophag enthält Reliquien der Heiligen Agape, Hyonia und Irene.

■ **Kirche Sv. Ilija**

Unweit westlich von Sv. Stošija befindet sich die äußerlich unscheinbare orthodoxe Kirche Sv. Ilija (heiliger Elias). Sie wurde im 16. Jahrhundert von griechischen Kaufleuten, die im Auftrag von Venedig Handel trieben, an der Stelle eines mittelalterlichen Baus errichtet. Ihren spätbarocken Stil im Inneren erhielt sie 1773. Der Glockentum kam erst

1754 hinzu, als die Kirche von den serbischen Mitbewohnern der Stadt übernommen wurde. In der Kirche ist eine **Ikonensammlung** zu sehen. Schräg gegenüber befindet sich das **Römerforum** mit einer letzten Säule aus römischer Zeit; sie diente über Jahrhunderte als Pranger der Stadt.

◼ Franziskanerkloster

In westlicher Blickrichtung, fast an der Landspitze der Halbinsel, liegt das Franziskanerkloster. Die im 13. Jahrhundert gebaute Kirche gilt als die älteste gotische Franziskanerkirche in Dalmatien, die im Inneren aber im Barockstil umgebaut wurde und mit ihren schlichten Altären Gelassenheit ausstrahlt.

Links vom Haupteingang befindet sich eine dreijochige **Kapelle**, deren Bau Nikola Firentinac zugeschrieben wird. Hinter dem Hauptaltar steht in einem Nebenraum ein Chorgestühl in venezianischer Gotik, das 1394 von dem venezianischen Holzschnitzer Johannes von Borgosansepolcro beendet wurde. Von diesem Raum mit dem Chorgestühl aus wird die berühmte **Sakristei** erreicht. In der Sakristei wurde 1385 eine Urkunde unterzeichnet, mit der die Venezianer ihre Herrschaft über die Stadt kurzfristig aufgeben mussten. Daneben liegt die **Schatzkammer,** in der ein bemaltes byzantinisches Kruzifix aus dem 12. Jahrhundert besonders beeindruckend ist. Außerdem besitzt das Kloster eine Bibliothek mit wertvollen handbemalten Büchern und eine Pergmentsammlung. Geht man durch die Kapelle des heiligen Antonius, die wohl einmal der Kapitelsaal gewesen ist, gelangt man in den berühmten **Renaissance-Kreuzgang,** den die Meister Ivan Trifunić und Ivan Stijić 1556 entworfen haben. Der Glockenturm wurde erst 1849 erbaut.

◼ Kastell

Wer die Kirche nach rechts verlässt und sich geradeaus durch das Gewirr der Gassen auf die Nordseite der Halbinsel schlängelt, gelangt bald zu den Ruinen des Kastells aus dem 16. Jahrhundert. Das Kastell hatte einen mittelalterlichen Vorgängerbau, der die Einfahrt zum Hafen bewachte, um die stetige Bedrohung von Seeräubern abzuwehren. Ab dem 13. Jahrhundert verlief zwischen Kastell und der Hafenmole auf der anderen Seite eine schwere Eisenkette, mit der der Hafen abgesperrt werden konnte.

◼ Kirche Sv. Krševan

Auf dem Weg durch die Gasse nach Osten gelangt man zur Kirche Sv. Krševan. Krševan war ein Heiliger, dessen Familie angeblich aus Split stammte und der 289 unter Diokletian in Aquileia, westlich von Triest, gewaltsam umkam. Der Legende nach hatte Diokletian ihn vor die Wahl gestellt, entweder vom Christentum abzulassen und als römi-

Fassade der Kirche Sv. Krševan

scher Beamter Dienst zu tun oder hingerichtet zu werden. Krševan zog den Märtyrertod vor. Die 1175 geweihte Kirche erlangte historische Bedeutung, als in ihr 1403 Ladislaus von Neapel zum ungarisch-kroatischen König gekrönt wurde.

Der romanische Kirchbau, der ursprünglich eine Klosterkirche war, ist vor allem von außen mit seinen zahlreichen großen und kleinen **Blendarkaden** beeindruckend. Das Innere der Kirche wirkt durch seine Schlichtheit, obwohl sie im 18. Jahrhundert ansatzweise barockisiert wurde. Von den Fresken, die im 13. und 14. Jahrhundert den ganzen Raum ausgefüllt haben, ist nur wenig in den Seitenapsiden zu sehen. Reste stellen die Heiligen Krševan und Petrus dar. Am Glockenturm wurde zwischen 1485 und 1546 gebaut, doch ist er niemals beendet worden.

Römische Säule und Pranger

■ Römische Stadtanlagen

Vom Trg Sv. Krševana (Platz des heiligen Grisogonus) links einbiegend, kann man parallel zur Široka ulica die andere Seite der Stadt erreichen und stößt auf einen letzten erhaltenen Rest der massiven **Kavallerie-Kaserne**, die in die Festungsanlage aus dem 16. Jahrhundert integriert war. An dieser Stelle befand sich einst das römische Amphitheater der Stadt.

Beeindruckend sind die dicken Mauern, in denen sich ganze Ställe unterbringen ließen. Heute dienen sie als Lager der Stadtreinigung. Rechts gelangt der Besucher zu dem kleinen, malerischen, mit viel Grün durchsetzten Platz Petra Zoranića.

2007 haben erneute Ausgrabungen auf diesem Platz eine **römische Stadttoranlage** freigelegt. In einem bereits früher eingezäunten Areal sind die Reste

eines von zwei achteckigen Türmen zu sehen, die einst das römische Tor flankiert haben. Das Tor soll ein großer triumph-bogenartiger Bau mit drei Öffnungen gewesen sein, wie man ihn vom Forum Romanum kennt.

Die Rückseite des Kapitänspalastes, in dem sich heute die Krankenstation befindet, besteht aus einem letzten Stück der alten römischen Mauer. Die Säule neben den jüngsten Ausgrabungen wurde bereits 1729 aus römischen Resten vom Forum zusammengesetzt.

■ Kirche Sv. Šimun

Nur wenige Schritte in die Gasse Šime Budnica findet sich die berühmte Kirche Sv. Šimun. Die äußerlich wenig originell wirkende Kirche aus dem 16. Jahrhundert steht auf Resten einer frühen Kirche aus dem 5. Jahrhundert.

Die wichtigste Aufgabe der Kirche ist, den **goldenen Schrein des heiligen Simeon** zu bewahren, ein Meisterwerk mittelalterlicher Goldschmiedekunst in

Zadar und einmalig in Dalmatien. Dieser aus Holz mit vergoldetem Silber beschlagene Schrein wurde im 14. Jahrhundert gefertigt und von Königin Elisabeth Kotromanić gespendet, wie auf der Rückseite vermerkt wird. Die Frau von König Ludwig von Anjou hatte ihn anlässlich des Einzuges Ihres Mannes in die Stadt gestiftet. Dargestellt wird dieser Einzug auf dem rechten der drei Felder auf der Frontseite des Schreins. Dort lässt sich auch viel lokales Kolorit der Stadt in der Renaissance erkennen, so die alte Stadtmauer und Szenen aus dem Leben der Stadt.

Der Schrein ist dem heiligen Simeon geweiht, dessen Reliquien er enthält, deshalb nimmt die biblische Szene das zentrale Motiv auf der Vorderseite des Schreins ein und stellt dar, wie Simeon nach der Beschneidung Jesus als Messias erkennt. Simeon gilt als Schutzheiliger all derer, die sich Kinder wünschen; tätsächlich hatten Ludwig und Elisabeth auch ein Nachfolgeproblem für ihren Thron. Die Darstellung ist in ihrer Komposition allerdings nicht unbedingt neu: Sie wurde möglicherweise nach dem Vorbild eines Fresco von Giotto aus Padua gefertigt.

Platz der fünf Brunnen

An der Südseite des Platzes befindet sich der Trg Pet Bunara (Platz der fünf Brunnen). Noch heute stehen hier fünf Brunnen hintereinander auf dem gepflasterten Platz, unter dem sich eine große Zisterne befindet. Sie wurde mit dem Mauerbau während der Bedrohung durch die Türken errichtet. Als zusätzliches Trinkwasserreservoir sollte sie im Falle einer Belagerung die Versorgung sichern helfen. Vor dem Umbau der Mauer verlief an dieser Stelle der alte Wassergraben.

Am Platz der fünf Brunnen

Festlandtor

Wer den Brunnenplatz überquert und über das kleine Mäuerchen blickt, sieht auf den malerischen **alten Hafen** von Zadar und das Festlandtor. Letzteres hat der Venezianer Architekt Michele Sanmicheli im 16. Jahrhundert ganz im Geist der Renaissance erbaut, es erinnert an einen römischen Triumphbogen. Über der Hauptdurchfahrt prangt das venezianische Wappentier, der Löwe mit Flügeln, darunter im Schlussstein des Bogens Sv. Krševan, der Patron der Stadt. Die Straße, die auf das Tor zuführt, war zuvor eine Zugbrücke.

Uferpromenade

Vor dem Tor stehend kann man links neben dem Tor an Stadtmauer und Hafen entlanggehen und eine Weile der Stadtmauer bis zur großen westlichen Uferpromenade folgen. Hier lassen sich schöne Sonnenuntergänge beobachten, von denen bereits George Bernard Shaw als den schönsten der Welt schwärmte. Hier stehen auch die Nobelhäuser aus der Zeit der österreichisch-ungarischen Monarchie wie die Filozofski fakultet (Philosophische Fakultät) und das 1902 als ›Bristol‹ gegründete Hotel Zagreb mit einem vorzüglichen Blick über das Meer. Hinter dem Hotel, gegenüber auf der anderen Seite der Straße, lassen sich noch die Reste der Stomorica-Kirche erahnen. Geweiht der heiligen Ursula, ist die frühmittelalterliche Kirche deshalb erwähnenswert, weil sie im seltenen Grundriss eines fünfblättrigen Kleeblatts gebaut ist. Der Eingang befand sich im Glockenturm. Im 16. Jahrhundert beim Bau der neuen Mauer wurde die Kirche zugeschüttet. Denn über sie hinweg wurde eine neue Mauer gegen die Türken errichtet.

■ Wasserorgel

Wer stille Momente sucht, sollte die Promenade am Wasser hinaufgehen, schon wegen des schönen Blickes und der Weitläufigkeit. Die Nordspitze der kleinen Halbinsel auf der Istrarska obala bietet ein Schauspiel der besonderen Art. Dort gibt es die weltweit einzige Wasserorgel. Wie aus dem Nichts erklingen sphärische Klänge. Tatsächlich erzeugen die Wellen, die in Hohlkammern unter der Promenade fließen, die Töne. Die Orgeltöne entstehen durch den Luftdruck des eindringenden Wassers in 35 Orgelpfeifen. Die Pfeifen sind wasserfest aus Polyethylen gefertigt und auf einer Breite von 70 Metern angelegt. Fließt das Wasser wieder heraus, wird über Ventile wieder Luft angesaugt, so dass eine neue Reihe von Tönen gebildet wird.

Die Wasserorgel hat 2005 der Architekt Nikola Bašić entworfen. Sie wurde 2006 in Barcelona mit dem ›Europäischen Preis für den öffentlichen Raum‹ ausgezeichnet.

Die Region Zadar

 Zadar

Vorwahl: 023.
Postleitzahl: 23000.
Turistička zajednica, Smiljanica bb, Tel. 21 24 12, 21 22 22, www.zadar. hr.
Turistička zajednica Zadar Županije, Sv. Leopolda B. Mandica 1, 23000 Zadar, Tel. 31 51 07. Zuständig auch für alle Inseln des Zadarer Archipels.

Hauptpost, ul. Zrinsko Frankopanska, östlich der Altstadt, und ul. Šimuna kožičića, zwischen Seetor und Forum.

Zagrebačka banka und Zagrebačka-Pomorska banka, Knežova Šubica Bribirskih.
Splitska banka, Trg Sv. Stošije 3.

Busbahnhof, Ante Storčevića, Tel. 21 19 38, 21 10 35. Im Osten außerhalb der Altstadt, auch Zubringerbusse zum Flughafen.

Bahnhof, 2 km südöstl., Tel. 212 55.

Flughafen, 12 km östlich, Tel. 31 33 11. Verbindungen von Berlin, Hannover, Köln, Stuttgart (Germanwings), Düsseldorf/Weeze, Frankfurt/Main (Ryanair), München (Lufthansa) und Friedrichshafen (Intersky). Aus Österreich oder der Schweiz Anreise via Zagreb.

Autofähren und Schnellboote zu den italienischen Häfen Ancona, Triest, Venedig, Ortona und Bari.

Autofähren auf die Inseln: nach Uglijan, Zadar–Preko: etwa jede Stunde. Nach Premuda und Mali Lošinj über Olib, Silba, Ist: Hauptsaison 6x, Nebensaison 4x am Tag.
Dugi Otok: Zadar–Bribinj, Hauptsaison 5x, Nebensaison 3x tägl. Nach Rivanj über Ist, Molat, Zverinac, Sestrunj und Rivanj 1x am Tag. Nach **Iž** und **Rava** direkt: 2–3x am Tag. Außerdem Personenfähren nach Ist und Molat, Dugi Otok, Iž und Rava, Vrgada.

Hotel Falkensteiner, Vlahe Paljetka 2, Tel. 20 61 00, www.falkensteiner.com; gehobene Kategorie, DZ ab 120 Euro. Das 2004 vollkommen renovierte Hotel liegt direkt am Meer, nördlich der Altstadt, innerhalb der Ferienanlage ›Borik‹ und ist eine exklusive Welt für sich.
Zur Hotelkette ›Falkensteiner‹ gehört auch das **Hotel Donat**, Majstora Radovana 7, Borik, Tel. 20 65 00, Fax 33 20 65; 240 Zimmer, EZ 57–75 Euro, DZ 51–68 Euro, Drei-Bettzimmer 51–68 Euro, Familienapartment 56–73 Euro.
Kolovare, Bože Perčića, Tel. 20 32 00, www.hotel-kolovare.com; Mittelklasse, DZ 165 Euro. Rund 10 Gehminuten südöstlich der Altstadt gelegen, strandnah, Zimmer teilweise mit Meerblick, klimatisiert.
Mediteran, Matije Gupca 19, Borik, Tel. 33 75 00, www.hotelmediteran-zd.hr; 60 Betten, DZ 82 Euro, EZ 68 Euro. 500 Meter vom Meer entfernt.
Porto, Nikole Jurišića 2, Tel. 29 23 00, www.hotel-porto.hr; 66 Zimmer, 3 Suiten, DZ je nach Saison 56–116 Euro. Östlich der Altstadt, Richtung Flughafen.

Villa Hrešć, Obala kneza Trpimira 28, Tel. 33 75 70, www.villa-hresc.hr; 2 Zimmer, 6 Apartments, DZ 90, Apartment 60–100 Euro. Nördlich von Zadar in der Bucht Maestral.
Apartment Basioli, Krešimirova obala 116, Tel. 33 11 29, 091/585 59 66, neven.basioli@zadar.net; 7 Apartments mit Meerblick, 50–100 Euro.
Pansion Maria, Put Petrića 24, Tel. 33 42 44, 091/516 14 18, www.pansionmaria.hr; 12 DZ 45–50 Euro, 2 Dreibettzimmer 75 Euro.
Hotel kod Marinka, Poljski Put 1, Borik, Tel. 33 78 00; 098/46 50 45, Fax 33 36 16; 17 DZ 65 Euro, 4 Dreibett-Zimmer 70–80 Euro. Unvorteilhafte Lage, aber gut ausgestattet.

Camping Borik, Majstora Radovana 7. Tel. 33 20-74, Fax -65; 1500 Plätze. Einfacher Platz.
Autokamp Planik, Ražanac, Tel. 65 14 31, 098/27 21 87, www.planik.hr; 2,80–4,50 Euro/Pers., Auto 2-3,50 Euro Zelt 1,90–3,40 Euro. An der Brücke nach Pag.

Restaurant Dva Ribara, Blaza Jurjeva 1. Im Kern der Altstadt, Pizzeria, Nudelgerichte, Risotto und leckere Fleischgerichte.
Foša, Kralja Zvonimira, Tel. 31 44 21. In der Altstadt, mit Blick aufs Meer, moderate Preise. Wird allgemein gelobt, hat aber leider stark nachgelassen.
Marco Polo, Ivana Mažuranića 24, Tel. 2357 86. Gute einheimische Küche.
Kornat, Liburnska obala 6, Tel. 25 45 01. Gehobenere Küche, teurer.
Falcon, Obala Kneza trpimira 5, Tel. 33 22 06. Pizzen und deutsches Bier.

Die Region Zadar

Stipe, Plemića Borelli 5a, Tel. 21 32 75. Alle Grillstandards.
Niko, Obala kneza Domagoja 9, Tel. 33 78 88. Gehoben, guter Fisch, nicht zu teuer.
Roko, Put Dikla 74, Tel. 33 10 00; So geschlossen. Selbst gefangener Fisch.
Sabunjar, Jadranska 99, Tel. 34 03 55. Bestes Restaurant für Lamm.

Museum Gold und Silber von Zadar (Zlato i srebro Zadar), Trg opatice Cike 1, Tel. 25 04 96.
Kunstgalerie des Volksmuseums, Meduliceva 2, Tel. 21 11 74.
Archäologisches Museum, Trg opatice Čike bb., Tel. 25 05 16.
Volksmuseum Zadar, Poljana Pape Aleksandra III bb, Tel. 25 18 51.

Musikfestival St. Donat, im Juli/August, Informationen in der Turistička zajednica.

Radsportvereine BK Zadar und BK Donat. Der BK Zadar organisiert traditionell das 1.-Mai-Straßenrennen und der BK Donat die Touren Plitvice–Zadar (Frühsommer) und Knin–Zadar (5. August).

Strände sollte man grundsätzlich außerhalb des Stadtgebietes oder auf einer der gegenüberliegenden Inseln aufsuchen, da die Belastung des Wassers nahe der Stadt noch hoch ist.
Plaza Borik. Von Kiefernwäldern und Olivenbäumen umgebener Kiesel- und Felsstrand mit Badeplateaus und Grasabschnitten, auf der Halbinsel Puntamika, ca. 1 km vom Stadtzentrum.

Marina Zadar Tankerkomerc, Ivana Meštrovića 2, Tel. 33 27 00, 20 48 62, www.marinazadar.com. Mitten in der Stadt, renoviert und sauber, aber nicht immer leise. Die Marina wurde mit der Blauen Flagge ausgezeichnet, leider kennt das Personal seinen Wert.
Marina Borik, Kneza Domagoja 1, Tel. 33 30 36. etwas außerhalb, keine Muringleinen, nur Dalben.

Lohnenswert sind Ausflüge zum Nationalpark Paklenica (hier bieten sich besonders Wanderungen und Klettertouren an) und zu den Plitvicer Seen.

Zadar Sub Diving Center, Dubrovačka 20, Tel. 21 48 48, www.zadarsub.hr.
Diving Borik, in der gleichnamigen Ferienanlage, Tel. 263 12.

Zahlreiche Geschäfte säumen die Straßen der Altstadt. Die Hauptgeschäftsstraße ist die **ulica Široka**. **Märkte** gibt es am Forum. Von frühmorgens bis mittags findet der **Fischmarkt** in der Fischmarkthalle an der Hafenseite innerhalb der Stadtmauer statt, dort werden fangfrischer Fisch sowie Obst und Gemüse aus der Umgebung verkauft.

Krankenhaus (Bolnica), Bože Perčića 5, Tel. 31 56 77. Beim Hotel ›Kolovare‹, 10 Minuten von der Altstadt entfernt.
Apotheken:
Centar, Jurja Barakovića 6, Tel. 25 13 47. Im Zentrum.
Donat, Braće Vranjanina 14, Tel. 25 13 42; 24 Stunden geöffnet.

Von Zadar nach Nin

Gute Möglichkeiten für den Strand-urlaub in der Nähe von Zadar bietet die nördliche Küste, zum Beispiel im **Feriendorf Zaton,** kurz vor Nin gelegen. Die riesige Ferienanlage mit Campingplatz, Apartmentanlage und Mobil homes liegt an einem Sand-/Kiesstrand. Das Angebot reicht von Restaurants und Bars über viele Sportmöglichkeiten bis zu Kinderanimation.

Ruhigere und auch sauberere Bademöglichkeiten finden sich in den drei kleinen Dörfern nördlich von Zadar: **Petrčane, Diklo** und **Kožino.**

Der Hafenort **Petrčane**, in einer lauschigen Bucht gelegen, hat schon die Benediktiner aus dem mächtigen Kloster Sv. Krševan und aus dem Kloster Sv. Platon angelockt. Am südöstlichen Ufer befinden sich Reste der Bartholomäuskirche aus dem 12./13. Jahrhundert. In Petrčane stehen Ankerplätze für Jachten zur Verfügung. Der Ort bietet einen FKK-Strand, Restaurants und eine Diskothek.

Als bedeutendes nationales Denkmal gilt das Kirchlein **Sv. Nikola**, das heute an der Hauptverkehrsstraße nach Nin liegt. Es stammt vermutlich aus dem 11. Jahrhundert, und der Legende nach sollen die ersten sieben kroatischen Könige nach ihrer Krönung hierher gekommen sein und in einer feierlichen Zeremonie ihr Schwert in alle Himmelrichtungen ausgestreckt und dabei geschworen haben: »Wo das Schwert hinzeigt, ist mein Königreich.«

Der Wehrturm der Kirche wurde erst wesentlich später, während der venzianisch-türkischen Kriege, aufgesetzt. Es gibt Vermutungen, die davon ausgehen, dass die Kirche möglicherweise auf einem Hügelgrab aus vorchristlicher Zeit steht.

Nin

Der heute kleinen, verschlafenen Stadt Nin merkt man seine große Geschichte kaum an. Erscheint ihre Lage heute eher abseits der Hauptverkehrswege, bildete sie im 9. Jahrhundert als Hauptstadt das Zentrum des ersten kroatischen Reiches. Heute liegt der Ort geradezu idyllisch auf einer Insel im flachen Wasser eines natürlichen Hafenbeckens. Das Mittelalter ist in Nin hautnah spürbar. Die Attraktion der Stadt ist die kleinste Kathedrale der Welt, Sv. Križ.

Geschichte

Die größte Bedeutung hat Nin infolge der Eroberung durch die Awaren vor dem 8. Jahrhundert erlangt. Die mit den Awaren eingewanderten Kroaten machten Nin im 9. Jahrhundert unter König Tomislav zu einer Art Hauptstadt des kroatischen Königreichs.

Der Niner Bischof Grgur, ein Denkmal von Ivan Meštrović

Die Region Zadar

Das offizielle Eingangstor der Stadt Nin

Von den Liburnern im 9. Jahrhundert vor Christus gegründet, hatten die Römer die Stadt nach ihrer Zerstörung im 1. Jahrhundert mit einem völlig neuen Grundriss versehen. Wie Ausgrabungen von 2001/02 zeigten, haben auch die Slawen diesen Grundriss beibehalten. Heute ist die Fußgängerzone Nins wieder wie zu römischen Zeiten gepflastert.

Erstmals urkundlich erwähnt wurde Nin mit seiner Ernennung zum Bischofssitz in einem päpstlichen Brief von 879. Doch bereits der dritte Niner Bischof, Grgur, forderte, dass Nin entsprechend seiner Bedeutung als Hauptstadt auch zum führenden Erzbistum in Dalmatien erhoben werden sollte. Er konnte seinen Alleingang allerdings nicht durchsetzen, und zur Strafe wurde der Stadt die Bischofswürde aberkannt. Im 19. Jahrhundert galt Grgur dafür aber als nationaler Märtyrer. Bis heute wird behauptet, dass er auch daran gescheitert sei, Kroatisch als Kirchensprache einzuführen. Jüngste Forschungen rücken inzwischen von dieser These ab.

Etwa zur gleichen Zeit wurde auch die Salzgewinnung aus Meerwasser entdeckt, die bis heute betrieben wird.

Im 16. Jahrhundert wurde die Stadt im bitteren Kampf zwischen Venezianern und Türken völlig zerstört, und zwar durch die Venezianer, die sie den Türken nicht als Beute in die Hände fallen lassen wollten. Nin wurde im 19. Jahrhundert als Symbol für die nationale Unabhängigkeit wiederentdeckt. Daran hielt die Stadt auch während des kommunistischen Jugoslawiens fest. So wehte auf dem südlichen Stadttor zur Brücke während der gesamten jugoslawischen Zeit immer die kroatische Flagge. Dafür wurde ihr das Stadtrecht aberkannt, das sie 1997 zurückerhielt.

Vor dem letzten Krieg waren die Salzgewinnung, der Fischfang und eine Ziegelfabrik die wichtigsten Wirtschaftsfaktoren. Seit 1969 lebt die Stadt vor allem vom Tourismus und von der Fischverarbeitung. Schlamm aus der Bucht ermöglicht Packungen, die bei Rheuma und anderen Beschwerden helfen sollen.

In Zukunft soll der Gesundheitstouris-
mus gefördert werden: Geplant ist ein
Wellnesskomplex mit 1000 Betten.

Stadtrundgang

Die Hinweisschilder führen zum hinteren
Stadttor mit seinen frühen Kreuzgraffiti,
von wo man den Stadtrundgang beginnen kann. Von dort kommt man direkt
auf die wichtigste Sehenswürdigkeit zu:
Sv. Križ (Heiligkreuz), die kleinste Kathedrale der Welt. Sie erhebt sich über einem Netz aus römischen Mauerresten.

■ Sv. Križ

In der Kirche aus dem 9. Jahrhundert
wurden die ersten kroatischen Könige
gekrönt, sie war Bischofskirche und ist
heute ein nationales Symbol. Die Kreuz-
kuppelkirche mit gleichförmigem Kreuz
als Grundriss ist die älteste im byzantinischen Baustil erhaltene Kirche des
Landes und wirkt vor allem durch ihre
Schlichtheit. Sie wurde laut Türinschrift
von einem kroatischen Gespan Godežav
erbaut. Laut Theorien soll die Kirche

Sv. Križ, die kleinste Kathedrale der Welt

gleichzeitig durch die Anordnung der
Fenster und den unterschiedlichen Licht-
einfall als Kalender und Uhr gedient
haben. Der Schlüssel für die Besichtigung ist im Stadtmuseum erhältlich.

■ Grgur-Statue

Von der Kirche aus gesehen schräg gegenüber auf dem Platz scheint die Statue des Bischofs Grgur von Nin herüber-
zugestikulieren. Das in dunkler Bronze
schimmernde Werk fertigte der kroatische Bildhauer Ivan Meštrović 1932 an.
Ursprünglich für die Hauptstadt Zagreb
bestimmt, wurde es 1969 aufgestellt.
Meštrović gelingt es, die Sprachgewalt
eines Bischofs bildhauerisch darzustel-
len, von dem er glaubte, er habe für die
Verwendung von Kroatisch als Kirchensprache und der Glagolica als Schrift in
der Kirche gestritten. Die mystifizieren-
de Legende des Illyrismus aus dem
19. Jahrhundert macht Grgur bis heute
zu einem nationalen Symbol. Eine ähnliche Statue in Split unterscheidet sich
lediglich in der Art, wie der Bischof das
Buch hält.

■ Sv. Anselmo

Zwischen der Kirche Sv. Križ und der
gegenüberliegenden neueren linker Hand
gelegenen Kirche Sv. Anselmo, dort, wo
sich heute die Schule befindet, stand
einmal der kroatische Königspalast. Über
dem Seiteneingang von Sv. Anselmo sind
die ältesten erhaltenen Skulpturen der
Kirche zu sehen. Sie stellen die beiden
fränkischen Missionare Sv. Ansolmo und
Diakon Sv. Ambroz dar. Gebaut auf den
Mauern eines älteren Vorgängerbaus aus
dem 6. Jahrhundert, ist das heutige Gebäude das Ergebnis aus vielfacher Zerstörung und Wiederaufbau. Aus dem
12. Jahrhundert ist lediglich der Glockenturm übriggeblieben.

Karte S. 87

■ **Kapelle**

Neben der Kirche befindet sich eine Kapelle aus dem frühen 16. Jahrhundert,
die noch in gotischem Stil gebaut wurde.
Sie ist der Mutter Gottes von Zečevo
geweiht, benannt nach einer in ihr aus-
gestellten Madonnenfigur, die aus dem
14. Jahrhundert stammt. Sie soll aus
einem Kloster auf der kleinen, nördlich
zwischen Pag und dem Festland gelegen
Insel Zečevo stammen, das von den
Türken zerstört wurde. Nach einer Legende haben die Moslems die Madonnenfigur ins Meer geworfen, doch sie sei
von selbst wieder zurückgeschwommen.
Bei der Anlandung hätten die Glocken
von selbst zu läuten begonnen.
Am 5. Mai 1516 sollen ein Hirtenmäd-
chen und ein Pfarrer die Madonna weinen gesehen haben. Seitdem wird das
Wunder an jedem 5. Mai und 15. August (Maria Himmelfahrt) mit einer
Prozession gefeiert. Der Strand der Insel
wimmelt dann von Booten, mit denen
die Menschen auf die Insel übersetzen.
Heute ist dort eine kleine Kirche mit
dem einzig erhaltenen Kirchturm aus
romanischer Zeit zu sehen.
In der Kapelle neben der Niner Kirche
befindet sich die **Schatzkammer** mit einheimischen Goldschmiedearbeiten, so
ein karolingisches Reliquiar aus dem
8./9. Jahrhundert, das ein Schulterblatt
des heiligen Anselm enthält. Auch ein
Ring von Papst Pius II. (1458–1464)
findet sich in der kleinen Ausstellung.

■ **Stadtmuseum**

Am nördlichen Ende der Fußgängerzone
liegt der Platz Trg Kraljevac mit dem
markanten rotgestrichenen Stadtmuseum. In der Römerzeit schloss sich an
dessen östlicher Seite das Handwerker-
viertel an. Das Museum zeigt wichtige
Funde von Grabbeigaben aus der Zeit

*Die ›Flaniermeile‹ von Nin, hinten das
Stadtmuseum*

der Liburner, neuere Ausgrabungen aus
römischer Zeit und ein Modell des Niner
Diana-Tempels.
Das berühmte **Taufbecken** von Višeslav
aus Nin ist leider nur als Kopie zu sehen.
Das sechseckige, etwa ein Meter tiefe
und etwa ein Meter breite, aus einem
Stein gefertigte Becken stammt aus dem
9. Jahrhundert, kam mit der Mission der
Franken nach Kroatien und gilt als Symbol für die westlich geprägte Kultur in
Kroatien. In einer Inschrift, die als Band
um den Rand herumläuft, wird der Fürst
Višeslav erwähnt, der als erster Fürst
und erfolgloser Streiter gegen die Franken in Kroatien zwischen 800 und 810
regiert haben soll. Das Original befindet
sich heute in Split.

■ **Diana-Tempel**

Links vorbei am Museum liegt der größte bisher in Kroatien ausgegrabene römische Tempel. Die 1912 gefundene, auf
einer Grundfläche von 45 mal 21,5 Metern errichtete Opferstätte wurde der

Reste des Dianatempels

Göttin Diana geweiht, ursprünglich die Göttin des Mondes und der Fruchtbarkeit, später auch Jagdgöttin.

■ Eingangstor

In der Fußgängerzone nach Süden sind in Haus- und Gartenmauern viele Überreste aus römischer und mittelalterlicher Zeit eingelassen.

Am Ende der Hauptstraße liegt das 1778 errichtete offizielle Eingangstor, auf dem die kroatische Flagge auch während der Zeit der jugoslawischen Herrschaft wehte. Ein Relief auf der Vorderseite des Tors zeigt Wein und Brot als christliches Zeichen und als Willkommensgruß. Von der Brücke davor aus öffnet sich ein schöner Blick über die Lagune von Nin und auf den kleinen Hafen der Stadt.

 Nin

Vorwahl: 023.
Posteitzahl: 23232.
Turistička zajednica Nin, Trg Braće Radića 3, bei der alten Brücke, Tel./Fax 26 52-47, -64, www.nin.hr.

Post, neben der Turistička zajednica.

Dalmatinska banka, direkt in der Altstadt von Nin.

Die **Bushaltestelle** befindet sich bei der Post.

Anreise mit der Bahn über Zadar und Weiterfahrt mit dem Bus.

Flughafen Zadar, siehe S. 75.

Aparthotel Lekavski, Dražnikova 15, Zaton, Tel. 26 58-88, Fax -90, www.lekavski.de; 14 DZ 41–70 Euro, 4 Apartments 76–130 Euro.

Apartment Vila Vukić, im Ortsteil Mulo, Tel. 36 03 21; Apartment 60–70 Euro. 30 Meter von Meer entfernt, Apartments mit Balkon und Klimaanlage.

Apartmenthaus Irena, Tel. 32 31 13; 5 Wohnungen, ab 65 Euro. Nahe dem kleinen Hafen und dem alten Ortskern von Privlaka.

Camping Zaton Holiday Village, Tel. 28 02 80, www.zaton.hr; Auto/Zelt und 1 Person 13,80–38,20 Euro je nach Saison. Ferienanlage an der Straße Zadar–Nin, großes Feriendorf am Wasser zwischen Pinien, in denen im Sommer die Zikaden zirpen. Bietet mit eigener Infrastruktur von Restaurants und Einkaufszentrum über Swimmingpools und Sportanlagen bis zu Folkloreveranstaltungen und anderen Animationen alles, inklusive aufgeschütteter Sandstrände. Allerdings ist das Ganze nicht ganz billig: Jedes Extra kostet zusätzlich, Zelten mit Auto kostet fast so viel wie eine Privatunterkunft in der Umgebung.

Fischrestaurant Aenona, gegenüber der Kirche Sv. Križ.
Konoba Bepo, am Hauptplatz von Zaton. Frischer Fisch, auf Bestellung Lamm von Grill.
Restaurant Pernin Dvorn. Gemütlich und gut.
Restaurant Sokol, beim Stadttor.

Die **Niner Bucht** ist wegen ihrer geringen Wassertiefe für Kinder zum Baden geeignet. Auch die Wassertemperatur ist einige Grad höher als anderswo. Der Salzgehalt im Wasser, aber auch in der Luft, ist höher als im Durchschnitt. Der auf der Düne von Nin befindliche Heilschlamm war schon zur römischen Zeit bekannt. In der flachen und abgeschlossenen Bucht gibt es aber nur wenig Strömung, und daher ist das Wasser eher trüb. Alternativen sind der nördliche Strandabschnitt, die Insel Vir oder Zečevo.

Die **Sandstrände um Nin**: an der Ferienhaussiedlung ›Ninske Vodice‹, außerdem in Sabunike und bei Žukve.

Flacher **Stadthafen** vor der Brücke, nichts für Schiffe mit Tiefgang.

Scuba Adriatic, im ›Zaton Holiday Village‹, Tel. 23 15 36.

Minimarkt, in der Altstadt.
Obst und Gemüsemarkt, bei der Turistička zajednica.

Ambulanz, Tel. 26 48 88.
Apotheke, Tel. 26 44 91.

Insel Vir

Die 22,3 Quadratkilometer große Insel Vir hat kaum bedeutende Sehenswürdigkeiten zu bieten, dafür genießen ihre langen Strände einen hervorragenden Ruf. In den Sommermonaten verzehnfacht sich die Zahl der Menschen auf Vir: Bis zu 10 000 Touristen finden Unterkunft in etwa 7000 Ferienwohnungen. Seit 1976 verbindet die 378 Meter lange Brücke **Most života** (Lebensbrücke) Insel und Festland miteinander.

Der Name Vir bedeutet ursprünglich schlicht ›Weideplatz‹ oder ›Dreschplatz‹. Die Insel wurde erstmals 1069 in der Urkunde ›Mare nostrum Dalmaticum‹ des Königs Petar Krešimir IV. unter dem Namen ›Ueru‹ beziehungsweise ›Veru‹ erwähnt.

Gräber der Liburner auf dem 116 Meter hohen Sv. Juraj belegen eine frühe Besiedelung.

Seit den 80er Jahren wurden zahlreiche Ferienhäuser oft ohne Baugenehmigung auf der Insel gebaut, so dass die Insel heute unschön zersiedelt wirkt. In den letzten Jahren hat die Inselverwaltung Häuser, allerdings unter oft willkürlich erscheinenden Begründungen, abreißen lassen, was zu Spannungen und sogar Selbstmorden führte.

■ Dorf Vir

In dem ansonsten eher ungeordnet wirkenden knapp 1000-Einwohner-Dorf Vir ist die romanische Kirche **Sv. Ivan** aus dem 13. Jahrhundert erwähnenswert. Sie ist etwas außerhalb, in Richtung Torovi, zu finden.

Zu dem 300 Meter hoch gelegenen Ort gehört der Hafen **Sapavac** mit der gleichnamigen Bucht. Dort befinden sich **Reste einer venezianischen Festung** aus dem 17. Jahrhundert. Die Festung diente als Rückzugsstation im über 200 Jahre langen Kampf mit den Türken um Nin und bot später den Inselbewohnern Schutz vor Piraten. Zwischen 2001 und 2002 wurde die Ruine für etwa 50 000 Euro renoviert. Sehenswert sind ebenfalls die **Steinformationen** neben der Ruine, wo sich Felssäulen von 30 bis 50 Zentimeter Breite in das Meer verlieren.

Ein schöner Ausflug führt zum **Leuchtturm** im Nordwesten der Insel. Er wurde 1881 errichtet und ist von **Torovi** erreichbar. In der Nähe des Leuchtturms gibt es romantische und sandige Badebuchten.

Ebenfalls vom Ort Torovi kann man zu einer Wanderung auf den höchsten Berg der Insel, den 112 Meter hohen **Bandira**, aufbrechen. Dort sind Ausgrabungen aus der Zeit der Liburner zu sehen.

 Insel Vir

Vorwahl: 023.
Postleizahl: 23234.
Turistička zajednica, Put Mula bb (Jadro), Tel. 36 21 96, 36 34 68.

Post, im Ort Vir.

Busbahnhof, Jadro, Tel. 36 28 90.

Auf Vir stehen vor allem Apartments zur Verfügung, zum Beispiel im **Haus Ljerka** und **Haus Jürgen**, www.elfedritsch.de, Anfrage über Tel. 068 41/791 03.

Autokamp Matea, Sari Put, Radovanjica, Tel. 36 21 02. An der Bucht Radovanjica, nördlich von Vir.

Restaurant Kod Spavalice, Put Spavalice 1, Selo, Tel. 36 20 33.
Viranka, Marova 1, Tel. 36 20 39.

Johannistag, 29. August, Kirchweihfest.

Strände gibt es rund um die Insel. Bekannt und überlaufen ist die nach Süden gelegene Bucht **Sapavac**.
Einen Sandstrand gibt es bei der Brükke; von hier können geübte Schwimmer auf die Insel **Školjić** schwimmen.
Ruhiger sind die **Strände im Nordwesten** der Insel.

Ambulanz: Put Mula bb, Vir Tel. 36 27 69.

Insel Pag

Steine, Salz, Schafe, Sonne: Das sind die vier Dinge, um die sich das Leben der Menschen auf der Insel Pag seit Jahrhunderten dreht. Sie sind der Grund für eine einzigartig verkarstete Landschaft, die über weite Strecken wie eine Mischung aus Mondlandschaft und Halbwüste wirkt.

Berühmt ist Pag für die Schafszucht und den Schafskäse (Paški Sir), aber auch für das Olivenöl und die Salzgewinnung aus dem Meer.

Wegen des hohen Salzgehalts der Luft wachsen auf der Insel einzigartige Kräu-

Geschichte

Salz war für die Menschen auf Pag Fluch und Segen zugleich. 1215 wurde die Salzgewinnung aus dem Meer erstmals schriftlich erwähnt. Die Salinenfelder liegen am Ortseingang der Stadt Pag und sind als die wohl größten in Dalmatien bis heute in Betrieb. Wegen der hohen Bedeutung für die Haltbarmachung von Fleisch und Fisch hat die Salzgewinnung die Bewohner über Jahrhunderte reich gemacht, aber auch viele Begehrlichkeiten geweckt.

Nachweisbar haben seit dem 1. Jahrtausend vor Christus Liburner die Insel besiedelt. Keramikfunde belegen, dass der

Die Salinen von Pag

ter, alle Pflanzen werden stets mit einer leichten Salzschicht überzogen. Diese Kombination macht den Pager Käse so würzig, den man bei einem Aufenthalt auf der Insel unbedingt probieren sollte (siehe auch Seite 89).

Sehenswerte Orte auf der Insel sind vor allem die Renaissancestadt **Pag**, der Hafen von **Novalja** und die **Halbinsel Lun**.

Schiffshandel nach Griechenland und sogar bis nach Afrika bereits vom 4. bis 3. Jahrhundert vor Christus rege gewesen sein muss.

Unter den Römern war bis zum 6. Jahrhundert nach Christus Cissa die Hauptstadt der Insel. Die Stadt lag in der Nähe des heutigen Časka und wurde von Plinius dem Älteren im 1. Jahrhundert vor Christus erstmals erwähnt. Cissa ver-

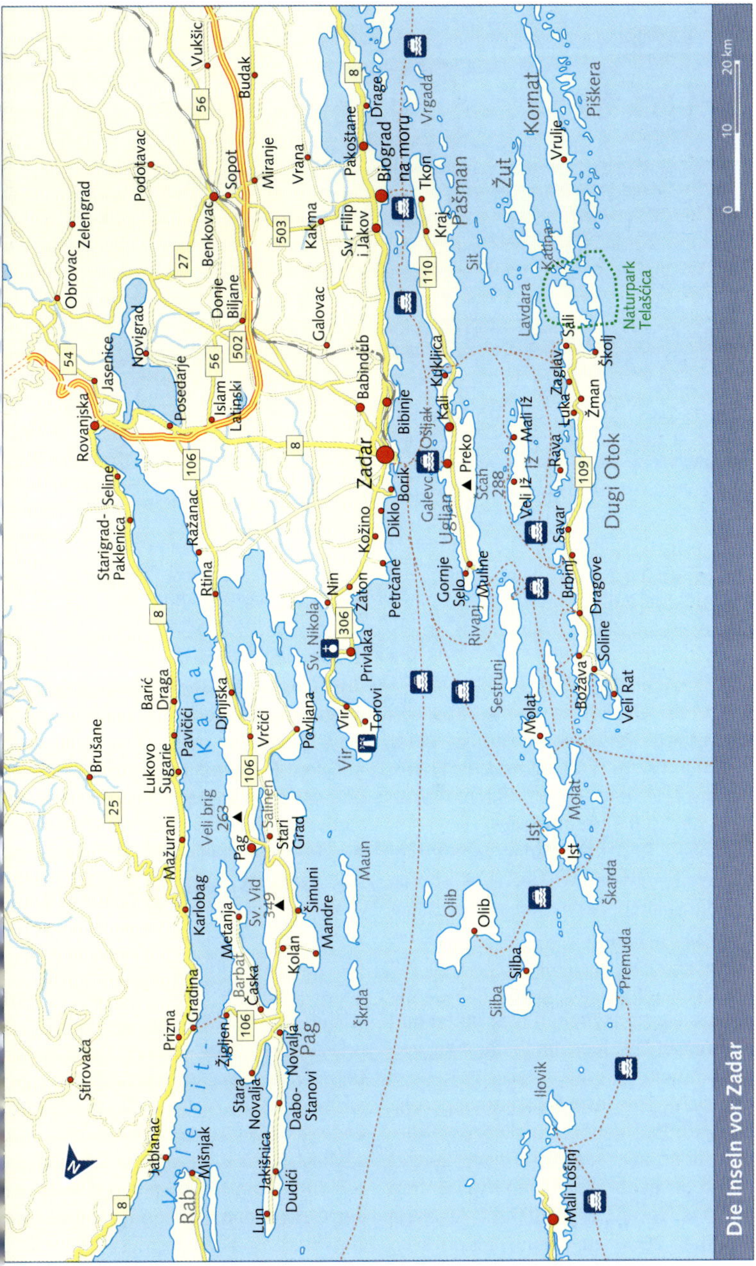

Die Region Zadar

Die Inseln vor Zadar

Kornat
Piškera
Vrulje
Vrgada
Žut
Pašman
Tkon
Kraj
Sit
Sali
Lavdara
Katina
Naturpark
Telašćica
Žman
Luka
Zaglav
Rava
Mali Iž
Veli Iž
Dugi Otok
Dragove
Savar
Božava
Veli Rat
Soline
Brbinj
Molat
Ist
Ist
Molat
Škarda
Olib
Olib
Silba
Silba
Premuda
Ilovik
Mali Lošinj
Sestrunj
Rivanj
Zverinac

Biograd na moru
Drage
Pakoštane
Sv. Filip i Jakov
Sv. Nikola
Nin
Privlaka
Vir
Vir
Torovi
Povljana
Vrčići
Dinjiška
Pavičići
Veli brig 263
Slanica
Pag
Stari Grad
Maun
Škrda
Šimuni
Mandre
Kolan
Stara Novalja
Novalja
Stanovi
Dabo-
Dudići
Takišnica
Lun
Jakišnica
Mišnjak
Žigljen
Caska
Barbat
Sv. Vid 349
Metanja
Karlobag
Gradina
Prizna
Jablanac
Stirovača
Rab
Brušane
Lukovo
Šugarje
Mažurani
Barić Draga
Seline
Starigrad-
Paklenica
Rovanjska
Jasenice
Novigrad
Posedarje
Islam Latinski
Maslenica
Obrovac
Zelengrad
Podotavac
Budak
Vukšić
Sopot
Benkovac
Miranje
Vrana
Kakma
Galovac
Biljane Donje
Babindub
Bibinje
Zadar
Diklo
Kožino
Zaton
Petrčane
Bokanjac
Borik
Sukošan
Gornje Selo
Galevac
Ugljan
Ošljak
Preko
Kali
Kukljica
Sali
Škoj

Kvarnerit

Kanal

8
56
503
27
54
106
502
56
110
8
306
106
106
25
8
8
12
109
288

0   10   20 km
N

Amphoren aus einem römischen Schiffswrack

sank wahrscheinlich im 6. Jahrhundert nach Christus in Folge eines Erdbebens und des daraufhin ansteigenden Meeresspiegels. Als neue Hauptstadt errichteten die Überlebenden Stari Grad (Alte Stadt), südlich von Pag.

Nach der Gründung des kroatischen Königtums verschenkte König Petar Krešimir IV. 1071 die nördliche Hälfte der Insel (Halbinsel Lun und Novalja) an Rab, die Südhälfte an Zadar.

Zwischen Rab und Zadar kam es im Mittelalter immer wieder zu Kämpfen um die Salinen, bei denen die Stadt Pag mehrfach zerstört wurde. Noch bis 1983 gehörte die Nordspitze Lun zur Insel Rab. Bis heute wird vielfach die Grenzziehung zwischen Dalmatien und Kvarner Bucht quer durch die Insel vorgenommen.

Kirchlich ist die Insel noch immer geteilt: Der Nordteil gehört zur Diozöse Rab, der Süden zu Zadar. Und nicht zuletzt liegen bis heute die beiden Inselzentren Pag und Novalja im Wettstreit. Als es im Sommer 2006 zu einer Meinungsver-schiedenheit zwischen Pag und Novalja über die Wasserpreise kam, drehte Novalja den Wasserhahn ab.

Auf den Verkauf Dalmatiens an Venedig im Jahr 1420 folgte die Bedrohung durch die Türken. Der Reichtum der Pager ermöglichte es ihnen, sich 1443 von Juraj Dalmatinac eine neue Stadt als Festung auf dem Reißbrett entwerfen zu lassen und die heutige Stadt Pag in einem kollektiven Umzug zu beziehen.

Als 1905 eine tiefe wirtschaftliche Rezession herrschte, ausgelöst durch die aus Amerika importierte Reblaus, wanderten viele Pager in die USA, nach Kanada und Australien aus. Infolge einer Landreform Mitte der 30er Jahre flüchteten viele reiche Pager nach Italien, Südamerika oder einfach in die großen Städte Kroatiens. Durch den Know-how-Verlust verarmte die Insel. Auch der Tourismus, der Ende der 60er Jahre einsetzte, war eher zaghaft, so dass die Wirtschaft kaum in Schwung kam. So blieb die Insel lange ein Geheimtipp und findet erst heute Anschluss an die Tourismuswirtschaft.

▲ Karte S. 87

Zwei Spezialitäten: Paški Sir und Paška Čipka

In Kroatien gibt es nur eine Handvoll geschützter Markenzeichen aus dem eigenen Land. Zwei hält allein die Insel Pag: Paški Sir und Pager Spitzen. Beim Paški Sir sichert dieser Schutz die stabilen Preise für die Bauern, und so hat das einträgliche Geschäft aus der Insel eine einzige Weidefläche werden lassen. Die Landschaft wird von vielen Steinmauern durchzogen, die die Felder für die Schafe abgrenzen. Bei Versuchen, die Insel aufzuforsten, haben die Pager angeblich sogar die Setzlinge wieder ausgerissen, um die Weidefläche für die Schafe zu erhalten.

Inzwischen wird so viel Käse exportiert, dass kritische Stimmen bereits fragen, wo so viel Milch auf dieser kargen Insel produziert wird. Eigentlich gilt Paški Sir als Schafskäse. Doch gibt es auch Käse aus reiner Kuhmilch oder aus Schafs- und Kuhmilch gemischt. Charakteristisch ist ein stark würziger Geschmack. Er stammt von ausgedörrten und mit salzigen Ablagerungen überzogenen Kräutern, die die Schafe auf der Insel fressen, aber auch von Kräutern, die wegen des salzigen Bodens nur auf Pag wachsen.

Doch vielleicht ist es auch das schlicht das Rezept: Der Käse wird mehrfach in Salzlake gewendet, bevor er zu kleinen Laibern verarbeitet wird. Der Preis ist von den Jahreszeiten und der Ergiebigkeit der Milchproduktion abhängig: Zumeist wird ein Kilo für 150 Kuna angeboten. Wie der Käse gemacht wird, kann man sich in der Paška sirana d.d., Pager Käserei AG, ansehen; Splitska ulica b.b., Tel. 61 19 93.

Die Pager Spitze (Paška Čipka) ist eine Nähkunst (keine Häkel- oder Strickarbeit), die ohne vorgezeichnetes Muster gefertigt wird. Diese Kunst ist ein Stück lebendige Renaissance und Venezianismus. Hauptabnehmer wurde im 19. Jahrhundert der Hof von Wien. Um 1905 wurde in Pag eine Spitzenschule eingerichtet, die diese alte Tradition fördern sollte. Heute hat die Stadt Pag dieser Nähkunst ein eigenes Museum im Rektorenpalast gewidmet.

Hier reift der Paški Sir

Insel Pag
Vorwahl: 023.
Zuständig für die Insel Pag ist die
Turistička zajednica Zadar Županije
(siehe S. 75).
www.pag-tourism.hr.

Pag ist von zwei Seiten erreichbar:
über die **Brücke im Südosten** und
mit der **Autofähre**.

Autofähre (Trajekt), stündlich ab
Prizna zum Fährhafen Žigljen an der
Nordseite der Insel.
Personenfähre, Linien nach Rijeka,
Rab, Novalja, Mali Lošinj. Informa-
tionen unter Tel. 66 50 78.

Pag-Stadt

In einer grandiosen Landschaft am Fuß
des 263 Meter hohen Veli brig und am
Wasser der Pager Bucht liegt das Renais-
sancestädtchen Pag. Das Salz aus den
nahen Salinen hat der Stadt Reichtum
gebracht, doch das Salz nimmt ihn auch
wieder. Die salzhaltige Luft frisst sich in
den alten Kalkstein ebenso wie in Beton.
Nach mehrfacher Renovierung hat eine
Großzahl der Renaissancehäuser ihren
alten Schmuck verloren. Trotzdem hat
sich die Stadt durch die historische
Stadtanlage ein Stück ihrer Romantik
bewahrt.
1443 vergaben die Pager an Juraj Dalmatinac den Auftrag, ihre Stadt völlig
neu aufzubauen. Erst 31 Jahre später,
1474, wurde sie vollständig bezogen.
Angesichts der Bedrohung durch die
Türken hatten die Pager offenbar die
verteidigungstechnischen Mängel ihrer
alten Stadt Stari Grad erkannt, die erst
1393 von Söldnern aus Zadar im Kampf
um das Salz zerstört worden war.

Der neue Stadtplan wurde im Geiste der
Renaissance auf dem Reißbrett entworfen. Wahrscheinlich hat sich Dalmatinac
als Baumeister der Renaissance, der
Kunstrichtung, die die Antike wiederent-
deckte, am Grundriss der römischen
Stadt orientiert: Zwei sich kreuzende
Hauptstraßen, in deren Schnittpunkt sich
ein größerer Platz befindet, bildeten das
Grundgerüst. Parallel dazu verlaufen Sei-
tengassen, so dass ein Schachbrettmuster
entsteht, wobei Dalmatinac die Stadt so
angelegt hat, dass von fast jeder Gasse
aus das Meer gesehen werden kann.
Im 19. Jahrhundert wurde die Stadtbefestigung abgetragen und das Material
als Steinbruch für den Bau weiterer Häuser verwendet. Mit der österreichischen
Monarchie wurde der Hafen ausgebaut,
so dass auch Dampfschiffe anlegen
konnten und der Tourismus erstmals
zarte Blüten trieb.
Heute sind in der Hochsaison täglich
50 000 Touristen in der 8000-Einwohner-
Stadt. Investoren haben etwa 120 Hektar Land gekauft und wollen Ferien-
anlagen bauen, heißt es. Auch ein
Kanalisationssystem wird geplant, bisher

*Juraj Dalmatinac, der Renaissance-Baumeister
und Architekt der Stadt Pag*

Die Kirche Mariä Himmelfahrt

werden die Abwässer hinter dem Berg in den Velebit-Kanal eingeleitet. Den Gipfel über Pag zieren neuerdings mehrere Windräder, die von deutschen Firmen extra konstruiert werden mussten, damit sie der Bora standhalten können.

■ Kirche Mariä Himmelfahrt

In der kleinen Stadt ist der zentrale Platz Kralja Petra Krešimira IV. schnell erreicht. Dominiert wird er von der Pfarrkirche Uznesenja Blažene Djevice Marije (Mariä Himmelfahrt). Die 1443 mit dem Kirchenschiff begonnenen Bauarbeiten wurden erst 1562 vervollständigt. Der **Glockenturm** blieb unvollendet. Dalmatinac wollte die Ideale der Renaissance verwirklicht sehen, die Pager wollten eine Kirche, die sie an ihre alte in Stari Grad erinnerten. Und so kam eine Mischform heraus: Während der Grundriss sich an eine romanische Basilika hält, ist von außen die typische dreischiffige Formen der Renaissance erkennbar, aber mit einem dreieckigem Giebel, der aus der Gotik stammt. Die Rosette darunter ist heute das Wahrzeichen der Stadt: Ihre feine Verzierung soll von den Pager Spitzen inspiriert sein. In der Lünette oberhalb der Tür befindet sich eine Schutzmantelmadonna, die ihr anbefohlenen Bürger sind realistische Darstellungen Pager Bürger in ihren Trachten.

Innen wird die Kirche von acht Arkadenbögen getragen, deren Kapitele teilweise vom Salz fast vollständig zerstört sind. Im rechten Seitenaltar befindet sich eine **Kreuzdarstellung aus dem 12. Jahrhundert**, mit eigenwilligen Proportionen. Es wurde aus der alten Kirche in Stari Grad mitgebracht und gilt als wundertätig. Angeblich floss Blut aus einer Wunde, nachdem eine Hirtin das Kreuz am 13. Juli 1413 angebetet hatte.

■ Rektoren- und Bischofspalast

Das größte weltliche Gebäude auf dem Platz ist der **Rektorenpalast** gegenüber der Kirche. Er war der Sitz des aus Venedig bestellten Stadthalters und diente nach dem Ende der Herrschaft vom Lido ab 1905 der Insel- und Stadtverwaltung. Heute beherbergt der Palast das Museum, in dem sich alles um die Pager Spitzen dreht.

Rechts daneben steht der **Bischofspalast,** er galt der Hoffnung, Pag könnte eigener Bischofssitz werden. Er wurde nie fertig und war auch nie bewohnt.

Auf dem Platz befindet sich seit jüngstem ein **Bronzedenkmal für Bartul Kasić** (1575–1650) schräg vor der Kirche. Der Jesuit ist ein Sohn der Stadt und formulierte nicht nur die erste kroatische Grammatik, sondern legte auch die erste Bibelübersetzung ins Kroatische vor. Er gilt als der Begründer der kroatischen Philologie und legte viele sprachliche Standards fest, die bis heute gelten.

■ Kirche Sveta Margarita

Links am Denkmal vorbei und dann links in der Koludraška-Straße liegt die Kirche Sveta Margarita, eine dreischiffi-

ge Basilika aus dem 15. Jahrhundert. An die Kirche grenzt ein Benediktinerinnenkloster, das 1843 errichtet worden ist. Es enthält ein **Klostermuseum**, unter anderem mit den Werken einiger venezianischer Künstler. Am Eingang des Klosters wird Schiffszwieback angeboten, wie ihn die Pager Seefahrer für ihre Reisen mitnahmen, ein aromatisches Gebäck.

■ Rathaus

Am Hafen liegt das **Rathaus**, das auf dem Grundriss eines alten Wehrturms steht. Dahinter befindet sich, seit einigen Jahren in einer Ecke abgestellt, die von einem einheimischen Künstler geschaffene Bronzestatue, die den Erbauer der Stadt Juraj Dalmatinac darstellt. Wo sie endgültig aufgestellt werden soll, wird im Gemeinderat noch heftig diskutiert.

Die Region Zadar

ℹ Pag-Stadt

Vorwahl: 023.
Postleitzahl: 23250.
Turistička zajednica Pag, Ulica od Špitala 2, Pag, Tel. 61 13 01, www.pagtourism.hr, www.otokpag.com (dt.). Für alle Inseln im Archipel ist die **Turistička zajednica Zadar Županije** zuständig (S. 75).

Post, Golija 28A, 23250 Pag. Auf dem Weg vom Zentrum zum Turm Skrivanat, dem letzten Wehrturm der Stadt.

Erste Banka, Kneževa 1, 23250 Pag.
Privredna Banka, Adresse wie Post.

Regelmäßiger Busverkehr über die Insel und nach Zadar, Rijeka und Zagreb.

Hotel Tony, Pag, Dubrovačka ulica, Tel./Fax 61 13 70, www.hotel-tony. com; 20 Zimmer, DZ 64–80 Euro. Direkt am Meer, klimatisiert, ruhig.
Per-Frane; Mittelklasse, DZ 75 Euro. Direkt am Meer, klimatisiert.

Hotel Biser, A.G. Matosa 46, Tel. 61 13 33, Fax 61 14 44, www.hotel-biser.com; 20 schlichte Zimmer, DZ mit HP 78–92 Euro. Nahe am Strand, mit Restaurant.

Restaurants und Cafés an der Uferpromenade.
Bistro Diogen, nahe der Brücke.
Restaurant Bodulo, an der Stadtmauer. Schönes Ambiente und nicht sehr teuer.
Dva Ferrala, Smovka Golija bb, Tel. 61 10 95, Fax 61 13 10. Essen im schönen Innenhof, für Feinschmecker, direkt am Meer gelegen, örtliche Spezialitäten.
Restaurant und Pizzeria Na Tale, Stjepana Radića 4, Pag, Tel. 61 11 94. Große Auswahl an Fisch- und Fleischgerichten, gute Steaks, Pizza und Pasta, reservieren kann nötig sein.

Salzgewinnungsanlage, am Rande der von Süden kommenden Zufahrtstraße; Besichtigung nach Anmeldung ein bis zwei Tage im voraus an der Pforte, Führungen finden unregelmäßig innerhalb der Woche statt.

Detail aus dem Bischofspalast in Pag-Stadt

Maria Himmelfahrt, jeden 15. August. Prozessionen aus der spätromanischen Pfarrkirche von Stari Grad zur neuen Kirche in der heutigen Innenstadt.

Karneval, 6. Januar bis Faschingsdienstag. Der Karneval wurde von den Venezianern übernommen und wird als großer Maskenball auf dem Platz Kresimir IV gefeiert.

Die Sklavin von Pag (Robinja), Volksdrama, Vorführungen meist in der Karnevalssaison. Ein stark stilisiertes Theaterstück, das auf eine Renaissancedichtung aus dem 16. Jahrhundert zurückgeht. Es handelt vom Verkauf der Tochter eines kroatischen auf dem Amselfeld von den Türken besiegten Herrschers.

Außerdem hat Pag eine eigene **Volkstanztradition**, Termine zu Vorführungen im Touristenbüro.

Entlang der gesamten **Pager Bucht** gibt es viele Abschnitte, die als Strände genutzt werden können, insbesondere auf der südlichen Seite. **Sandstrand bei Sveti Duh** auf halbem Weg nach Novalja. Der Strand mit den meisten Aktivitäten ist **Prosika**, er wird aber auch stark frequentiert. In der Nähe der Salinen gibt es Schlamm für Moorpackungen.

Liegeplätze am **Stadthafen** an Murings.

Ganztägige Angebote zu Rundfahrten: **Fish Picnic**, eine Tagestour durch die Pager Bucht, mit einer Fischmahlzeit an Bord und Ausflügen zu Stränden, keine Teilstrecken buchbar.

Stari Grad

Von der ›Alten Stadt‹ (Stari Grad) auf der Südseite der Salinen ist nichts weiter übriggeblieben als eine sehenswerte **Kirche** und eine verfallende **Klosteran-**

lage in einer grünen Hügellandschaft. Der Ort war bereits früh besiedelt, wie megalithische Funde beweisen. Die gotische Kirche wurde auf eine ältere Anlage aus dem 8. Jahrhundert gesetzt. Franziskaner bauten an die bestehende Kirche 1589 ein Kloster, das nicht mehr bewohnt wird und nun zerfällt. Das Salz wurde im Mittelalter von Košljun aus verschifft.

Der **Klosterbrunnen** wird verehrt, weil er während einer langen Dürreperiode im Spätmittelalter nach vielen Gebeten als einziger Wasser für die Stadt geliefert haben soll.

Am 15. August, zu Maria Himmelfahrt, wird von dieser Kirche aus die Marienstatue der Kirche in einer langen Prozession in die Kirche der Neustadt, Sv. Marija, getragen. Sie bleibt dort bis zum 8. September und wird in einer weiteren Prozession wieder zurückgebracht.

Die Kirche von Stari Grad

Karte S. 87

Kolan und Mandre

Das kleine Dorf **Kolan** ist heute ein stiller, malerischer Ort an der Straße von Pag nach Novalja, von der aus man einen grandiosen Blick auf das Meer hat.

Im Jahr 1441 wurde der Ort Kolan erstmals in einem venezianischen Brief an den Rat der Stadt Pag erwähnt, in dem dieser die Erlaubnis zur Besiedelung gab. 1800 vor Christus waren auf der Anhöhe **Gornji Gradac** die Liburner ansässig.

Römische Brunnen, die eine alte Leitung markieren, finden sich am Fahrradweg nach Novalja. In der Straße Bartola Kašića (links an der Kirche und am Touristenbüro vorbei) liegt ein kleines **Museum**, das Gegenstände aus dem bäuerlichen Leben der Gemeinde zeigt.

Das kleine Fischerdörfchen **Mandre** am Meer ist der Hafen der Kolaner Bürger. Von Mandre werden die beiden südlichen Inseln **Maun** und **Škrda** angefahren. Auf der einsamen Insel Škrda halten viele Bewohner ihre Schafe. Von Maun wird berichtet, dass sie zu Beginn des 11. Jahrhunderts von der Stadt Zadar dem Kloster Sv. Krševan geschenkt wurde. Die Reste eines Klosters sind heute noch zu sehen. Auf der Insel befindet sich auch eine Grotte mit schönen Felsformationen, aus der Trinkwasser fließt.

Sveti Vid

Der höchste Berg der Insel Pag, der 348 Meter hohe **Sveti Vid**, wurde als slawisches Heiligtum verehrt. Heute ist auf ihm noch die Ruine des Kirchleins Sv. Vid von 1348 zu sehen. Auf den nahen Anhöhen Vela grba und Mala grba wurde Kohlebergbau betrieben.

Der Aufstieg zum Berg beginnt in Kolan an der Straße nach Pag links mit einem Schotterweg, markiert mit einem roten Kreis. Der Blick vom Gipfel reicht über die ganze Insel nach Pag-Stadt und auf das Velebit-Gebirge, im Westen bei gutem Wetter bis nach Cres. Für Auf- und Abstieg benötigt man etwa drei Stunden.

Kolan und Mandre

Vorwahl: 023.
Postleitzahl: 23251.
Touristenbüro Kolan, Trg Kralja Tomislava, neben der Kirche, Tel. 69 82 90.
Tourismusbüro Mandre, Ribarska 18, Tel. 69 72 03.
www.tzkolan-mandre.com.

Sara-Tours, Mandre, Tel./Fax 69 73 37, www.sara-tours.hr. Vermittlung von Zimmern und Apartments.

Camp Šimuni, Šimuni bb Otok Pag, Kolan, Tel. 697 44-1, Fax -2, www.camping-simuni.hr; ganzjährig geöffnet, 2 Pers./Stellplatz 22 Euro. Mit Läden und Restaurants.

ACI Marina Šimuni, Kolan, Tel. 69 74 57, Fax 697 62, www.aci-club.hr, m.simuni@aci-club.hr.

Der Weg von **Kolan** nach Novalja beginnt hinter dem Museum links, führt an der Kirche Sv. Jerolim aus dem 15. Jahrhundert vorbei. Infos im Tourismusbüro.

Von **Mandre** kann man mit einem **kleinen Boot auf die Inseln** übersetzen, zu Spaziergängen oder zum Baden in einsamen Buchten.

Novalja und Cissa

Novalja ist ein quirliges touristisches Zentrum mit vielen Bademöglichkeiten. Eine breite Uferpromenade lädt zum Schlendern ein, von hier fahren private Boote und Taxen zu vielseitigen Ausflügen auf die Inseln des Zadarer Archipels. Attraktion ist eine guterhaltene römische Wasserleitung.

Die Hafenstadt Novalja bildete mit **Cissa** an der westlichen Pager Bucht bei Časka eine Einheit: In Novalja landeten zur Zeit der Römer die Güter an, die in Cissa gebraucht wurden. Cissa ging um 620 nach einem Erdbeben unter. Doch der überwiegende Teil der Überlebenden ging nach Stari Grad und gründete dort eine neue Stadt. In der Bucht von Časka ist noch ein letzter **Turm** zu sehen, der einmal den Fischern als Leuchtturm gedient haben soll. Dahinter ragen Reste **römischer Grundmauern** in das Wasser, die Richtung Land unter dem Hochufer verschwinden. Dort sollen reiche Römer ihre Villen gehabt haben.

Blick in die römische Wasserleitung im Keller des Archäologischen Museums

Von den Liburnern, die seit 900 vor Christus nachweislich den Hafen Novalja nutzten und Mitte des 2. Jahrhunderts vor Christus von den Römer unterworfen wurden, wird gesagt, dass sie noch lange Widerstand geleistet hätten.

Das Tal, das sich zwischen der Bucht von Cissa/Časka und Stara Novalja erstreckt, ist auch heute noch fruchtbar. Die Römer legten eine Wasserleitung an, die von Škopalj das Wasser in die Stadt leitete. Dieses Aquädukt wurde erst Anfang des 20. Jahrhunderts gefunden, als ein Kind in einen Luftschacht gefallen war. Der Beginn des Aquädukts kann im städtischen Museum besichtigt werden.

Mit der Schenkung von König Petar Krešimir IV. im 11. Jahrhundert kam Novalja an Rab. 1203 wurde Novalja von Zadar bei einem Angriff völlig zerstört, wovon es sich nie mehr erholte. Noch bis nach dem Ersten Weltkrieg gehörten die Bauern in einer Art Leibeigenschaft den Großgrundbesitzern in Rab, die erst nach dem Ende des Ersten Weltkrieges bei einer Landreform beendet wurde.

■ Stadtrundgang

Der Stadtrundgang beginnt am besten am malerischen **Marktplatz** Trg Basilike beim Hafen. Er ist mit frühchristlichen Sarkophagen gesäumt.

Hinter der kleinen **Kirche** von 1828 gegenüber dem Ufer befinden sich Ausgrabungen von Grundmauern einer byzantinischen Kirche mit Mosaiken aus dem 4./5. Jahrhundert, die unter einer Glasscheibe zu bewundern sind.

Oberhalb, in der Kirche **Sv. Katarina** aus dem 18. Jahrhundert, ist der Altar aus Marmor, den Ivan Rendić gestaltete, erwähnenswert.

Daneben befindet sich als jüngste Attraktion der Stadt das **Museum mit der**

Die Region Zadar

Die Kirche Sv. Katarina

Sammlung Stomorica. Auf Anregung eines Pfarrers werden seit 2004 in ihr vor allem kirchliche Funde aus römischer Zeit gezeigt. Viele wurden bei Časka ausgegraben. Manches haben Privatleute beim Hausbauen gefunden. Steine mit Inschriften, insbesondere von Gräbern beweisen, dass römische Bürger Land auf der Insel als Lehen erhalten hatten.

An der gleichen Straße, Kralja Zvonimira, liegt das **Archäologische Museum**, das über dem Ausgang des römischen Aquädukts aus dem 1. nachchristlichen Jahrhundert gebaut wurde. Im Keller kann man in es wie in einen langen Gang hineinsehen, es aber leider nicht betreten. Sklaven haben die Wasserleitung mit einer Höhe zwischen 160 und 220 Zentimetern und etwa 60 Zentimeter Breite in den Fels gehauen. Die heute bekannte Länge der Leitung, die bis nach Škopalj führt, beträgt 1042 Meter.

Außerdem zeigt das Museum die Ladung eines römischen Schiffes, das im 1. Jahrhundert vor Christus an der Nordküste der Insel unterging.

ℹ️ Novalja

Vorwahl: 053.
Turistička zajednica, auf der Promenade am Hafen, in einem kleinen Pavillon, www.tz-novalja.hr.

Post, Trg Loža 1.

Privredna banka, Trg Basilike.
Erste Bank, Braće Radić.
Zagrebačka banka, Braće Radić.

🛏️

Hotel Loža, Trg Loza 1, Tel. 661-313, Fax -430; 35 Zimmer, DZ 35–75 Euro. Hotel im Zentrum, direkt am Wasser gelegen. Mit Restaurant und Internetcafé.

Hotel Liburnija, ulica hrvatskih mornara bb, Tel./Fax 66 13 28, www.turno.hr; 70 Zimmer, DZ mit HP 80 Euro. Direkt am Meer gelegen, mit schmalem Kiesstrand.

Günstige **Privatunterkünfte**: siehe www.novalja-pag.net oder www.novalja.info (kroatisch).

🔺

Camping Straško, www.turno.hr; 2 Pers. mit Zelt 30 Euro. Im Süden von Novalja, ausgeschildert, 57 ha groß.

🍸

Zrće, nordöstlich von Novalja in der Bucht von Časka. Non-Stop-Party-Zone mit verschiedenen Clubs unter Bambusschirmen; es gibt auch Wassersportangebote und Rutschanlagen.

Allerdings kein billiges Vergnügen: Jede einzelne Leistung bis zum Parken wird extra berechnet.

Am nördlichen Stadtausläufer finden sich gute Badestellen, am saubersten ist es in der **Bucht Babe.**
Weitere Badestrände südlich bei der **Ferienkolonie Straško.**

Ausflüge auf die Inseln im Zadarer Archipel sind möglich. Die **Inseln Olib und Silba** sind nicht mehr mit der ›Jadrolinja‹, sondern nur noch mit Taxibooten erreichbar. Angebote genau prüfen: Bei Fahrten auf die Inselgruppe der Kornaten wird nicht unbedingt der Nationalpark angesteuert.

Wracktauchen. An der östlichen Seite der Insel Pag liegen im Velebit-Kanal Reste eines römischen Schiffes aus dem 1. Jahrhundert vor Christus. Am Grund sind knapp 100 Amphoren verteilt, die durch einen Drahtkäfig vor Zugriff geschützt sind.

Rad- und Fußwanderungen auf den Höhenzug **Zaglava** oder zur Halbinsel **Barbat**, dort gibt es stille Buchten zum Baden. Ein aktueller Radführer ist im Touristenbüro von Novalja erhältlich.

Ambulanz: Braće Radić, Tel. 66 13 67. Eine **Apotheke** ist in der Dalmatinska 1, Tel. 66 13 70.

Halbinsel Lun

Die Halbinsel Lun besteht aus einem langgestreckten, bis zu 150 Meter hohen Höhenzug. Über ihn führt eine schmale Straße, die immer wieder den Blick nach rechts und links auf das Meer freilässt. Malerische Fischerdörfer befinden sich an den steilen Ufern auf beiden Seiten. Viele der Dörfer sind noch nicht touristisch erschlossen und wurden erst nach der Unabhängigkeit Kroatiens an das allgemeine Stromnetz angeschlossen.
Überall in den kleinen Orten lässt sich in kleinen Gostionice rasten, die Paški Sir, Feigen, hausgemachten Wein oder Rakija anbieten.
Der **Ort Lun** an der Spitze der Insel belohnt für die weite Fahrt mit einer faszinierenden Landschaft und einem wunderschönen Blick auf das Meer nach Norden, wo an klaren Tagen die Silhouette der **Insel Rab** zu erkennen ist. Rab kann von hier mit einem Ausflugsboot

angesteuert werden. In der Umgebung von Lun gibt es die ältesten Olivenbäume der Insel, die wegen ihres von Wind und Salz geprägten knorrigen Wuches sehr malerisch aussehen.

Auf der Halbinsel Lun

Inseln Ugljan und Pašman

Wie Zwillingsinseln werden Ugljan und Pašman gemeinsam verwaltet. Doch während die Insel Ugljan traditionell vom städtischen Zadar geprägt ist, orientiert sich das bäuerlich geprägte Pašman nach Biograd. Entsprechend kritisch beäugen sich die Bewohner gegenseitig.

Erst seit 1973 wurden beide Inseln mit einer Autobrücke verbunden. Der Kanal zwischen ihnen war so flach, dass man durch eine Furt auf die andere Insel waten konnte. 1883 wurde ein Kanal auf vier Meter Tiefe gegraben, so dass die Schiffspassage jetzt möglich ist.

> **ℹ Inseln Ugljan und Pašman**
> **Vorwahl**: 023.
> Für alle Inseln im Archipel ist die **Touristička zajednica Zadar Županije** zuständig (S. 75).

> 🚢
> Anreise mit der **Autofähre** entweder von Zadar nach Preko auf Ugljan oder von Biograd nach Tkon auf Pašman.

Ugljan

Die 52 Quadratkilometer große Insel Ugljan gehört zu den dichtestbesiedelten Inseln in Kroatien. Der Mittelteil mit seinem flachen Bergrücken ist von Gärten durchzogen. Auf der Südseite locken einsame Badebuchten, die nur über Eselspfade in zwei Stunden Fußmarsch oder vom Meer erreichbar sind. Dominiert wird die Insel vom Berg **Sčah** mit seinen 288 Metern.

Ugljan war früher schon, was sie heute immer noch ist: ein Rückzugsraum für die Zadarer, zuerst als Garten zur Selbstversorgung – bereits unter den Osma-

nen und im letzten Krieg. Heute ist die Insel Naherholungsgebiet für die Städter. 1325 wurde die Insel erstmals erwähnt, Funde belegen aber bereits eine Besiedelung in der Steinzeit und durch die Römer.

■ Preko

Preko, der Landeort für die Schiffe aus Zadar lohnt vor allem wegen der schönen Strände auf den vorgelagerten Inseln **Galevac** und **Ošljak**.

Auf der Insel Galevac befindet sich ein **Franziskanerkloster**. Es stammt aus dem 15. Jahrhundert, die dazugehörige Kirche wurde ein Jahrhundert später errichtet. In Preko locken ein Kirchlein aus dem 12. Jahrhundert mit schönen Blendarkaden und eine breite Promenade, die von einem großen Denkmal für den Widerstand gegen den Faschismus dominiert wird. Auf dem Berg über Preko liegen die **Ruinen der Michaelsfestung** (Sv. Mihovil), die auf einem Weg durch schöne Gärten erreichbar sind. Vom 265 Meter hohen Berg bietet sich eine herr-

Die Ruinen der Michaelsfestung

Kukljica

In **Muline** auf der dem Meer zugewandten Seite befinden sich Reste aus römischer Zeit: eine Villa rustica, eine Mühle und ein Mausoleum.

■ Kali

Kali ist mit seiner Fischfangflotte das Wirtschaftszentrum der Insel, zudem liefert die Fisch- und Muschelzucht ihre Produkte für die Stadt Zadar. Früher fuhren die Fischer bei Vollmond nicht aus und feierten stattdessen eine Fischernacht, sie wird heute nur noch für die Touristen begangen.
In der 1698 erbauten **Pfarrkirche Sv. Lovro** ist das moderne Kreuz aus Bronze über dem Altar sehenswert.

■ Kukljica

In einer geschützten Bucht liegt fünf Kilometer südlich von Kali der kleine Hafenort Kukljica. Am Ufer entlang nach Süden führt unter Pinien ein hübscher Uferweg entlang zur kleinen Kirche **Sv. Gospe Snježne**, heilige Maria vom Schnee. Sie wurde errichtet, weil es an dieser Stelle in früheren Jahrhunderten einmal im Hochsommer geschneit haben soll. Alljährlich am 15. August findet eine Prozession statt.

liche Sicht auf die Insel Dugi Otok und sogar bis nach Italien. Die Festung aus dem 13. Jahrhundert wurde von Venezianern um ein Benediktinerkloster errichtet und noch im Zweiten Weltkrieg als Aussichtspunkt genutzt. Zwischen den Ruinen befindet sich heute eine häßliche Antennenanlage. Vorsicht: Das Gemäuer ist wenig befestigt.

■ Der Norden

Im zersiedelten Nordteil der Insel ist in Ugljan das **Franziskanerkloster Sv. Jeronim** aus dem Jahr 1430 mit der einschiffigen gotischen Kirche von 1447 erwähnenswert. Die romanischen Kapitelle im Kreuzgang aus dem 16. Jahrhundert bestehen aus ausrangierten mittelalterlichen Bauteilen aus Zadars Kirchen. Als Persönlichkeit dieses Klosters wird der 1460 geborene Bischof Šimun Begna Kožičić verehrt, dessen Grabplatte sich im Kloster befindet. Der brillante Redner hatte eine Druckerei für Werke in glagolitischer Schrift gegründet.

Pašman

Die Insel, die von 20 weiteren kleinen Inseln umlagert wird, ist rauher und bäuerlicher als ihre Schwester Ugljan, war aber wohl früher bewohnt: Ein Dokument bezeugt, dass die Insel um 1050 zum Bistum von Biograd kam. Doch auch Pašman war bereits von Römern besiedelt, wie Funde im Ort Pašman zeigen. Dort ist aber nie systematisch gegraben worden. 1125 sicherte sich der Erzbischof von Zadar die Insel. Pašman war über Jahrhunderte hinweg ein Zufluchtsort der Festlandbewohner, wenn die Venezianer und später die Osmanen ihre Raubzüge unternahmen. Obwohl die Insel umkämpft war, ist sie von den Osmanen nie eingenommen worden.

■ Kraj

Neben der touristisch kaum erschlossenen Küste, die entspanntes Baden bis zum Ort Pašman erlaubt, ist in Kraj das **Franziskanerkloster** die Hauptattraktion. Der schlichte Bau aus dem 14. Jahrhundert wurde Sv. Dujam geweiht und später im Barockstil umgearbeitet. In einem kleinen **Museum** werden Reste aus römischer Zeit und zahlreiche Artefakte aus dem Mittelalter gezeigt. Besonders eindrucksvoll ist die ›Mutter Gottes auf dem Thron‹ eines unbekannten Meisters aus der Gotik, der auch das Kruzifix im Benediktinerkloster von Tkon schuf.

Die Ordensleute sehen heute ihren Schwerpunkt darin, jungen Leuten ein Seminar- und Erholungsangebot zu ermöglichen. Auch schlichte, aber saubere Zimmer für den Urlaub können hier gebucht werden.

Blick vom Benediktinerkloster in Tkon auf das Franziskanerkloster in Kraj

■ Tkon

Tkon lebt heute von den Touristen, die mit der Fähre von Biograd hier ankommen. Schlichte Renaissancepaläste säumen das Ufer. Die **Pfarrkirche** aus dem 15. Jahrhundert liegt etwas oberhalb und enthält ein Altarbild des Zadarer Künstlers Petar Jordanić. Als Landkartenmaler begab sich Jordanić in diplomatischen Dienst und verhandelte 1501 im Auftrag der Stadt mit lokalen Fürsten über Bündnisse gegen die Türken.

Die Hauptattraktion ist das **Benediktinerkloster** oberhalb des Ortes aus dem 12. Jahrhundert. Der den Heiligen Kosmas und Damian geweihte Komplex entstand nach der Zerstörung von Biograd als Zuflucht, später diente das Kloster häufig als Festung.

Oberhalb der Eingangstür zur Kirche befindet sich die gotische, mit schönen floralen Mustern versehene Lünette. Die Marienfigur in ihrer Mitte trägt bereits Merkmale der Renaissance.

Heute leben in diesem Kloster fünf Mönche, von denen einer Professor für glagolitische Schrift ist. Er setzt fort, wofür das Kloster bei den Einheimischen steht: Zentrum zur Wahrung der Glagolica. Zugleich wird hier versucht, eine alte zweistimmige Gesangtradition der Insel lebendig zu halten.

Das Kloster war seit der Auflösung der Klöster durch Napoleon nicht mehr besiedelt und wurde erst 1965 wieder eröffnet. Bis dahin haben die Bewohner von Tkon die Gebäude über 150 Jahre lang immer mit einem Dach versehen, damit es nicht verfallen kann.

Als Kostbarkeit der kleinen gotischen Kirche aus dem Jahr 1367 gilt das sogenannte **Kreuz von Tkon** eines unbekannten Künstlers im Chor der Kirche. Das Entstehungsdatum wurde auf das frühe 15. Jahrhundert festgelegt.

Die Region Zadar

Tkon
Vorwahl: 023.

Camping-Anlage Sovinje, Tel. 28 55 41, Fax 28 53 04, www.dnh. hr/sovinje FKK-Platz, 2 km südlich von Tkon.

Die Strände unterhalb von Neviđane sind wegen ihrer Abgelegenheit bisher nur unter den Inselbewohnern bekannt, so zum Beispiel der Strand bei **Zdrelac**.

Von **Sovinje** sind schöne Spaziergänge auf die dem offenen Meer zugewandte Seite der Insel möglich. Von hier bietet sich ein herrlicher Blick auf die Pašman vorgelagerten Inseln Žut, Košara, Žižanj, Gangaro und Vrgada.

■ **Insel Vrgada**

Vrgada ist die einzige bewohnte Insel der 20 kleinen Eilande rund um Pašman. Die knapp vier Quadratkilometer große Insel ist mit dem Motorboot von Biograd, Pakoštane, Murter oder Tkon aus erreichbar.

Oberhalb des Friedhofs des Dorfes Vrgada finden sich **Reste einer illyrischen Burg**, die in der Antike und im Mittelalter immer wieder neu aufgebaut wurde. Im Jahr 900 baute die kleine Gemeinde die Kirche **Sv. Andrija**.

Heute bietet die autofreie Insel Erholung an vielen einsamen Stränden, zum Teil gibt es Sandstrände in kleinen Buchten.

Wer nicht zelten möchte, ist auf Vrgada auf Privatzimmer angewiesen, Hotels gibt es keine.

Der Inselarchipel vor Zadar

Die größte Insel im Archipel vor Zadar ist Dugi Otok. An der Südseite befindet sich der außergewöhnliche Telašćica-Naturpark, zu dem auch 19 Inselchen und ein Salzsee gehören. Auch auf den kleinen Inseln des Archipels lässt sich viel entdecken: Auf Silba ist der sogenannte Liebesturm zu besichtigen, die Insel Olib bietet ruhige Badebuchten, Molat und Iž überraschen mit hübschen Palazzi, Ist mit einem romantischen Dörfchen.

Insel Silba

Mit einem 80 Meter hohen Berg als höchste Erhebung ist Silba (lat. von Wald) eine relativ flache Insel. Erstmals im 10. Jahrhundert unter dem Namen Selbo erwähnt, begann im 15. Jahrhundert eine lange Seefahrertradition. Zunächst im Besitz des Marienklosters in Zadar, war die Insel vom 16. Jahrhundert bis 1852 im Privatbesitz venezianischer Kaufleute und zuletzt eines kroatischen Emigranten in den USA. Der verkaufte sie schließlich an seine Bewohner. Der Tag, an dem die Nachricht vom Verkauf die Insel erreichte, der 19. März 1852, ist heute noch Anlass für ein alljährliches Fest, gewidmet dem heiligen Joseph.

Sechs Kirchen für nicht einmal 300 Einwohner auf der 15 Quadratkilometer großen Insel zeugen von einer reichen Vergangenheit. In den besten Zeiten Ende des 18. Jahrhunderts hielten wenige Schiffseigner etwa 100 Schiffe, die über die Weltmeere fuhren.

1907 konnte eine Fischkonservenfabrik einige Arbeitsplätze schaffen.

Silba heißt auch der einzige Ort auf der Insel. Er befindet sich an der schmalsten Stelle. Die Attraktion der Insel ist der sogenannte Liebesturm. Der Torreta

Blick von der Insel Ugljan auf Iž und Dugi Otok

wurde von einem Kapitän für seine Liebste gebaut, die von dort aus sein Kommen frühzeitig sehen konnte.

Wie zahlreiche Palazzi, so sind auch die Kirchen renovierungsbedürftig. Sehenswert ist die **Kunstsammlung der Pfarrei,** die einige wertvolle Gemälde aufbewahrt.

Insel Olib

Auf ihren etwas über 25 Quadratkilometern bietet die ruhige Insel einsame Badebuchten. Die in der Liste des Porphyrogennetos, dem Schreiber des Kaisers Konstantin, aus dem 10. Jahrhundert unter dem Namen Aloip verzeichnete Insel gehörte bis 1900 zu Zadar, dann teilte sie die Stadt unter ihren Bewohnern auf. Die ehemals starke Besiedelung rührt von Flüchtlingen, die 1476 unter der Führung von Fure Cetinjanin aus Vrlika (bei Knin) vor den Osmanen auf die Insel geflüchtet waren. In der Pfarrkirche **Sv. Štosija** von 1632 befindet sich ein Holzkreuz, das die Flüchtlinge aus Vrlika mitgebracht haben. In der Pfarre des heutigen 200-Einwohner-Dorfes zeigt eine kleine Ausstellung glagolitische Inschriften.

Insel Premuda

Die nordwestlichste der Inseln ist die einsamste der nördlichen drei Inseln im Zadarer Archipel. Auf der nur neun Quadratkilometer großen Insel leben weniger als 100 Einwohner.

Premuda ist ein Paradies für Taucher: Ziele sind ein im Ersten Weltkrieg versenktes Schiff und die **Blaue Kathedrale**, eine Höhle, die 15 Meter unter Wasser liegt und durch ihr poröses Gestein viele Lichtspiele ermöglicht.

Einsame Strände laden zum Baden ein, und die macchiabewachsene Insel kann auf einem Pfad leicht durchwandert werden. Doch auch hier entdecken alte und neue Besitzer die Ruhe und bauen zunehmend Ferienhäuser.

Insel Premuda

Vorwahl: 023.
Informationen im Restaurant.

Post, in der Ortsmitte.

Personenfähren von Zadar, Mali Lošinj, aber auch zu den Inseln Silba und Olib, an der Ostseite der Insel.

Vor Krijal (Westküste) gibt es **Bojen** zum Festmachen, geringer Wellenschutz. Achtung: im Hafen geringe Wassertiefe.

Zwei **Läden** im Ort.

Ambulanz, nur morgens geöffnet.

Insel Ist

Das Eiland, das von oben aussieht wie eine Zelle kurz vor der Teilung, besteht aus zwei Bergrücken, die durch einen schmalen Landstreifen miteinander verbunden sind. Auf ihr liegt der **Ort Ist**, der eine reiche Seefahrertradition aufzuweisen hat. Noch heute sind einige Bewohner als Seeleute auf den Weltmeeren unterwegs. Das Dorf ist romantisch verwinkelt. Besichtigenswert ist die kleine Kirche Sv. Gospa auf dem Berg Straža mit weitem Blick über das Meer und die benachbarten Inseln. Unterhalb des **Berges Vrh Gore** gibt es **Höhlen**, die auf Anfrage im Infobüro besichtigt werden können.

Insel Sestrunj

Auf der autofreien Insel Sestrunj leben etwas über 100 Einwohner. Die Reste einer illyrischen **Wallburg** sind oberhalb des Dorfes Sestrunj zu besichtigen. Dort wurden auch viele steinerne **Hügelgräber** gefunden. Die kaum touristisch erschlossene Insel lädt zum Wandern in den Nordteil über den 127 Meter hohen Kičer, am mit 186 Meter höchsten Berg Obručar vorbei zum Rt. Križ ein.
Auf der östlich gelegenen Insel **Rivanj** leben 60 Menschen. Auch Rivanj ist bereits früh besiedelt worden, aus Schutz vor Piraten haben die Bewohner ihre Kirche in der Mitte der Insel gebaut.

Insel Molat

Das heute von 200 Menschen bewohnte Molat war einst Reiseziel berühmter Persönlichkeiten wie zum Beispiel dem britischen König Edward VIII., der die Insel zusammen mit seiner Geliebten Wallis Simpson besuchte. Er lobte Wein und Käse der Insel.

Seit dem Mittelalter ist die 23 Quadratkilometer große Insel Molat für ihre fischreichen Gewässer berühmt. Ab 1115 profitierte das Benediktinerkloster Sv. Krševan in Zadar als Eigentümerin der Insel von den Erträgen, bis die Venezianer reiche Adlige mit der Insel belehnten. In ihrer Geschichte haben die Insulaner immer von Wasser aus der Zisterne gelebt. Erst kürzlich ist eine Quelle entdeckt worden, die nun erschlossen werden soll.

Die Fähre landet im Dorf **Molat** an, das den Besucher mit einem hübschen Ensemble alter Palazzi erwartet.

Etwas außerhalb, nördlich von Molat, ziehen drei Türme die Aufmerksamkeit auf sich, dort hat das ehemalige Konzentrationslager der italienischen Faschisten gestanden. Am 19. Januar 1942 wurden die ersten Gefangenen dorthin gebracht, ein Jahr später war das Lager bereits wieder aufgelöst. Doch wurden hier 1627 Gefangene, davon 522 Frauen und Kinder, interniert. Das Lager wurde der

›Friedhof der Lebenden‹ genannt. Heute ist es nur schwer zugänglich, und niemand redet gern darüber.

Der kleine Ort **Brgulje** wie auch das nördlich gelegene **Zapuntel** sind alte Dörfer, das beweist ihre Lage: Zum Schutz vor Piraten und anderen Angreifern wurden die Ortschaften mitten auf der Insel angelegt. Am Strand sind eine ganze Reihe neuer Häuser entstanden, die traumhafte Bucht **Brguljski**

Zalev ist ein Geheimtipp nicht nur für Segler.

Westlich der unbewohnten Inseln Tun mali und Tun veli liegt das 4,5 Quadratkilometer-Eiland **Zverinac**. 1421 wurde die Insel erstmals unter dem Namen Suiran erwähnt. Die knapp 100 Einwohner sind heute über eine Fähre mit Zadar verbunden. In der Bucht Poripišće sind römische Mauerreste gefunden worden. Am 31. Juli findet ein Inselfest statt.

 Insel Sestrunj

Vorwahl: 023.
Kleines Infobüro, mitten im Dorf, Tel. 37 24 19.

Von Zadar aus ist die Insel mit der **Personenfähre** erreichbar, 1x am Tag.

Post, am Hauptplatz, nachmittags zu.

Nur **Privatunterkünfte**, dafür günstig.

Bojen im Hafen, die aber meist schnell belegt sind, Wasser in Zisternen vorhanden.

Kleiner **Laden** im Ort.

 Insel Molat

Vorwahl: 023.
Infobüro auf der Insel, Tel. 37 17 99.

Personenfähre von Zadar, autofreie Insel.

Molat: Nur Privatunterkünfte, im Restaurant fragen, eher günstig.
Brgulje: Privatzimmer, meist ausgeschildert.

Restaurant Mare, Molat, am Hafen.
Grill Janko, Brgulje, am Hafen. Fisch.
Grill Papa, Brgulje, etwas westlich vom Hafen. Gegrillter Fisch, ruhige Lage.

Bojenfeld vor Brgulje und Zapuntel.

Insel Dugi Otok

Sie ist die größte und vielfältigste Insel im Archipel von Zadar: Auf über 52 Kilometer Länge streckt sich Dugi Otok mit seinen 124 Quadratkilometern, die an ihrer schmalsten Stelle gerade einmal 1,5 Kilometer breit ist.

Süßwasserquellen gibt es auf der Insel nicht, die Menschen haben vom Sammeln des Wassers in Zisternen gelebt.

Heute wird die 2000-Einwohner-Insel regelmäßig mit Wasserschiffen angefahren, die insbesondere die Hotels versorgen. Seit 1985 dürfen Autos auf der Insel fahren.

Die Insel Dugi Otok ist in der Geschichte mehrfach umgetauft worden: In der Liste des Porphyrogennetos wurde sie Mitte des 10. Jahrhunderts unter dem Namen Pizuhs erstmals erwähnt. Knapp

100 Jahre später hieß sie bereits Telagos. Im 15. Jahrhundert, zu einer Zeit, als viele Menschen auf der Flucht vor den Türken auf die Insel kamen, nannten die Bewohner selbst sie dann schlicht Veli Otok, Große Insel.

Für die österreichische Armee war die Telašćica-Bucht im Süden der Insel ein Stützpunkt für die Kriegsflotte. Zahlreiche Höhlen wie bei Luka dienten den Partisanen im Zweiten Weltkrieg als Unterschlupf.

ℹ️ Insel Dugi Otok

Vorwahl: 023.
Für die gesamte Insel ist die **Touristička zajednica** in Sali zuständig: Obala Perta Lorinija bb, 232 81 Sali, Tel. 37 70 94, tz-sali@zd.t-com.hr, www.dugiotok.hr.

Autotrajekt von Zadar nach Brbinj, Vorsaison (1.–31. Juni und 10.–30. Sept.) 3x täglich, Hauptsaison (22. Juni–9. Sept.) 4x täglich.
Personenfähren (trajekt plavi, Blueline) nach Božava und Zaglav.

■ Brbinj

Wer mit dem Auto auf die Insel kommt, landet im Fährhafen Brbinj. Das kleine Zentrum des Ortes mit seiner etwas behäbig wirkenden Kirche **Sv. Kuzma i Damjan** (St. Kosmas und Damian) aus dem 12. Jahrhundert liegt im Osten der Bucht. Bribinj lebte bis ins vorletzte Jahrhundert von kleinen Schiffswerften.

Hinter dem Berg nach Süden gibt es eine Bucht mit Steilfelsen und Höhlen, die zu allen Zeiten als Verstecke dienten. Im Norden entlang der Küste sind Marinebunker in den Küstenfels gesprengt.

▲ *Im Telašćica-Naturpark*

■ **Božava**

Im alten Ortskern des lauschig zwischen Pinienwäldern gelegenen Dorfes, das 1327 erstmals unter dem Namen Bosana erwähnt wurde, sind heute noch die **ummauerten Höfe** mit ihren Schießscharten zu sehen. Sie dienten einst zur Verteidigung gegen Piraten. Teile der **Stadtmauer** sollen noch auf illyrische Zeiten zurückgehen. Die kleine **Pfarrkirche** wird auf das 9. Jahrhundert datiert.

Sie enthält als wertvollsten Schatz zwei Prozessionskreuze aus dem 14. und 15. Jahrhundert von Zadarer Goldschmieden. Die kleine, Sv. Nikola geweihte **Friedhofskapelle** stammt ebenfalls aus dem 9. Jahrhundert. Das gotische Holzkruzifix aus dem 15. Jahrhundert darin gehört zu den wertvollsten Schnitzereien Dalmatiens. Außerdem sind in der Kapelle zwei Tafeln mit Flechtwerkornamenten zu sehen.

 Božava

Vorwahl: 023.
Turistička zajednica, im Zentrum, Tel. 37 76 07, www.dugiotok.hr.

Geldwechsel in der Post oder im Hotel.

Die Häuser **Lavanda**, **Maxim** und **Agava** sind drei Hotels unter gleicher Trägerschaft, komplett renoviert, Halbpension im Doppelzimmer (DZ ca. 160 Euro), www.hoteli-bozava.hr.
Privatunterkünfte sind im Ort ausreichend zu finden, einfach fragen.

Restaurants Mareta und Aphrodite, beide an der Uferpromenade.

Supermarkt und kleiner **Einkaufsladen**, im Ort Božava.

Die flache Badebucht **Sakarun** mit Sandstrand liegt schön und ist für Kinder geeignet, allerdings ist der Strand voll und wenig gepflegt. Einsamere **Sandstrände** liegen Richtung Veli Rat, beim Leuchtturm.

Marina, im Hafen von Božava, Vorsicht vor Steinschüttungen auf der Innenseite des Wellenbrechers.

Tauchschule Božava, www.bozava.de. Von Deutschen geleitet, umfangreiches Angebot.

Ausflüge in den Norden der Insel nach **Soline**, **Veruniç** und **Veli Rat** auch zu Fuß möglich.

Ambulanz, in Božava, Tel. 377604.

■ **Savar**

Das Dorf Savar ist vor allem berühmt für die vorgelagerte **Friedhofsinsel**, die inzwischen durch einen Damm mit dem Festland verbunden ist. Die Friedhofskirche stammt aus dem 8./9. Jahrhundert und ist eine der wenigen vollständig erhaltenen altkroatischen Kirchen Dalmatiens. Oberhalb des Dorfes gibt es eine Höhle, die **Stršna Peć**, und einen **Steinbruch**, der Steine für das Forum in Zadar, Paläste in Rom und Venedig und später für das UNO-Gebäude in New York geliefert haben soll.

■ Sali

Die Personenfähre aus Zadar landet in **Zaglav**, dem drei Kilometer nördlich gelegenen Hafen von Sali.

Sali mit etwa 900 Einwohnern ist der größte Ort auf Dugi Otok und das Verwaltungszentrum der Insel. Bereits im 10. Jahrhundert wurden die Fischer von Sali erwähnt, die unter den Venezianern das alleinige Recht erlangt hatten, in den reichen Gründen der südlich sich anschließenden Kornaten zu fischen.

Anfang des letzten Jahrhunderts entstand die Fischverarbeitungsfabrik ›Mardšić‹. Noch heute werden hier Fischkonserven hergestellt.

Sehenswert ist die Kirche **Sv. Uznesenje Marijino** (Auferstehung Mariens) aus dem 15. Jahrhundert, in der Reliefs mit Flechtwerkornamenten und Grabplatten mit glagolitischen Inschriften zu bewundern sind. Schön ist auch der Olivengar-

ten (Saljsko polje) mit über 700 Jahre alten Bäumen, von denen manche einen Durchmesser von fünf Metern erreicht haben.

Bekannt ist Sali für die Tovareća Muzika, die Eselsmusik. Sie hat sich erst in den 60er Jahren aus einem Streich von jungen Leuten entwickelt: Eine ältere Frau wollte einen Witwer heiraten, die Vermählung sollte geheimhalten werden. Beim Hochzeitszug im kleinen Kreise folgten ihnen die jungen Leute, bliesen auf Hörnern, die die Fischer bis dahin nur als Signalzeichen auf See verwendet hatten, und klapperten mit Haushaltsgegenständen.

Heute wird mindestens einmal Anfang August für die Touristen gefeiert. Dann laufen die Jugendlichen durch die Straßen des Dorfes, bis am Abend alle ins Meer ziehen, so dass am Ende von den Musikern nur noch die Hörner herausschauen.

Sali

Vorwahl: 023.
Postleitzahl: 23281.
Touristička zajednica, an der Hafenpromenade, Obala Perta Lorinija bb, Sali, Tel. 37 70 94.

Geldwechsel, in der Post an der Uferpromenade, nahe der Touristička zajednica.

Hotel Sali, Adresa b.b., Tel. 37 70-49, Fax 78, www.hotel-sali.hr; 52 Zimmer, DZ 62–80 Euro. An der Bucht Sašaica, mit Tauchclub.

Restaurant Kornat, etwas oberhalb der Hafenpromenade.

Buffet Bočac. Hier kommen Meeresspezialitäten und Fleisch vom Spieß auf den Tisch; Grill und Peka.
Konoba Kod Sipe. Meeresspezialitäten, dalmatinische Lieder und Klapa-Abende.

Bootsausflüge in die **Telašćica-Bucht**, in die **Kornaten** oder zur Insel **Lavsa**. In Zaglav gibt es keine Marina, nur in **Sali**, hier mit Murings, Wasser und Strom.

Supermarkt, **Bäckerei** und sogar eine **Fleischerei** im Ort.

Einzige Tankstelle der Insel in **Zaglav** beim Fähranleger.

■ **Telašćica-Naturpark**

Nur wenige Autominuten südwestlich von Sali liegt der etwa 70 Quadratkilometer große Naturpark Telašćica. Der Park wurde 1988 gegründet, seine Grenzen umfassen die tiefeingeschnittene Bucht **Luka Telašićica** und 19 kleine Inseln. Wer den Park besuchen will, muss Eintritt bezahlen. Beeindruckend ist das Wechselspiel zwischen Inseln, Steilufern und Meer.

Am Scheitelpunkt der Bucht sind Reste von Siedlungen aus der Altsteinzeit zu besichtigen. Spuren der Liburner sind in **Košenjak** und auf dem Berg **Berčastac** ausgegraben worden. Auf der Südspitze von Dugi Otok und auf der gegenüberliegenden **Insel Katina** sind römische Anlagen zu besichtigen, die möglicherweise einmal miteinander verbunden waren und dem Fischfang dienten. Heute ist das Wasser so flach, dass man leicht zur Insel hinüberschwimmen kann.

Von der Bucht Telašćica aus ist der **Salzsee Mir** (Friede) in fünf Minuten Fußweg zu erreichen, in dem es sich wegen seiner leicht erhöhten Temperatur und des höheren Salzgehalts zu baden lohnt. Vom See kann man zum Steilufer wandern.

Steilküste im Telašćica-Naturpark

 Telašćica-Naturpark

Büro des Nationalparks Telašćica, ul. Danijela Grbin bb, 23281 Sali, www.telascica.hr. Eintrittskarten (40 Kuna für 2 Tage), Infos über Robinson-Tourismus und Verleih von Fahrrädern.

Restaurant Goro, an der Spitze; Küche 10–24 Uhr. Peka (Bestellung mindestens drei Stunden vorher), Brodetto, Umido, Čiči und Lammfleisch.

Sportfischen: 80 Kuna pro Tag. Harpunieren verboten, 600 Kuna Strafe.

Auch Bootsbesitzer müssen Eintritt bezahlen, mehrere Bojenfelder gibt es zum Beispiel bei **Mala Proverssa** und an der Bucht zum **See Mir.**

Wassersport unterliegt strengen Regeln. Genehmigung 60 Kuna.

Die Region Zadar

Insel Iž

Die grüne und mit dem Auto erreichbare Insel Iž lädt zum Baden und Wandern ein. Die über 600 Insulaner nutzen sie zur Obst- und Gemüseproduktion. Auf der 17,6 Quadratkilometer großen Insel soll es knapp 80 000 Olivenbäume und über 100 Hektar Wald geben.

Geschichte geschrieben hat der große Sohn der Insel, der Schriftsteller, Übersetzer und Verleger Šimun Budinić (1530–1600). Der Pfarrer in Iž Mali erfand die lateinische Schreibweise des stimmhaften ›ž‹ (wie in Garage) und des ›č‹ (sprich tsch) mit dem umgekehrten Dach auf dem Buchstaben.

Die bei Porphyrogennetos im 10. Jahrhundert unter dem Namen Ez erstmals erwähnte Insel war bereits von Illyrern besiedelt, die sich auf dem 102 Meter hohen Berg **Veli Opačac** südlich von Veli Iž niedergelassen hatten. Im 18. Jahrhundert wurde auf der Insel eine erste Werft errichtet, und wie auf der

Insel Silba blühte auch auf Iž die Handelsschiffahrt auf.

■ Veli Iž

Zahlreiche Renaissance-Palazzi von reichen Familien aus Zadar zeugen vom verblichenen Reichtum der Insel. Als ältester gilt der im romanischen Stil errichtete **Palazzo Canaghietti**. In ihm ist heute die Schule untergebracht. 1927 wurde in der Stadt ein kleines **Theater** im Pseudobarock gebaut, das bis heute von Auslandskroaten finanziell unterstützt wird. Charakteristisch für den Ort ist die alte Tradition der Töpferei, deren Produkte einst ein wichtiges Exportgut waren. Umliegende Inseln und das Festland wurden mit Tonware versorgt. Ižer Töpferwaren sind erkennbar an ihrem weißen Schimmer, denn dem Ton wird etwa ein Fünftel Kalzit zugesetzt. Das auf der Insel gewonnene helle Mineral bindet den Ton besser und verringert die Bruchgefahr beim Brennen.

 Veli Iž

Vorwahl: 023.
Postleitzahl: 23284.
Für alle Inseln im Archipel ist die **Turistička zajednica Zadar Županije** zuständig (S. 75).
Lokales Büro an der Uferpromenade, Tel. 27 71 91.

Von Zadar gibt es 2x am Tag eine Verbindung mit der **Autofähre** und 5x pro Tag mit der **Personenfähre**, allerdings mit täglich wechselnden Abfahrtzeiten.

Hotel Korinjak, Tel. 277-064, Fax - 248, www.korinjak.hr; 80 Zimmer, DZ mit VP 275–420 Euro pro Person für sieben Tage. Nördlich an der Einfahrt zum Hafen, mit Zeltplatz.

Restaurant Lanterna, am Nordende des Hafenbeckens, versteckt in der ›zweiten Reihe‹. Spezialität des Hauses sind Scampi.

Mandrak, hinter der Kirche. Restaurant mit einem gemütlichen und überdachten Innenhof, dort kann man beim Grillen zusehen; es gibt große Portionen, die Reste werden zum Mitnehmen eingepackt.

Marina Iž Veli, Tel. 27 70 06. 30 Liegeplätze, die Marina ist vor einigen Jahren renoviert worden und bietet guten Standard.

Karte S. 87

Wanderungen auf die andere Seite der Insel sind möglich, zum Beispiel zur Bucht **Rt. Poljišinac**.

Supermarkt und kleine **Spezialläden**.

Es gibt zahlreiche Inselbräuche: Die ursprünglich am 26. Dezember begangene **Königswahl** wurde für die Touristen in den Sommer verlegt. Aus Spaß wählte das Dorf einen König, der früher das ganze Dorf bewirten musste; heute ist das Ganze ein Volksfest mit vielen Veranstaltungen (Ende Juli/Anfang August).

Ethnografisches Museum, südlich des Hafens. Umfangreiche Sammlung mit Werkzeugen, Möbeln und Haushaltsgegenständen.

Die Region Zadar

■ Mali Iž

Kleiner, aber älter als Veli Iž ist das Dorf Mali Iž auf dem südlichen Teil der Insel. Teilweise sind um das Dorf noch die **Trockenmauern aus illyrischer Zeit** zu sehen. Zeugnis vom Alter des Dorfes legt die altkroatische Kirche **Sv. Marija** ab, an der der Gelehrte Šimun Budinić wirkte. Ihr ältester Teil, die heutige Sakristei, stammt aus dem 9. oder 10. Jahrhundert.

1975 starb im Ort der letzte Pfarrer, der die glagolitische Schreibweise noch beherrscht hatte.

Mali Iž

Das Hinterland von Zadar

Die karstige Landschaft nördlich von Zadar wird dem bekannt vorkommen, der die jugoslawisch-deutschen Karl-May-Verfilmungen kennt. Tatsächlich sind in dieser Landschaft die meisten der Westernfilme entstanden. Sie ist Teil des Ravni Kotar, das von Nin bis zum Fluss Krka und vom Novigradkso More bis zur Küste reicht. Ravni Kotar bildet das kroatische Kernland, im 10. Jahrhundert hatte der erste kroatische Staat hier seinen Rückhalt und sein Wirtschaftszentrum. Heute ist das Ravni Kotar noch immer vom letzten Krieg geprägt.

Es ließen sich Parallelen zu den Karl-May-Filmen rund um das fruchtbare Gebiet des Novigradsko More ziehen. Wie im echten Wilden Westen lebte nördlich von Zadar der Traum von der bäuerlichen Selbstversorgung: Bereits römische Soldaten hofften, mit Land-schenkungen abgefunden zu werden und bauten sich ihre zivilen Existenzen auf. Menschen aus den verschiedensten Ländern des Balkans ließen sich später von den Österreichern anlocken.

Und wie im Wilden Westen mussten die Siedler stets ihr Land verteidigen. So durchzogen die Awaren im 7., die Türken vom 15. bis zum 18. Jahrhundert und zuletzt von 1991 bis 1995 jugoslawische Söldner plündernd dieses Gebiet. Auch heute gilt es, vorsichtig zu sein. Minenwarnungen sollten unbedingt beachtet werden.

Novigradsko More

Das Novigradsko More (Novigrader Meer) unterhalb der neuen, in den Fels gehauenen Autobahn von 2006 ist mit der offenen See durch einen engen Kanal verbunden. Früher konnte dieser Kanal nur über die Brücke bei Maslenica überquert werden. Im Krieg zwischen

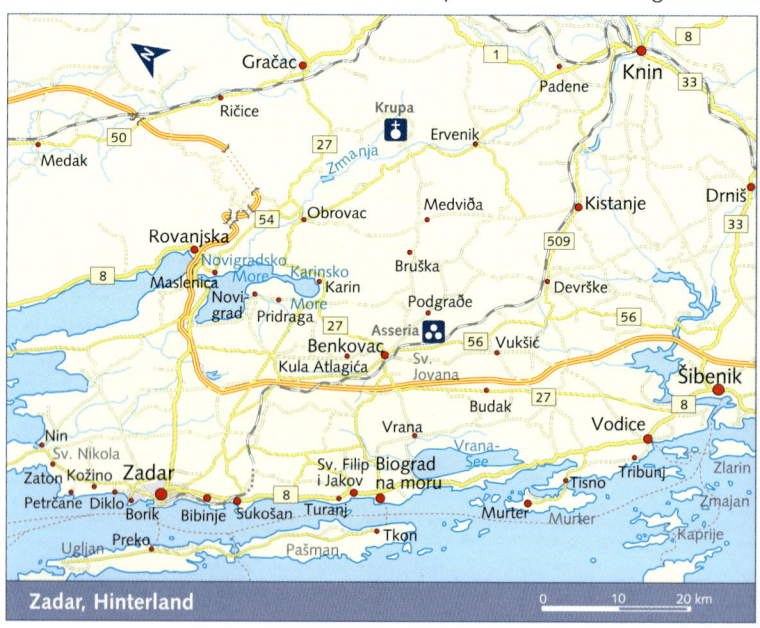

Zadar, Hinterland

Blick auf Novigrad und das Novigradsko More

Serben und Kroaten war die Maslenica-Brücke stark umkämpft und galt als strategisches Ziel. Untersuchungen zufolge haben kroatische Einheiten sie auf ihrem Rückzug wohl selbst zerstört. Mit der Autobahn ist nun eine neue, zweite Brücke entstanden. In das Novigadsko More mündet der **Zrmanja-Fluss**, dessen über 70 Kilometer langer Lauf Teil des Velebit-Nationalparks ist.

Novigrad

Am Hang zwischen einer Burgruine auf dem Berg und dem Meer erstreckt sich das kleine Fischerdorf Novigrad. Mitglieder aus dem Grafengeschlecht Gusić-Kurjaković bauten das Kastell Anfang des 13. Jahrhunderts, woraufhin unterhalb davon die Siedlung entstand.

Ein Hauch von Weltgeschichte wehte durch das Dorf, als von 1386 bis 1387 Elisabeth, die Witwe des Königs Ludwig von Anjou, zusammen mit ihrer Tochter Maria auf der einst von neun Türmen umkränzten Burg gefangen gesetzt wurde. Im Kampf um den ungarischen Thron ließ ihr Widersacher Karl von Durazzo die Königswitwe vor den Augen ihrer Tochter Maria hinrichten. Maria wurde von König Sigismund, dem späteren deutschen Kaiser, befreit, den sie heiratete.

In der Kirche **Sv. Martin** mit ihrem kleeblattförmigen Grundriss aus dem 5. Jahrhundert wird eine Brokatarbeit von Elisabeth gezeigt. Sie soll ein Geschenk an die Frauen gewesen sein, die mit ihr die letzten Stunden vor ihrer Hinrichtung verbracht haben.

1646 vertrieben die Türken die Bewohner der Stadt, die in Pag Schutz suchten. Überliefert ist, dass die Novigrader eine Marienstatue während der folgenden türkischen Belagerung Pags durch die Stadt getragen haben sollen, darauf seien die Türken abgezogen. Zum Gedenken wird seitdem in Novigrad die Prozession am dritten Sonntag im September wiederholt. Zum Wiederaufbau Novigrads schenkten die Pager eine Glocke, die heute noch im besuchenswerten örtlichen **Museum** zu sehen ist.

Bedeutung erlangte Novigrad durch einen fortschrittlichen Gesetzeskodex, der in der Stadt verfasst wurde und der für lange Zeit im Ravni Kotar galt.

Die Novigrader werfen der Regierung in kommunistischen Zeit vor, zahlreiche kulturhistorische Denkmäler wie Reste einer römischen Villa, einen Friedhof und Ruinen eines alten Klosters abgetragen zu haben. Während des letzten Krieges wurde im Gemeindebezirk von Novigrad die Infrastruktur in großen Teilen zerstört. 669 Privathäuser wurden außerdem dem Erdboden gleichgemacht, 500 weitere Häuser stark beschädigt, niedergebrannt oder geplündert.

Oberhalb der Stadt, in **Pridraga**, sind die Grundmauern der altkroatischen Kirche **Sv. Mihovil** zu sehen, mit dem seltenen frühmittelalterlichen Grundriss einer sechsblättrigen Blüte im Chor. Sie ist auf den Resten eines römisches Palastes erbaut, von dem ebenfalls Grundmauern zu sehen sind.

Mauern der Kirche Sv. Mihovil

 Novigrad

Vorwahl: 023.

Postleitzahl: 23312.

Turistička zajednica, Trg kralja Tomislava 1, Tel. 37 50 51, 37 53 90, www.novigrad-dalmacija.hr, tzo-novigrad@zd.t-com.hr.

Apartmenthotel Agava, Elizabete Kotromanic bb, Tel. 37 52 55, vjekoslav.mintas@vz.t-com.hr; Apartment für 2 Pers. 60–70 Euro. Sehr schlichter Bau direkt am Wasser; Restaurant und Satellitenprogramm. Hunde erlaubt.

Camp Adria Sol Mulic, Tel. 37 51 11, Fax 37 56 19, www.adriasol.com; 2 Pers./Zelt 15 Euro, 100 Plätze. Gegründet von der örtlichen landwirtschaftlichen Kooperative, heute eigenständig.

Prozession am 3. Sonntag im September zu Ehren der Muttergottesstatue.

Gute **Badestelle** am Südufer beim Kirchlein Sv. Duh.

Kleine **Marina** im Hafen.

Wassertouren auf dem Fluss Zrmanja von Novigrad möglich (auch geführt). Bootstouren auf der Zrmanja ab Obrovac als Tagestouren. Frühestmöglicher Einstieg für Kajakfahrer in Palanka.

Karte S. 112

Karinsko More

Wie ein Appendix schließt sich im Süden an das Novigradsko More das Karinsko More (Kariner Meer) an. Es ist nach dem Dorf **Karin** benannt, das von Novigrad in südlicher Richtung über Pridraga erreichbar ist.

Die Kariner sind ein besonders stolzes Volk, halten sie doch daran fest, dass sie ein eigenständiger kroatischer Stamm seien. Bereits die Römer bauten im Ort eine Befestigungsanlage.

Gleich hinter dem Abzweig zum Dorf hinauf trifft der Besucher auf die **Ruine eines Franziskanerklosters**, das im letzten Krieg zerstört worden ist. Es wurde im 15. Jahrhundert auf den Resten eines Benediktinerklosters erbaut.

Auf einem Berg oberhalb der Straße befindet sich die **Ruine der Burg Modrag**, die vom 14. bis zum 17. Jahrhundert Fluchtmöglichkeit für die Bauern der Umgebung war. Von dort oben bietet sich ein schöner Blick in das Tal.

Obrovac Paklenica

Die elf Kilometer nordöstlich von der Mündung gelegene Stadt Obrovac Paklenica ist das Tor zu den malerischen Schluchten der Zrmanja mit ihren Stromschnellen und Wasserfällen.

Die 1337 zum ersten Mal erwähnte Stadt strahlt heute den Charme vieler sozialistischer Betonsiedlungen aus. Die **Ruine**, die auf dem Hügel über der Stadt thront, war einst eine Burg der Adelsfamilie Krbavski, die bis 1527 über die Stadt herrschte. Danach übernahmen die Türken die Herrschaft. Stolz sind die Einwohner darauf, dass sie 1848 als eine der ersten Städte der Krajina den Antrag gestellt haben, zu Dalmatien zu gehören, bei damals mehrheitlich serbischer Bevölkerung.

Heute leben hier 85 Prozent Kroaten und 15 Prozent Serben zusammen. Während des letzten Krieges wurde die Stadt vor der Eroberung durch die kroatische Armee von der serbischen Krajina-

Die Region Zadar

Das Karinsko More

Obrovac Paklenica

Regierung fast vollständig evakuiert, so dass der Ort beim Eintreffen der kroatischen Soldaten wie ausgestorben schien. Die Fernsehbilder des verlassenen Ortes gingen um die Welt.

Drei Kilometer südlich von Obrovac sind noch Reste der **Römersiedlung Clambetae** zu besuchen. Zur **Ruine Cvijina Gradina** muss man sich allerdings durchfragen. Dort sind Mauerspuren von Siedlungen, Straßen und insbesondere Reste eines Tempels und verschiedener Anlagen aus römischer Zeit zu sehen.

Krupa-Kloster

Mehr als 20 Kilometer nordöstlich von Obrovac liegt am kleinen und romantischen Seitenflüsschen Krupa eines der wenigen serbisch-orthodoxen Klöster in Dalmatien. Es wurde 1317 wahrscheinlich von Mönchen aus dem serbischen Teil von Bosnien gegründet. Das Kloster stand unter dem Schutz der serbischen Könige, die zunächst noch die Türken durch Verhandlungen und Tributzahlungen dazu bewegen konnten, das Kloster

zu verschonen. 1502 und 1620 zerstörten die Osmanen es dann trotzdem. Erneut massiv beschädigt wurde das Kloster 1941 von den kroatischen Faschisten, der Ustaša unter Ante Pavelić. Und auch im Zuge der ›Oluja‹, der letzten Kriegsoffensive 1995, wurde das Kloster beschädigt und teilweise beraubt.

Sehenswert ist vor allem die **Klosterkirche** mit ihren Fresken, die 1622 Georgije Mitrofanović, ein Mönch und berühmter Freskenmaler aus dem serbischen Kloster Hilandar auf dem Berg Athos, gemalt hat. Sie wurden erst in den 1960er Jahren zufällig wiederentdeckt. Derzeit wird mit starker Unterstützung der serbischen Kirche versucht, das Kloster wieder aufzubauen und mit Leben zu füllen.

Benkovac

Benkovac ist quasi überall in Kroatien: Die Pflasterung vieler Terrassen und sonstiger Böden verbindet sich mit dem Namen dieses Ortes. In Steinbrüchen um den Ort wird Benkovac-Stein (Benkovački Kamen) gebrochen. In der

Das serbisch-orthodoxe Kloster in Krupa

Benkovac

Art wie Schiefer, allerdings farblich zwischen beige und goldgelb changierend, lässt er sich in beliebig schmalen Platten lösen. Der Stein ist billig und wird deshalb überall in Kroatien auf den Terrassen der Cafés und vielen privaten Anlagen meist als Bruchplatten verlegt. Der Abbau des Steins ist neben der Landwirtschaft der wichtigste Wirtschaftsartikel der Stadt.

Seit der Römerzeit ist Benkovac ein Verkehrsknotenpunkt. Das **Museum** zeigt Ausgrabungsgegenstände aus 100 Fundstätten der Region.

Vor dem Krieg bestand die Bevölkerung zu 53 Prozent aus Serben und zu 47 Prozent aus Kroaten. Nach der Volkszählung 2001 ergab sich eine Einwohnerverteilung von 90 Prozent Kroaten zu 7,5 Prozent Serben. Inzwischen sind wieder einige Serben durch die EU-Programme in ihre Häuser zurückgekehrt. Das Zentrum liegt an einem Hügel, auf der sich die erstmals im 15. Jahrhundert erwähnte Burg der Fürsten Benković befand. 1527 wurde sie von den Türken

erobert und zerstört. Neben den immer noch vorhandenen hohen Mauern steht heute eine kleine **Kapelle**, die Ausgangspunkt für Prozessionen ist.

Was auch Einheimische kaum wissen: Auf dem Friedhof des Ortes befindet sich ein **Mausoleum von Ivan Rendić.** An der Ausfallstraße nach Knin steht die serbisch-orthodoxe Kirche **Sv. Jovana.** Sie wurde 1885 an der Stelle einer älteren katholischen Kirche Sv. Vid, später Sv. Ivan, errichtet und war eine Schenkung der Österreicher an die geworbenen orthodoxen Zuwanderer, die die Militärgrenze besiedeln sollten.

Wegen **Minengefahr** ist Vorsicht geboten, rund um Benkovac sollte man nicht auf offenen Feldern wandern.

 Benkovac

Vorwahl: 023.
Postleitzahl: 23420.
Turistička zajednica, Setaliste kneza Branimira 12, Tel. 68 48 80, drust vene.djel@grad-benkovac.t-com.hr oder **Zadar Županije** (S. 75).

Museum, Besichtigung nur nach vorheriger Anmeldung bei Herrn Hrvoje Mijić, Tel. 68 11 20, möglich.

Kula Atlagića

Eigentlich hieß der Ort Tihilić, wird aber seit der türkischen Besetzung nach einem türkischen Adeligen Kula Atlagića genannt. Sehenswert hier ist die kleine romanische Kirche **Sv. Petar** mit ihren auffallenden Blendarkaden an der Außenwand. Sie wurde 1187 von dem Niner Bischof Matej errichtet. Sv. Nikola wurde 1446 ursprünglich als katholische Kirche gebaut und von den Österreichern bei der Errichtung der Militärgrenze den orthodoxen Siedlern übergeben.

Festung Asseria

Die ehemals römische Festung Asseria in der Nähe des Dorfes **Podgrađe** ist leider sehr schlecht ausgeschildert und nicht leicht zu finden. Doch die Suche wird mit beeindruckenden Mauerresten einer einst auf einem Hügel erbauten mächtigen **römischen Festung** und mit einem herrlichen Blick über die Krajina belohnt.

Asseria war römische Stadt und Militärbasis, Handelsplatz und eine Festung für die römischen Gutsbesitzer aus der fruchtbaren Ebene. Von hier gingen militärische Operationen bis nach Rumänien aus.

Vor den Römern unterhielten Liburner an der Stelle bereits eine Werkstatt zur Herstellung der bekannten Grabsteine, der **Cippi**. Solche Steine haben sich auch in der Umgebung gefunden, zum Beispiel auf dem Gräberfeld in **Nadin** 30 Kilometer nordwestlich von Benkovac. Einige dieser säulenartigen Steine mit einer Haube in Form eines Pinienzapfens stehen auch oben in der Nähe der Burg.

Vor der römischen Mauer ist inzwischen vor ein paar Jahren eine weitere **Mauer aus christlicher Zeit** entdeckt worden, in der Steine aus römischer Zeit verbaut wurden. Außerdem wurden Gräber gefunden, denen man leicht ansieht, dass sie ebenfalls aus römischen Bauresten gefertigt wurden.

Innerhalb der Mauern ist wenig von der römischen Stadt zu sehen, obwohl es hier sechs Ausgrabungsprojekte gegeben hat. In der Mitte des Hügels befindet sich das kleine, schief gebaute Kirchlein **Sv. Duh** mit einem Friedhof. Er liegt auf dem früheren römischen Forum der ehemaligen Stadt Asseria. In der Kirche sind sogar Steinfunde der Illyrer verarbeitet worden, und skurril mutet an, wie manche Gräber schlicht mit einem alten römischen Fries oder sonstigen behauenen Resten abgedeckt sind.

Karte S. 112

Römische und liburnische Grabstelen in Asseria

Republik Krajina

Was sich zu ›Krajina‹ (=Gebiet) verschliffen hat, hieß eigentlich ›Vojna krajina‹: Militärgebiet. Das Militärgebiet ist ein künstliches Besiedelungsprojekt der Österreicher aus dem 16. Jahrhundert. Weil es den Kroaten bis zu dieser Zeit nicht gelungen war, die Grenze zum Osmanischen Reich mit eigenen Mitteln zu sichern, schufen die Österreicher eine Art militärischen Korridor entlang der osmanischen Westgrenze vom slawonischen Okućani bis nach Knin, der für den nötigen Schutz vor den Übergriffen der Türken sorgen sollte.

In dieses Gebiet siedelten die Österreicher orthodoxe ›Vlachen‹ oder ›Morlachen‹ aus dem ganzen Balkan an. Angelockt wurden die neuen Siedler mit dem Versprechen weitreichender Privilegien, zum Beispiel der Befreiung von der Pacht und Zusicherung der Religionsfreiheit. Dafür mussten die orthodoxen Neusiedler stets für militärische Einsätze zur Verfügung stehen, was später nicht nur zur Verteidigung gegen die Osmanen ausgenutzt wurde. So entstand dort auf kroatischem Territorium eine eigene serbisch-orthodoxe Kultur.

Während des Zweiten Weltkrieges verübten Kroaten im von den deutschen Nationalsozialisten protegierten Ustaša-Staat grausame Massaker an Serben. Andererseits zwangen auch serbische Četniks die Bevölkerung mit Gewalt zur Kooperation, so dass viele Bewohner der Krajina zwischen die Fronten gerieten.

1991 gründeten die Krajina-Serben den eigenständigen, aber von keinem Land anerkannten Staat Republika Srpska Krajina (RSK). Die Republik mit dem Verwaltungszentrum Knin war eine Antwort der Serben auf die Staatsgründung Kroatiens Ende 1990.

Laut UNO-Kriegsverbrechertribunal sollen in der Folge 170 000 Kroaten und andere Minderheiten von den Serben gefangengesetzt oder vertrieben worden sein. Dafür wurde Milan Martić, einer der ehemaligen Präsidenten und Befehlshaber eines Raketenangriffs auf Zagreb, 2007 vom UN-Kriegsverbrechertribunal zu 35 Jahren Haft verurteilt. Ein weiterer Führer, Goran Hadžić, wird noch immer gesucht.

1995 erfolgte die von langer Hand vorbereitete und wahrscheinlich von der UNO und den Amerikanern gebilligte Militäroperation ›Oluja‹ (Sturm), mit der die kroatische Armee die Krajina erobert hat. Berichten zufolge sollen den Kroaten sogar Waffen aus jugoslawischen Beständen überlassen worden sein, die die UNO beschlagnahmt hatte. Befehlshaber der Operation ›Oluja‹ war Ante Gotovina, der mit einem Überraschungsangriff den Einsatz zum Erfolg führte. In Den Haag wurde er angeklagt, im Verlauf der Operation 150 000 (andere Quellen sprechen auch von höheren Zahlen) Serben vertrieben zu haben und für den Tod mehrerer hundert Zivilisten verantwortlich zu sein. Nach 15 Jahren Flucht wurde er 2006 festgenommen. In Dalmatien aber gilt der Mann, der auch Ehrenbürger von Zadar ist, als Volksheld, wovon Plakate in den Straßen zeugen.

Nach dem massenhaften Exodus ist heute eine eigenständige serbische Kultur auf kroatischen Boden kaum mehr existent. Die menschlichen Wunden sind längst nicht vernarbt. Und noch immer ist dieses Gebiet nicht völlig minenfrei. Entsprechende Warnungen bitte beachten.

Von Zadar nach Šibenik

Auch wenn die Küstenstraße nach Šibenik schon durch den herrlichen Blick auf das Meer schön ist, lohnen sich auch die kleinen Orte, die unter- oder oberhalb der Straße liegen.

Empfehlenswert ist zum Beispiel das einst römische **Bibinje** mit seinem romantischen Hafen und dem kleinen Kirchlein Sv. Ivan auf dem Pulja-Kap.

In **Sukošan** befindet sich der größte Jachthafen der Adria. Das Dorf selbst mit seinen seinen verwinkelten Gassen ist an vielen Stellen malerisch verfallen.

Auch **Turanj**, einst größer als Biograd mit den Resten eines römischen Aquädukts und einer seit der Türkenzeit zerstörten Burg, ist sehenswert.

Einfach nur entspannt am Meer scheint **Sv. Filip i Jakov** dazuliegen mit dem Blick auf die vorgelagerten Inseln und mit seinen Palazzi und den Gärten, in denen man die Schönheit alter Renaissancegartenkultur ahnen kann. In einem wunderschönen Pinienhain liegt das oberhalb der Straße gelegene einsame Kirchlein von **Rogova** bei einem Brunnen, an dem erst die Türken mit Pferden und noch bis in die 1960er Jahre die Dalmatiner mit Schafen handelten.

Während auf der Magistrale der Verkehr vorbeirauscht, scheint die Zeit in den kleinen Orten mit ihren oft guten Bademöglichkeiten stehengeblieben zu sein.

Biograd na moru

Die alte Königsstadt Biograd ist eine lebendige, zuweilen hektische und im Sommer verstopfte kleine Hafenstadt, deren Straßennetz den Andrang an Marina und Fährableger kaum bewältigt.

Dass in Biograd nationale Geschichte geschrieben wurde, ist der Stadt heute kaum anzumerken. Mitte des 10. Jahrhunderts zum erstenmal erwähnt, wurde Biograd im 11. Jahrhundert zum Ort der Königskrönung. Nach dem Tod von Zvonimir 1089 entstand eine Krise um die Nachfolge der Herrschaft in Kroatien. Koloman, der Neffe des ungarischen Königs, setzte sich durch und konnte auch Venedig ausstechen. Um seinen Anspruch zu sichern, ritt er mit einem ungarischen Heer nach Biograd und ließ sich 1102 in der Stadt krönen. Mit Koloman in Biograd begann die ungarisch-kroatische Personalunion. Diese Tradition begründete später auch die von Kroaten verhasste Verwaltung Kroatiens durch die Ungarn während der österreichisch-ungarischen Doppelmonarchie.

Einen tiefen Einschnitt erlebten die Biograder 1125, als der venezianische Doge Domenico Micheli die Stadt eroberte und dem Erdboden gleichmachte. Sogar das Bistum wurde aufgegeben und nach Skradin verlegt. Nachdem die Stadt von den Türken 1646 ein zweites Mal vollständig zerstört worden war, erreichte Biograd seine alte Bedeutung nie wieder. Als Mitglied in der Vereinigung ›Bürgermeister für den Frieden‹ versuchen die

▲ *Die Kirche von Rogova*

Stadtoberen mit ihrem Engagement gegen die Verbreitung von Atomwaffen heute eine überregionale Rolle zu spielen.

1920 entdeckten Tschechen den Ort zur Erholung und begründeten den Tourismus, indem einer von ihnen 1935 das erste große Hotel ›Vrana‹ gründete, später ›Evropa‹, jetzt Hotel ›Ilirija‹. Inzwischen werden in der Stadt wieder 700 000 Übernachtungen gezählt.

Blick auf Biograd na Moru

■ **Sehenswürdigkeiten**
Wegen der oft sehr gewaltvollen Geschichte sind kaum noch sichtbare Reste der alten Stadt erhalten. Eine Ahnung der großen Geschichte vermitteln die **Reste der Kirche Sv. Ivan** nahe dem Trg Sv. Stošija. Die Kirche gehörte zu den bedeutendsten Basilikabauten in Kroatien. Sie wurde 1076 geweiht und war mit drei Apsiden versehen. Zu empfehlen ist das **Museum** in der Krešimirova obala 22, dessen engagierte Leitung mit wenigen Geldmitteln um attraktive Ausstellungsgegenstände kämpft. Teile einer römischen Wasserleitung zeigen die fortschrittliche Rohrbautechnik der Römer. Die Leitungen brachten Wasser aus dem Vranaquellgebiet an die Küste. Im ersten Stock werden die Reste eines gesunkenen Handelsschiffes aufbewahrt, das aus Lübeck kam. Auch das Warenportfolio des Schiffes aus dem ausgehenden 16. Jahrhundert ist zu sehen.

 Biograd na moru

Vorwahl: 023.
Postleitzahl: 23210.
Turistička zajednica, Trg hrvatskih velikana 2, Tel. 38 31 23, www.tzg-biograd.hr.

Die **Hotels Ilirija und Kornati** (DZ mit HP 150 Euro) sind die beiden Großhotels mit dem meisten Komfort.
Zur gleichen Gruppe der ›Ilirija‹-Hotels gehören die Hotels **Villa Donat** (alter Palazzo im Zentrum von Sv. Filip i Jakov, DZ mit HP 120–170 Euro) und **Adriatic Biograd** (DZ mit HP 150 Euro), gemeinsame Adresse Tina Ujevića 7, Tel. 38 35 56, www.ilirijabiograd.com.

Hotel Bolero, Ivana Meštrovica 1, Tel. 38 68 88, www.hotel-bolero.hr. Eine weitere Bettenburg.
Albamaris, Augusta Senoe 40, Tel. 38 44 04. Einfacher Kastenbau mit Blick auf das Meer.
Hotel Biograd, Jadranska magistrala bb, Tel. 38 44 62; DZ 86–137 Euro.

Entlang der Küste gibt es viele Autocamps.
Autocamp Crkvine, Pakoštane, am Westufer des Vransko jezero, Tel. 38 14 33. Auf 6 Hektar unter Kiefern, mit Blick auf den See.
Blue Club, südlich von Biograd. Großes Areal auf einer Wiese.

Die Region Zadar

Restaurant Meduza, Augusta Šenoe 24, Tel. 38 40 25. Gute Fischgerichte.
Cottunum. Etwas versteckt in der ›zweiten Reihe‹, mit guten und günstigen landestypischen Gerichten.
Europa. Gutes Preis-/Leistungsverhältnis.
Guste, beim Fährhafen, Tel. 38 50 45. Schönes Ambiente im Garten mit Blick auf das Wasser.

Marina Kornati, Tina Ujevića 7, Tel.

38 38 00, 38 39 20, mobil 098/ 44 95 62. Kran und 1000 Liegeplätze.
Šangulin, Kraljice Jelene 3, Tel. 38 51 50, 38 50 20, www.sangulin.hr. Beide Marinas in Biograd sind gut ausgestattet, aber leider schlecht bewirtschaftet.

Die Strände rund um die Stadt sind meist überfüllt und nicht besonders sauber, zum Baden besser nach **Pašman** oder in die Nähe der kleineren Orte nördlich oder südlich fahren.

Vrana-See

Der 30 Quadratkilometer große Vrana-See ist der größte Süßwassersee in Kroatien und bildet seit 1999 das Zentrum eines Naturreservats mit zahlreichen Wander- und Radwegen. Im Nordwesten des 57 Quadratkilometer großen Reservates gibt es seit 1983 ein **ornithologisches Schutzgebiet**, seit kurzem versehen mit einer Beobachtungsstation.

241 Vogelarten wurden im Park registriert, davon nisten dort 102.
Bereits seit 2000 vor Christus war diese Gegend wegen ihrer Fruchtbarkeit ein wichtiges Landwirtschaftszentrum und Wasserreservoir. Die Römer versorgten Zadar über eine lange Wasserleitung vom Vrana-See aus. Dabei schafften sie es, das Wasser über ein Gefälle von einem Millimeter pro Meter fließen zu lassen. Erst die Türken haben durch das ehemalige Moor um den See systematisch Wassergräben gezogen und mit der Entwässerung begonnen. Heute gibt es außerhalb des Parks landwirtschaftliche Großproduktionsanlagen.

Vrana

Das unscheinbare Straßendorf Vrana hat mit seiner **Burg**, die auf einem Hochplateau liegt und als riesige Ruine in freier Natur steht, einst Geschichte geschrieben. Das Gebäude war ab 1076 exterritoriales Gebiet. Denn in diesem Jahr schenkte König Dmitar Zvonimir den Komplex dem Papst, so dass er der Gerichtsbarkeit des Vatikans unterstand. Seit dem 9. Jahrhundert war die Anlage ein Kloster und Zentrum der Benediktiner in Kroatien. Darin wurden zeitweise

Gasse in Sv. Filip i Jakov

Karte S. 112

auch die Insignien der kroatischen Könige aufbewahrt. Doch bereits im 12.
Jahrhundert übernahm der Templer-
orden und Anfang des 14. Jahrhunderts
der Hospitaliter-Orden, der heutige Jo-
hanniter-Orden, die Burg und bauten sie
zu einer Festung aus. Beides waren Orden, die militärische oder andere Schutz-
funktionen für die Reisenden in das
heilige Land hatten. Einer der Prioren,
Ivan Pališna, war gleichzeitig der Ban,
der im 14. Jahrhundert die Thronanwär-
terin Elisabeth und ihre Tochter in Novigrad einsperren und umbringen ließ.
Aus Vrana stammen die bedeutenden
kroatischen Renaissancekünstler des
15. Jahrhunderts: der Baumeister Lucijan
und der Bildhauer Franjo Vranjanin.

■ Han Jusufa Maškovića

Ganz in der Nähe des Kastells findet sich
einer der wenigen erhaltenen türkischen
Hans auf kroatischem Boden: Der Han
Jusufa Maškovića. Ein Han war bei den
Osmanen eine großangelegte Herberge

und Restauration, oft auch Marktplatz
und Nachrichtenbörse zugleich. An den
Hans wurde der Reiseproviant aufgefüllt
und die Tiere gewechselt. Hans lagen an
wichtigen Knotenpunkten oder Durch-
gangsstraßen. Der nach seinem Eigentümer benannte Han Jusufa Maškovića
wurde 1644 erbaut. Der türkische Vor-
name und der slawische Nachname lassen vermuten, dass die Familie von Jusuf
zum moslemischen Glauben konvertiert
war.

Von Jusuf ist bekannt, dass er 1609 in
eine arme Familie geboren wurde und
sich als Soldat in der türkischen Armee
großes Ansehen erarbeitet hatte. Nach
dem Bau des Hans, der ihm seine zivile
Existenz gesichert hätte, wurde Jusuf
erneut eingezogen und kämpfte auf
Seiten der Türken auf Kreta.

Die Chronisten berichten, dass Jusuf die
Gefangenen des Krieges auf freien Fuß
setzen ließ. Dafür wurde er von der
türkischen Armeeführung zum Tode verurteilt.

Jusufa Maškovića, ein türkischer Han

Hier finden sich Thunfische von ungewöhnlicher Größe, man sieht Delphine beim Spiel, und sehr häufig tauchen auch Seehunde auf. Wenn sich die Sonne im Sternzeichen des Krebses, des Löwen und der Jungfrau befindet, werden hier Zahnbrassen gefangen, die als großer Leckerbissen gelten ...

Juraj Šižgorić, De situ Illyriae et civitate Sibenici, 1487

Šibenik
und Umgebung

Šibenik

Šibenik mit seinen knapp 100 000 Einwohnern liegt eigentlich nicht am Meer, sondern an einem Berghang im Mündungsgebiet des Krka-Flusses. Sie ist die Stadt der Festungen, und kaum eine dalmatinische Kirche ist so beeindrukkend wie die Kathedrale, die seit dem Jahr 2000 zum UNESCO-Weltkulturerbe zählt und inmitten reicher Palazzi und enger Gassen liegt.

Geschichte

Šibenik hat verglichen mit anderen Städten eine Art ›Blitzkarriere‹ hingelegt. Denn die Stadt hat, abgesehen von kleinen Siedlungen der Liburner, nicht wie viele andere eine griechische, römische oder byzantinische Vorgeschichte.
Die erst im Mittelalter von den eingewanderten Kroaten gegründete und zunächst unter der Verwaltung von Trogir stehende Siedlung gewann ihre Bedeutung mit einem Trick. 1251 legten die Stadtväter dem ungarischen König Bela IV. die Fälschung eines Privilegs vor, das der Vorgänger Koloman IV. ausgestellt haben sollte, und erhielten weitreichende Zugeständnisse. Das auf diese Weise erschlichene Stadtrecht ermöglichte die Entwicklung der Stadt.
Erstmals 1066 erwähnt, erlebte die Stadt ihre wohl dramatischsten Jahre zwischen 1647 und 1650. Als 1647 der türkische Pascha Teklija mit 20 000 Soldaten heranrückte und die Stadt zu belagern begann, konnten die Bewohner von Šibenik, deren Zahl nur halb so groß war, sogar einen Angriff dieser Größenordnung abwehren. Gelungen war dies durch ein kluges System von Festungen, die der deutsche General Martin Degenfeld (1599–1653) im Auftrag Venedigs hatte errichten lassen und die noch heute zu sehen sind.
Šibenik wuchs zur größten kroatischen Metropole heran, die bereits 1649 knapp 12 000 Einwohner zählte. Doch noch im gleichen Jahr brach die Pest aus. Ein Jahr später lebten nur noch 1500 Einwohner in der Stadt.

Karte S. 128

▲ *Blick von der Festung Sv. Ana auf die Krka-Mündung*

Unter der Doppelmonarchie wurde Šibenik 1877 an das Eisenbahnnetz angeschlossen. Die Verschiffung der Rohstoffe aus dem Bergbaugebiet nördlich von Drniš (Siverić, Razvođe und andere) und der Aufbau von Industrien wie der Kunstdüngerherstellung verschufen der Stadt neue wirtschaftliche Macht.

Nikola Tesla, der Erfinder des Wechselstroms, errichtete das erste Wasserstromkraftwerk im Gebiet der Krka und machte damit die Stadt 1895 zur ersten vollelektrifizierten Stadt Kroatiens. Daran erinnern auch noch die alten Straßenlaternen der Stadt.

Im Ersten Weltkrieg war eine Hungersnot Auslöser für eine große Auswanderungswelle. Weil die Eigentumsfragen bis heute ungeklärt sind, gibt es noch immer viele halbzerstörte und verfallene Häuser in der Stadt.

Während des Zweiten Weltkrieges bombardierten die Alliierten die deutschen Besatzer, die sich ab 1943 in der Stadt verschanzt hatten. Dabei wurden viele Kulturdenkmäler beschädigt. Am 3. November 1944 nahmen schließlich die Partisanen nach drei Tagen Kampf die Stadt ein.

Im letzten Krieg tobte um Šibenik zwischen dem 16. und 22. September 1991 eine entscheidende Schlacht, die die Kroaten gewinnen konnten. Dabei wurden viele Gebäude, unter anderem auch die zum UNESCO-Kulturerbe gehörende Kathedrale Sv. Juraj, beschädigt. Die Serben zogen sich zwar zurück, aber bedrohten die Stadt von außerhalb mit Raketen und Granaten. Erst mit der Operation ›Oluja‹ 1995 endete die permanente Bedrohung.

Heute versucht die Stadt, Tourismus und Industrie einvernehmlich nebeneinander wachsen zu lassen.

Stadtrundgang

Am besten lässt sich der Rundgang vom **Poljana Maršala Tita**, dem Platz des Marschalls Tito, beginnen. An den Platz schließt sich der hübsche kleine Park Perivoj Roberta Visianja an.

Das so schlicht wirkende **Denkmal für den kroatischen König Petar Krešimir IV.** (1058–1074) von der Bildhauerin Marija Ujević an der Südseite des Parks ist ein Politikum: Es sollte bereits 1971 während des ›kroatischen Frühlings‹ dort errichtet werden, wurde aber verboten. Erst im Jahr 2000 wurde es aufgestellt. Der König wird offiziell als Bauherr der ersten Burg in Šibenik um 1066, tatsächlich aber als Symbolfigur für die kroatische Autonomie geehrt.

■ **Franziskanerkloster**

An der Westseite des Parks befindet sich das Franziskanerkloster, das für seinen Kirchenschatz, die **Bibliothek** mit 140 Inkunabeln und Handschriften aus dem 11. und 15. Jahrhundert und die beiden **Orgeln** der Kirche bekannt ist.

Denkmal für Petar Kresimir IV., im Hintergrund die Franziskanerkirche

Šibenik und Umgebung

Die kleinere von 1762 gehört zu den ältesten in Dalmatien und wird heute noch mit einem Blasebalg bedient. Die Gemälde auf den drei Altären sind von Matej Ponzoni-Pončun aus Rab, einem Schüler von Jacopo Palma.

■ Theater

An der Nordseite des Trg kralja Držislava befindet sich das 1870 erbaute Theater. Das mit 500 Sitzplätzen seinerzeit größte Theater in Kroatien war keine öffentlich geförderte Einrichtung, sondern eine Art Aktiengesellschaft der Bürger. Ein Granatentreffer 1991 machte eine Renovierung erforderlich, die erst 2001 abgeschlossen wurde.

■ Kirche Uspenije Bogomatere

Zwei Querstraßen weiter befindet sich die Kirche Uspenije Bogomatere, serbisch Vaznesenija Bogorodice (Auferstehung der Mutter Gottes). Sie ist heute die Kathedrale der serbisch-orthodoxen Eparchie, der obersten Kirchenleitung für Dalmatien. Die Fassade der zu einem Kloster gehörenden Kirche mit zwei kanzelartigen Balkonen vor den Glocken gilt als originelle Barockarchitektur. 1390 erstmals erwähnt, lebten im Klosterkomplex erst Templer, dann Flagellanten und schließlich Benediktiner. 1810 übergab Napoleon die Gebäude, die im 17. Jahrhundert ihr heutiges Aussehen erhielten, der serbisch-orthodoxen Episkopie. Nach gängiger Geschichtsschreibung hat es Napoleon den Orthodoxen geschenkt. Nach orthodoxer Chronik gibt es einen Kaufvertrag, den griechisch-orthodoxe Kaufleute mit der französischen Administration ausgehandelt hätten. Während des jugoslawischen Krieges 1991 sollte die Kirche gesprengt werden. Es ist einem katholischen Geistlichen zu verdanken, dass die kroatischen Soldaten daran gehindert werden konnten. Heute gehören etwa 2000 Mitglieder zur orthodoxen Gemeinde. Nach langer Verweigerung durch die Stadt wird die Kirche mit Geldern des Kulturministeriums seit 2007 renoviert und ein **Museum** eingerichtet. Zur Besichtigung neben der Kirche klingeln. Im Inneren ist die **Ikonostase** mit Ikonen aus dem 17. und 18. Jahrhundert sehenswert. Am reichgeschnitzten barocken Chorgestühl und an der Kanzel ist die frühere katholische Nutzung noch gut zu erkennen.

■ Kirche Sv. Krševan

Die Zagrebačka führt an der **Kirche Sv. Ivan** mit dem außen angebrachten Treppenaufgang von Nikola Firentinac vorbei. Die Uhr auf dem Glockenturm ist ein Beutestück von den Türken, die den Zeitmesser in Drniš zurückgelassen hatten. Dort wo die Zagrebačka in die Don Krste Stošića übergeht, steht die **älteste Glocke der Stadt** von 1266 auf der Gasse. Sie wurde von Schwammtauchern im Meer vor der Insel Silba gefunden und ist wohl in einer kleinasiatischen Stadt gefertigt worden. Hinter ihr befindet sich **Sv. Krševan**, die älteste Kirche der Stadt aus dem 12. Jahrhundert.

Sv. Krševan markiert den Beginn des Stadtteils Gorica, in dem ursprünglich die Feldarbeiter der Stadt lebten und der erst im 13. Jahrhundert mit einer Stadtmauer umgeben wurde. Im Haus gegenüber von Sv. Krševan hat sich das Komitee der kommunistischen Partei Dalmatiens getroffen.

■ Franziskanerkirche Sv. Lovro

In der ulica Andrije Kačića befindet sich in der Franziskanerkirche Sv. Lovro ein beachtenswertes modernes Deckengemälde, das V. Marjanović 1934 gemalt hat und das eine apokalyptische Szene darstellt. In dem 1650 gegründeten Kloster, in dem seit dem Ende des Zweiten Weltkriegs keine Mönche mehr leben, war in kommunistischer Zeit eine Druckerei untergebracht.

■ Kathedrale Sv. Jakob

Am Trg Republike Hrvatske, dem Platz der Kroatischen Republik, befindet sich die Kathedrale Sv. Jakob, die zu Recht 2002 in die Liste des Weltkulturerbes aufgenommen wurde. Der Bau präsentiert die Summe baumeisterlichen Könnens von Juraj Dalmatinac (gest. 1475).

Portraits an der Kathedrale

Was er nicht vollenden konnte, hat Nicola Firentinac, ein Schüler Donatellos, bis zu seinem Tod ausgeführt.

Nachdem bereits ab 1402 italienische Baumeister, unter anderem Bonino di Milano, und einheimische Baumeister mit dem Bau begonnen hatten, erstellte Dalmatinac 1433 eine neue Gesamtplanung unter Einbeziehung der bereits begonnenen Teile wie dem Nordtor und gab der Kirche den kreuzförmigen Grundriss.

Außen ist Dalmatinacs ganze bildhauerische Gestaltungskraft an den **74 in Stein gehauenen Portraits** erkennbar, die an einem Fries um den Chor herum angebracht sind. Über die 1850 bei Renovierungsarbeiten veränderten Charakterköpfe ist viel spekuliert worden: Waren es persönliche Bekannte, wichtige Zeitgenossen, frühe Karikaturen oder schlicht Fratzen?

Die **Kuppel** konstruierte Dalmatinac, bevor Michelangelo und Bramante in Florenz und Rom ähnliche Dachkonstruktionen schufen. Die Bauweise wurde erst 1997 im Zuge der Reparatur nach Granateinschlägen verstanden. Das Gewölbe wird durch eine rippenförmige Tragekonstrukton gehalten, in das die Dachplatten ohne Mörtel verzahnt sind. Der Engel Michael auf der Spitze ist gleichzeitig ein Windrichtungsanzeiger.

Das Innere ist von unverwechselbarer Wirkung: Während unten gotische Spitzbögen die Augen nach oben führen, erlebt der Betrachter beim Blick in den Renaissance-Aufbau Helligkeit und Offenheit. Das Bild auf dem Altar ist von Felipe Zaniberti, einem Tizian-Schüler. Noch Dalmatinac hat den Sarkophag des Bischofs und Humanisten Juraj Šižgorić (1420–1509) entworfen, den Andrija Aleši vollendet hat. Ebenso von Aleši stammt die Statue des heiligen Elias an der Südseite des Chores.

Ein Meisterwerk der Steinmetzkunst ist das **Baptisterium**, das unterhalb des südlichen Seitenschiffes liegt. In dem von vier Rippen getragenen Gewölbe, das ganz mit Steinfiguren, Engeln und Cherubimköpfen verziert ist, scheint der

Karte S. 128

Die Festungen von Šibenik

Im Gegensatz zu Dubrovnik, das seine Festungen in die Stadtmauer integrierte, hat Šibenik drei seiner Festungen vorgelagert und verteidigte sich mit dieser Strategie vor allem gegen die Türken erfolgreich.

Einzige Festung innerhalb der Stadt ist die 2200 Quadratmeter große Festung Sv. Ana. Früher nach dem Stadtheiligen Sv. Mihovil benannt, ist über sie wenig bekannt. Bis zum 15. Jahrhundert wurde sie mehrfach zerstört, zweimal – 1663 und 1752 – sind ihre Pulverkammern explodiert. Grabungen haben Keramik aus venezianischer Zeit, aber auch Reste aus der Zeit der Liburner zu Tage gefördert.

Die beiden nördlich der Stadt vorgelagerten Festungen Sv. Ivan und Šubičevac wurden beide vor den Türkenkriegen im 17. Jahrhundert gebaut und halfen, die Stadt erfolgreich zu verteidigen. Die von dem italienischen Militäringenieur Antonio Leni geplante Festung Sv. Ivan liegt auf einem 115 Meter hohen Berg. Die Festung Šubičevac auf einer weiteren Anhöhe wurde lange Festung Degenfeld genannt, nach dem deutschen Kommandeur in venezianischem Dienst. Auf ihr befindet sich ein Denkmal von Kosta Angeli Radovani und Zdenko Kolacio zu Ehren von 26 Mitgliedern der Volksbefreiungsfront, die hier oben von den faschistischen Besatzern erschossen worden sind.

Die wohl bis heute imposanteste Festung ist Sv. Nikola auf einer kleinen Insel im Meer weit vor der Stadt. Sie wurde erbaut, um die Angriffe abzuwehren, die die Osmanen seit dem 16. Jahrhundert vom Meer aus führten. Im Eingangsraum hängt eine Platte mit den Namen aller Dogen und Burgherren des 16. Jahrhunderts. Seit 2002 werden hier hin und wieder Konzerte mit klassischer Musik aufgeführt.

Sv. Nikola lässt sich über die südliche Halbinsel vom Dorf Zablaće ansteuern. Die Insel ist entgegen der Behauptungen Einheimischer auch mit einem Fußmarsch zu erreichen. Allerdings führt ein kurzes Stück durch eine flache Furt, aber barfuß ist sie einfach zu überwinden. Dafür belohnt ein wunderschöner Blick über das Meer.

Die Festung Sv. Ana, im Hintergrund die Festung Sv. Ivan

Die Loggia communis

Übergangskünstler von der Gotik zur Renaissance, Dalmatinac, die Lebendigkeit zu feiern. Von vier Prophetenstatuen in den Ecken des Raumes sind nur zwei erhalten. Die Schlussfigur an der Decke stellt Gottvater dar, der für die Taufe den heiligen Geist sendet.

■ Loggia communis

Auf dem Platz Trg Republike Hrvatske gegenüber der Kathedrale befindet sich die Loggia communis. Das mit großzügigen Bögen ausgestattete Gebäude diente früher als Gerichtssaal und Ort für Versteigerungen.
Links von der Loggia hat Ivan Meštrović seinem Bildhauerkollegen Juraj Dalmatinac ein Denkmal gemeißelt, mit dem er die kühn planende Persönlichkeit einfangen wollte.

■ Bunari

Unterhalb des Denkmals befinden sich die Bunari, vier Brunnen über der Stadtzisterne, die 28 000 venezianische Fässer Wasser, etwa 210 000 Hektoliter, aufnehmen konnten. Zwischen 1445 und 1451 erbaut, dienten sie bis 1879 zur Wasserversorgung für die einfache Bevölkerung. Danach wurde Wasser aus der Krka in die Stadt geleitet und sechs öffentliche Wasserhähne eingerichtet. Heute bergen die unterirdischen Gewölbe ein gutgemachtes interaktives **Erlebnismuseum**, in dem wichtige Stationen der Stadtgeschichte auch für Kinder hautnah erlebbar werden.
Rechts an der Kirche hinauf durch ein Gewirr von kleinen Gässchen ist eine der wichtigsten Festungen der Stadt zu erreichen: **Sv. Ana** mit einem schönen Blick über die Stadt und die vorgelagerten Inseln und Halbinseln.

■ Kirchliches Museum

In der kleinen Kirche **Sv. Barbara** aus dem 13. Jahrhundert in der Kralja Tomislava ist das kirchliche Museum untergebracht.

Karte S. 128

bracht. Die Figur des Sv. Nikola über seinem Eingang ist von Bonino aus Mailand. Höhepunkte dieser Ausstellung sind ein Polyptichon von Blaž Jurjev Trogiranin und eine Schutzmantelmadonna des einheimischen Künstlers Nikola Vladanov Šibenčanin.

■ **Kirche Sv. Nikola**
Vom Trg palih šibenskih rechts durch eine kleine Gasse hinab Richtung Meer befindet sich die Kirche Sv. Nikola. In der zur Seefahrer-Bruderschaft gehörenden Kirche aus dem 17. Jahrhundert hängen Schiffsmodelle an den Wänden oder von der Decke herunter, Portraits von großen Seefahrern sind an den Wänden angebracht.

Ausflüge ab Šibenik

In **Pakovo Selo** etwa 20 Kilometer nordöstlich von Šibenik an der Straße nach Drniš wurde 2007 eine Art **Freilichtmuseum** eröffnet (Karte Seite 136). Auf etwa 15 000 Quadratmetern wurde ein typisches Dorf des Šibeniker beziehungsweise des dalmatinischen Hinterlandes rekonstruiert, das zeigen soll, wie die Bewohner vor mindestens 100 Jahren lebten. Einheimische Gerichte können probiert, Volksbräuche, traditionelle Trachten und Folklore betrachtet werden. Viele Alltagsgegenstände zeigt das Museum Didova Kuća (Großvaters Haus). Um eine Freilichtbühne werden alte Handwerkskünste gezeigt.

Das gesamte Dorf wurde von Trockenmauern eingefasst, einem traditionellen dalmatinischen Mauerwerk, mit dem normalerweise Gärten und Grundstücke umzäunt werden.

In der Nähe von **Dubrava**, einem Dorf sechs Kilometer östlich von Šibenik im Hinterland, befindet sich eine **Falknerei**. Das Besondere: In ihr lassen sich die Vögel nicht nur bestaunen, sondern Besucher können auch an einem eintägigen Kurs teilnehmen, an dessen Ende eine echte Falkenjagd steht. Anmeldung erforderlich.

 Šibenik

Vorwahl: 022.
Postleitzahl: 22000.
Turistička zajednica grada Šibenika, in der Fußgängerzone Kralja Tomislava, ul. Fausta Vrančića 18, Tel. 21 20 75.

Post, Ul. Vladimira Nazora.

Privredna banka, ul. Vladimira Nazora.
Jadranska banka, Ante Starčevića 4.

 (Bus)

Busbahnhof, Draga 14, beim Stadtzentrum, Tel. 21 20 87, 21 60 66. Busse nach Split, Zadar, Rijeka, Dubrovnik, Pula und Zagreb.

Bahnhof, ul. fra Jerolima Milete, Tel. 33 36 96.

Nächste **Flughäfen**: Zadar 70 km, Split 90 km.

Der **Fährhafen** liegt beim Frachthafen, Tel. 21 34 68. Personenschiffe nach Zlarin, Kaprije, Žirje, Prvić, Luka und Šepurina, je nach Saison bis zu 5x am Tag.

 (Hotel)

Solaris Holiday Resort, Hotelsko naselje Solaris b.b., Tel. 36 39 99, www. solaris.hr. Große Hotelanlage und Feriensiedlung, 7 km von der Altstadt

Šibenik und Umgebung

auf knapp einem Quadratkilometer. Mit eigenem Strand, neben einem erstklassigem Hotel überwiegt der mittlere Standard.

Hotel Jadran, Obala dr. Franje Tuđmana 52, Tel. 21 26 44, www.rivijera.hr; DZ 100–116 Euro. Einfaches Hotel im Kastenbau.

Camping Solaris, **Camping Zablaće**. Beide Plätze sind Teil des ›Solaris Holiday Resort‹. Unter Bäumen, mit den Bequemlichkeiten der Anlage.

Restaurant Gradska Vijećnica, Trg Republike Hrvatske 1, Tel. 21 36 05. Im Erdgeschoss des Šibeniker Rathauses, hochpreisig mit europäischer Küche und großer Auswahl an Weinen.

Alpa, Kralja Tomislava 17, Tel. 21 79 77. Das älteste Restaurant der Altstadt.

Zlatna Ribica, K. Spužvara 46, Tel. 35 11 60. Schönes Ambiente, serviert werden Fischgerichte.

No. 4, Trg Dinka Zavorovića 4, Tel. 21 75 17. Internationale Küche.

Kula, Obala Franje Tuđmana b.b., Tel. 31 24 80. Landestypische Speisen, große Auswahl einheimischer Weine.

Museum der Stadt, im Rektorenpalast. Aussstellung mit vielen Meisterwerken. Das Museum wird renoviert, ein Termin zur Wiedereröffnung steht leider noch nicht fest.

Im Sommer reichhaltiges Kulturangebot, Infos in der Turistička zajednica.

Internationales Kinderfestival. Das Festival, das seit 1958 besteht, hat landesweite Berühmtheit erlangt mit Theater, Musik und bildender Kunst aus den umliegenden Ländern. Von der UNESCO gefördert und unter der Schirmherrschaft des kroatischen Präsidenten.

Večeri dalmatinske Šansone. Abende des dalmatinischen Chansons, Mischung aus Folklore und Popmusik. Die Auftritte werden landesweit beachtet und im Radio übertragen.

Kultursommer. Klassische Musik, Konzerte auch an ungewöhnlichen Orten wie der Festung Sv. Nikola.

Orgelschule. Bei der international bekannten, alljährlich stattfindenden Orgelschule erklingen die 19 Orgeln der Stadt. 40 bis 60 Organisten bieten öffentliche Abschlusskonzerte.

Nahe der Stadt nur wenige Strände. Eher im **Krka-Fluss** oberhalb der Wasserfälle Skradinski Buk, auf den **vorgelagerten Inseln** oder auf **Murter** baden.

Liegeplätze am Kai vor der Altstadt.

Marina Mandalina, Obala Jerka Šižgorica, Tel. 31 29 77. Neue Marina.

Falkenzentrum (Sokolarski centar), bei Dubrava. Anmeldung: Matije Gupca 87, 22000 Šibenik, Tel. 022/21 92 07, mobil 098/33 67 20.

Krankenhaus, Stjepana Radića 83, Tel. 24 62 46.

Noch heute finden im Babtisterium der Šibeniker Kathedrale Taufen statt

Das Gebiet der Krka

Mitten in der kroatischen Karstland-schaft wirkt die Flusslandschaft der Krka mit ihren sieben großen Wasserfällen, den Seen, Inseln, dem vielen Grün und den vielen Tierarten wie ein Paradies. Weil der Fluss in der Vergangenheit die Trinkwasserversorgung und die Bewäs-serung sicherstellte, wurde das Tal zum Kernland der slawischen Eroberung und damit des jungen kroatischen Staates.

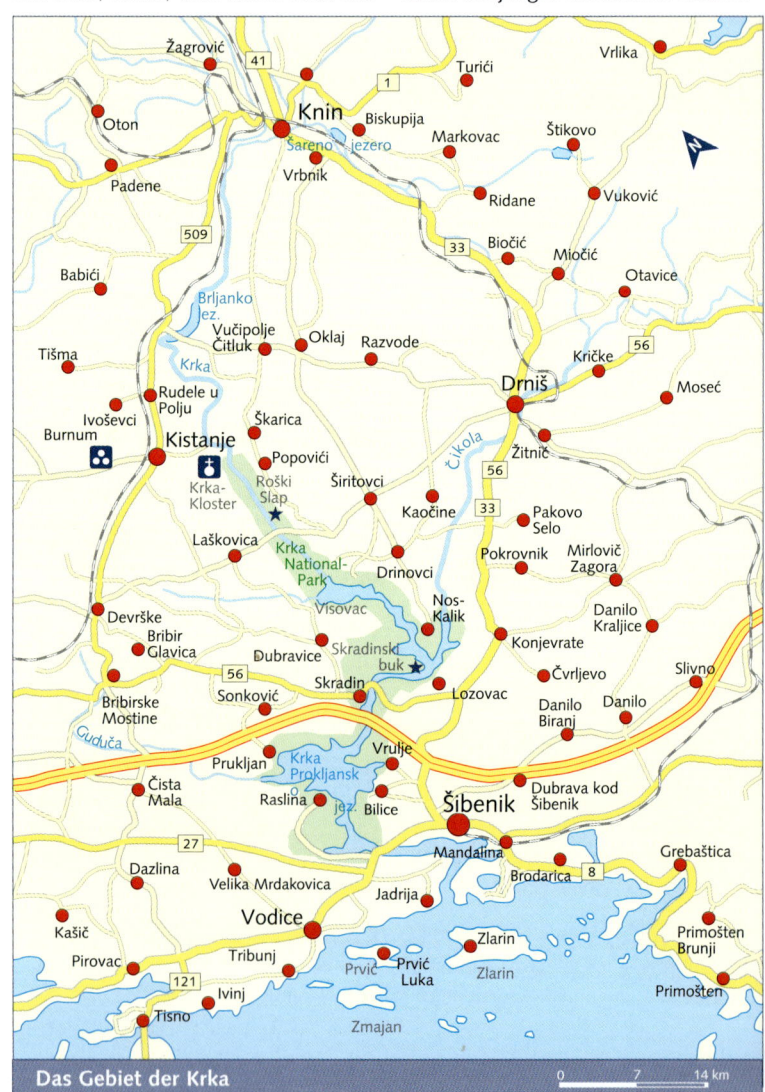

Das Gebiet der Krka

0   7   14 km

Šibenik und Umgebung

Wer im Norden auf der neuen Autobahnbrücke über die Krka fährt oder von oben auf das Krka-Tal blickt, hat den Eindruck, in der ansonsten flachen trockenen Ebene habe sich ein riesiger Riss aufgetan, der alles Wasser der Region verschlingt. Unklar ist, ob sich das Wasser in den Fels eingegraben hat oder ob es zuvor einen unterirdischen Wasserlauf gab, der später eingebrochen ist: Die Quelle des 72 Kilometer langen Flusses liegt drei Kilometer östlich von Knin.

Seit 1985 ist der größere untere Teil des Krka-Flusses ein Nationalpark und schützt ein Areal von etwas über 2000 Quadratkilometern. Durchschnittlich 55 Kubikmeter Wasser rauschen pro Sekunde zu Tal und überwinden ein Gefälle von 220 Metern. 800 Pflanzen- und über 220 Tierarten wurden in der sich ständig verändernden Flusslandschaft gezählt.

Am Fluss entlang verlief die Grenze zwischen Liburnern und Dalmatern, bis die Römer den Krkafluss mit einem Militärlager bei Burnum sicherten. Unter den Kroaten bildete das Tal für die Fürsten von Bribir die Herrschaftsgrundlage. Heute wird aus dem Naturschauspiel ein Wirtschaftsunternehmen gemacht. Der Erfolg bewirkt, dass die Chefs der Parkverwaltung immer und die Kunden manchmal Könige sind. Dazu tragen auch die nicht gerade niedrigen Eintrittspreise bei (Erwachsene 80, Kinder 65 Kuna).

Krka-Nationalpark

Für Besucher gibt es mehrere Zugänge zum Park zu unterschiedlichen Touren im Krka-Tal: Die **Wasserfälle von Skradinski buk** sind am einfachsten auch von **Lozovac** durch Umsteigen in einen Bus zu erreichen, der dann zum tosenden Schauspiel hinunterfährt.

Die romantischere Variante ist, von **Skradin** mit einem Boot zu den Skradinski-buk-Fällen zu fahren. Dabei führt die Fahrt unter eine Stahlbrücke hindurch, die, 1930 erbaut, als schönste Stahlkonstruktion des Landes Modernität in das Land brachte. Die deutsche Wehrmacht zerstörte sie auf ihrem Rückzug, 1953 wurde sie in schlichter Form wieder aufgebaut.

 Krka-Nationalpark
Vorwahl: 022.
Turistička zajednica, Skradin, Trg Male Gospe 3 (Uferstraße), Tel. 77 13-29, Fax -36, www.skradin.hr. Hier gibt es auch Eintrittskarten für den Nationalpark und/oder das Schiff zum Skradinski buk. Früh vor Ort zu sein lohnt sich, denn die Schiffe sind schnell ausgebucht.
Nationalni Park Krka, Trg Ivana Pavla II, br. 5 p.p. 154, 22001 Šibenik, Tel. 20 17 77, www.npkrka.hr.

Die kulturgeschichtlich interessanten Orte wie die **Klöster Visovac** oder **Krka**, **Bribir** und **Bonum** sind auch ohne Eintritt für den Nationalpark erreichbar.

Unter den Wasserfällen von Skradinski buk gibt es aus Sicherheitsgründen keine Bademöglichkeiten.
Erlaubt und möglich ist das Baden im **unteren Lauf der Krka,** an der **Ortseinfahrt von Skradin** oder bei der **Brücke an der Zufahrtsstraße.**
Auch im **Visovac-See** darf gebadet werden, hier gibt es allerdings keine schönen Badestellen.

Die Wasserfälle von Skradinski buk

■ Wasserfall Skradinski buk

Der Skradinski buk ist der Wasserfall, der mit mehr als 45 Metern über etwa 17 Stufen den größten Höhenunterschied überwindet. Auf einer Länge von etwa 800 Metern hat sich eine Wasser- und Waldlandschaft entwickelt, die zu Fuß über gekennzeichnete Wege durchstreift werden kann. Unterhalb des Falls vermischt sich das Flusswasser mit dem Meerwasser, das seit dem Anstieg des Meerwasserspiegels bis in das Tal reicht. Wie die Kraft des Wassers schon früh genutzt wurde, zeigen die **Wassermühlen** am Rand des Wasserfalles. In einer von ihnen ist ein kleines **Ethnographisches Museum** eingerichtet, der Besuch ist im Eintrittspreis zum ganzen Park inbegriffen. So wurde mit Wasserkraft nicht nur Getreide gemahlen, sondern auch in kleinem manufakturartigen Maßstab Tuch gewaschen oder ein Webstuhl in Gang gehalten. Im Jahr 1895 wurde das erste Wasserkraftwerk Kroatiens von Nikola Tesla am Krka-Fluss erbaut, das Šibenik mit Strom versorgte.

■ Wasserfall Roški Slap

In einen anderen Teil des Krka-Tals führt eine zweistündige Schiffstour zu dem auf einer Insel gelegenen **Kloster Visovac**. Die Schiffe legen oberhalb von Skradinski buk ab. Diese Tour lässt sich auch um zwei Stunden bis zu den Wasserfällen Roški Slap oberhalb des Klosters ausdehnen.

Oberhalb der Roški-Slap-Fälle befindet sich die Straße mit dem dritten Zugang in den Nationalpark. Von einem Parkplatz aus kann man dann zu den Roški-Slap-Fällen herunterlaufen. Hier stürzt das Wasser über einen Höhenunterschied von 22 Metern in die Tiefe.

Oberhalb der Fälle von Roški Slap kann man die Natur entlang des Flusses weiter zu Fuß oder mit einem gemieteten Boot entdecken. Über eine Strecke von etwa 20 Kilometer fließt die Krka ohne einen Wasserfall. Doch danach befinden sich vier weitere Wasserfälle hintereinander. Dieses Wasserfälle sind auch von Drniš aus mit dem Auto anzufahren, aber sie sind nicht besonders gut zugänglich.

Karte S. 136 ▲

■ Skradin

Das malerisch im bewaldeten Tal der Krka gelegene Skradin war auf Grund seiner strategischen Lage am Eingang des Tales immer stark umkämpft, auch im letzten Krieg. Die Römer erwähnten die Siedlung der Liburner bereits 339 vor Christus, bevor sie sie eroberten und Scardona nannten. Zahlreiche römische Funde sind in der **Rugovača-Bucht** gemacht worden, in der sich heute die Marina befindet.

Im Jahr 530, als Šibenik noch ein Dorf war, wurde Skradin zum Bischofssitz ernannt und zum zentralen Handelsplatz mit dem Hinterland. Im Laufe der Geschichte eroberten Awaren, Venezianer und Türken die Stadt.

Nach dem Abzug der Türken 1683 war Skradin verödet und erholte sich nie. Während des letzten Krieges haben im Kampf zwischen Kroaten und Serben etwa 500 Granateneinschläge die beiden orthodoxen Kirchen und zahlreiche Häuser der Fußgängerzone zerstört. Erst 2005 zog wieder ein Pope in das orthodoxe Pfarrhaus.

In der 1757 entstandenen katholischen Kirche **Porođenja Blažene Djevice Marije** (Geburt der heiligen Jungfrau Marija)

Orthodoxe Kirche in Skradin

ist die Orgel von dem Nakič-Schüler Francesco Dacci über dem Haupteingang beachtenswert. Die nach einem Angriff stark beschädigte Orgel wurde mit Geldern des Kulturministeriums erneuert.

Neben der Kirche befindet sich der **Palazzo Nadžupsko-Opatski**. Heute ist darin die **Schatzkammer der Kirche** mit sakralen und volkskundlichen Ausstellungsstücken untergebracht.

 Skradin

Vorwahl: 022.
Postleitzahl: 22222.
Turistička zajednica, Trg Male Gospe 3 (Uferstraße), Tel. 77 13-29, Fax -36, www.skradin.hr. In der Turistička zajednica kann man auch die Eintrittskarten für den Nationalpark und/oder das Schiff zum Skradinski buk kaufen. Historische Informationen findet sich auf www.scardona.com.

Bank, bei der Kirche.

Mehrmals täglich Busse nach Šibenik.

Flussschiffe Richtung Wasserfall Skradinski buk legen nahe der Marina ab.

Restaurant Toni, Dr. Franje Tuđmana 38, Tel. 77 11 77. Am Ortsausgang, nicht unbedingt günstig, aber gut.
Skala, Rokovača, Tel. 77 10 81. Etwas oberhalb in der Stadt, man isst mit Blick auf die Stadt, dabei nicht teuer.

Spezialitäten sind Fische aus dem Fluss oder auch aus dem Meer.

Hotel Skradinski buk, Burinovac bb, Tel. 77 17 71, www.skradinskibuk.hr; DZ 76 Euro. Sauber und nett, oft voll.

Baden ist möglich an der **Ortseinfahrt von Skradin** oder bei der **Brücke an der Zufahrtstraße.**

Von Skradin führen **Wanderwege in**

den Park. In der Touristička zajednica gibt es wenige Karten, aber einige Tipps; die Wanderwege sind markiert.

1. Sonntag im August. Chorgruppen in der Fußgängerzone, die a capella alte Lieder der Stadt und Dalmatiens singen. Ursprünglich waren dies Liebeslieder, die unter den Fenstern junger Frauen gesungen wurden.

Kleiner Laden in der Fußgängerzone.

■ Visovac-Kloster

Wer nur das Visovac-Kloster auf der Insel besuchen will, kann mit dem Auto (über Drniš) direkt an das östliche Flussufer gegenüber vom Kloster heranfahren und sich mit einem kleinen Boot übersetzen lassen.

Vom **Miljevački-Plateau** oberhalb des Klosters wird bei der wundervollen Aussicht auf die kleine Insel im Visovačko jezero (Visovac-See) noch vor dem Erreichen der nationale Symbolcharakter des Ortes deutlich. Auf der Plattform erinnert ein Denkmal an Petar Svačić, den letzten kroatischen König, der am Rande des Tales geboren wurde. Außerdem zeigt eine Tafel die Madonna von Visovac. Die Madonna galt den kroatischen Soldaten im letzten Krieg als Schutzheilige im Kampf um die Heimat.

Das Kloster war und ist ein Symbol für die Unabhängigkeit Kroatiens, denn die Franziskaner im Visovac-Kloster konnten als einzige auch während der türkischen Belagerung im Kloster ihr mönchisches Leben aufrechterhalten. Das war ihrem Verhandlungsgeschick, aber vor allem auch einer gewissen Toleranz seitens der Türken gedankt.

Gegründet haben Augustiner-Eremiten das Kloster um 1400. Als der Lokalherrscher Grgur Utješinović diese Insel 1445 als Mitgift von seiner Frau erhielt, baten bereits Franziskaner, die aus Bosnien geflüchtet waren, um Asyl. Utješinović gewährte ihnen den Aufenthalt, bevor er selbst in seiner Festung Kamičak oberhalb des Flusses von Türken bedrängt wurde.

Das Visovac-Kloster

Die Klostergebäude wurden mehrfach in der Geschichte umgebaut und erweitert. Beeindruckend sind die umfangreichen **botanischen Sammlungen** und vor allem **Handschriften**, das Kloster hat die größte Sammlung türkischer Dokumente auf kroatischem Boden. Heute leben fünf Mönche im Kloster, und in den weitläufigen Räumen findet eine Priesterausbildung statt.

Am 15. August (Mariä Himmelfahrt) wird auf Visovac Velika Gospa, Mariä Himmelfahrt, gefeiert, mit Musik und Essen. Mehrere Schiffe fahren dann die Insel an.

■ Krka-Kloster

Oberhalb der Wasserfälle von Roški slap liegt das serbisch-orthodoxe Krka-Kloster **Sv. Arhandel** in einer Flussschleife. Es kann mit dem Auto nur von der Westseite erreicht werden.

Gegründet wurde es 1345 von Jelena Šubić, der Schwester des serbischen Kaisers, die in das kroatische Geschlecht der Fürsten von Šubić eingeheiratet hatte. Kloster und Kirche wurden im 17. Jahrhundert mehrfach von Türken, aber auch von Venezianern zerstört, der heutige Bau ist 1790 in byzantinischem Stil gebaut.

In der Kirche ist die **Ikonostase** beachtenswert. Die überwiegende Zahl der Ikonen unten und in der Mitte stammt von der Insel Kreta, die oberen wurden im 17. Jahrhundert aus Russland in das Kloster gebracht.

Unter der Kirche befinden sich **Katakomben** aus römischer Zeit, die den Klosterbrüdern als Beweis dafür gelten, dass der Apostel Paulus in dieser Gegend missioniert haben soll. Sie wurden während der Türkenkriege als Verstecke genutzt. Seit 2001 hat darin wieder ein Priesterseminar seine Arbeit aufgenommen.

Bribir Glavica

Übersetzt heißt Glava Kopf/Haupt. Bribir Glavica war einerseits die Stadt, die auf dem Haupt, der Spitze, des Berges Bribir lag. Andererseits war Bribir aber auch ein Regierungszentrum, eine Art ›Haupt‹-Stadt der kroatischen Adelsfamilie Šubić.

Auch wenn vom vergangenen Glanz nur noch Grundmauern zu sehen sind: Der Blick vom Berg in alle Himmelsrichtungen über die weite Landschaft ist einen Besuch wert. Bribir Glavica ist heute eine archäologische Fundstätte, auf der immer noch gegraben wird, so dass am östlichen Rand jetzt sogar zwei kleine Häuser als Forschungsstationen errichtet worden sind.

Bereits im 1. Jahrtausend vor Christus hatten die Liburner auf diesem Berg eine Wallburg als starke Festung errichtet, von der jedoch keine Reste zu erkennen sind. Unterhalb der Kirche am Rand des Berges sind die am besten erhaltenen **Grundmauern** zu sehen. Hier, wie an vielen Stellen auf dem Berg, liegen die Grundrisse oft übereinander. So sind nach Norden hin altkroatische Mauern der Fürsten von Bribir zu sehen, Grundrisse einer Kirche und eines Klosters. Im Bericht des Porphyrgennetos aus dem 10. Jahrhundert taucht der Ort erstmals unter dem Namen Brebera auf.

Südlich blickt der Besucher eine Schicht tiefer auf Ausgrabungen einer römischen Befestigung aus dem 1. Jahrhundert vor Christus. Zu sehen sind **Thermen**, deren Böden mit kleinen weiß-schwarzen Mosaiksteinen ausgelegt waren. Bereits die römische Siedlung genoss Stadtrechte und wurde als ›municipium varvariae‹ bezeichnet.

Die jüngste Geschichte ist an der **orthodoxen Friedhofskirche** abzulesen. Viele der Gräber sind offen, weil die Serben

Ausgrabungen in Bribir glavice

sogar die toten Angehörigen aus Angst vor Schändung der Gräber mit auf die Flucht genommen haben.

Am Boden der Westwand der Kirche zeichnen sich die Grundrisse einer frühchristlichen fünfkonchigen Kirche ab. Die Kroaten werfen den Serben vor, in kommunistischer Zeit die alte frühchristliche katholische Anlage, die einst auf diesen Grundmauern stand, eingeebnet und darauf die orthodoxe Kirche errichtet zu haben. Zwischen den neuen Gräbern sind auch frühchristliche Grüfte mit alten Särgen zu sehen.

Burnum

Nordwestlich von Kistanje, versteckt zwischen Feldern und Schafweiden und von der Straße schwer einsehbar, stehen die beiden markanten Bögen von Burnum. Sie sind Reste eines riesigen **Militärlagers der Römer**, in dem die 20. Legion untergebracht war. Im Volks-

mund wird der Ort auch Hohlkirche oder Trojanov grad (Trojastadt) genannt.

Wenn man die Weide mit den Bögen verlässt und auf die Straße zurückkehrt, links abbiegt und ein paar hundert Meter weiter sich erneut rechts in die Felder schlägt, kann man dann auf einer schmalen befahrbaren Sandstraße das 2006 ausgegrabene **Amphitheater** erreichen. Hier fanden Gladiatorenkämpfe und andere tödliche Spiele statt. Ein Pfahl, an dem die Verlierer ihren Todesstoß bekamen, ist ebenfalls gefunden worden. Eine ausgegrabene Inschrift, die heute im Museum von Drniš zu sehen ist, nennt den Imperator Vespasian. Dennoch gilt er nicht als Erbauer der Anlage. Das meist angegebene Gründungsdatum 33 vor Christus wird neuerdings wieder in Frage gestellt. Dokumentiert ist ein Aufstand von Dalmatern und Pannoniern zwischen 6 und 9 vor Christus, der von den Römern niedergeschlagen wurde. Die 20. Legion wurde 68 nach Christus nach Italien verlegt

Amphitheater bei Burnum während der Restaurierungsarbeiten

und kämpfte auf Seiten Vespasians im Bürgerkrieg nach dem Tod von Nero. Burnum wurde erst im 5. Jahrhundert von den Goten erobert und diente über Jahrhunderte als Steinbruch, so dass auch heute noch in den Häusern der Umgebung Quader aus römischer Zeit verbaut sind.

Drniš

Umringt von hohen Bergen, liegt Drniš am Ende des breiten und fruchtbaren Tals Petrovo Polje (Petrus-Feld), durch das die Čikola fließt. Die Stadt, in der Zerstörungen aus dem letzten Krieg noch unübersehbar sind, wurde 1522 von den Osmanen gegründet. Sie blieb trotz zahlreicher Angriffe der Venezianer in ihrer Hand, bis sie im 18. Jahrhundert zu Österreich-Ungarn kam. Von den einst fünf Moscheen der Stadt sind noch Reste von zweien zu sehen.

Die türkische Festung in Drniš

Unter Österreich-Ungarn wurde Drniš durch eine Eisenbahnlinie mit Šibenik verbunden. In Drniš wurden die Rohstoffe Bauxit und Kohle verladen, die nördlich der Stadt in den Bergen abgebaut wurden. Durch die Bergbaugesellschaften wurde die Stadt zu einem wohlhabenden Verwaltungszentrum.

Während des Zweiten Weltkrieges war das Tal stark umkämpft, in einzelnen Gärten stehen heute noch Bunker der deutschen Wehrmacht. Sie wurden im letzten Krieg erneut als Schutzräume genutzt.

Die **Ruinen einer alten Festung** mit einem markanten halbzerstörten Turm am Taleingang sind Reste eines türkischen Baus. Darunter soll sich bereits eine Verteidigungsanlage aus römischer Zeit befunden haben. Die Fahrstraße rechts an der Burg vorbei war der alte Ortseingang, er führt zu einer Höhle und einer unter Napoleon gebauten Brücke.

Unterhalb der Burg zur Stadt hin steht noch der wackelige **Rest eines Minaretts** aus türkischer Zeit. Das kleine **Kirchlein Sv. Rok** in Drniš war einst eine Moschee; heute dient der Bau als katholische Kirche.

Bekannt ist Drniš für die Kunstwerke von Ivan Meštrović, dessen Heimat im nahen Otavice zu finden ist. So hat er die schöne Brunnenanlage **Die Quelle des Lebens** im Park unterhalb des Rathauses geschaffen.

Am Ortsausgang Richtung Süden findet sich das kleine **Heimatmuseum**, das heute weitgehend ein Archäologisches Museum ist. Es zeigt auch noch einige Werke von Meštrović, viele sind aber im letzten Krieg gestohlen worden. Heute sammelt das hübsch hergerichtete Museum unter der Leitung eines engagierten Archäologen eher Fundstücke aus illyrischer und römischer Zeit, wie sie in Bribir und Burnum gefunden werden.

Drniš

Vorwahl: 022.

Das offizielle Informationsbüro ist in Šibenik: **Turistička zajednica Šibensko – Kninske Županije**, Fra Nikole Ružića bb, Tel. 022/2190 72.

Hotel Park, Tel. 88 86 36, www.hotelpark.hr. Im Zentrum.

Otavice

Der einzige Grund, das neun Kilometer östlich von Drniš gelegene Otavice zu besuchen, besteht darin, dass der große kroatische Bildhauer Ivan Meštrović das Dorf als seinen Herkunftsort ansah. Deshalb baute er von 1926 bis 1930 auf der Höhe Glavica ein sehenswertes **Mausoleum** für sich und seine Familie. Der 1962 in den USA verstorbene, reiche Sohn des Ortes ließ zu Lebzeiten die Volksschule, das medizinische Zentrum

Die Festung Knin

und die Brücke, die Otavice mit Rušići verbindet, bauen.

Im Sommer 1991, während des letzten Krieges, wurde die bronzene Grabplatte, auf der alle Familienmitglieder außer seinem letzten Sohn abgebildet waren, gestohlen, ebenso die Glocke über der Tür. Die Besichtigung des Mausoleums ist nur nach Anmeldung möglich, Tel. 022/87 26 30.

Knin

Einst war die Stadt an der Krka Sitz der kroatischen Könige, dann Sitz des Bans von Kroatien, später Verwaltungszentrum unter den Türken und zuletzt Hauptstadt der Serbischen Republik Krajina. Im letzten Krieg ist im Kampf um Knin ein Großteil der Infrastruktur zerstört worden; seither sucht die Stadt nach einer neuen Zukunft. Über Knin thront die größte Burg Dalmatiens.

Von 1991 bis 1995 war Knin die Hauptstadt der Republika Srpska Krajina (RSK). Als die kroatische Armee am 5. August 1995 die kroatische Flagge auf der Burg von Knin hisste und sie der damalige Präsidenten Franjo Tuđman küsste, war dies nicht nur der Schlusspunkt des Krieges. Mit dem hochsymbolischen Akt markierte der neue Staat, dass er die nationale Wiege in das Land zurückgeholt hatte. Heute wird am 5. August der Nationalfeiertag in Kroatien begangen.

Im 10. und 11. Jahrhundert war Knin Sitz der kroatischen Fürsten und Könige in der einzigen Phase nationaler Selbständigkeit. Als Kroatien 1102 an Ungarn fiel, war Knin der Sitz des Bans, der im Auftrag Ungarns die Verwaltung über ganz Kroatien sicherstellte.

In Knin wurde von 1409 bis 1522 das altkroatische Recht festgelegt und mit einer Art nationalem Gerichtshof dessen Einhaltung überwacht. Nach der Eroberung durch die Türken wurde die Stadt zu einem Verwaltungszentrum der Gebiete Lika und Krka. Die Österreicher machten Knin Ende des 18. Jahrhunderts zum Teil der Militärgrenze gegen das Osmanische Reich und bauten die Bahnlinie, die Knin mit der Küste verband und zu einem Verkehrsknotenpunkt werden ließ.

Die Nachfahren der von den Österreichern angesiedelten orthodoxen Bewohner machten nach dem Zerfall Jugoslawiens Knin zur Hauptstadt der Republika Srpska Krajina (RSK), der Republik der serbischen Krajina. Die kroatische Minderheit wurde misshandelt und vertrieben. Nach der Rückeroberung durch die Kroaten trat die überwiegende Zahl der Serben die Flucht an oder wurde auf oft grausame Weise dazu gezwungen.

■ Die Stadt

Der letzte Krieg ist im Stadtbild noch allgegenwärtig. Vor dem Bahnhof befindet sich das martialische Denkmal des siegreichen kroatischen Soldaten. Auf dem Weg zur Burg am heutigen Gesundheitszentrum vermerkt eine Gedenktafel: ›An diesem Ort wurden zwischen 1991 und 1995 Frauen und Kinder gefoltert und getötet.‹

Die **Festungsruine** ist mit einer Ausdehnung von über 50 000 Quadratmetern die größte erhaltene Festung in Dalma-

tien. Den Eingang zur Bastion mit ihren vielen Gängen, Mauern und Schießscharten bildet das repräsentative **Steintor** von Ignacije Macanović aus Trogir.

Der nördliche Teil der Festung ist der älteste und stammt aus vormittelalterlicher Zeit, der mittlere und der untere sind zusammen später im Mittelalter dazugebaut worden. In der Kirche Sv. Barbara befindet sich eine Glocke, die Johannes Paul II. 1994, als Knin noch Teil der Republik Krajina war, den verbliebenen Katholiken gestiftet hatte. Ihre heutige Präsenz zeugt vom Gespür des polnischen Papstes, mit einer einfachen Glocke einen politischen Akt zu vollziehen.

Neben dem 1893 errichteten **Museum** befindet sich die Büste des Gründers Lujo Marun, der als erster überhaupt in Kroatien antike Funde zusammentrug. Nachdem die Sammlung während des Zweiten Weltkrieges glücklicherweise nach Senj ausgelagert worden war – das Museum wurde zerstört –, ist sie später in Split untergebracht worden, wo sie den Grundstock für das ›Museum kroatischer archäologischer Denkmäler‹ bildete.

In der Nähe von Knin, in **Šegotino vrelo**, gibt es einen unterirdischen See zu besichtigen, in dem zwar gebadet werden kann, aber dessen Wasser ziemlich kalt ist. Angenehmer baden lässt sich im **Šareno jezero**.

ℹ Knin

Vorwahl: 022.
Turistička zajednica, Tuđmanova 24, Tel. 66 48 22, www.tz-knin.hr (nur kroatisch). Auf englisch wenige Infos unter www.travel-agency-jasna.com.

Busbahnhof, Pavlinovićeva 7, Tel. 66 10 05.

Hotel Mihovil, Vrpolje bb, 22300 Knin, Tel. 66 00 96, www.zivkovic.hr.

Travel Agency Jasna, Šuškova 12, Tel. 66 32 77, Fax 66 37 71. Angeltouren auf den Flüssen der Umgebung mit anschließendem Essen auf dem Burgberg.

Šibenik und Umgebung

Ivan Meštrović

Ivan Meštrović ist ein Bildhauer von internationalem Rang und doch in Europa so gut wie unbekannt. Das mag daran liegen, dass die Arbeiten von Meštrović viele Facetten haben, die nicht allen gleichermaßen zugänglich sind. Seine Kunst war stark von der jeweiligen Zeit und unterschiedlichen künstlerischen Konzepten bestimmt, er hat aber auch alle Umbrüche seit Ende des 19. Jahrhunderts mitvollzogen.

Meštrović betrachtete Otavice, den Herkunftsort seiner Eltern, zwar als seine Heimat, aber geboren wurde er 1883 als Sohn von kroatischen Wanderarbeitern auf einem Bahnhof im slawonischen Vrpolje. Er brachte sich das Bildhauen selbst bei, schnitzte und meißelte als Jugendlicher folkloristische Motive und kam mit 17 Jahren nach Wien in den akademischen Bildhauerunterricht.

Der Brunnen des Lebens von Ivan Meštrović in Drniš

Bis zum Ersten Weltkrieg war der junge Meštrović beseelt von der Idee der nationalen Befreiung und der Vereinigung der Südslawen. In dieser Zeit schuf er die Statuen des Grgur Ninski in Nin und Split. Viele Werke aus dieser Zeit haben deshalb auch einen durchaus pathetischen und nationalen Charakter. So wie Béla Bartok ungarische Volkslieder verarbeitete, wollte Meštrović vor allem volkstümliche Formen für die Bildhauerkunst fruchtbar machen.

In Paris wurde Auguste Rodin zu seinem Lehrer, und Meštrović hielt ihn nach Tolstoi für den wichtigsten Künstler. Rodin sagte über seinen Schüler: »Meštrović ist das größte Phänomen unter den Bildhauern.« Doch Meštrović wandte sich bald der Wiener Sezession zu und entwickelte eine eigene expressive Form des Jugendstils. Mit dem Ende des Ersten Weltkrieges stellte er die nationale Idee in Frage und wandte sich religiösen Emotionen zu. Zwischen den Weltkriegen lebte und arbeitete Meštrović in Zagreb und avancierte zu einem international gefragten Künstler, der längst nicht mehr alle Ideen selbst ausführen konnte.

Er stellte in Paris, den USA, Südamerika, Spanien, England, den Niederlanden und in Deutschland aus. Während des Zweiten Weltkriegs emigrierte er nach Rom, dann in die Schweiz.

Die einen mögen die nationalen Züge seines Werkes abschrecken, andere die ausgeprägt religiösen, aber immer spiegeln sich darin Meštrovićs persönliches Erleben, starke Ausdruckskraft und Eigenständigkeit. Seine Expressivität macht ihn zu einem international bedeutsamen Künstler, der mehr Beachtung verdient hat.

Zwischen Šibenik und Murter

Touristenhochburgen wie Vodice und versteckte Fischerdörfer wechseln sich westlich von Šibenik ab.

Vodice

Vodice steht heute für Spaß- und Badetourismus. Im Sommer spielen Bands auf großen Bühnen, eine Kneipe reiht sich an die andere. Früher war die Stadt berühmt, weil viele ›Wässerchen‹ den Berg herunterkamen, heute fließen hier inhaltsreichere ›Wässerchen‹. Vodice bietet mit neun Hotels vor allem All-Inclusive-Urlaub.

Auf Grund starker Bewirtschaftung durch die Römer finden Bauern auf ihren Feldern heute noch antike Reste. 1322 wurde der Ort erstmals in einem ungarischen Dokument erwähnt. Ende des 15. Jahrhunderts wurde das Wasser zum Exportschlager, in großen Fässern wurde es verschifft. Die Quellen waren auch ein strategisches Ziel für die Türken. Doch sie konnten den Ort nicht erobern.

Noch heute sind am Ortseingang Reste einer **türkischen Grenzstation** erhalten, neben der kleinen Kirche Sv. Šimun, 30 Meter oberhalb des letzten Turmes aus der Stadtmauer. Im 19. Jahrhundert wurde die Stadtmauer abgebrochen. Im Zweiten Weltkrieg haben starke Kämpfe zwischen Partisanen und Italienern die Stadt schwer beschädigt.

An der Uferpromenade stellt ein **Aquarium** das Leben unter Wasser in leider zu kleinen Becken zur Schau. Im ersten Stock zeigen die Betreiber viele Gegenstände aus der Seefahrertradition.

An der Uferpromenade entlang in östlicher Richtung ist in dem kleinen Ort **Srima** eine frühchristliche zweiteilige Kirche aus dem 6. Jahrhundert zu sehen. In der Südkirche wurden aufwendig schöne Fresken restauriert.

Berühmt ist Vodice für seinen sehr süßen Marascina-Wein. Die Süße kommt aus einer besonderen Rebsorte. Sie wird noch gesteigert, indem die Trauben vor der Verarbeitung getrocknet werden. Meist wird der Wein nach dem Essen gereicht oder aber auch zu Backwerk.

Šibenik und Umgebung

Am Hafen von Vodice

Vodice

Vorwahl: 022.

Postleitzahl: 22211.

Turistička zajednica, Jurićev Ive Cota 10, www.vodice.hr. Wenig Informationen, aber Hinweise auf Apartments unter www.vodice.info.

Alle neun Hotelanlagen findet man unter www.vodice.hr. Einige in Auswahl:

Hotel Punta, Hoteli Vodice d.d, Grgura Ninskog 1, Tel. 45 14 80, www.hotelivodice.hr; DZ 130–160 Euro. Die größte Bettenburg am Platze.

Imperial Vodice, Vatroslava Lisinskog 2, www.rivijera.hr, Tel. 45 44 54.

Villa Matilde, Ljudevita Gaja b.b., Tel. 44 49 50; Apartment 4 Pers. 170 Euro/Tag. Kleinere Apartmentsiedlung.

Hotel Kristina, Severje d.o.o. Setaliste M. Sladoljeva 3, Tel. 44 41 73, www.hotel-kristina.hr; DZ mit HP 82 Euro.

Dalmatino, Grgura Ninskog 4, Tel. 44 04 00. Auf der Halbinsel Punta am Meer, nicht weit von der Stadt.

Bauernhoftourismus bei Familie Kalpić, Radonic, Tel. 21 75 26, Tel. mobil 91/545 87 11, agroturizam@gmail.com, http://kalpic.com; eine Anmeldung ist erforderlich. Urlaub machen zwischen Haustieren, inmitten von Gärten, Weinreben und Obstbäumen. Versorgung mit Schinken, Oliven, Lamm am Spieß und selbstgebackenem Brot.

Autokamp Imperial, Vatroslava Lisinskog 2, www.rivijera.hr, Tel. 45 44 12.

Autokamp Ivona, Goran Roca, Vlahov Venca 14/a, Tel. 44 25 58, www.autocamp-ivona.com. Schlicht.

An der Hafenpromenade reihen sich viele Restaurants aneinander, hier eine Auswahl:

Der Hafen von Tribunj

Restaurant Arausa, gute Kalamares und Fischplatte, gemäßigte Preise.

Steakhaus Guste. Gute Steaks, angemessener Preis, freundliche, persönliche Bedienung.

Pizzeria Riva, im Ortszentrum. Einfach und gut, auch mit klassisch-kroatischen Spezialitäten.

Restaurant Rico. Speisen und Service auf hohem Niveau, zu finden südlich des Hauptplatzes vor dem Wellenbrecher.

Marina ACI Vodice, Artina 2, Tel. 443086. Gepflegte Marina, mit Tankstelle. Von den 450 Plätzen sind viele von Dauerliegern besetzt.

Rundfahrten und Ausflüge in die Kornaten vom Hafen möglich.

Auf **Fischfang** geht es mit dem Boot ›Bakul‹ unter Kapitän Anton Roca, Tel./Fax 442101, oder mit der ›M.B. Loly‹, mit Kapitän Josip Palada, Tel. 443909. Infos auch in der Touristeninformation erhältlich.

Tauchbasis Neptun, am Hotelkomplex ›Punta‹, Grgura Ninskog 1. Tauchkurse und Tauchausflüge.

Auch die Touristeninformation, Tel. 200493, vermittelt **Tauchkurse**.

Zudije wird zu Ostern gefeiert. Ein 100 Jahre alter Brauch wird hier zelebriert: Als römische Soldaten verkleidete Männer stehen von Gründonnerstag bis Ostersonntag als Wache vor der Kirche oder laufen bei Prozessionen mit. Sie symbolisieren die Wache am Grab Christi.

Am **Ostersonntag** organisiert das Tourismusbüro ein Frühstück mit einheimischen Leckereien für die Gäste.

Ambulanz Vodice, Roca Pave 6, Tel. 443169.

Apotheke, Roca Pave 6, 440014.

Apotheke Grubišić, Bribirskih knezova 18a, Tel. 444569.

Arauzona

Bei dem kleinen Dorf **Velika Mrdakovica** sind auf einer Anhöhe Reste der liburnischen Siedlung Arauzona zu sehen, die bereits in den Reisetagebüchern des Plinius Erwähnung fand. Umgeben werden sie von einem Gräberfeld aus dem 4. Jahrhundert vor Christus, in dem reiche Funde gemacht wurden, die im leider geschlossenen Archäologischen Museum in Šibenik lagern.

Am Fuße des Berges bei der Siedlung **Srdarići** befindet sich eine römische Zisterne. Die von den Bewohnern fälschlicherweise ›türkische Zisterne‹ genannte Wassersammelstelle dient nach wie vor zur Bewässerung der Felder und als Viehtränke.

Tribunj und Pirovac

Alternativen zur quirligen Touristenhochburg Vodice sind Tribunj und Pirovac.

Auf einer kleinen vorgelagerten Insel und nur durch eine Steinbrücke mit dem Festland verbunden liegt das 1000-Einwohner-Dorf **Tribunj**.

Das romantische Fischerdorf ist touristisch noch nicht so erschlossen, und die an der kleinen Uferstraße anliegende 1997 in Betrieb genommene Marina verstärkt die Atmosphäre. Allerdings wird drumherum bereits mächtig gebaut.

Wie viele Dörfer entstand auch dieses im 16. Jahrhundert, als Flüchtlinge vor den Türken eine neue Heimat suchten. Zwei vorgelagerte Inseln schützen den Hafen von der Seeseite. Die kleine Kirche

Sv. Nikola aus dem Jahr 1452 zeugt davon, dass an dieser Stelle zuvor eine kleine Fischersiedlung existiert hatte.

1650 wurde auf dem Berg des heiligen Nikolaus die Verteidigungsanlage Jurjevgrad gebaut. Später wurden um den Ort auf Veranlassung der venezianischen Herrscher Stadtmauern errichtet, von Ihnen sind heute nur wenige Reste geblieben.

In **Pirovac**, im 13. Jahrhundert von den Fürsten von Bribir gegründet, sind die Häuser wagenburgartig um ein romantisches Zentrum gebaut.

Das nach Entwürfen von Juraj Dalmatinac angefertigte **gotische Grab** der Familie Draganić-Vrančić, die die Stadt mit harter Hand regiert, aber auch eisern gegen die Türken verteidigt hat, befindet sich in der Kapelle auf dem Friedhof. Vor dem Ort liegt die kleine Insel **Sustipanac** mit Resten römischer Besiedelung und einem alten, nicht mehr bewohnten **Franziskanerkloster**. Das Kloster wurde von den napoleonischen Truppen zerstört und danach nicht mehr aufgebaut.

Ivinj

Rechts von der Straße zur Insel Murter, einsam zwischen Olivenbäumen, sind um die kleine Kirche Sv. Martin aus dem 12. Jahrhundert **Grundmauern eines römischen Dorfes** zu sehen. Bei der Mauer liegen Platten mit liburnischen Mondsymbolen.

Auch auf den Feldern rund um Ivinj finden sich zahlreiche Brunnen aus römischer Zeit, die sogar noch in Gebrauch sind.

 Pirovac

Vorwahl: 022, **Postleitzahl**: 22213.
Turistička zajednica, Kralja Kresimira IV, br. 6, Tel./Fax 46 67 70, tz-pirovac@si.t-com.hr, www.tz-pirovac.hr.

Post, Trg Domovinskog rata 16.

Eine Filiale der **Jadranska Bank** ist in der Kralja Krešimira IV 3A.

Hotelkomplex Miran, Zagrebacka b.b., Tel. 46 68 03, Fax 46 70 22; 71 Zimmer, DZ mit HP 100 Euro, auch Apartments. Dreisterne-Hotel am Strand, mit Restaurant, Snackbar und Swimmingpool.

Campingplatz Miran, Tel. 46 68 03, Fax 46 70 22; 600 Plätze. Neben dem Hotel ›Miran‹.

Restaurant Malo misto. Im Zentrum von Pirovac, mit 170 Plätzen.
Colonia, Jurja Šižgorića 4, Vesela, Vrata sela bb.

Schöne Strände befinden sich südlich von **Ivinj**, dort gibt es sogar ein Moorbad.

Der Strand **Lalic**, durch Bäume beschattet, ist auch gastronomisch ausgestattet.

Krankenhaus, Don Balda Vijalica 2, Tel. 46 70 80.

Karte S. 153

Dalmatinac-Statue von Ivan Meštrović in Šibenik

Insel Murter und die Kornaten

Die Insel Murter ist durch eine Brücke mit dem Festland verbunden und daher leicht zu erreichen. Von den Jachthäfen in den kleinen Städtchen **Jezera**, **Betina** und **Murter** starten viele Skipper zur Kornaten-Rundfahrt. Im Ort Murter befindet sich auch die Hauptverwaltung des Nationalparks Kornaten, und von dort fahren viele Ausflugsboote.

Der Archipel der **Kornaten** mit über 150 Inseln ist eine traumhafte Meer-Insel-Landschaft. 89 der Inseln sind seit 1980 zum Nationalpark erklärt worden, der sich auf einer Fläche von 220 Quadratkilometern erstreckt. 30 Prozent der Inselflächen werden von Einheimischen, die überwiegend auf dem Festland wohnen, bewirtschaftet und seit Generationen vererbt. Erst neuerdings gibt es wieder erste Dauerbewohner.

Die Wallfahrtskirche Gospe od Karavaja

Insel Murter

So dichtbesiedelt Murter heute ist, der Name bedeutet ursprünglich ›insula mortarii‹, Insel der Toten. Wahrscheinlich unter dem Eindruck einer im 17. Jahrhundert wütenden Pest entstanden, wurde er im 18. Jahrhundert erstmals zu ›Murter‹ verballhornt. Bei Ptolemäus hieß die Insel ›Scardon‹, der ungarische König Bela I. nannte sie ›Srimač‹.

■ Tisno

Tisno ist der Brückenort zwischen Festland und der Insel Murter unterhalb des Berges Brosica (112 Meter). Tisno heißt ›eng‹, bezeichnet aber nicht die enge Straße über die zweispurige Klappbrücke, sondern die Meerenge zwischen Land und Insel. Erstmals 1474 erwähnt, wurde der Ort ab dem 15. Jahrhundert zur Fronarbeitersiedlung in der Hand der

italienischen Familie Gelpi. Sie kam aus Caravaggio bei Mailand. Noch bis vor wenigen Jahren hatten Nachkommen ein Gut im Ort. Die Familie brachte auch das Bild der Madonna aus Caravaggio mit, das sich heute in der Kirche **Gospe od Karavaja** auf dem Berg Brosica befindet und als wundertätig gilt. Das markante gelbe Haus im Zentrum neben der Brücke war Gefängnis, Polizeistation und Schule und ist heute die Gemeindeverwaltung.

> **ℹ** **Insel Murter**
> **Vorwahl:** 022.
> **Turistička zajednica**, Rudnina b.b., 22243 Murter, Tel. 43 49 95, www.tzo-murter.hr (nur kroatisch).

>
> Eineinhalbstündlich fahren **Busse von Šibenik** nach Murter, nicht ganz so häufig zurück, der letzte fährt kurz vor 22 Uhr.

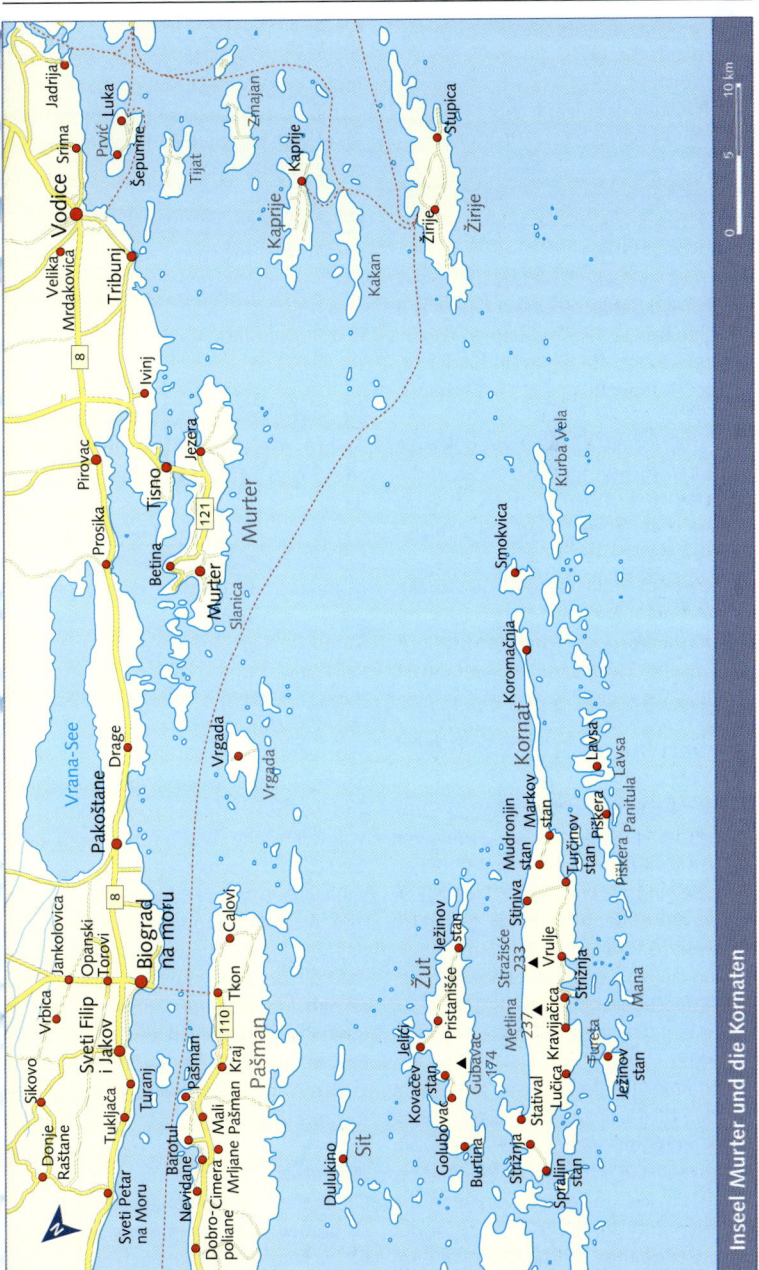

Šibenik und Umgebung

Inseel Murter und die Kornaten

Tisno

Vorwahl: 022.
Postleitzahl: 22240.
Turistička zajednica, Istočna Gomilica 10, Tel. 43 84 56, www.tisno.info.

Postamt, am Trg Šime Vlašića.

Jadranska Banka, Zapadna Gomilica 3.
Automaten: Privredna banka, istočna Gomilica 1a, Zagrebačka banka, im Hotel ›Borovnik‹.

Hotel Borovnik, Trg Šime Vlašića 1, Tel. 43 92 65, www.hotel-borovnik.com; DZ mit HP ab 110 Euro. Im Zentrum gelegen.
Apartment Village Hostin Rastovac, www.hostin.hr; Apartment 2 Pers. mit HP 130 Euro. 2 km von Tisno entfernt, am Meer. Zwei- und Dreibett-Apartments, mit angeschlossenem Campingplatz.

Drei Campingplätze, **Jazina**, **Rina** und **Tome**, am Ufer der Festlandseite.
Camp Dalmatia, Put Jazine 265, Tel. 43 99 33. Neue Bäder, aber wenig aufgeräumter Platz.

Restaurant Brošića, bei der Brücke. Fischspezialitäten unter überdachter Terasse.
Pizza Konoba, Velika Rudina 12, Tel. 43 92 32.

Am 26. Mai große **Prozession** zur Kirche Gospe od Karavaja am Berg Brosica.

Murings im **Ortshafen**, Hafenmeister, Obala Sv. Martina, 43 93 13.
Achtung: Die Brücke wird morgens zwischen 9 und 9.30 Uhr und nachmittags zwischen 17 und 17.30 Uhr hochgezogen.

■ Jezera

Auf der südlichen Seite des Berges Brosica liegt das Hafendorf Jezera. Früher von Illyrern besiedelt, lebten die Menschen überwiegend vom Fischfang. Heute lässt sich an der Hafenpromenade gemütlich schlendern. Von Jezera aus sind Wanderungen zu einsamen Buchten auf der West- und Südseite möglich.

■ Betina

Der kleine Ort Betina liegt auf einem vor der Küste liegenden Hügel. Oben drauf steht die weit hin sichtbare, im Renaissancestil erbaute rote **Pfarrkirche**. Einen Hinweis auf den Inselnamen ›insula mortarii‹ (Insel der Toten) gibt der linke Seitenaltar in schwarz-weißem

Marmor: Auf ihm sind Totenköpfe und andere Todessymbole zu sehen.
Von der Kirche führen romantisch enge Gässchen zwischen einst repräsentativen Häusern zum Hafen hinab, wo eine öffentliche **Olivenpresse** steht. Sie zeigt, dass die Insel einst für ihre Olivenölproduktion berühmt war. Die in Triest gefertigte Presse gehörte ursprünglich der Kirche und war noch bis 2001 in Gebrauch. Im Hafen der Stadt hat sich eine kleine Werft auf den Bau von Holzbooten spezialisiert.

■ Murter

Die breite Uferpromenade des mit Betina immer mehr zusammenwachsenden Ortes Murter lädt zum Schlendern ein.

Karte S. 153

An der Promenade befindet sich auch die eher beamtisch-verschlafen wirkende **Nationalparkverwaltung Kornati**. Von der Promenade fahren Schiffe in die Kornaten, meist als Tagesausflüge mit unterschiedlichem Programm.

Auf dem Berg **Gradina**, der wie eine Halbinsel oberhalb des Jachthafens in das Meer ragt, lag einst die reiche Römersiedlung Colentum mit Mosaikfußböden und Fußbodenheizung. Unten am Hafen sind noch Reste der römischen Hafenanlagen zu sehen, die sich noch weit ins Meer strecken.

Auf der Westseite der Insel liegt die bekannte Badebucht **Slanica**, die bereits unter kommunistischer Zeit ein beliebtes Reiseziel war. Heute liegt am Beginn des Strandes das Hotel ›Colentum‹, und im weiteren Verlauf ist er mit vielen kleinen Ferienhäusern verbaut. Der Strand kann nur gegen eine Gebühr betreten werden.

Von Stari Murter findet sich der Abstieg zur Bucht **Čigrada**, wo im Sommer Bühnen für Musikveranstaltungen aufgebaut werden und so richtig gefeiert werden kann.

 Murter

Vorwahl: 022.
Postleitzahl: 22243.
Turistička zajednica Murter, Rudina b.b., Tel. 43 49 95. Vermittelt auch Robinson-Urlaub und Fahrten in die Kornaten.

Busse fahren regelmäßig nach Zagreb, Rijeka, Split und mehrmals täglich nach Šibenik.

Hotel Colentum, Put Slanice bb, Tel. 43 11 00, Fax 43 52 55, www.hotel-colentum.hr; DZ mit HP ab 150 Euro.

Autocamp Čigrada, in der Bucht gleichen Namens.

Restaurant Bison, Put Goričine. Gehobenes Ambiente, neben Steaks gibt es vor allem auch Fisch, insbesondere Hai in guter Qualität zu günstigen Preisen.
Fischrestaurant Čigrada. Das Restaurant liegt in der gleichnamigen Bucht. Die Küche ist besser als von außen zu erwarten ist.
Weinschenke Gušta, ul. Luke. Weinlokal unter alten Steinbögen.

Café-Bar Sirena. Bis 4 Uhr gibt es auf der schönen Terrasse noch etwas zu trinken.

Marina Hramina, Put Gradine 1, Tel. 43 44 11. Leider nur durchschnittlich gepflegte Marina, zu wenige Duschen und sanitäre Anlagen in zu kleinem Umfang, und das Ganze ist eher mäßig sauber.

Ambulanz, Tel. 43 52 62, und **Apotheke** 43 41 29, beide ul. Hrvatskih vladara.

Die Kornaten

Die Bezeichnung ›Kornaten‹ geht auf das Wort corona (Krone) zurück. In der Geschichte boten die Inseln mit ihren zahlreichen Buchten Verstecke für lichtscheues Gesindel auf See.

Die Illyrer bauten Verteidigungsanlagen auf den Inseln.

Die Gewässer sind fischreich und boten gute Bedingungen für die Fischzucht, so dass die Römer zahlreiche Fischteich- und Salzanlagen hinterlassen haben. Im Zweiten Weltkreig haben sich die Partisanen das Labyrinth der Inseln zunutze gemacht, indem sie Krankenlager und Schiffsreparaturanlagen errichtet haben. Die Namensgebung der Inseln zeugt vom Humor ihrer Bewohner. Bis die Österreicher die Herrschaft im Lande übernahmen, sollen viele Inseln keine Namen gehabt haben. Doch als die Kartographen übereifrig durch das Land zogen und dokumentierten, sollen sich die Fischer so manchen Namen zum Spaß ausgedacht haben. Und weil die Österreicher nur wenig kroatisch verstanden, stehen anzügliche Inselnamen in den Karten, wie ›Große Hure‹ und ›Kleine Hure‹ oder ›Omas Hintern‹, aber auch gruselige wie ›Schleifer‹, ›Der Tote‹ oder ›Schwarzer Schmied‹. Am Ende sind Karten nicht gleich Karten. Auf

 Kornaten

Kornati National, Park Butina 2, 22243 Murter, Tel. 022/43 57 40. Dort sind auch die Eintrittskarten erhältlich. Alle näheren Fragen zur Lage von Campingplätzen und Tauchrevieren sollten hier gestellt werden.

Tauchen nur mit Genehmigung eines Tauchzentrums.

Es gibt zwei **Marinas** und einige **Bojenfelder**, nur dort darf geankert und übernachtet werden.

Campen ist ohne Erlaubnis streng verboten. Lediglich an 16 Stellen auf den Kornaten ist das Zelten erlaubt.

nautischen Plänen kann durchaus für dieselbe Insel eine andere Bezeichnung oder ein Name in leichter Abwandlung eingetragen sein.

Touren auf die Inseln werden von Sukošan, Biograd, Šibenik und vor allem vom offiziellen Verwaltungszentrum in Murter angeboten. Mit dem Taxiboot lassen sich individuelle Preise und Routen vereinbaren.

Die Naturparkbestimmungen sind strikt. Es darf getaucht, gebadet und sogar gefischt werden, aber nur an bestimmten Stellen. Das Fischen muss angemeldet werden. Unter Wasser darf die Landschaft zwar besichtigt, aber der Meeresboden nicht berührt oder gar etwas mitgenommen werden, die Harpune darf nicht eingesetzt werden. Segeln ist erlaubt, aber das Ankern nur an dafür vorgesehenen Stellen. Wer gegen die Parkbestimmungen verstößt, muss mit Bußgeldern rechnen.

Karte S. 153

▲ *Einzigartige Landschaft: die Kornaten*

Der Besuch des Naturparks kostet Eintritt, auch für die Skipper, die von Booten der Nationalparkverwaltung aus kontrolliert werden. Bei den meisten organisierten Touren sind sie im Preis enthalten, trotzdem sollte vorher gefragt werden.

■ **Insel Kornat**

Von Süden kommend, beeindruckt die Insel Kornat vor allem mit ihrer schroff abfallenden Steilküste an der Inselspitze. Im Nordteil der Insel liegt der kleine, nur im Sommer bewohnte Ort Vrulje. Hier sind Fundamente von Häusern, Gräbern und einer Festung der Illyrer entdeckt worden. Im Zweiten Weltkrieg errichteten Partisanen im Ort eine Hellingsanlage, auf der Schiffe repariert und gebaut werden konnten. Auch auf dem nahen Berg **Stražisće** stand eine illyrische Burg.

Auf dem **Metlina**, auf dessen 237 Meter hohe Spitze ein Wanderweg führt, ist die **Magazinova skrila** zu sehen, eine imposante Kalksteinverwerfung, die von vielen gleichmäßigen Rillen überzogen ist und sich zum Meer hinunterzieht. Geologen nehmen an, dass dies die Folge eines Vulkanausbruches gewesen sei.

An der Westküste befindet sich die **Festung Tureta** aus dem 6. Jahrhundert. Der Turm, der einst weithin über das Meer sichtbar seine Verteidigungsstärke demonstrierte, steht inmitten einer illyrischen Verteidigungsanlage, die bereits im 1. Jahrtausend vor Christus entstanden war.

Auf der dem Festland zugewandten Seite liegt die kleine Bucht **Stiniva** (nicht zu verwechseln mit der gleichnamigen Bucht auf Hvar), in der sich die größte Grotte des Archipels befindet.

■ **Die Inseln südlich von Kornat**

Südlich der Insel Kornat flankieren zahlreiche kleine Inseln die langgestreckte Hauptinsel.

In der tiefeingeschnittenen und charakteristischen Bucht der Insel **Lavsa** betrieben bereits die Römer eine Salzgewinnungsanlage. Im Zweiten Weltkrieg bauten die Partisanen eine Hellingsanlage, die dann zusammen mit der kleinen Ortschaft von deutschen Bombern zerstört wurde.

Auf der Insel **Piškera** ist noch ein alter Wehrturm aus dem Jahr 1653 zwischen mittelalterlichen Ruinen zu sehen. Die kleine Kirche auf der Insel wurde wäh-

Šibenik und Umgebung

Die Insel Mana mit den Resten der Filmkulisse

⚔ **Inseln südlich von Kornat**

Am Ende der Marina von Piškera gibt es in einem **kleinen Restaurant** guten, aber nicht eben billigen gegrillten Fisch.

Restaurant Festa, auf Žut. Einziges halbwegs zu empfehlendes Restaurant, wo für einen gehobenen Preis auch etwas geboten wird.

ACI Piškera, Kornati b.b., 22243 Kornati (otok Panitula), Tel. mobil 098/ 39 88 22.
ACI Žut, Kornati bb, 22243 Kornati Žut (otok Žut), Tel. 022/786 02 78. Sauber und ordentlich.

rend des Zweiten Weltkrieges zu einem Partisanenlazarett umfunktioniert. Heute befindet sich dort eine Gedenkstätte für die Gefallenen.

Am Übergang zur Insel **Panitula** liegt ein kleiner und gepflegter Jachthafen. Die Reste einer venezianischen Festung, die noch auf Panitula aufragen, gehören zu einem Steueramt, bei dem die Bewohner der Kornaten einst die Fischsteuer abliefern mussten. Gleich nach dem Ende der venezianischen Herrschaft haben die Einheimischen sie zerstört.

Auf **Mana** sind noch die Kulissenbilder eines täuschend echten Fischerdorfes zu sehen. Dort drehte 1961 eine Münchener Produktionsgesellschaft den Film ›Tobendes Meer‹ mit Maria Schell und Cameron Mitchell, weil sich an Manas Küste die Wellen so schön auftürmen.

Die Insel **Žut**, die nicht mehr zum Nationalpark gehört, ist nach der Insel Kornat die zweitgrößte des Archipels. Die Insel ist vor allem für ihre stillen Badebuchten bekannt. Ihr höchster Gipfel ist der Gubavac mit 176 Metern.

Karte S. 153

Der Archipel vor Šibenik

Die autofreien Inseln vor Šibenik bieten viel Ruhe, erholsame Wandermöglichkeiten, schöne Badestellen und gute Konobas.

Insel Prvić

Die Fähre nach Prvić landet in **Šepurine,** einem stillen Hafenort, der, am Hang gelegen, von den Türmen der drei Pfarrkirchen überragt wird. Am Ufer befindet sich eine Säule mit einem Kapitell, das aus dem römischen Salona stammen soll. Ein hübscher Gang führt auf die Hügelspitze, der eine schöne Aussicht auf das Fischerdorf und seine Bucht ermöglicht.

Der nur einen Kilometer weit entfernte und leicht erreichbare Hafen **Luka** hat schon in der Renaissance reiche Kleriker, Wissenschaftler und Patrizier aus Šibenik angelockt, die hier ihre Sommervillen gebaut haben. Eine Villa gehörte Faust Vrančić, der auf der Insel geboren wurde. Der berühmte Universalgelehrte war der erste Erbauer eines funktionierenden Fallschirmes. Er starb 1617 in Venedig, ist aber in der Pfarrkirche von Prvić Luka begraben. Seine Nachkommen leben noch heute auf der Insel und haben dem Ahnherren in der Bucht Draga ein **Museum** in einem Landhaus eingerichtet. Dort werden viele Gegenstände aus dem Besitz der Familie Vrančić und aus der Zeit Faust Vrančićs gezeigt.

ℹ **Insel Prvić**

Vorwahl: 022.
Turistička zajednica Šibensko-Kninske Županje (Tourismusbüro der Region Šibenik-Knin), Ružića 22, 22000 Šibenik, Tel. 21 90 72. Die Website www.sibenikregion.com ist zwar auf englisch, aber wenig inhaltsreich.

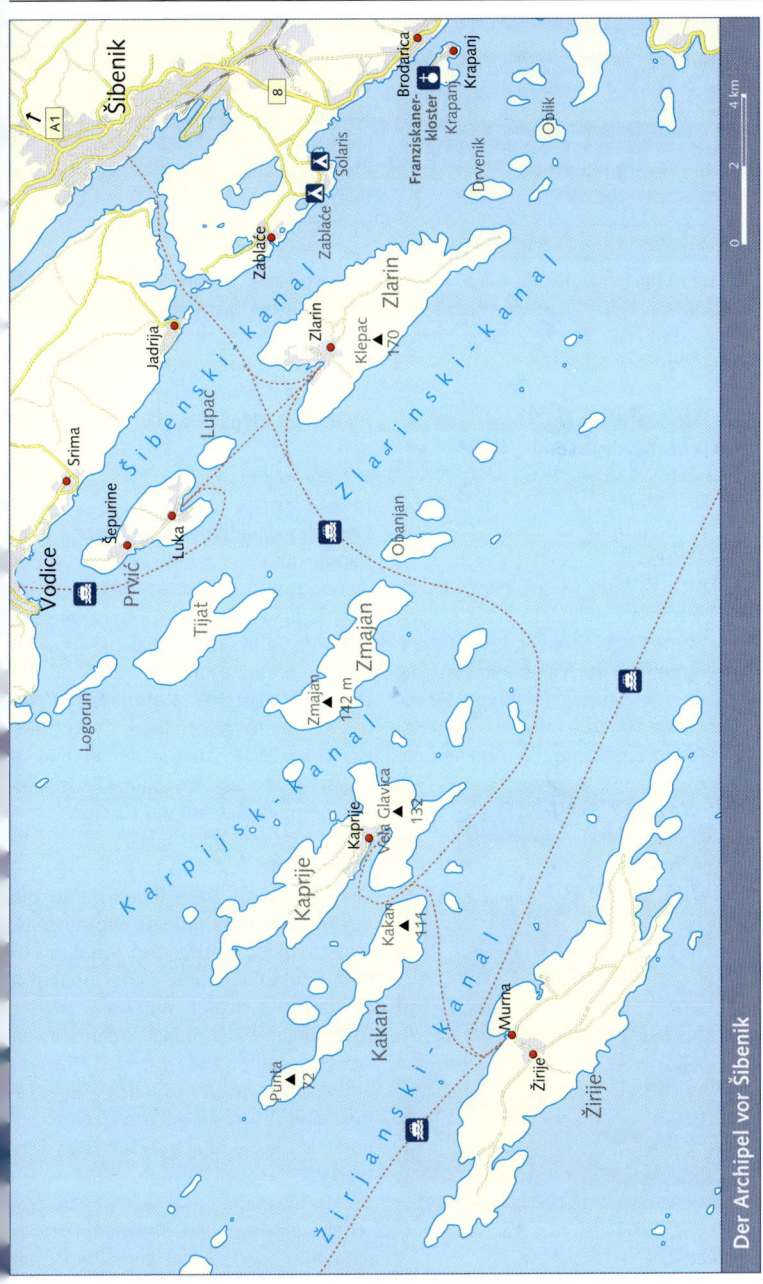

In **Šepurine** in dem markanten Neubau, in **Luka** am Hauptplatz.

Šepurine wird mehrmals täglich von Vodice und Šibenik angefahren.

Hotel Maestral, Prvić Luka, Tel. 448 30-0, Fax -1, www.hotelmaestral.com; DZ 74–120 Euro. Am Meer, fast am Hafen.

Restaurant Ribarski Dvor, in Šeprune.
Gostine Mareta, in Luka, am Hafen.

Insel Zlarin

Berühmt ist Zlarin wegen seiner **Korallenvorkommen**, woher die Insel auch ihren Namen hat: Goldene Insel. Außerdem wurden wie auch an der nahen Insel Krapanj bei Zlarin Schwämme gestochen. Heute sind die Korallen allerdings weitgehend abgeerntet. Wo die in Souvenirshops angebotenen roten Schmuckstücke herkommen, bleibt das Geheimnis der Verkäufer.

Von 1298 bis 1843 im Besitz des Erzbistums von Šibenik, kann der Inselort **Zlarin** mit einigen Landhäusern aus der Barockzeit und einer schönen Uferpromenade aufwarten.

Ein kleines Museum erzählt die Geschichte des Korallentauchens. Dort zeigen Fotos, dass auf der Insel der Film ›Die Korallenprinzessin‹ mit Louis Trenker gedreht wurde. Bei Zlarin gibt es Strände mit feinem Kies. Der 170 Meter hohe Berg **Klepac** kann erwandert werden.

Insel Kaprije

Die zehn Quadratkilometer große Insel Kaprije mit ihren gerade einmal 200 Einwohnern ist nach einem beliebten Anbauprodukt, den Kapern, benannt. Seit dem 15. Jahrhundert war die Insel im Besitz einzelner Familien.

Das Inselstädtchen **Kaprije** unterhalb des 132 Meter hohen Berges Vela Glavica erwartet den Besucher mit malerischen kleinen Gassen. Schöne Badebuchten befinden sich auf der Ostseite.

Insel Žirije

Die Insel Žirije hatte bereits früh die strategische Position eines Vorpostens. Bereits im 6. Jahrhundert wurden auf den Bergen **Gradina** und **Gustijerna** Festungen errichtet, mit denen Kaiser Justinian im 6. Jahrhundert den Seeweg sichern wollte. Die von fünf Türmen eingefassten Mauern auf dem Berg Gradina sind bis heute ebenso noch zu sehen wie die Festung auf dem Berg Gustijerna.

Die Besitzer der Insel wechselten zwischen Venedig, den Benediktinern im 11. Jahrhundert, Zadar und Šibenik seit

Bei Krapanj und Zlarin werden Schwämme gestochen

Karte S. 159

Die Insel Krapanj

Šibenik und Umgebung

dem 14. Jahrhundert. Unter venezianischer Herrschaft errichteten Patrizier
ihre Sommerresidenzen, die teilweise
von den Türken zerstört wurden. Im
19. Jahrhundert kamen Korallentaucher
von Kaprije hierher, um die roten Unter-
wasserschönheiten zu ernten.
Mit der Fähre landet der Tourist im Hafen **Murna**, von wo aus ein Fußweg
hinauf zum verlassen wirkenden Hauptort der Insel führt. Schöne Strände befinden sich an der Ostseite.

Insel Krapanj

Mit ihrer höchsten Erhebung von sieben
Metern ist Krapanj die flachste Insel im
Archipel. Das nur 300 Meter vom Ufer
entfernt liegende Eiland ist vor allem für
die Schwammfischerei bekannt.
Im 15. Jahrhundert schenkte eine
Šibeniker Patrizierfamilie die Insel Fran-
ziskanermönchen, die als Flüchtlinge
vor den Türken auf die Insel kamen. Ein
griechischer Franziskanermönch soll der
Legende nach die Technik des Schwamm-
tauchens aus seinem Heimatland mitge-

bracht haben. Bestätigt wird das im
kleinen örtlichen **Schwamm-Museum**,
das in einer kleinen Gasse gegenüber
vom Fährhafen liegt, nicht. Im Museum
kann die Geschichte seit den Anfängen
im 18. Jahrhundert nachvollzogen werden. Während des Zweiten Weltkrieges
lebten etwa 400 Familien vom Schwamm-
tauchen, heute sind es nur noch vier
oder fünf. Die hochgeheimen Fundstel-
len reichen bis nach Istrien. Das Unter-
wassergewächs braucht sechs Jahre, bis
es eine verwendbare Größe hat, und
seine Ernte fordert bis heute gelegentlich
Tote.
Im Westteil liegt das 1435 von einheimischen Baumeistern errichtete Franziskanerkloster, in dem heute nur noch ein
Pater lebt. In den kurzen Öffnungszeiten
kann der schöne Renaissancekreuzgang
besichtigt werden. Im Refektorium ist
eine Darstellung des heiligen Abend-
mahles von Santacroce zu sehen. Das
kleine **Museum** zeigt viele Gaben der
Fischer, die sie aus dem Meer mitgebracht haben.

Krapanj

Vorwahl: 022.
Postleitzahl: 22010.
Turistička zajednica Krapanj, Krapanjskih spuzvara 1, 22010 Brodarica, Tel. 35 06 12.

In Krapanj.

Hotel Spongiola, Obala I Krapanj, Tel.

3489 00, www.spongiola.com; DZ mit HP 190 Euro. Zimmer und Apartments, mit Tauchzentrum.

An der **Uferstraße** reihen sich einige Lokale aneinander: ›Jadran‹, ›Karatel‹, ›Zlatna ribica‹, ›Lipa Dalmacija‹, ›Sototajer‹.

Tauchbasis am Hotel ›Spongiola‹.

Südlich von Šibenik

Dieser Abschnitt liegt etwas im Schatten des Touristenmagneten Kornati, ist dafür aber umso stiller. Besiedelt wurde er einst vor allem von Flüchtlingen vor den Osmanen im 15. Jahrhundert.

■ Primošten

Primošten liegt auf einer Insel und war seit dem 15. Jahrhundert mit dem Festland durch eine Zugbrücke verbunden, die im 19. Jahrhundert durch eine Stein-

brücke ersetzt wurde. Der Weg führt durch malerische Gassen zur Spitze des bebauten Hügels. Dort befindet sich die Pfarrkirche **Sv. Juraj** von 1485 mit modernen Wand- und Deckengemälden. Die Decke zeigt analog zu einer alten Darstellung die Mutter Gottes, die mit dem Jesuskind zusammen in einen goldenen Umhang gewickelt über dem Ort Primošten schwebt.

Primošten ist berühmt für den Anbau der Traube Babić, aus dem ein schwerer, vol-

Karte: vordere Umschlagklappe

▲ *Haus in Rogoznica*

ler Rotwein gekeltert wird, der in Privat-kellereien des Dorfes angeboten wird.

■ Rogoznica

Ebenso wie Primošten liegt der kleine Ort Rogoznica auf einer Insel. Historiker glauben, dass auf der ›Kopora‹ genannten Insel bereits die griechische Siedlung Herakleia gelegen hat. Oberhalb des 1390 erstmals erwähnten Ortes befindet sich die Bauruine einer **Festung aus napoleonischer Zeit**.

Eine Besonderheit ist die Schiffsprozession an jedem 2. Juli über die Bucht zu einer kleinen Kirche am Kap Gradina. Hunderte Schiffe folgen einem Boot mit dem Pfarrer und einer Mariendarstel-lung über das Meer zur Kirche. Der Brauch geht auf eine Legende zurück, als der Fischer Ivan Boguvić Tumburku 1772 auf dem Kap ein Bild fand, das die Begrüßung der Maria durch Elisabeth darstellte. Doch obwohl er es zu Hause in einer Truhe verschloss, lag es am nächsten Tag wieder dort, wo er es gefunden hatte. Nachdem das dreimal passiert war, beschloss der örtliche Priester, am Fundort des Bildes eine Kapelle bauen zu lassen. Später brannte die Kapelle mitsamt dem Bild ab. Daraufhin malte ein einheimischer Schiffbauer ein neues, das von einem Goldschmied aus Šibenik in einen 13 Kilo schweren Silber-rahmen gefasst wurde.

 Primošten

Vorwahl: 022, **Postleitzahl**: 22202. **Turistićka zajednica**, Trg biskupa Arnerića 2, Tel. 57 11 11, www.tz-primosten.hr, tz-primosten@si.htnet.hr.

Hotel Zora, Punta Maslin, Tel. 58 11 11; mehr als 300 Zimmer, DZ 160 Euro. Direkt am Meer, mit Swimmingpool, Sauna und Tennisplätzen.

Camp Adriatic, Tel. 57 12 23, Fax 57 13 60, www.camp-adriatic.hr; 2 Pers. mit Zelt 22 Euro. Mini-Camp im Kiefernwald, direkt am Meer.

Restaurant Amphora. Spezialität: Fischgerichte, einfach und gut.
Maestral. Gutes Preis-Leistungsver-hältnis, freundliche Bedienung.

Diskothek Aurora, Kamenar b.b., www.auroraclub.hr. 3 km im Hinter-land, soll Dalmatiens größte Diskothek sein.

Camp Adriatic, Tel. 57 12 23, Fax 57 13 60, www.camp-adriatic.hr; 2

Strände am südlichen und nördlichen Festland.

Marina Kremik, Splitska 24, Tel. 57 00 68. Marina am Stadthafen, sani-täre Anlagen neu.

 Rogoznica

Vorwahl: 022, **Postleitzahl**: 22203. **Turistićka zajednica općine Rogoznica**, Kneza Domagoja b.b, Tel. 55 92 53.

Campingplätze auf der Festlandseite.

Marina Frapa, Uvala Soline bb, Tel. 55 99-00, -55.

Wenn man in unserer alten Welt einen Winkel aussuchen müßte, um einem Freund vorführen zu können, wie blau das Meer sein kann und wie lieblich die Natur als solche erscheinen kann und wie reich und überschwenglich sie sich trotz ihrer felsigen Nacktheit darbieten kann, dann müßte man ihn, ohne zu fürchten, ihn zu enttäuschen, an die Gestade der Adria schicken. Und wenn es nötig wäre, in Europa die geeignetste Szenerie ausfindig zu machen, um in ihm das Nacherleben der Geschichte zu erwecken, ich würde ihn ohne zu zögern nach Split bringen.

E. Maury, An den Toren des Orients, Paris 1896

Split und Trogir

Split

Split bezaubert auf besondere Weise, denn die Stadt ist die einzige der Welt, die in einen römischen Palast gebaut ist. Genaugenommen ist die Innenstadt nichts anderes als ein antikes Flüchtlingscamp. Auf einer Fläche von über 38000 Quadratmetern baute einst der römische Kaiser Diokletian seinen Palast an dieser Stelle. Und als die Awaren die Halbinsel überfielen, flüchteten die Bewohner hinter die Mauern des Palastes und richteten im Laufe der Jahrhunderte eine Stadt ein. Antike Mauern, Tempel, Säulen und viele Reste des Palastes bilden heute eine Art römisches Freilichtmuseum.

Split ist nach Zagreb die Nummer zwei in Kroatien, was die Größe der Stadt, die Bedeutung ihres Flughafens und ihre Wirtschaft betrifft. Zu sehen ist dies an den Zementfabriken, Anlagen der Plastikindustrie, Werften und vielen anderen Großanlagen nahe der Zufahrtstraße.

Geschichte

Die Geschichte von Split beginnt mit blühendem Ginster, der die ganze Halbinsel bedeckte. Nach ihm benannten die Griechen ihre Kolonie, die sie etwa im 4. Jahrhundert vor Christus errichteten: Asphalatos. Die Römer machten ›Spalatum‹ und spätere Einwohner ›Split‹ daraus. Fünf Kilometer nördlich vom heutigen Split lag die von Dalmatern bewohnte, von den Römern später Salona genannte Stadt, mit der die Griechen Handel trieben. Die Reste von Salona sind heute als archäologische Ausgrabungsstätte bei Solin zu sehen.

◼ Kaiser Diokletian

Nach der Eroberung Salonas durch die Römer wurde in einem Dorf in der Nähe der spätere römische Kaiser Diokletian geboren. Der scharfe Christenverfolger, der das ganze Römische Reich ein letztes Mal für Jahrzehnte vereinte, war auch der einzige Kaiser, der freiwillig in den Ruhestand ging. Für seine letzten Lebensjahre baute er den Palast, der etwa

An der neuen Riva

Split im Jahr 1782 auf einem Gemälde von Louis François Cassas

305 bezugsbereit war. 313 starb Diokletian. Weil die Christen in der 60 000-Einwohner-Stadt Salona trotz Verfolgungen ausgehalten hatten, erreichte Split bald den Status eines der wichtigsten Missionszentren im Römischen Reich, und entsprechend genießt die Diözese bis heute eine führende Stellung.

Als die Awaren im 7. Jahrhundert die große Stadt Salona überfielen, fanden Bewohner Schutz hinter den Palastmauern und richteten sich schließlich ein.

■ Venezianer und Türken

Kurz nach der Übernahme der Stadt 1420 durch die Venezianer rückten die Türken vor die Tore und drohten, sie wirtschaftlich in die Knie zu zwingen. Der eingewanderte Jude Danijel Rodriga erreichte als Bürgermeister Ende des 16. Jahrhunderts in Venedig die Erlaubnis, mit den Türken handeln zu dürfen. Indem er Split zu einem modernen Hafenzentrum ausbaute und erstmals ein Zollamt einrichtete, machte er aus der Not einen wirtschaftlichen Vorteil.

■ Unter napoleonischer Herrschaft

Marschall Viesse de Marmont, Stadtkommandant Napoleons, modernisierte die Verwaltung, verlängerte die Halbinsel, befestigte das Ufer, baute Straßen, ließ Gärten anlegen, eine Beleuchtung installieren und die Stadtmauer niederreißen. Unter dem folgenden österreichischen Herrscher Kaiser Franz I. machte der Verwalter Antonio Bajamonti Split zu einer Industriestadt, wobei der Kaiser auch den archäologischen Wert des Diokletianpalastes erkannte und das Archäologische Museum Split gründete.

■ Der Zweite Weltkrieg

Im Zweiten Weltkrieg wurde Split in Absprache mit der kroatisch-faschistischen Marionettenregierung Ante Pavelićs von den Italienern besetzt und deswegen von den Alliierten bombardiert. Nachdem die Partisanen 1944 Dalmatien unter ihre Kontrolle gebracht hatten, bildeten sie in Split die erste kroatisch-kommunistische Regierung, bevor diese nach Zagreb umzog.

■ In den 1990ern

Im letzten Krieg wurde Split 1991 zwar von der Marine der jugoslawischen Armee bombardiert, doch die Schäden hielten sich in Grenzen. Durch das Universitätskrankenhaus wurde die Stadt vor allem zu einem medizinischen Versorgungszentrum nicht nur für die Orte und Inseln der Umgebung. Auch die kroatische Armee wurde von Split mit

Der Diokletianpalast 1912 auf einer Darstellung des französischen Forschers Ernest Hébrard

mobilen Rotkreuz-Einsatzteams unterstützt. Aus den Kriegsgebieten in Bosnien und Herzegowina brachten Helfer etwa 30 000 Verwundete nach Split.

Den aufkommenden Nationalismus und die Autonomiebestrebungen so mancher Region sehen die überwiegend humorvollen Dalmatiner gelassen: In Split wurde die Zeitschrift ›Feral Tribune‹ gegründet, das einzige Satiremagazin, das trotz strenger Überwachung der Presse durch die Tuđman-Regierung existieren konnte.

Rundgang durch die Altstadt

Am besten betritt man die Altstadt von Split durch den ehemaligen **Lieferanteneingang des Diokletianpalastes.** Der Eingang, der durch den Keller des Palastes führt, liegt an der Hafenpromenade, die 2007 aufwendig restauriert und mit fast futuristisch anmutenden Elementen versehen wurde. Ihre Breite und die Anlage mit den Palmen verdankt sie dem napoleonischen General Marmont. Durch den Eingang wurde der Palast von

See mit Gütern versorgt. Die Konstruktion des Gewölbes zeichnet exakt den Grundriss der kaiserlichen Räume im ersten Stock ab. Gegen Gebühr sind die **Kellerräume**, die bis 1954 mit mittelalterlichem Schutt gefüllt waren, zu besichtigen.

Bereits in seiner Entstehungszeit war der Palastbau des Diokletian ein einzigartiges architektonisches Werk. Denn er vereinte erstmals Elemente einer römischen Villa mit der einer Festung und gilt als Vorläufer des Schlosses. Mit den Maßen 215 mal 180 Meter ist der Grundriss nicht ganz quadratisch. Gebaut wurde er aus Stein von der Insel Brač und aus Steinbrüchen bei Trogir, besondere Teile wurden aus Ägypten angeliefert.

Zehn Jahre hatte die Errichtung gedauert, und mit seiner Fertigstellung 305 dankte Diokletian auf dem Höhepunkt seiner Macht als Kaiser ab. Dennoch zeigt der Bau, dass der Ex-Caesar weitreichende Vollmachten behielt, so konnte er sich zu seinem Schutz eigene Truppen halten, die in Kasernen im Nordteil

Karte S. 169 ▲

des Palastes untergebracht waren. Nach seinem Tod 313 blieb der Palast im Besitz seiner Familie und wurde zu einem Zufluchtsort für verbannte Mitglieder.

■ **Das Peristyl**

Wenn man aus den Kellergewölben wieder das Tageslicht erreicht, steht man bereits im Herzen des Palastes, dem Peristyl. Er war der offene Thronsaal des Palastes, eine Art Freiluftaudienz. Über dem Aufgang befindet sich das ›Protiron‹. Dort saß zwischen den mittleren

beiden Säulen Diokletian auf einem kaiserlichem Thron und empfing seine Gäste. Dahinter begannen die Privatgemächer des Kaisers.

Rechts zieht die **Kathedrale** die Blicke auf sich. Links befinden sich zwei **Palazzi** aus dem Mittelalter. Das Portal des ersten neben dem Protiron wurde von Juraj Dalmatinac umgebaut, der daneben wurde unter anderem von Schülern von Nikola Firentinac aufgestockt. In jedem der heute mit einem Edelrestaurant belegten Häuser sind die Reste von

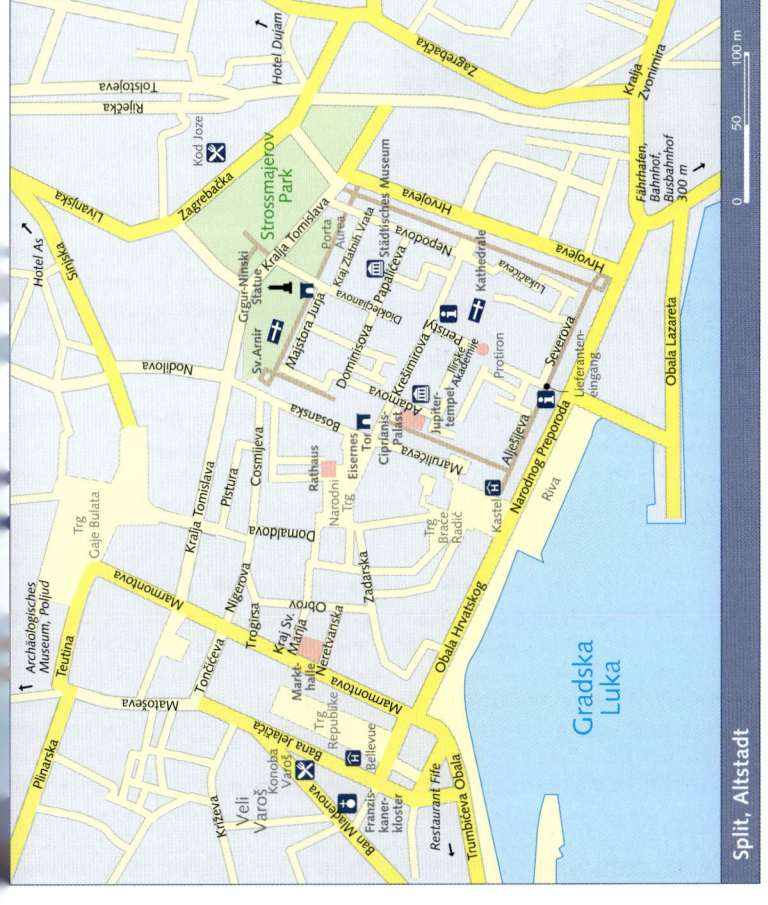

Split und Trogir

Split, Altstadt

Im Peristyl, links die Kathedrale, rechts der Herrschersitz

runden Tempeln zu sehen. Der eine war der Kybele, einer kleinasiatischen Mutter- und Vegetationsgöttin, der andere der Venus, der Göttin der Schönheit, geweiht.

■ Domnius-Kathedrale

Dominierend über dem Peristyl erhebt sich die Domnius-Kathedrale. Vor ihr steht eine Reihe korinthischer Säulen mit einer **Sphinx** dazwischen, die Diokletian als Verehrer der alten Religionen aus Ägypten mitgebracht hat. Insgesamt zwölf Sphinxe soll es in der Stadt gegeben haben.

Im achteckigen Bauwerk wollte Diokletian sich nach seinem Tod als Gott verehren lassen. Doch bereits wenige Jahre nach seinem Tod wurde das Christentum zur neuen Staatsreligion. Das Mausoleum wurde umgehend in eine Kirche umgewandelt und Domnius geweiht, einem

Märtyrer aus Salona, den Diokletian hatte hinrichten lassen.

Oberhalb des Eingangs zur Kathedrale befinden sich zwei Plastiken möglicherweise aus römischer Zeit, links Maria mit dem Kind und rechts Domnius und Petrus. Die schweren Türen aus Nussholz sind Meisterwerke von Andrija Buvina aus dem Jahr 1214.

Im Innenraum ruht auf acht Säulen eine 25 Meter hohe **Kuppel**, die ursprünglich mit Mosaiken ausgestattet war. Der Kranz unterhalb der Kuppel ist mit römischen Wagenrennen und Jagdszenen verziert, über dem heutigen Altar sind die Portraits von Diokletian und seiner Frau Prisca zu sehen. Zwischen der ersten und zweiten Säulenreihe blieb im Fries die Darstellung eines Eros erhalten.

Während der **linke Seitenaltar** mit dem Sarkophag Domnius geweiht ist, mit Fresken von Dujam Vušković aus dem Jahr 1429 im Gewölbe, ist der **Altar** rechts dem heiligen Anastasius (Sv. Staš) gewidmet. Er wurde von Juraj Dalmatinac 1448 gefertigt, dessen Szene der Geißelung Christi im Zentrum der Sarkophagwand selbst für Renaissancezeiten höchst lebendig wirkt.

Hinter dem Hauptaltar steht ein romanisches, ins Gotische übergehende Chorgestühl aus dem 13. Jahrhundert, verziert mit zahlreichen Menschen- und Tierdarstellungen. In der Sakristei befindet sich eine Schatzkammer mit Gold- und Silberschmiedearbeiten aus der Zeit vom Mittelalter bis in die Neuzeit.

Der **Turm** der Kathedrale wurde zwischen dem 13. und dem 16. Jahrhundert errichtet, und lässt sich gegen eine Gebühr besteigen. Von oben sieht man nicht nur über die Stadt, sondern auch auf das teilweise noch mit römischen Ziegeln gedeckte Dach der Kathedrale.

Karte S. 169

In der Kathedrale von Split

■ Jupitertempel

Gegenüber der Kathedrale, am Ende der kleinen Gasse, ließ Diokletian, der mit Beinamen Jupiter hieß, einen Tempel für den Götterchef errichten. Heute zur Taufkapelle der Kathedrale umfunktioniert, ist der Jupitertempel einer der wenigen vollständig erhaltenen römischen Tempel überhaupt auf der Welt. Sogar das Tonnengewölbe ist noch aus römischer Zeit. Innen befindet sich ein kreuzförmiges **Taufbecken** aus dem 11. Jahrhundert. Das Relief auf der vorderen Steinplatte gilt als älteste Darstellung eines kroatischen Königs. Die Szene ist ein Mischstil: Der Gekrönte trägt eine fränkische, also westliche, Krone, doch die Unterwerfungsgeste des Hinlegens vor dem Herrscher ist eine rein östliche Ehrbezeugung gegenüber einem Kaiser.

Hinter dem Taufbecken steht eine Bronzeplastik von Ivan Meštrović von 1945, die Johannes den Täufer darstellt.

■ Porta Aurea

Vom Peristyl aus führt die Dioklecijanova ulica nach Norden zum offiziellen Palasteingang, auch Porta Aurea (Goldenes Tor) genannt, der mit Statuen von Diokletian und den Caesaren versehen war. Im Gang für die Wache auf dem Tor wurde im 6. Jahrhundert die Kapelle **Sv. Martin** (Heiliger der Soldaten) eingebaut. Sehenswert ist auch die wertvolle Altarschranke der Kirche.

Gegenüber dem Nordtor ist die zweite Darstellung des Bischofs Grgur Ninski von Ivan Meštrović zu sehen, sie unterscheidet sich von der Plastik in Nin in der Haltung des Buches. Westlich der Statue im Park steht die kleine Kirche **Sv. Arnir**. Dort findet sich ein Relief von Juraj Dalmatinac aus dem Jahr 1444 mit der Darstellung der Geißelung des Thomas.

■ Porta Ferrae

Zurück über das Peristyl führt die schmale Gasse rechts zum Westtor oder auch Eisernes Tor (Porta Ferrae). Charakteristisch ist der nicht ganz gerade Turm auf dem Tor, der zur romanischen Kirche **Gospa od Zvonika** gehört. Der Glockenturm aus dem 11. Jahrhundert gilt als der älteste erhaltene der Stadt, manche meinen, er sei auch der älteste Dalmatiens.

Außerhalb des Diokletianpalastes

Durch das Westtor gelangt man auf den **Narodni Trg** (Volksplatz), den zentralen Platz des Stadtteils Neustadt. Auch Pjaca genannt, ist er das weltliche Zentrum der Stadt, während das Peristyl im Diokletianpalast mit dem einziehendem Christentum das religiöse Zentrum war. Die venezianischen Mächtigen regierten vom Fürstenpalast und dem Rathaus das Volk.

Split und Trogir

Rathaus am Narodni Trg

■ Rathaus

Das Rathaus mit seinen drei charakteristischen gotischen Bögen an der Nordseite des Platzes wurde erst 2007 renoviert. 1944 hatte sich in dem Gebäude die erste kommunistische Regierung des kroatischen Teils von Jugoslawien gebildet.

Heute ist das **Ethnographische Museum** mit einer Ausstellung von Volkstrachten im Rathaus untergebracht.

Auf der Ostseite des Platzes neben dem Eisernen Tor steht der romanische **Palast Cipriano de Ciprianis** aus dem 14. Jahrhundert mit archaisch wirkendem Figurenschmuck an den Ecken.

■ Trg Braće Radić

Südlich liegt der dritte große Platz der Stadt, der Trg Braće Radić. Unübersehbar ist auf ihm die Statue von Ivan Meštrović aus dem Jahr 1924, die den kroatischen Renaissancedichter Marko Marulić darstellt.

■ Trg Republike

Westlich an der Riva liegt der Trg Republike mit einem imposanten **Neorenaissancegebäude**, das von Ante Bajamonti (1822–1891) gebaut wurde. Er hatte die Stadt mit zahlreichen Initiativen in die Moderne geführt. In dem Gebäude ist die Stadtverwaltung untergebracht.

An der Stirnseite führt östlich ein Tor auf einen kleinen Platz, an dem die **Markthalle** liegt und auf dem vormittags lautstark der frischgefangene Fisch angepriesen wird. Das südlich des Platzes gelegene Haus mit seinem expressiven jugendstilartigen Figurenschmuck war das erste Sanatorium der Stadt und ist heute ein medizinisches Versorgungszentrum.

■ Archäologisches Museum

Im Nordwesten, in der Zrinsko Frankopanska ulica 25, liegt das besuchenswerte Archäologische Museum. In einem großen, villenartigen Gebäude inmitten

Karte S. 169

Marulić-Denkmal am Trg Braće Radica

einer schönen Gartenanlage werden die Höhepunkte aus illyrischer, griechischer, römischer und frühmittelalterlicher Zeit ausgestellt, die aus einem Umkreis von Salona bis zu den umliegenden Inseln Hvar und Vis zusammengetragen wurden. Frühchristliche Sarkophage aus dem 4. Jahrhundert zeigen beeindruckende spätrömische Kunst, zum Beispiel die Darstellung des guten Hirten oder die des Durchzuges durch das Rote Meer.

■ Zentrale Galerie für bildende Kunst

Zwei Straßen weiter östlich, in der Lovretska ulica 11, befindet sich die 1931 gegründete Zentrale Galerie für bildende Kunst in Dalmatien. Große dalmatinische Künstler, die international wenig bekannt sind, können in dem Museum entdeckt werden, und es lohnt sich, für Maler wie Ignjat Job, Juraj Plančić, Vladimir Becić, Frederiko Benković und Andrija Medulić Zeit mitzubringen.

■ Franziskanerkloster

Zurück am südlichen Ende des Trg Republike, befindet sich an der vielbefahrenen Bana Jelačićeva das Franziskanerkloster.

Das Kloster ist berühmt für seine **Kunstsammlung** mit Bildern aus dem 15. bis 19. Jahrhundert und seine **Bibliothek** mit vielen Erstausgaben von Spliter Gelehrten, die den Franziskanern ihre Bibliotheken vermacht haben. Die heutige Kirche, das Produkt eines Umbaus aus dem 19. Jahrhundert in neogotischem Stil, enthält ein Kruzifix von Blaž Jurjev Trogiranin aus dem Jahr 1412. Dahinter verbirgt sich ein Kreuzgang aus dem 14. Jahrhundert in romanischem Stil: eine Ruhezone mitten in der hektischen Stadt.

■ Viertel Veli Varoš

Hinter dem Franziskanerkloster beginnt das legendäre Viertel Veli Varoš. Vor den Türken Geflüchtete aus dem Hinterland gründeten die Siedlung. Bis heute hat sich an vielen Stellen ein Stadtbild mit einfachen und brüchigen Häusern bewahrt.

Erhalten geblieben ist die kleine Kirche **Sv. Nikola** aus dem 11. Jahrhundert, eine der wenigen erhaltenen romanischen Kirchen in Dalmatien mit einem schwergewichtigen Tonnengewölbe, das durch eine zusätzliche Säulenreihe mit seltenen blütenförmigen Kapitellen abgestützt wird und einige Flechtwerkornamente enthält.

■ Marjan-Berg

Oberhalb des Stadtteils Veli Varoš beginnt der Marjan-Berg mit den Gärten der Reichen und Schönen, die grüne Lunge der Stadt. Seit der zweiten Hälfte des 19. Jahrhunderts ist er aber auch der Ausflugsort für die Spliter.

Split und Trogir

An der Šetaliste Ivana Meštrovića befindet sich das **Museum kroatischer archäologischer Denkmäler**. Die in Knin gegründete Sammlung enthält alle wichtigen Funde aus der Zeit des mittelalterlichen kroatischen Königreichs, unter anderem das berühmte Višeslav-Taufbekken aus Nin. Das Museum leidet offensichtlich aber unter Geldmangel.

Zu den beeindruckendsten Kunstsammlungen gehört die **Mestrović-Galerie**. Sie beinhaltet die größte Sammlung von Werken Ivan Mestrovićs aus allen Schaffensperioden, unter anderem die bewegenden Bronzestatuen ›Hiob‹, ›Maria mit Kind‹ und ›Kreuzigung‹. Die tempelartige Anlage, die Mestrović zwischen 1931 und 1939 errichten ließ, ist selbst schon sehenswert. 500 Meter nördlich liegt das **Meštrović-Kaštelet**, ein Palazzo der Familie Capogrosso-Cavagnin, das Mestrović 1932 umbauen ließ. Darin sind Mestrovićs Holzreliefs aus dem Leben Christi zu sehen.

Das Franziskanerkloster mit Wehrturm

■ Stadtteil Poljud

Im nordwestlichen Stadtteil Poljud liegt das markante Gebäude des **Fußballstadions** von ›Hajduk Split‹. Das wie ein UFO wirkende und sehr renovierungsbedürftige Stadion wurde 1979 für die 8. Mediterranspiele gebaut. ›Hajduk Split‹ ist die Identifikationsmannschaft für ganz Dalmatien, was an zahlreichen Graffiti und dem Kreis mit dem roten Schachbrett an vielen Mauern und Häusern zu sehen ist. Wie im Kontrast dazu steht unterhalb des Stadions ein Franziskanerkloster, das einzige Kloster mit einem Wehrturm, der sich an seiner Westseite befindet. Die einschiffige Kirche **Sv. Ante** ist in einer Mischform aus Renaissance und Gotik entstanden. Der Hauptaltar aus der Werkstatt von Girolamo da Santacroce von 1549 zeigt auf

zehn Feldern die Muttergottes und andere Heilige. An der Seitenwand befindet sich die Darstellung einer akademischen Diskussionsrunde mit einem Marienbild im Mittelpunkt und, unten rechts, der einzigen Darstellung Mohameds in Dalmatien. Als einer der Mitdiskutanten hält er ein Spruchband mit einem Koranzitat in der Hand. Einer Legende zufolge wurde das Bild geschaffen, um die Moslems zu besänftigen, sollten sie das Kloster überfallen. Beeindruckend ist auch das moderne Altarbild von Josip Botteri in einer Seitenkapelle. Von ihm stammen auch einige modern gestaltete Fenster.

An der großen mehrspurigen Ortsausfahrt Richtung Solin ist rechts das guterhaltene Teilstück des **römischen Aquädukts** zu sehen. Es stammt aus dem 4. Jahrhundert und transportierte das Wasser aus dem Jadrofluss in die Stadt.

Split

Vorwahl: 021.
Postleitzahl: 21000.
Turistički Informativni Centar, Peristil bb, Tel. 34 56 06.
Turistički zajednica, Obala Hrvatskog narodnog preporoda 7, Tel. 34 86 00, www.split.info, www.visitsplit.com.
Deutsches Honorarkonsulat, Obala Hrvatskog narodnog preporoda 10, Tel. 36 21 14, 36 29 95, Fax 36 21 15.

Fähren: 1x pro Tag (früh morgens) nach Bari über Stari Grad, Korcula, Dubrovnik (13,5 Stunden).
1x pro Tag (abends) über Stari Grad nach Ancona/Italien.

Bahnhof HŽ-kolodvor Split, Obala kn. Domagoja b.b. (nach Zagreb).

Flughafen Split, Zračna Luka, Cesta dr. Franjo Tuđman 96 P.P.2 Kaštela, Tel. 20 35 06, 20 35 55, 20 31 12, www.split-airport.hr. Der Flughafen liegt eigentlich näher an Trogir, etwa 45 Minuten Autofahrt von Split entfernt.

Museum kroatischer archäologischer Denkmäler, Stjepana Gunjace bb, Tel. 35 84-55, -20, Fax -11, www.mdc.hr/split-arheoloski/index.html.
Städtisches Museum, im Papalić-Palast, Papalićeva 1, Tel. 360 17, www.mgst.net. Im schönen romanischen Gebäude, von Juraj Dalmatinac gotisch umgebaut, befinden sich Urkunden, Bücher, eine große Münzsammlung und Gemälde des Spliter Malers Emanuel Vidović.

Hotel Le Meridien Lav, etwa 8 Kilometer südlich von Split, www.lemeridien.com/split; 381 Zimmer, DZ ab 195 Euro (Sommer). Kleiner Strand, mehrere Restaurants, Pools.
As, Kopilica 8a, Tel. 36 61-00, Fax -11, www.hotelas-split.com; DZ 110 Euro. Moderner Komplex im Gewerbegebiet, außerhalb, Nähe Bahnhof.
Kastel, Mihovilova širina 5, Tel./Fax 34 39 12, mobil 091/120 03 48, www.kastelsplit.com; DZ 55–90 Euro. In der Altstadt, klein, sauber und kuschelig.
Bellevue, Bana Jelačića 2, Tel. 58 57 01, www.hotel-bellevue-split.hr; 100 Betten, DZ 126 Euro. In einem Palast, zentral gelegen.
Dujam, Velebitska 27, Tel. 53 80 25, www.hoteldujam.com; DZ 73–96 Euro. Schlicht, aber sauber, zu Fuß 15 Min. in die Altstadt.

Kod Joze J-2, Sredmanuška 4. Deftige und günstige Küche.
Ponoćno sunce, Teutina 15. Fisch- und Fleischgerichte, gut geführt.
Fife, Trumbićeva obala 11, In-Restaurant, gilt als beste einheimische Küche, günstig.
Konoba Varoš, Ban Mladenova 7. Fisch- und Fleischgerichte.

Vier Jachthäfen, unter anderem:
ACI Split, Uvala Baluni bb, Tel. 39 85-99, -63, m.split@aci-club.hr. Kann im Sommer überfüllt sein, auf dem Weg zur Tankstelle Felsen im Wasser.

Krankenhäuser: Klinička bolnica Firule, Špinčićeva 1, Tel. 55 61 11; Klinička bolnica, Križine, Šoltanska 1.

Split und Trogir

Solin

Das idyllische Solin wurde nach der Zerstörung Salonas von Awaren gegründet. In der Pfarrkirche **Gospin otok** (Gottesmutterinsel) befinden sich noch die Reste des Sarkophages der Königin Jelena. Die Gattin des Königs Mihajlo Krešimir und Mutter des Königs Stjepan Držislav ist um 976 gestorben. Die Inschrift auf ihrem Sarg gilt als das erste Dokument, das einen kroatischen König namentlich erwähnt. Die Kirche wurde 1998 von Johannes Paul II. besucht.

Unterhalb der Kirche, an dem kleinen Flüsschen, ist ein beeindruckend gestaltetes **Denkmal für die Gefallenen** des Ortes im letzten Krieg mit einer Liste aller Namen zu sehen.

Salona

Nordwestlich von Solin liegt das riesige Ausgrabungsfeld Salona. In römischen Zeiten war Salona eine pulsierende Stadt, in der zu Hochzeiten 60 000 Menschen lebten. Heute sind auf einem parkähnlichen Gelände von 156 Hektar Fläche noch die beeindruckenden **Grundmauern** zu sehen, die der Phantasie ihren Lauf lassen: Forum, Thermen, Theater und große Basiliken sind zu erahnen. Hinweisschilder geben Erklärungen. Ein kleines **Museum** zeigt wichtige Ausgrabungsgegenstände.

Einen halbstündigen Fußmarsch entfernt, im äußersten Westen der Stadtanlage, sind die Reste des **Amphitheaters** zu sehen. Es konnte etwa 15 000 bis 18 000 Zuschauer fassen.

Bereits seit dem 18. Jahrhundert kamen auf dem Gelände immer wieder Reste zutage, aber erst der Priester und Archäologe Don Frane Bulić (1846 – 1934) hat diesen Ort systematisch erforscht. Die Ausgrabungen von Salona sind sein Lebenswerk, und er hat damit die Archäologie in Kroatien begründet. Noch bis heute wird auf dem Gelände und in der Umgebung geforscht.

■ Geschichte

Erstmals von dem griechischen Schriftsteller Strabon erwähnt, wurde Salona

▲ *Einige der antiken Reste finden im Garten des Museums in Salona neue Verwendung*

Karte S. 178

78 vor Christus von den Römern erobert. Weil die Stadt im Streit zwischen Caesar und Pompejius auf der richtigen Seite stand, machte Caesar sie zur Metropole in Dalmatien.

Seine Blüte erlebte Salona unter Kaiser Diokletian. Mit den ersten Christen kam Domnius in die Stadt, der als Hauptmann der Wache zusammen mit drei weiteren Wachleuten eine rege Missionstätigkeit entfaltete. Bis vor kurzem galt als sicher, dass die ersten Christen ihre Gottesdienste an der Stelle, die als ›Oratorium A‹ bezeichnet wird, abgehalten haben. Heute rücken die Archäologen mangels Beweisen davon wieder ab. Domnius soll am 10. April 304 als einer der ersten Christen zum Tode verurteilt und nordwestlich der Stadt außerhalb der Mauern beerdigt worden sein. Seines und die Martyrien zahlreicher anderer Menschen in einer Stadt unter römischer Herrschschaft machten Salona zu einem zentralen Ort für die Durchsetzung des christlichen Glaubens. Deshalb nahm Split später unter den Bistümern Kroatiens immer eine führende Rolle ein.

 Solin

Vorwahl: 021.
Turistička zajednica Solin, Kralja Zvonimira 69, Tel. 21 00 48, www.solin-info.com.

Privredna banka, Matoševa 10.
Splitska banka, Zvonimirova bb.

Restaurant Zvonimir, Kralja Zvonimira 80a, Tel. 21 12 45.
Gašpić, Hektorovićeva 38, mobil 098/32 09 88.
Mala Venecija, Vranjic, Don Luke Jelića 39, Tel. 26 01 57. Konoba.

Das Hinterland von Split

Für einen schönen Ausflug ins Hinterland bietet sich eine Fahrt nach Sinj an. Eine Fahrt durch sanfthügeliges Land zu einer Stadt an der Cetina, die für ihre Reiterspiele berühmt ist.

Klis

Auf der Strecke nach Sinj erhebt sich beeindruckend die **Burganlage Klis** auf der Passhöhe zwischen den beiden Bergzügen Kozjak und Mosor. Wo heute der neue Autobahnzubringer und die Fernstraße 1 vorbeiführen, haben seit dem 2. Jahrhundert vor Christus erst Dalmater, dann Römer die Verbindung zwischen Meer und Hinterland kontrolliert. Erstmals erwähnt wird die Burg Klis 852 als Teil des Hofes von Fürst Trpimir. Wie gut die Lage gewählt war, beweist, dass der kroatische Befehlshaber Petar Kružić 25 Jahre lang mit Hilfe von Piraten, Uskoken aus Senj, die Burg vor den Osmanen verteidigen konnte, bis diese die Festung 1537 einnahmen.

Erst 1648 konnten die Venezianer unter Leonardo Foscolo die Festung wieder zurückerobern. Aus diesem Anlass sollen in Venedig alle Glocken geläutet haben.

Im Zweiten Weltkrieg haben Italiener und Deutsche in der Nähe der Burg **Bunker** gebaut, die heute noch zu sehen sind. Oben auf der Burg weist eine Gedenktafel darauf hin, dass die Faschisten den Kommunisten Martin Bartolov am 3. August 1942 von der Burgmauer geworfen haben.

In der häufig erweiterten Anlage ist die kleine **Kirche Sv. Vid** zu sehen, die ursprünglich eine Moschee war und von den Osmanen an der Stelle einer älteren romanischen Kirche gebaut worden war.

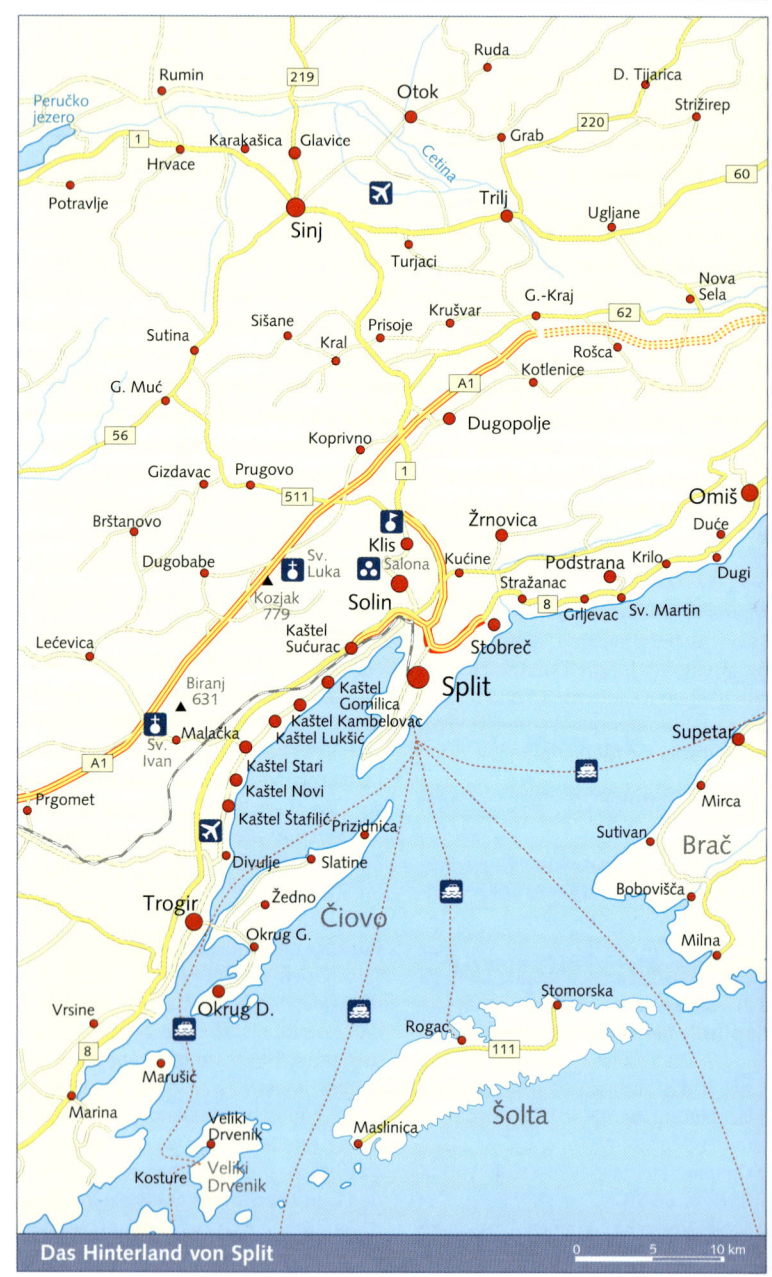

Männer in Uskoken-Tracht am Aufgang zur Burg Klis

 Klis

Vorwahl: 021.
Turistička zajednica, Megdan 57, 21231 Klis, Tel. 24 05 78.

Sinj

Für viele Touristen – vor allem für die Pferdeliebhaber unter ihnen – gibt es einen Grund, in den kleinen Ort tief im Hinterland am Rand des breiten und fruchtbaren Cetina-Tales zu reisen: die Sinjska alka. So heißen die Reiterspiele, die die Stadt Sinj alljährlich im August ausrichtet und zu denen die Menschen aus dem ganzen Land anreisen. Seit Jahrhunderten wird mit den Spielen der Sieg über die Türken gefeiert.

Die Sinjska alka ist nicht nur eine Touristenattraktion, sondern ein echtes Volksfest. Links von der Zufahrtstraße zum Ort befindet sich eine Pferderennbahn, auf der die Rennen abgehalten werden. Bei den Spielen geht es darum, mit einer Lanze von einem Pferd aus, das mindestens 45 Stundenkilometer

schnell sein muss, den inneren Kreis eines sogenannten ›Alka‹ zu treffen. Der Alka ist ein Metallring aus zwei Kreisen mit einem Durchmesser von 13,17 Zentimetern, der ursprünglich den Steigbügel des Pašas symbolisierte. Wer den inneren Kreis trifft, erhält drei Punkte, wer den äußeren trifft, einen Punkt. Der Gewinner erhält einen Schild und darf sich ›Held der Cetina‹ nennen. Drumherum findet ein großes Trachtenfest statt.

Das beschauliche Städtchen und das schöne Tal sind aber auch im restlichen Jahr einen Abstecher wert.

■ Geschichte

Das 33 nach Christus bereits von Römern besiedelte Städtchen wurde etwa 1530 von den Osmanen eingenommen und konnte erst 1699 zurückerobert werden. Fortan gehörte die Stadt zwar zu Venedig, war aber immer wieder türkischen Angriffen und Plünderungen ausgesetzt. Ein Angriff der Türken 1715 auf die mit 600 Mann hoffnungslos unterbesetzte Burg war der letzte groß-angelegte Versuch der Osmanen, wieder die Macht zu ergreifen. Doch unverrichteter Dinge wurde die Offensive abgebrochen, wahrscheinlich hatte eine Seuche im Lager der Türken den Rückzug ausgelöst. Stärker wirkt aber die Legende, dem angreifenden Mehmet Paša sei die Jungfrau Marija, die die Verteidiger um Hilfe angerufen hatten, als grelles Licht erschienen. Mit der Sinjska alka wird dieses Wunder gefeiert.

■ Stadtrundgang

Die Altstadt von Sinj ist rund um eine einzeln aufragende Anhöhe gebaut, auf der einst die Burg stand. Im letzten Krieg von 1991 bis 1995 kam es um die Stadt zu zahlreichen Gefechten zwischen Kroaten und Serben, so dass viele Häuser zerstört wurden und bis heute auf ihren Wiederaufbau warten.

Am Eingang des Ortes befindet auf dem Parkplatz ein Reiterstandbild von Ivan Meštrović, das die Dynamik der Reiterspiele einfängt. Oben in der Stadt dominiert am Hauptplatz die Kirche **Mariä Himmelfahrt** (Uznesenja Blažene Djevice Marije). Nach der Renovierung kamen die beachtenswerten modernen Bronzetüren an den Haupteingang, die das Wunder der Sinjska Gospa (Gottesmutter von Sinj) plastisch auf fast unbeschwerte Weise darstellen.

Innen ist eine Mariendarstellung zu sehen, die Franziskaner aus Bosnien auf ihrer Flucht vor den Türken mitgebracht haben. Vor diesem Bild hatten die Bewohner vor dem Kampf gegen die Türken gebetet, seitdem gilt das Sinjska Gospa genannte Bild als wundertätig. Die wie eine Ikone wirkende Darstellung der Maria ist vermutlich eine venezianische Arbeit aus dem 16. Jahrhundert und soll heute nach den Vorstellungen der Stadtoberhäupter den Pilgertourismus weiter ankurbeln.

Das hinter der Kirche liegende **Franziskanerkloster** beherbergt eine vorgeschichtliche, ethnographische und naturkundliche Sammlung. So ist dort ein Kopf des Herakles aus dem 1. Jahrhun-

Blick auf Sinj

dert und eine Dianastatue aus dem 3. Jahrhundert zu sehen. Unterhalb der Kirche befindet sich ein **Skulpturengarten** mit einer Büste von Ivan Meštrović, die den Dichter Dinko Šimunović darstellt. Sehr lebendig wirkt auch die Skulptur des Mädchens am Brunnen.

Oben auf dem Berg sind noch die Reste der **Festung Kamičac** von Sinj zu sehen. Der Weg dorthin führt am **Museum des Cetinagebietes** (Musej cetinske krajine) vorbei. In dem Natursteinbau sind viele Funde aus der Umgebung der Stadt ausgestellt, von illyrischen Grabsteinen bis zu römischen Säulen.

Von der nur noch in ihren Grundmauern zu besichtigenden Festung lässt sich das Tal schön überblicken. Ihre heutige Form als sternförmige Bastion stammt von den Venezianern.

Darstellung der Gottesmutter von Sinj an der Tür der Kirche Maria Himmelfahrt

 Sinj

Vorwahl: 021.
Postleitzahl: 21230.
Turistička zajednica Sinj, Vrlička 41, Tel. 826352, www.tzsinj.hr.

Credo banka, Trg Kralja Tomislava 8.
Privredna Banka, Glavicka 6.
Splitska Banka, Banksi Prolaz 1.
Zagrebacka Banka, Vrlička 50.

Busbahnhof, Put Ferate 15, Tel. 826939.

Hotel Alkar, Vrlička 50, Tel. 824488, www.hotel-alkar.hr; 51 Zimmer, DZ 62 Euro.
Hotel-Restaurant Matanovi Dvori, Glavice 650, Tel. 826797, matanovi.dvori@inet.hr; 36 Betten, DZ 45 Euro inkl. Frühstück.

Alkar, Vrlička 50, Tel. 824488. Restaurant im Hotel, gut, mittlere Preiskategorie.
Ispod Ure, Istarska 2. Einfache lokale Gerichte.

Sinjska alka, alljährlich im August stattfindende Reiterspiele. Infos unter www.alka.hr.

Fishing Club Sinj, Vlado Alebić, Tel. mobil 091/5721323, vladoalebic@net.hr.

Tankstelle, Zagrebačka bb.

Ambulanz, Put Petrovca 2, Tel. 821700.

Kaštela

Die Küste zwischen Split und Trogir war seit dem Mittelalter die Kornkammer für die beiden Städte. Zur Verteidigung gegen die eindringenden Türken wurden ab dem 14. Jahrhundert **16 burgähnliche Festungen** (Castelli) gebaut, die zum Teil heute noch am Wasser oder auf vorgelagerten Inseln aufragen. Ab dem 18. Jahrhundert war der Küstenabschnitt eher der Lustgarten für die Reichen und Schönen. Bereits ab 1895 lockte er die ersten Touristen aus Deutschland an. Heute ist dieser Küstenabschnitt zersiedelt, staubig und voll. Doch die kleinen Städtchen rund um die Renaissance-Kastelle am Wasser haben immer noch ihren Charme. Sieben Orte entlang der Küste werden seit jüngstem zur Stadt Kaštela zusammengefasst. Der Name der 44 000-Einwohner-Stadt leitet sich von dem italienischen ›Castello‹ ab.

Der **Berg Kozjak** oberhalb der Stadt war bereits vor 45 000 Jahren besiedelt, wie steinzeitliche Funde in Höhlen gezeigt haben. Griechische Kolonisten siedelten im 2. Jahrhundert vor Christus bereits beim heutigen **Resnik** unterhalb vom Flughafen und errichteten eine kleine Tonmanufaktur.

Als mit den Türkeneinfällen die Burg Klis fiel, zogen die Bauern an die Küste, und es entstanden nach und nach kleine festungsartige Orte nach dem mit einer Ausnahme immer gleichen Muster: Die Bauern errichteten ihre Häuser um die Kastelle der adeligen Grundbesitzer. Damit entstand eine weitere Verteidigungslinie. Die Fenster zum Festland waren nach außen klein wie Schießscharten, zu den Innenhöfen hin größer. Später, mit abnehmender Bedrohung, nutzten die Adeligen und Bischöfe die Kastelle als Sommersitze, und die Siedlungen wuchsen zusammen.

Während des Zweiten Weltkrieges bauten Italiener und Deutsche Bunker in die Berge. Einzelne Ortsteile wurden von den Alliierten angegriffen.

Heute kämpft die Stadt darum, die Umweltprobleme in den Griff zu bekommen, die alte Industrieanlagen und -brachen verursachen.

Karte S. 178

▲ *Straßenszene in Kaštela*

Charakteristisch für die Gegend ist der Anbau der Traube Crljenak. Aus ihr wird ein weicher und runder Wein gekeltert. Erst kürzlich wurde herausgefunden, dass sie mit der in den USA beliebten Traube ›Zinfandel‹ genetisch identisch ist; So glauben manche, dass die Zinfandeltraube von Kroaten aus Kaštel in die USA eingeführt wurde.

Kaštel Sućurac

Der Ort gilt als die älteste und besterhaltene Festung. Unter dem Spliter Erzbischof entstand Ende des 14. Jahrhunderts zunächst ein Wehrturm, der 1488 zu einem kleinen Schloss ausgebaut wurde. Dieses beherbergt heute ein Museum mit antiken Ausstellungsstücken. Das im 15. Jahrhundert um das Kastell entstandene Wehrdorf bildet heute eine hübsche, verwinkelte Altstadt. Von der Pfarrkirche blieb nach einem Fliegerangriff von 1943 nur der Glockenturm übrig.

Kaštel Gomilica

Das Kaštel Gomilica liegt auf einer Insel, die der kroatische König Zvonimir im Jahr 1078 den Benediktinerinnen schenkte. Darauf ließen sie das Kaštel im 16. Jahrhundert als eine im Grundriss fast viereckige Festung errichten, in deren Innenhof Bauern der Umgebung kleine Häuschen bauten.

Vor der Kirche des Ortes steht eine 700 Jahre alte Eiche.

Kaštel Kambelovac

In Kaštel Kambelovac befinden sich gleich vier Kastelle nebeneinander. 1478 haben die Brüder und reichen Großgrundbesitzer Jerolim und Nikola Cambi als erste im Ort zwei Festungen in Abständen nebeneinander gebaut. Eine davon ist die einzige Wehranlage an der Küste mit einem runden Turm, sie wurde aber erst 1517 fertig. Dazwischen haben später die beiden Familien Grisogono und Lippeo weitere Burgen errichtet.

Kaštel Lukšić

Das vielleicht prachtvollste Schloss von allen befindet sich im Zentrum von Kaštel Lukšić. 1487 erhielt der Adelige Luksi Vitturi aus Trogir die Genehmigung zum Bau einer Festung, aus der 1564 schließlich ein Renaissanceschloss wurde. Das dreistöckige Gebäude gehört heute der Stadt und beherbergt zentrale Kultureinrichtungen wie ein **Museum**, das zahlreiche der steinzeitlichen Funde vom Berg Kozjak zeigt.

Um die Festung rankt sich die Legende von Miljenko und Dobrila, eine Art Romeo-und-Julia-Geschichte. Dobrila, Tochter des Palasteigentümers Vitturi, und Miljenko aus dem Hause Rušinić verliebten sich ineinander, obwohl ihre Familien verfeindet waren. Nach zahlreichen gescheiterten Versuchen, die beiden von einer Vermählung abzubringen, stimmte der größte Widerständler, Vater Vitturi,

In Kaštel Lukšić

einer Hochzeit zu und erschoss auf dem Fest den verhassten Schwiegersohn in spe.

Der Journalist Marko Kažotić, italienisch Kasotti (1804–1842), hatte 1833 aus der Legende einen Roman gemacht, der zum Bestseller wurde. Heute wird die Geschichte als Drama während der Sommermonate im Kaštel aufgeführt.

Begraben liegen Miljenko und Dobrila im Park der **Kirche Sv. Ivan**. Dort befindet sich heute noch eine Grabplatte mit der Inschrift: ›Die Ruhe der Liebenden‹. Die Kirche ist wegen ihrer Kunstsammlung sehenswert.

Die **Pfarrkirche** wurde 1776 gebaut und enthält zahlreiche Reliefs von Palma dem Jüngeren aus dem 16. Jahrhundert. In der Altargruft ist eine Darstellung des heiligen Arnirad von Juraj Dalmatinac aus dem 15. Jahrhundert zu sehen.

Kaštel Stari

Kaštel Stari (stari=alt) war lange Zeit das Aushängeschild für den Tourismus in Kaštel. Symbol dafür ist das legendäre und kürzlich von einer Berliner Firma frisch renovierte **Hotel Palace,** das seit 1928 am Ort existiert und mitten in einem schönem Garten steht. Oberhalb des Ortes befindet sich der Bahnhof von Kaštel, an dem die ersten Touristen ankamen.

Die **Festung** unten am Wasser, die heute eher wie ein Sommerhaus aussieht, wurde 1481 von dem Trogirer Humanisten, Schriftsteller und Heerführer Koriolan Čipiko gebaut. Čipiko, der für Venedig unter anderem an der Küste der Türkei gekämpft hatte, war der erste aus Trogir, der eine Wehranlage gegen die Osmanen baute. Ironie der Geschichte: 1492 brannte der Palast ohne Zutun der Türken ab, wobei Čipikos Frau ums Leben kam.

Oberhalb von Kaštel Stari, an der Durchgangsstraße nach Split, feiert die Gemeinde seit Mai 2005 mit einem unübersehbarem, über vier Meter hohen Denkmal aus Bronze den ersten kroatischen Präsidenten Franjo Tuđman.

Kaštel Novi

Kaštel Novi (novi=neu), das neue Kastell, ließ der Neffe von Koriolan Čipiko, Pavlo Antun Čipiko, 1512 errichten. Mehr noch als beim Kastell des Onkels ist der Wehrcharakter mit kleinen Schießscharten erhalten geblieben. Zu kommunistischer Zeit waren in Kaštel Novi ein großes Weinrestaurant und ein Museum untergebracht.

Heute weiß keiner mehr genau, wem die Bauten eigentlich gehören, denn die Familie Čipiko wanderte um das Jahr 1830 aus, und seitdem hörte man nichts mehr von ihr.

In Kaštel Novi wurde der Bildhauer Marin Studin (1895–1960) geboren. Der Schüler von Ivan Meštrović fertigte die Skulptur des Sv. Roko in der gleichnamigen Kirche. Er hat auch das zehn Meter hohe Denkmal ›Verkünder der Freiheit‹ an der Uferpromenade zwischen Kaštel Stari und Kaštel Novi gemacht, das zu Ehren der Partisanen errichtet wurde. Die scheinbar auf das offene Meer zufliegende Figur wurde unter der kommunistischen Herrschaft von den Bewohnern zu einem Sinnbild für die Flucht nach Italien umgedeutet.

Oberhalb von Kaštel Novi, in den Berghängen, liegt ein wunderschön gestalteter **Bibelgarten.** Er wurde um die kleine Kirche **Sv. Marija von Špiljan** aus dem Jahr 1189 mit Pflanzen, die in der Bibel vorkommen, angelegt. Beeindruckend sind die wohltuend ruhige Atmosphäre und der Blick vom Rand des Gartens über die Bucht.

Kaštel Štafilić

Stjepan Stafileo, Stafile oder Štafilić: Die Schreibweise des Adligen griechischer Abstammung, der diesem Kaštel seinen Namen gab, variiert von Urkunde zu Urkunde. Der Adelige aus Trogir baute seine Festung 1508 auf eine kleine Insel, die er mit einer Zugbrücke zum Festland versah. Heute sind vom Turm nur noch die Grundmauern zu sehen. Weitere Familien siedelten sich mit eigenen Burgen um das Kastell an.

Am Ortseingang im Hof eines Kindergartes steht ein **1500 Jahre alter Olivenbaum**, dessen Stammumfang sechs Meter beträgt. Das Wurzelgeflecht breitet sich in einem Radius von 100 Metern aus. 1990 wurde der Baum zu einem Naturdenkmal erklärt.

Die **Pfarrkirche** von 1566 beherbergt eine wundertätige Ikone aus dem 16. Jahrhundert, Goldschmuck aus den Kaštels sowie die Statuen des Sv. Blaž und der Sv. Lucia, die der Künstler und Meštrović-Schüler Marin Studin aus Novi Kaštel gefertigt hat.

Wanderungen in die Berge

Über **100 Kilometer Wanderwege** führen durch die Berge oberhalb von Kaštel, die zum Teil auch sehr bequem zu laufen sind. Material dazu ist in der Turistčka zajednica erhältlich.

Von Sućurac kann man zum Berg **Kozjak** wandern, bis zur großen Felswand **Vela Stina** und weiter zur Bergsteigerunterkunft **Putalj** (480 Meter) oder auf das Joch **Vrata** am Bergrücken des Kozjaks und weiter westlich über abfallendebene Wege vorbei an zahlreichen kleinen Kirchen bis zur **Kirche des heiligen Luka** (690 Meter), die aus dem 9. Jahrhundert stammt.

Ein weiteres Ziel für eine Wanderung ist der Berg **Biranj**, wo die frühromanische Kirche Sv. Ivan zwischen Resten von präromanischen Fluchtburgen zu sehen ist. Jedes Jahr am 26. Juni führt eine Wallfahrt hinauf.

Im Kozjak-Gebirge sind viele Kletterer unterwegs: 50 bis 250 Meter hohe, steile Felswände fordern auch geübte Kletterer heraus.

Split und Trogir

An der Promenade von Kaštel Novi

Kaštela

Vorwahl: 021.

Postleitzahl: 212 15/212 16/212 17.

Turistička zajednica Grada Kaštela, Dvorac Vitturi, Brce 1, 21215 Kaštel Lukšić, Tel./Fax 22 79 33, www.kaste la-info.hr.

Bahnhof, in Kaštel Stari. Mehrmals am Tag Züge nach Split, nicht zum Flughafen.

Flughafen Split (zračna luka), zwischen Kaštel und Trogir.

Hotel Palace, Obala Kralja tomislava 82, 21216 Kaštel Stari, Tel. 0721/ 20 62 22, 20 62 70; DZ 140–150 Euro. Traditionshotel mit Swimmingpool und Sportanlagen.

Villa Šoulavy, Obala Kralja Tomislava 18, 21215 Kaštel Lukšić, Tel. 24 66 40, www.villasoulavy.hr. Hotel mit Tradition, die Villa hat acht Suiten mit moderner Einrichtung.

Villa Žarko, Obala k. Tomislava 7a, 21215 Kaštel Lukšić, Tel. 22 81-60, Fax -41, www.villa-zarko.com; DZ 79 Euro. Schöner Blick, schlicht.

Villa Miolin, Cesta Franje Tuđmana 169, 21215 Kaštel Sućurac, Tel. 22 42 24, mobil 098/73 21 26, renato. miolin@st.t-com.hr; ab 40 Euro.

Hotel Kaštel, Sv. Ivana 8, 21215 Kaštel Lukšić, Tel. 22 84 55; 23 Zimmer. Schlichtes Hotel östlich der Ortes, mit eigenen Bademöglichkeiten und Restaurant.

Hotel Sv. Jure, Obala Kralja Tomislava 21, Tel. 23 27 59; DZ ab 50 Euro. An der Uferpromenade von Kaštel Novi, im Landhausstil, gute Gastronomie.

Adria, Cesta Franje Tuđmana bb, Tel. 79 81 40, www.hotel-adria.hr; 30 Betten. DZ 30–40 Euro. Mit Restaurant, vorbestellen lohnt sich.

Tenis Apartments Biluš, Vlade Šimere 11, 21217 Kaštel Štafilić, Tel. 23 48 56. Schlichtes privates Apartmenthaus mit Tennisplatz, auf Wunsch auch mit Tennisunterricht beim Sohn des Hauses.

U. Dragana, Ante Starčevića 39, Kaštel Gambelovac.

Autocamp Biluš, Obala Kraja Tomislava 49, unweit vom Hotel ›Palace‹.

Camping Juras, zwischen Resnik und Kaštel Štafilić.

Camp Confido und **Camp Koludrovac**, beide Put Resnika b.b.

Restaurant Palme, Kaštel Stari, vor dem Čipiko-Palast.

Konoba Sv. Jure, an der Uferpromenade, Kaštel Novi, Tel. 23 27 59. Landhaus-Ambiente mit offenem Grill im Gastraum, nettes Personal und moderate Preise, Peka (Gegrilltes unter der Haube) muss einen Tag vorher bestellt werden.

Restoran Odmor, Kaštel Kambelovac, Tel. 22 02 63.

Restoran Bimbijana, Kaštel Gomilica, Tel. 22 27 80.

Auf den Höhen gibt es **markierte Mountainbikewege**, eine Übersicht über die Wege gibt es in der Turistička zajednica; sie ersetzt aber keine Karte.

Ambulanz, F. Tuđmana b.b.

Trogir

Wer die Altstadt auf der nur durch einen Graben vom Festland getrennten Insel betritt und durch die verwinkelten und engen Gässchen schlendert, hat schon bald das Gefühl, eine Zeitreise ins Mittelalter unternommen zu haben. 1997 ist die 10 000-Einwohner-Stadt von der UNESCO in die Liste des Weltkulturerbes aufgenommen worden. Höhepunkte sind die **Kathedrale** mit dem romanischen Portal von Meister Radovan und die **Grabkapelle** für den Bischof und Stadtheiligen Ivan.

In der deutsch-jugoslawischen Karl-May-Filmproduktion ›Winnetou III‹ diente die Stadt als Kulisse für Santa Fe. Für den Badeurlaub sollte man sich allerdings besser auf einer der Inseln in der Nähe einquartieren, zum Beispiel auf Čiovo, Mali oder Veli Drvenik.

Geschichte

Im Mittelalter war Trogir das machtvollste Zentrum in der mittleren Adria noch vor Šibenik und Split. Heute befindet sich die Stadt politisch und ökonomisch zwischen den beiden Nachbarstädten eingekeilt und steht verwaltungstechnisch unter der Regie von Split. Deshalb schauen die Bewohner durchaus argwöhnisch auf die große Stadt im Süden.

Als zuerst Illyrer auf dem Gebiet der heutigen Altstadt siedelten und im 3. Jahrhundert vor Christus die Griechen eine Stadt gründeten, war die Insel nur durch einen Morast vom Festland getrennt. Von den Griechen ist der Name Tragurion belegt, was die Kroaten in Trogir und die Italiener in Trau abwandelten. Er könnte sich aus dem Griechischen für ›Ziegenberg‹ ableiten, aber auch eine illyrische Herkunft für ›Drei Berge‹ wird genannt.

Ihre Bedeutung erlangte die Stadt zum einen, weil die Awaren im 6. Jahrhundert an den Stadtmauern scheiterten, während sie das größere Salona im Süden dem Erdboden gleichmachten und als Konkurrenzhafen auslöschten. Zum anderen gelang es der Stadt im frühen Mittelalter, die Salinen bei Šibenik aus-

Hinterhof im Renaissancestil

zubeuten. Als sich Šibenik mit einem Trick eigene Stadtrechte sicherte und sich 1298 von Trogir abnabelte, brach das Wirtschaftsleben ein. Es blieben der Handel und die Marmorsteinbrüche in den Bergen, die Geld in die Stadt brachten. Bis heute wird der Stein oberhalb von Seget abgebaut und exportiert.

Nach der Machtübernahme durch die Venezianer 1420 begannen innere Konflikte, die Stadt zu blockieren. Bürger schlossen sich zu Bruderschaften zusammen und opponierten frühzeitig und über Jahrhunderte gegen den sich an Venedig orientierenden Adel und den Klerus.

Im 18. Jahrhundert brachen die Konflikte zwischen beiden Parteien offen aus, bei Auseinandersetzungen wurden zahlreiche Bauern gefangengesetzt. Bis zur Machtübernahme durch die Österreicher hing immer ein Strick zur Ermahnung von der Kathedrale.

Auf Grund dieser Tradition erstarkte die kommunistische Partei in der Stadt bereits zwischen den beiden Weltkriegen. Anfang der 30er Jahre zerstörten die Bewohner alle Markuslöwen an öffentlichen Gebäuden der Stadt, worauf sie noch heute stolz sind. Früh nahmen die Städter den Partisanenkampf im Zweiten Weltkrieg auf. Die kommunistische Zentralregierung in Belgrad honorierte dies nach dem Zweiten Weltkrieg und ließ in Trogir einige wichtige Industrien entstehen, zum Beispiel die Schiffbauindustrie.

Stadtrundgang

Von der Landseite ist das **Nordtor** die einzige Möglichkeit, die Stadt zu betreten. Das auch d´Orsini genannte Portal in der Stadtmauer, vor dem sich malerisch die Buden eines täglichen Markts versammeln, ist eine Stilcollage. Der barocke Durchgang wird gekrönt von der

Trogir, Altstadt

Säulenreihe am Türstock der Kathedrale

gotischen Figur des Stadtheiligen Sv. Ivan, die Bonino da Milano gefertigt hat.

An einem Haus auf dem Platz dahinter wird auf einer Tafel von 1981 dem Partisanenkampf in seiner ihm eigenen Lyrik gedacht: ›Die Freiheit leuchtete im Blut auf den Scheiterhaufen der Dörfer und Städte dem alten Trogir am 28. Oktober 1944‹.

■ Stadtmuseum

Die folgende Straße führt direkt auf das Museum der Stadt zu, das sich im **Palast der Familie Garagnin-Fanfonga** befindet. Die Sammlung ist wie ein Gang durch die Geschichte der Stadt, beginnend bei Resten aus griechischer Zeit über Urkunden und Trophäen aus dem Kampf gegen die Türken bis hin zu schlichten Gegenständen aus dem bäuerlichen Alltag. Das Museum enthält Plastiken von namhaften Künstlern wie dem Donatello-Schüler Nikola Firentinac sowie eine berühmte Bibliothek, die zu ihrer Zeit großes Aufsehen bis hin zu

Staatsmännern und Königen wie Franz Joseph I. erregte. Eine Entdeckung ist die Sammlung der albanischen Künstlerin Cata Dijšin Ribar, die es geschafft hat, sich als Autodidaktin in einer männerdominierten (Kunst-)Welt durchzusetzen.

■ Kathedrale Sv. Lovro

Den Platz Trg Ivan Pavle II überragt die Kathedrale Sv. Lovro aus dem 13. Jahrhundert. Ursprünglich stand an der Stelle der Kathedrale, die die Einheimischen heute Sv. Ivan nennen, ein griechischer Tempel. Berühmt ist die Kathedrale für ihr romanisches **Portal**, dessen Restaurierung 2006 abgeschlossen wurde. Sie ist 1240 von der Bauhütte des wohl größten kroatischen Bildhauers der Romanik, Meister Radovan, gestaltet worden. Heute wird darüber gestritten, welche Teile von ihm und welche von seinen Schülern sind.

Außen wird der Blick auf zwei ausdrucksstarke **Großfiguren** gelenkt, auf der linken Seite vom Eingang Eva und rechts

Adam. Das symbolreiche und das mittelalterliche Weltbild transportierende Portal gliedert sich in zwei Teile: Unten an den Seiten der Tür wird der weltliche und oben über der Tür der biblisch-himmlische Bereich dargestellt.

Drei Säulenreihen säumen den **Türstock,** wovon die äußere mit Figuren von Heiligen und Aposteln verziert ist, die innerste mit Dämonen und Fabelwesen. In der mittleren Reihe wird das mittelalterliche Leben der Menschen buchstäblich als ein Leben zwischen Dämonen und Heiligen gezeigt. So sind lebenspralle Szenen aus dem mittalterlichen Alltag zu sehen: Menschen beim Schafescheren, Wurstkochen und Weintrinken.

Die für romanische Verhältnisse lebendige Darstellung der Geburt Christi in der Lünette wird Radovan selbst zugeordnet. Sie ist umrahmt von biblischen Szenen. Im Inneren der Kirche fällt der Blick zuerst auf die **romanische Kanzel** aus dem 13. Jahrhundert. Über dem Altar wölbt sich ein Ziborium, verziert mit zwei Fi-

Straßenmusiker auf dem Trg Ivan Pavle II

guren von Meister Radovan, die eine Verkündigungszene darstellen.

Eine weitere Attraktion ist der 1468 begonnene Anbau der **Grabkapelle des Sv. Ivan** von Nikola Firentinac und Andrija Aleši. Sie gilt dem Schutzheiligen der Stadt, der sich im Mittelalter als Streitschlichter zwischen den Bürgern hervorgetan hatte und laut einer Legende auf dem Wasser wandelte, um die Schiffbrüchigen zu retten. Dargestellt wird das auf einem Bild von Palma dem Jüngeren.

Einzigartig in dem vielfältigen Figurenschmuck sind Engel von Ivan Duknović im Fries. Die mit Fackeln aus den Wänden heraustretenden Himmelsboten stellen Szenen aus der Apokalypse dar. Die tonnengewölbte Kassettendecke mit seinen Engelsköpfen erinnert an den Jupitertempel in Split.

■ Palazzo Čipiko

Gegenüber dem Eingang der Kirche befindet sich der Palazzo Čipiko. Sofort ins Auge springen die gotische Fensterreihe und die Balkone mit den einzigartigen Medaillons von Andrija Aleši (1430–1504). Der riesige Komplex zeigt den Reichtum der Familie, die auf ihrem Höhepunkt in der Renaissance sich mehr um Dichtkunst und Diplomatie kümmerte und an allen Höfen Europas zu Hause war, während sie das Geschäft anderen überließ.

■ Loggia

Auf der Südseite des Platzes Trg Ivan Pavle II befindet sich die offene Loggia mit dem Uhrturm. In ihr wurden öffentliche Gerichtsverhandlungen abgehalten, die die Bewohner mitverfolgen konnten. Nikola Firentinac schuf das Relief über dem heute noch erhaltenen Richtertisch. Über der Anklagebank befindet sich heute ein Relief von Ivan Meštrović, das den

Die Loggia mit Richtertisch und Anklagebank

Trogirer Bischof Petar Berislavić darstellt. Der Gegner der Venezianer hat auch als Ban für ganz Kroatien gewirkt und wird als lokaler Held verehrt, weil er im Kampf gegen die Türken fiel. Am **Uhrturm** aus dem 15. Jahrhundert befinden sich die zartgliedrigen Figuren von Christus und vom heiligen Sebastian. Geschaffen hat sie Nikola Firentinac, sie wurden zum Dank für das Überleben einer Pestepedemie gestiftet.

■ Kloster Sv. Ivan

Das Gebäude neben dem Uhrturm gehört zum Kloster Sv. Ivan, das auch die **Sammlung kirchlicher Kunst** mit Meisterwerken des frühen Mittelalters von G. Bellini und Blaž Jurjev Trogiranin beherbergt. Es wird von der Seitenstraße aus betreten. In Hof des Klosters befinden sich die frischrenovierten Reste der frühmittelalterlichen Kirche Sv. Marija mit kleeblattförmigem Grundriss. In einem neu eingerichteten Nebenraum macht eine Gedenkstätte auf die Gefallenen im letzten Krieg aufmerksam.

■ Rathaus

Auf der Ostseite des Platzes steht das Rathaus. Der einstige Rektorenpalast der Venezianer aus dem 15. Jahrhundert wird heute noch für die Verwaltung der Stadt genutzt. Im Innenhof befindet sich ein wunderschöner gotischer Treppenaufgang. Vor der Kulisse des Platzes Trg Ivan Pavle II findet im Sommer das Nachtleben statt, wenn zahlreiche Folklore-, Rock-, Funk- und Popbands die Stadt zur Partyzone werden lassen.

■ Sv. Barbara

In der Gasse südwestlich des Platzes liegt die kleine Kirche Sv. Barbara aus dem 10. Jahrhundert. Die älteste Kirche der Stadt strahlt mit ihrem schmucklosen Inneren und ihren dicken Säulen und Bögen archaische Wucht aus. Die aus antiken Resten zusammengesetzten Säulen hielten 1944 sogar den Volltreffer einer Fliegerbombe aus, so dass nur das historische Dach erneuert werden musste.

■ Kloster Sv. Nikola

Südwestlich der Kirche Sv. Barbara befindet sich das Benediktinerinnenkloster Sv. Nikola (Heiliger der Seefahrer). Vom Innenhof des 1064 gegründeten Klosters ist die barockisierte Kirche erreichbar, deren Turm als einziger in Dalmatien mit einem Gitter versehen ist. Von hier aus konnten die jungen Nonnen unbemerkt das Treiben auf der Straße beobachten. Das **Museum** des Klosters beherbergt heute das wichtigste Relikt aus griechischer Zeit: ein bereits in antiker Zeit kopiertes Relief, das den Gott Kairos darstellt. Als ›Gott des rechten Augenblicks‹ wird er mit dem Haarschopf in der Stirn dargestellt. An ihm kann man – so entstand die deutsche Redensart – ›die Gelegenheit beim Schopf packen‹.

Split und Trogir

Die Festung Kamerlengo

■ Uferpromenade

Die breite Uferpromenade auf der Südseite der Stadt lädt zum Schlendern oder
zum Genießen von Sonnenuntergängen
ein. Im Sommer sorgen Bands am Abend
für Stimmung.

Auf dem Weg zur Festung befindet sich
vor dem Dominikanerkloster die Plastik
des 1260 in Trogir geborenen Bischofs
Augustin Kazotić, einem Dominikaner,
der der erste seliggesprochene Kirchen-
mann Kroatiens war.

Am Ende der Insel liegt die **Festung
Kamerlengo**, die die Venezianer kurz
nach der Eroberung Trogirs gebaut haben. Dort waren die venezianischen
Streitkräfte untergebracht. Ihre starke
Befestigung sollte die Truppen vor allem
vor einem Volksaufstand schützen. 1941
erschossen Faschisten in der Burg Wi-
derstandskämpfer.

Die Festung ist nur in der Saison geöffnet; dann finden abends Konzerte statt.
Termine bei der Turistička zajednica.

 Trogir

Vorwahl: 021.
Postleitzahl: 21220.
Turistička zajednica Županje Split, Pri-
laz brace Kaliterna 10/I, p.p. 430,
21000 Split, Tel. 490 03-2, -3, -6, www.
dalmatia.hr.
Turistička zajednica Trogir, Trg Ivana
Pavla II. Br. 1, Tel. 88 14 12, www.dalma
cija.net/destination/Trogir; außerdem
www.trogir.org, www.trogir24.de.

Privredna Banka, Gradska 4.
Splitska Banka, Blaža Trogiranina 8.
Zagrebačka Banka, Gradska Vrata 2.

Busbahnhof, Kneza Trpimira 2, in östlicher Blickrichtung vom Nordtor. Auch
internationale Busse aus Deutschland
und Österreich. Von Split mit dem Bus
37 direkte Verbindung.

Karte S. 188

Trogir hat keinen eigenen Bahnhof, Anfahrt über Kaštel Stari, von dort mit dem Bus 37 in die Stadt.

Flughafen Split, Zračna Luka, Cesta dr. Franjo Tuđman 96 P.P.2 Kaštela, liegt eigentlich näher an Trogir Richtung Kaštela, Tel. 203-506, -555, -112, etwa 20 Minuten Autofahrt bis in die Stadt.

Nur **Personenfähren** nach Mali und Veli Drvenik, Ableger bei der Festung Kamerlengo.

Hotel Fontana, Obrov 1, 21220 Trogir, Tel. 88 57 44, www.fontana-commerce. htnet.hr; DZ 120 Euro. Kleines Hotel im Herzen der Altstadt, mit Restaurant.

Bavaria, Hrvatskih zrtava 133, Tel. 880 60-1, -3, www.hotel-bavaria.hr; ca. 40 Betten, DZ 50–60 Euro. Am Rand der Stadt.

Domus maritima, Put Cumbrijana 10, Tel. 091/1113456, www.domus-maritima.com; DZ 65–85 Euro. Stilvoll in einem alten Palazzo.

Campigplätze gibt es nur außerhalb, Richtung Westen: **Seget Donj**, **Kamp Seget**, Hrvatskih žrtava 121, **Seget Vranjica**, Vranjica belvedere, Put Hrvatskih žrtava b.b.

Restaurant Elf, Trg Ivana Pavla II. In einer kleinen Gasse vor der Kathedrale, Pizza und gute Grillgerichte zu guten Preisen.

Don Dino, Splitska 1, Tel. 88 25 55, www.dondino.hr; durchgehend geöffnet. Gehobene Pizzeria mit langer Tradition.

Capo, Ribarska 11, Tel. 88 53 34, www.capo-trogir.com; 11–1 Uhr. Im Stil einer Konoba.

Alka, Kažotica 15, Tel. 88 18 56. Gehobene Gastronomie mit Fischgerichten und internationaler Weinkarte.

Fontana, Tel. 88 57 44, www.fontana-trogir.com. Besticht durch seine Lage am Wasser, mit Fischspezialitäten, reservieren kann notwendig sein.

Cocktailbar St. Dominic, am Wasser beim Dominikanerkloster; bis 3 Uhr geöffnet. Fingerfood und Drinks, manchmal Live-Musik.

Internetcafé, Lučica 11, nahe der Marina (ca. 20 Meter).

Im Sommer **Nightlife** mit Bands und geöffneten Restaurants in der ganzen Stadt.

Fischerparties am Strand von Okrug auf der Insel Čiovo.

Sommerkonzerte unter anderem in Kaštel Kamerlengo.

Anfang Juli findet ein **Trachtenfestival** statt.

ACI Trogir, Put Cumbrijana bb, Tel. 88 15 44.

Pantan, 1,5 Kilometer östlich von Trogir. Auch mit Bus Nr. 37 erreichbar; in der **Strandbar Mosquito** werden Cocktails serviert.

Konsum-Laden, gegenüber dem Nordtor.

 Tankstelle an der Jadranska Magistrala, zwischen Trogir und Split.
Benzin Perić, Put krbana b.b., INA ACI, Put Cumbrijana b.b.

 Ambulante Versorgung:
Kard. A. Stepinca 17, Tel 88 14 61, 88 29 22.
Krankenhäuser in Split, S. 175.
Apotheken: Ljekarna, Gradska 25; Stojan Špika, Kard. A. Stepinca 17; Svalina, Kard. A. Stepinca 16.

Insel Čiovo

Am Ostufer von Trogir entlang führt die Straße über eine Drehbrücke auf die knapp 30 Quadratkilometer große Insel Čiovo, die für die Römer bis ins späte Mittelalter ein Ort der Verbannung war. Als der Hafen an Bedeutung gewann, wurde auf der Insel eine Quarantänestation gebaut, aber auch Leprakranke wurden auf die Insel abgeschoben.

1242 versteckte sich der ungarische König Bela IV. vor den Tataren auf der Insel. Seine Rettung hat der Stadt Trogir viele Vorteile gebracht.

Im 19. Jahrhundert wurde die Insel für ihren artenreichen Bewuchs bekannt. Der Trogirer Apotheker Andrija Andrić sammelte hier Heilpflanzen für seine Apotheke und machte erstmals Inventur auf Čiovo: Über 900 Kräuter konnte er listen. Kurzzeitig blühte eine kleine Heilmittelindustrie. Heute ist die Insel Teil der Stadt und wird durch die Bebauung mit Ferienhäusern zunehmend zersiedelt.

■ Čiovo

Der Ort Čiovo ist ein Musterbeispiel für die Zersiedelung der Insel. Bis nach Gornji Okrug, dem Touristen- und Feierziel im Westen der Insel, ziehen sich die Häuser, deren Bewohner alle einen Blick auf die Stadt Trogir erhaschen wollen.

Das Kloster **Sv. Lazar** aus dem 16. Jahrhundert wurde an der Stelle einer Pflegestätte für Leprakranke aus dem 14. Jahrhundert gebaut.

Oberhalb von Čiovo am Berg haben Franziskaner das **Antoniuskloster** errichtet, das einige sehenswerte Kunstwerke besitzt, zum Beispiel ein Gemälde von Palma dem Jüngeren und die Plastik einer heiligen Magdalena von Ivan Duknović.

Östlich befindet sich das romanische Kirchlein **Marija kraj more**. Es ist ein Geschenk des ungarischen Königs Bela IV.

■ Arbanija

Der fremdartig klingende Name des Ortes Arbanija stammt möglicherweise von geflüchteten Albanern, die sich an dieser Stelle niederließen.

Besuchenswert ist das **Dominikanerkloster Sveti Križ** aus dem 15. Jahrhundert. Das in gotischem Stil von Ivan Drakanović gebaute Kloster liegt direkt am Wasser und hat mit seinem festungsartigen Charakter auch Angriffen standgehalten.

In der schmalen Kirche mit seinem hochliegenden Altarraum wird ein wun-

Karte S. 188 ▲

Abendliche Stimmung in den Gassen von Split

dertätiges Kreuz aufbewahrt. Außerdem ist ein Bild von Matija Pončun zu sehen und ein schön geschnitztes Chorgestühl.

An einem doppelstöckigen Kreuzgang liegt der Kapitelsaal mit seiner bemalten Decke und Gemälden aus dem Eigentum des Klosters. Heute wird das Dominikanerkloster nur noch von einem ausgeliehenen Franziskaner belebt, der um die Renovierung kämpft. Er lässt Besucher gern in die Kirche und führt sie herum.

■ Slatine

Der am Hang gelegene Ort Slatine scheint über dem Meer zu schweben und bietet von seinen Straßen immer wieder schöne Ausblicke auf das Meer. Der Ort war bereits seit der Römerzeit von Leprakranken besiedelt. Der Name Slatine rührt von einer Salzquelle her, die bereits früh für Heilkuren genutzt wurde.

Bekannt ist Slatine eigentlich als Ausgangsort für Wanderungen in den nicht mehr befahrbaren südöstlichen Teil der Insel mit seiner Steilküste. Schönstes Ziel ist die kleine **Einsiedelei Prizidnica** oberhalb des Meeres. Sie wurde von Pfarrern des Ortes 1546 als Zuflucht vor den Türken gebaut, wie eine Inschrift über dem Eingang mitteilt, und ist Maria Empfängnis geweiht. Viermal im Jahr findet eine Prozession in die Einsiedelei statt.

ℹ Insel Čiovo

Vorwahl: 021.

Turistička zajednica, siehe Trogir, Seite 192.

🛏

Hotel Sveti Križ, Arbanija, an der Uferstraße, Tel. 888-118, Fax -337, www. hotel-svetikriz.hr; 40 Zimmer, 10 Apartments. Gehobene Preisklasse, mit Restaurant und Pool.

Vila Tina, Arbanija, 21244 Slatine, Tel. 88 83 05, www.vila-tina.hr; 20 Zimmer, DZ 90 Euro. Ebenfalls an der Uferstraße von Arbanija, kleines Hotel mit Restaurant, Zimmer mit Balkons zum Meer.

Vila Marina, Slatine, Obala Kralja Zvonimira 90, Tel. 89 13-07, www.vila-marina.com; 9 Zimmer, 4 Apartments, DZ 50 Euro. Mit Restaurant.

Monaco-Club, am Wasser; als Bar 6–21, als Nachtclub 21–3 Uhr.

Fischparties, in den zahlreichen Strandbars von Gornji Okrug, mit Livebands und viel Musik bis in die späte Nacht.

Strand Okrug Gornji, bekannt für seine Strandfeiern.

Zwei Kilometer weiter gibt es einen Strand, der wegen seiner Beliebtheit auch ›Copacabana‹ genannt wird, mit verschiedenen Bars (›Café del Mar‹, ›Aquarius‹) und einigen Restaurants, die bis spät in die Nacht geöffnet haben.

🤿

Trogir Diving Center, Pod Luku 1, Okrug Gornji, Tel./Fax 88 62 99, www. trogirdivingcenter.com.

Diving Santa Fumia, in Gornji Okrug, Pod Luku 1, Tel. 88 62 99. Die Tauchschule wirbt mit Öffnungszeiten von Ostern bis Oktober.

▲ Karte S. 188

Insel Šolta

Trotz seiner Nähe zu Split ist Šolta touristisch nicht überlaufen und damit eine gute Adresse für einen abgeschiedenen Urlaub. Bekannt ist Šolta für seinen Honig, für den die Imker zahlreiche internationale Preise erhielten, aber auch für seinen Wein.

Kaum ein Ort in Dalmatien wurde so früh erwähnt wie Šolta. Im 4. Jahrhundert vor Christus spricht der griechische Schriftsteller Pseudoscyllax von der ›Nesos Olynthia‹, der ›Insel der unreifen Feige‹. Die Kroaten machten daraus Sulet. Nachdem die Italiener dann im 15. Jahrhundert begannen, das ›S‹ weich auszusprechen, übernahmen die Bewohner die Aussprache und verballhornten den Namen zu Šolta; so wurde sie dann von den Italienern in die Karten eingetragen. Die Alten nennen tatsächlich die Insel heute noch ›Sulet‹.

Nach einer Legende lebte im 3. Jahrhundert vor Christus die Königin Teuta in einer Burg über der südlichen Bucht Senjska. Die Herrscherin über die Liburner an der Adria und zugleich Piratin wurde wie eine Göttin verehrt. Um sich ihrer Gunst zu versichern, werfen Fischer von Šolta heute noch nach dem Fang einen Fisch in jede Windrichtung ins Wasser, damit das Fischerglück nicht ausbleibt.

Im Lauf der Jahrhunderte bot die Insel Zuflucht vor Awaren und Türken, war aber auch ständigen Angriffen von Piraten und Venezianern ausgesetzt. Während des Zweiten Weltkriegs wurde die Insel fast vollständig evakuiert. Dann nahmen die Deutschen die Insel ein und bauten sie als Vorposten aus. Dennoch lieferten sich Partisanen und Faschisten auf der Insel einen erbitterten Kampf.

Grohote

Grohote und der kleine Hafenort **Rogač** bilden eine Einheit. Von der Anlegestelle Rogač führt die Straße hinauf nach Grohote, das auf einer Anhöhe liegt.

Insel Šolta

Split und Trogir

Das Haus des Dichters Marko Marulić

Das ansonsten halbverfallene Dorf Grohote war seit den 60ern ein **Zentrum naiver Kunst**. Protagonist war der Künstler Eugen Buktenica, der in der Straße, die gegenüber der Kirche in das Dorf führt, geboren wurde. Die Kunstwerke des Bauern und Fischers, der nur vier Dorfschulklassen besuchte, werden in allen großen Galerien der ganzen Welt ausgestellt. Als beherzter Gegner der Nazis hat er nebenbei zahlreiche Lieder gegen sie verfasst. Dafür wurde der tieffromme Mann von den deutschen Besatzern inhaftiert.

Den Nachlass haben die Nachfahren von Buktenica dem Staat überlassen. Der schafft es seit Jahren trotz Versprechen nicht, eine Ausstellung oder eine Galerie in dem Dorf zu eröffnen, obwohl die Erben dies immer wieder anmahnen. Buktenica hat zahlreiche Insulaner künstlerisch inspiriert, so dass auf der Insel eine Art Schule der naiven Kunst entstanden ist. Der Künstler starb 1997 in seinem Geburtshaus.

Im Zentrum des Ortes ist noch ein **Wehrturm** mit einer Verteidigungsanlage aus dem 17. Jahrhundert erhalten. Auch Mauerreste, die einst das Dorf umgaben, sind erkennbar.

In Grohote teilt sich auch die Straße, in westliche Richtung führt sie nach **Maslinica**, einem lauschigen Fischerhafen, der rings um die Festung einer venezianischen Familie aus dem 17. Jahrhundert entstanden ist. Heute befindet sich in der Festung das Hotel und Edelrestaurant ›Conte Alberti‹.

Nečujam

Der Name des auf östlicher Wegstrecke von Grohote gelegenen Ortes Nečujam huldigte einst der Stille, denn er bedeutet ›Ich hör nichts‹. Mit der neuen Feriensiedlung und der Diskothek am Strand hat sich das geändert.

Karte S. 197

Bereits in der Renaissance wurde diese Bucht von Spliter Patriziern geschätzt. So hat der bedeutende Spliter Dichter Marko Marulić hier in jungen Jahren einige Zeit bei seinem Freund Dujam Balistrilić verbracht und soll wie ein Einsiedler gelebt haben. Daran, dass ihn ein anderer großer Dichter seiner Zeit, Petar Hektorović von der Insel Hvar, besuchte, erinnert eine kleine Stele im Hafen, die allerdings eher einem Poller ähnelt. Unweit der Stele liegt das Haus, in dem Marulić lebte.

Nečujam war einst beliebtes Wochenendparadies für die kommunistische Nomenklatura im Tito-Regime. Unter den Bäumen entlang der tiefeingeschnittenen Bucht duckt sich so manches Haus von Ex-Kommunisten aus Split, Zagreb oder Belgrad. Allerdings haben nach dem Krieg viele Serben ihre Anwesen aus Angst verkauft.

An der Hafenmole ist die Ruine einer **gotischen Kirche** aus dem 15. Jahrhundert zu sehen. Nur für Skipper zu erreichen sind Reste einer alten **römischen Fischzuchtanlage** auf der Westseite der Bucht. Sie geht auf Diokletian zurück, der von dort seinen Speiseplan um die Spezialitäten aus dem Meer erweitern ließ. Links am Weg nach Gornje Selo befindet sich an einem Loch, das in eine tiefe Karsthöhle führt, das Denkmal Rudina. Es erinnert daran, dass Partisanen Faschisten und streng katholisch gläubige Einheimische Einheimische lebendig in die mehrere Meter tiefe Höhle hinunterwarfen.

Stomorska

Das in einer schmalen Bucht gelegene Stomorska ist das gemütlichste Hafendorf der Insel. Der ›Maria von den Pinien‹ geweiht, entstand das Dorf im 17. Jahrhundert mit kleinen **Palazzi** und einem **Wehrturm**. Die Seeleute aus Stomorska leben heute immer noch vom Fischfang, aber auch von der Fischzucht, die schlechte Fangquoten ausgleichen muss.

Mit seiner Anlegestelle für Jachten in der kleinen und engen Bucht stellt sich das 400-Seelen-Dorf zunehmend auf den Marinatourismus ein.

 Insel Šolta

Vorwahl: 021.
Postleitzahl: 21431.
Turistička zajednica, Nečujam.
Offizielle Internetseite: www.solta.hr (engl.); eine nette private Homepage ist www.eadria.com (dt.)

Postämter in Grohote, Nečujam and Stomorska.

Achtung: Es gibt keine Bank auf der Insel, nur einen Bankautomaten in Stomorska, Bargeld also vorher organisieren.

Autofähre von Split nach Rogač, täglich 4x in der Nebensaison und 6x in der Hauptsaison.

Apartmentkomplex Nečujam Center, Setalisce M. Marulica 1, Tel. 65 01 49, www.soltaht.hr. Große Apartmentsiedlung.
Hotel in Stomorska, am Hafen. Mit Restaurant.

Camp Mido, Stomorska, Put Krusice 3, Tel. 65 80 11. Mit Apartmentsiedlung, für Caravans nur schwer zugänglich.

Restaurant **Nevera**, an der Hafenmole von Stomorska.
Maslinica, Conte Alberti, an der Hafenmole.
Avlija, in Grohote, Restaurant in einem ehemaligen Barockschloss. Gehobene Preise.

Nečujam: Strände vor allem an der nördlichen Seite der Bucht.
Stomorska: Um das Kap herumgehen.
Grohote: Kleine Buchten gibt es auf der Südseite, sie sind nur nach längerer Wanderung oder mit einem Boot zu erreichen.

Wenige Liegeplätze befinden sich nahe der Orte:
Stomorska, im Dorfhafen.
Maslinica, hier allerdings sehr flach, das Wasser ist nicht immer von einheitlicher Tiefe.

Viele Wandermöglichkeiten vor allem auf der Südseite, zum Beispiel von Grohote oder Gore Selo, kein Kartenmaterial auf der Insel erhältlich.

Einkaufen in allen Orten möglich, ein **größerer Supermarkt** befindet sich in Grohote auf der Südseite des Dorfes gegenüber dem Parkplatz.

Achtung: Die einzige Tankstelle ist in Rogač am Fähranleger, im Zweifelsfall besser dort nachtanken, bevor es auf die Insel geht. Im Notfall sind aber auch die Einheimischen in der Regel hilfsbereit.

In der Nähe von Grohote ist eine **Ambulanz**, ansonsten stehen ein Hubschrauber und ein Notfall-Schnellboot zur Verfügung.

Der Hafen von Stomorska

Karte S. 197

Insel Vis

Mit 42 Kilometern Entfernung gehört die Insel zu denen, die am weitesten vom Festland entfernt liegen. Bis 1989 gab es keinen Tourismus auf der Insel, denn bis dahin war sie militärisches Sperrgebiet der jugoslawischen Marine. Bereits im 2. Jahrhundert vor Christus lobte der Historiker und Geograph Agatharchid aus Knidos, dass es auf der Welt keinen besseren Wein als den aus Vis gäbe. Auch James Joyce ließ sich Wein aus Vis kommen. Auf einer Fläche von 700 Hektar Fläche werden die rote Plavac- und die weiße Vugava-Traube angebaut. Die Reblaus, die nach dem Ersten Weltkrieg in Dalmatien die Weinberge vernichtete, hat auf Vis nie gewütet.

Sehenswert sind die beiden Hauptorte der Insel, **Vis-Stadt** und **Komiža**, eine Attraktion ist die südwestlich gelegene kleine **Insel Biševo** mit der Modra špilja, der blauen Grotte, die zu bestimmten Zeiten in einem sagenhaft blauen Licht erstrahlt.

Geschichte

Es ist kein Wunder, dass das Tito-Regime die Insel zum militärischen Sperrgebiet erklären ließ. Bereits 1943 setzten sich die Briten auf der Insel fest und versuchten, die Deutschen von hier aus vom Festland zu vertreiben. 1944 flüchtete auch Josip Broz Tito nach Vis unter den Schutz der Briten, wo er sich in einer Höhle verschanzte, von der aus er erfolgreich seinen Partisanenkampf führte. Die Höhle ist heute noch zu besichtigen.

Von Vis das Festland zu erobern, hat eine lange Tradition. 397 vor Christus nahm der Syrakuser Tyrann Dionysios der Ältere den Illyrern die Insel ab und gründete auf ihr eine Kolonie, die er Issa nannte. Sein Sohn, Dionysios der Jüngere, kolonisierte von der Insel aus das Festland und gründete Tragurion (Trogir), Epetion (Stobreč bei Split), Aspalatos (Split), Korkyra Melaina (Korčula), Stari Grad (Hvar) und andere.

Im Kampf gegen die Illyrer besiegten die Römer von Vis aus die Piratin Teuta.

Split und Trogir

Die Insel Vis

Auch im Kampf gegen Napoleon eroberte der Brite William Hoste 1811 zuerst die Insel und bekämpfte von dort aus die Besatzer auf dem Festland. Aus dieser Zeit rühren die Festungen und Forts der Engländer, die noch auf den Hügeln vor der Stadt Vis zu sehen sind. Das Felsenriff vor der Stadt Vis, auf dem der Leuchtturm steht, ist nach dem damaligen Befehlshaber Hoste benannt. Seit dieser Zeit trägt Vis auch den Beinamen ›Malta der Adria‹.

1866 verteidigten die Österreicher zwischen Vis und Hvar die östliche Adria gegen die Italiener und Preußen in der Seeschlacht von Lissa. Benannt nach der italienischen Bezeichnung für die Insel galt sie nach Trafalgar als die größte Seeschlacht des 19. Jahrhunderts. Sie ist legendär, weil Österreich unter Admiral Wilhelm von Tegetthoff mit zu wenigen und veralteten Schiffen, aber mit der besseren Strategie die Übermacht der Italiener brechen konnte. Weil die Schiffe überwiegend mit Kroaten besetzt waren, feiern diese den Sieg als ihren eigenen. Einige Wracks befinden sich noch auf dem Meeresboden, sie liegen aber zu tief zum Ertauchen.

Durch seine Abgeschiedenheit und begünstigt durch die militärische Sperrzone ist die Entwicklung auf Vis stehengeblieben, auch die Sprache hat sich eigenständig entwickelt. Heute lebt Vis vom Weinanbau, der Fischerei und der wegen des milden Klimas möglichen Aufzucht von jungen Palmen. Noch bis vor einigen Jahren gab es auch hier, wie auf Hvar, Fischfabriken, die aber inzwischen geschlossen wurden. Heute versucht die Insel, Anschluss an das Touristikgeschehen zu bekommen.

Vis-Stadt

Die Fähre landet im Hafen, der mitten im alten Zentrum von Vis liegt. Er befindet sich in einem von vier Stadtteilen, die sich in einer langgestreckten Bucht ausbreiten. Indem man nach rechts das Schiff verlässt, gelangt man zur Halbinsel Priovo, auf der die Griechen einst ihr Machtzentrum errichteten. Heute ist allerdings davon auf den ersten Blick wenig zu sehen.

Eindrucksvoll sind die **Grundmauern der römischen Thermen** mit ihren Mosaiken, die sich auf der linken Seite der Straße zur Halbinsel, nur wenige hundert Meter vom Anleger entfernt, präsentieren. Neben den Fußbodenverzierungen aus dem 2. Jahrhundert sind auch Reste eines Tempels erkennbar.

Auf der sich dahinter anschließenden Halbinsel **Priovo** hat sich einst ein römisches Theater befunden, heute steht hier ein **Franziskanerkloster**. Seine halbrunden Wirtschafts- und Klausurgebäude wurden auf die ehemalige Tri-

Ein Zeugnis der griechischen Kultur auf Vis: der Artemis-Kopf

Karte S. 201

Blick auf den Ort Vis

büne gebaut. Die Klosterkirche Sv. Jeronim wurde Anfang des 16. Jahrhunderts aus den Steinquadern des römischen Theaters gebaut.

Auf der anderen Seite lässt sich vorbei an vielen Palästen zur Kirche **Mariä Himmelfahrt** schlendern, in der ein Polyptichon von Girolamo da Santacroce zu sehen ist.

Den Reichtum der griechischen Kultur auf Vis zeigt das **Museum**, das im Haus der Batterija untergebracht ist. Berühmt und eine Art Wahrzeichen ist ein **Kopf der Artemis**, der in Vis gefunden wurde, leider aber nur in Kopie ausgestellt wird. Das Original hat sich die Hauptstadt Zagreb angeeignet. Doch die Ausstellung mit Vasen, Amphoren und Bronzeminiaturen, antike Funde aus den Schiffswracks, die rund um die Insel geborgen wurden, ist auf jeden Fall lohnenswert.

 Vis-Stadt

Vorwahl: 021.
Postleitzahl: 21480.
Turistička zajednica, Šetalište stare Isse 5, Tel 71 70 17, www.tz-vis.hr, www.croatianhistory.net/etf/vis.html.

Postamt, in der Nähe der Pfarrkirche Sv. Marija.

Privredna Banka und **Splitska Banka**, beide Obala Sv. Jurja.

Die **Autofähre** nach Split fährt 2x am Tag, ein **Katamaran** 1x.
Ein Tagesausflug auf die Insel ist wegen der Abfahrtszeiten der Fähren nur für eineinhalb Stunden möglich.

Split und Trogir

Hotel Issa, Šetalište Apolonija Zanelle 5, Tel. 71 11-24, -64, www.vis-hoteli.hr; 125 Zimmer, DZ 64–120 Euro. Im westlichen Teil der Bucht.

Tamaris, Obala Sv Jurja 30, Tel. 711-350, 711-443, www.vis-hoteli.hr; 25 Zimmer, DZ 110 Euro. In einem der edelsten Paläste der Stadt, direkt an der Riva.

Paula, Petra Hektorovica 2, Tel. 71 13 62, http://hotelpaula.com. Im ruhigeren Stadtteil Kut, sehr hübsches altes Haus, Wellnessangebote.

Restaurant Kaliopa, am Ostende des Ortes. Gutes Essen, schön gepflegter Garten.

Pizzeria Karijola, am Ufer. Mit Seeblick.

Restaurant Vatrica, Obala kralja P. Krešimira IV 13, Tel. 711-574, www.vatrica.hr. An der Ostseite von Vis, reichhaltige Fischplatten auf schlichten Holzbänken.

Pojada, östlich vom Hafen, in der ›zweiten Reihe‹. Restaurant mit schönem Ambiente unter Zitronen- und Orangenbäumen, innovativ zubereitete Fischgerichte.

Buffet Vis, am Ufer, nahe dem Hafen. Günstig und gut für einen Imbiss zwischendurch.

Vis organisiert jedes Jahr ein breitgefächertes Kulturprogramm, von Theater bis zum klassischen Konzert. In manchen Jahren wird die Schlacht von Lissa nachgespielt.

Scooter können an der der Riva ausgeliehen werden.

Die Masse badet hinter der Halbinsel Prirovo vor dem Hotel Issa.

Schöner Strand an der Ostseite beim Stadtteil **Lučica**.

Tipp: Mit einem gemieteten Boot die Strände am nordöstlichen Ufer zwischen den Felsen aufsuchen, etwas außerhalb von **Vela Smokova Luka**, im Norden der Insel über die Ostroute erreichbar.

Einsame Badebuchten gibt es vor allem auf der **Ostseite der Insel**, von Podselje etwa führen einige Wege zu Stränden an der Nordküste oder nach **Milna**.

Zwei Anlegestellen: Im **Stadthafen** nur wenige Muringleinen, Liegeplätze sind mit Strom und Wasser ausgestattet, allerdings ohne Sanitäranlagen.

Anlegestelle in Kut, Pier mit Wasser und Strom.

Tauchzentrum Dodoro Center, Trg Klapavica 1, Tel./Fax 71 19 13, www.dodoro-diving.com. Angeboten werden Touren zu Schiffswracks, Nachttauchen und Tauchgänge in der Blauen Grotte. In der Bucht von Vis gibt es sechs Schiffswracks, aber nur zwei lassen sich besichtigen: die ›Vassilos T.‹ und die ›Teti‹.

Schöne Wanderungen führen von **Kut** aus an die nordöstliche Küste, wo einsame Badebuchten zur Rast einladen. In westliche Richtung bietet sich eine Wanderung vom Franziskanerkloster vorbei an einer ehemaligen Fortanlage zum **Kap Nv. Pošta** an. Möglich ist auch eine längere Wanderung nach

Rogačić, hier befinden sich die in den Berg gehauenen Unterstände für Kriegsschiffe.
Wegstrecken können in der Turistička zajednica erfragt werden, hier gibt es auch Karten.

Konsum-Supermarkt, direkt am Schiffsanleger im Hafen.

Tankstelle in Vis-Stadt, nördlich vom Fähranleger. Bevor man auf Inseltour geht, sollte man volltanken, denn die Tankstelle in Komiža ist nicht immer geöffnet.

Ambulanz, gegenüber der Kirche Sv. Duh, Tel. 71 16 33.

Rundfahrt über die Insel

Die Insel kann man per Rundfahrt erkunden, denn die beiden Hauptorte an den entgegengesetzten Enden der Insel, Vis-Stadt und Komiža, sind mit einer westlichen und einer östlichen Route verbunden. Die westliche führt durch einen schroffen, gebirgigen Teil mit nur geringer Besiedelung, die östliche durch eine weites und fruchtbares Tal mit vielen Weinfeldern und kleinen romantischen Ortschaften.

Auf der östlichen Seite lässt sich vom fünf Kilometer entfernten **Rukovac** auf die **Insel Ravnik** übersetzen. Dort kann man sich in die weniger bekannte **Zelena špilja** fahren lassen, eine Höhle, die im Unterschied zur blauen Modra špilja leicht grün schimmert. Zur Karnevalzeit wird in Rukovac groß und noch sehr ursprünglich mit Fellverkleidungen gefeiert.

Oben auf der Ebene, wo sich heute die **Weingärten von Rokis Konoba** anschließen, war im Zweiten Weltkrieg der Flughafen der Royal Airforce. Weiter südlich folgt dann rechts der Berg **Žena glava** und darunter die **Tito-Höhle** (Titova špilja), von der aus Josip Broz Tito als Partisanenführer seinen erfolgreichen Kampf geführt hat. Heute ist die Höhle zu besichtigen. Oberhalb auf dem Plateau lagen die Ausbildungscamps der Partisanen.

Die Straße nach Komiža führt um den Berg Hum herum, der mit seinen 585 Metern die höchste Erhebung der Insel ist.

Komiža

Nur wenige Hafenpromenaden sind so ursprünglich wie die von Komiža. Dichtgedrängt stehen die alten Häuser, und zum Teil ragen noch die Ruinen ins Meer.

Das zweitgrößte Städtchen der Insel wurde im 12. Jahrhundert gegründet. Kaum besiedelt, erhielt sie bereits päpstlichen Besuch: Komižer Fischer zogen Papst Alexander III., der 1177 auf seiner Fahrt nach Venedig in Seenot geraten war, aus dem Meer.

Die Pfarrkirche **Sv. Marija** im Ort ist eng mit der Auffindung der einzigen Süßwasserquellen im Ort verbunden, zumindest der Legende nach. Einmal stahlen Piraten die eineinhalb Meter große Marienstatue aus dem Gotteshaus. Als auf der Flucht ein Sturm aufkam, warfen sie die Figur über Bord. Dort, wo sie am Ufer ankam, sprudelte fortan eine Süßwasserquelle. Die Kirche wird deshalb auch ›Unsere Mutter von den Piraten‹ genannt. Sie enthält heute die älteste Kirchenorgel Dalmatiens aus dem Jahr 1670.

An der Promenade liegt das Restaurant ›Jastožera‹. Ursprünglich war es eine

Blick auf die Insel Vis

Zuchtstation für Langusten, die ein italienischer Zöllner im 19. Jahrhundert gegründet hatte. Allerdings finanzierte der Jungunternehmer das Privatgeschäft aus der Staatskasse und flog auf. Der Zuchtbetrieb wurde verkauft und bis 2002 betrieben.

Am Ende der Promenade steht das **Kastell** mit Uhrturm, das als Quasi-Wahrzeichen des Ortes für die Souvenirs herhalten muss. Das 1585 gebaute Kastell beherbergt in seinen dicken Mauern heute das **Fischereimuseum**. Darin ist die letzte funktionierende Falkuša zu besichtigen. Dieser spezielle Schiffstyp, der in Korčula entwickelt wurde, konnte durch Rudervorrichtungen auch bei Windstille weiterfahren und war auf vielen dalmatinischen Inseln noch bis in die 1950er Jahre im Einsatz.

Trutzig über der Stadt wacht die ehemalige **Benediktinerabtei Muster**. Sie wurde im 13. Jahrhundert gegründet und entwickelte sich über die Jahrhunderte immer mehr zu einer Festung. Im 17. Jahrhundert wurde der Turm, dessen Wehrcharakter noch gut erkennbar ist, barockisiert.

Insel Biševo

Die **Blaue Grotte** auf der kleinen Insel Biševo ist der Hauptgrund, um auf diese entlegene Insel zu fahren. Die Grotte befindet sich an der Ostseite und ist nur mit dem Boot erreichbar (eintrittspflichtig). Zwischen 11 und 12 Uhr steht die Sonne im Sommer so, dass sie die Höhle durch Lichtbrechungen in ein strahlendes Blau taucht. Schiffe und Badende scheinen dann auf dem Wasser zu schweben. Eine Überfahrt von Komiža kostet zwischen 50 und 100 Kuna, es werden aber auch Passagen von Vis-Stadt angeboten.

Die Besiedelung der Insel wurde immer wieder unterbrochen. 1050 gründete der Spliter Priester Ivan Grlić hier ein Kloster, das er später den Dominikanern übergab, doch die Piratengefahr trieb die Mönche zurück nach Komiža.

Karte S. 201

Komiža

Vorwahl: 021.
Postleitzahl: 21485.
Turistička zajednica, Riva Sv. Mikule 2, Tel. 71 34 55, www.tz-komiza.hr.

Busverbindung mehrfach am Tag nach Vis-Stadt, so dass die Fähren erreicht werden.

Hotel Biševo Ribarska 72, Tel. 71 37 52, www.hotel-bisevo.com; 131 Betten, 5 Apartments, DZ 36–60 Euro Euro. Der Hotelkomplex am nördlichen Ortsende besteht aus mehreren Gebäuden, Kiesstrand.

Restaurant Jastožera, Gundulićeva 6. Schönes Ambiente, gute Küche, gehobene Preise.
Pizzeria Hum. Gute Pizzas und gefüllte Fischtaschen kommen hier auf den Tisch, das alles günstig.
Konoba Bako, Gundulićeva 1. Serviert werden Fisch- und Fleischgerichte auf einer erhöhten Terrasse.

Strände befinden sich zu beiden Seiten des Ortes:
Im Norden gibt es einen Kiesstrand, der Südstrand ist mit schattenspendenden Palmen bestanden, mit FKK-Strand.

Man kann in der Nähe des Wehrturms anlegen, Versorgung mit Strom und Wasser möglich.
Achtung: flaches Wasser im Stadthafen, an manchen Stellen herausstehende Felsen.

Issa Diving Center, Tel. 71 36 51, mobil 091/20 127 31, www.scubadiving.hr. Touren zu Schiffswracks, Nachttauchen und Tauchgänge in der Blauen Grotte.
Manta Diving Center, Tel. mobil 098/26 59 23, www.manta-diving. com. Tauchkurse, Nachttauchen, Ausflüge zur Blauen Grotte.

Schöne Wanderungen sind in den Norden der Insel möglich, zum Beispiel durch ein verwunschenes Tal in das nordwestliche Dorf **Oključna**, ein hübscher Bauernweiler mit einigen zerfallenen Hütten und wunderschönem Blick auf das Meer (auch mit dem Auto erreichbar).
Eine Wanderung nach Dragodir zum **Kap (Rt.) Barjaci** lohnt sich wegen der schönen Aussicht: Von Komiža die Promenade nach Westen weitergehen.
Die Besteigung des höchsten Berges **Hum** ist ebenfalls möglich, genaue Wege sollte man in der Turistička zajednica erfragen.

Im Sommer finden auf Vis zahlreiche Kulturveranstaltungen statt: Tanz- und Ballettensembles vom Festland gastieren. Die Termine können in der Turistička zajednica erfragt werden.

Kleiner **Supermarkt Podrum.**
Wein gibt es bei **Roki's.**

Medizinisches Zentrum, in Komiža, Tel. 71 31 22.

Insel Brač

Eine geologische Besonderheit hat die Insel Brač für den Tourismus bereits in den 30er Jahren attraktiv gemacht: das **Goldene Kap** (Zlatni Rat) im Süden der Insel. Bezeichnet wird damit eine Kiesstrandspitze bei Bol, auf der Südseite von Brač, die wie ein Horn in das Meer hineinragt und einen einzigartigen Badestrand bildet.

Berühmt ist die Insel bis heute durch ihre Steinbrüche. In ihnen wird der weißeste Kalkstein der Welt gewonnen, unter anderem verbaut im Weißen Haus in Washington.

Weitere Höhepunkte sind die Skulpturen von Ivan Rendić, eine Höhle voller Fabelwesen und viele lauschige Hafenorte. Das milde Klima der Insel lässt sie zu einem idealen Urlaubsziel werden.

Geschichte

Brač sei eine ›Insel ohne Geschichte‹, schrieb einst der Dichter Vladimir Nazor (1876–1949), der auf der Insel geboren wurde. Geschichte geschrieben hat die

Insel nicht, aber dennoch ist Brač eine Insel voller geschichtlicher Zeugnisse.

Mit dem leuchtend weißen Stein hat Brač das Material für einige berühmte Bauten geliefert, neben dem Weißen Haus auch für den Berliner Reichstag. Zahlreiche Häuser in Wien und auch die großen Bauten von Šibenik (Kathedrale) und Split (Diokletianpalast) wurden aus dem Bračer Stein errichtet. Der Stein von Brač prägt das Leben der Inselbewohner bis heute, und viele Privathäuser schmücken sich damit.

In der ersten Hälfte des 1. Jahrtausends vor Christus siedelten sich die Illyrer in dem Hochtal der Insel an. Sie nannten die Insel ›Brindia‹ oder ›Brentista‹, was auf eine Bezeichnung für ›gehörntes Tier‹ zurückgeht. Es wird angenommen, dass auf der Insel Hirsche lebten oder die Menschen von Ziegen und Schafen lebten.

In römischer Zeit mussten in den Steinbrüchen bereits zahlreiche Sklaven schuften, unter Diokletian viele Christen als Zwangsarbeiter. Im Laufe ihrer Geschichte gelangten immer wieder Flücht-

▲ *Seit Jahrtausenden wird der berühmte Bračer Stein abgebaut*

Split und Trogir

Insel Brač

linge nach Brač: Durch Awaren Vertriebene aus Salona, Flüchtlinge vor den Türken oder Auswanderer aus dem Neretva-Tal.

Im Jahr 1078 erlaubte ein Privileg den Insulanern, mit den Bewohnern auf dem Festland Handel zu treiben, ohne Abgaben oder Steuern entrichten zu müssen. Der Handel, vor allem mit der Stadt Split, bescherte der Insel daraufhin viele Jahrhunderte lang Wohlstand.

Im Kampf gegen Napoleon wurde Brač 1806 für etwas mehr als ein Jahr russischer Flottenstützpunkt.

Während des Zweiten Weltkrieges lieferten sich Partisanen und Faschisten, Italiener und Deutsche, heftige Kämpfe auf der Insel. Die Besatzer vergalten die Guerilla-Angriffe, indem sie Häuser anzündeten und zahlreiche Dörfer niederbrannten, so in Selca, Novo Selo, Gornji Humac, Pučišca, Praznica, Bol, Dračevica, Obrsvje and Dragovoda. Dennoch unterstützten die Bewohner die Partisanen.

Bronzerelief von Ivan Rendić

Erst 1972 wurde die Insel an das Trinkwassernetz angeschlossen. Bis dahin hatten sich die Bewohner aus Zisternen versorgt, die Hotels waren von Wasserschiffen beliefert worden.

Im Kanal zwischen Split und Brač dürfen Schiffe keinen zu großen Tiefgang haben, damit sie die Leitung nicht beschädigen.

Supetar

Die Autofähre von Split landet in dem Hafenstädtchen Supetar, das seit 1827 Verwaltungsort der Insel ist. Supetar ist eigentlich eine Verballhornung von Sv. Petar. So hieß die Bucht, in der die Besiedelung während der Renaissance einen neuen Aufschwung nahm.

Die Römer hatten zwar bereits eine Niederlassung auf der Halbinsel gebaut, auf der heute der berühmte Friedhof liegt. Dort sind noch christliche Grabmäler zu sehen, römische Grüfte sind noch in

 Insel Brač

Vorwahl: 021.
www.bracinfo.com.

Autofähre von Split nach **Supetar**; Hauptsaison 14x täglich, auch noch spät abends.
Zweite Verbindung von Makarska nach **Sumartin**; Nebensaison 3x, Hauptsaison 5x täglich.

Anflug entweder über Split und dann übersetzen oder über den Flughafen auf der Insel, nordöstlich von Bol, wird nur von drei Linien angeflogen, Croatia Airlines, Augsburg Airlines, Tyrolia Airlines.

Karte S. 209

Mausoleum von Toma Rosandić, links davan ein von Rendić gestaltetes Grab

Split und Trogir

Gebrauch. Doch in frühchristlicher Zeit vertrieben Piraten die Menschen aus dem Ort in das Hinterland, und die Siedlung verfiel. In der Renaissance baute so manche reiche Patrizierfamilie vom Festland in Supetar ihren Sommersitz. Heute leben in dem Ort zwei Drittel der Einwohner von Brač.

Größter Sohn der Stadt ist der Bildhauer Ivan Rendić. Er wurde zwar am 27. April 1849 in Imotski geboren, wuchs aber in Supetar auf. Nach seinem Studium in Venedig und Triest hat er die kroatische Bildhauerei in die Moderne geführt. Seine Skulpturen, die er überwiegend für Friedhöfe gemacht hat, wirken fast expressionistisch. Rendić wurde zu Lebzeiten unterschätzt und hielt trotz des geringen Erfolges an seiner Idee fest, in Supetar eine Künstlerschule zu errichten. Er starb 1932 in einem Armenhospital. Heute sind 200 Werke bekannt, die über ganz Kroatien verteilt sind.

■ **Stadtrundgang**

Eine großzügige Treppe führt vom Stadthafen zur Pfarrkirche **Sv. Petar** hinauf. Der heutige Bau aus dem Jahr 1773 steht an der Stelle mehrerer Vorgängerbauten, links neben der Kirche sind sogar noch Reste eines altchristliches Mosaiks zu sehen, das wahrscheinlich aus dem 6. Jahrhundert stammt. Auf halber Treppe neben der Kirche ist ein unrenovierter **Renaissanceturm** zu sehen, über den wenig bekannt ist, nur, dass er aus dem 15. Jahrhundert stammen soll.

Etwas nördlich befindet sich im Garten der Bibliothek eine kleine, aber lohneswerte **Ausstellung mit Skulpturen von Ivan Rendić.**

Fast wie ein Wahrzeichen der Stadt wird das weithin sichtbare **Mausoleum** auf dem Friedhof betrachtet. Den Bau in seiner charakteristischen Form schuf 1914 der ansonsten unbekannt gebliebene Künstler Toma Rosandić. Der sprang nach einem Streit ein: Eigentlich hätte Rendić das Mausoleum für die Familie Petrinović schaffen sollen. Doch kurzfristig wurde ihm der Auftrag entzogen, um ihn an Ivan Meštrović zu vergeben. Doch der hatte von der Geschichte erfahren und lehnte ab. Rosandić schuf ein Kunstwerk von hoher Symbolkraft, das den Bogen vom

19. Jahrhundert über den Jugendstil bis hin zu expressionistischen Anklängen spannt. Dabei orientiert er sich an Naturformen wie an Pinienzapfen und entdeckt gleichzeitig die byzantinische Architektur wieder.

Von Ivan Rendić sind mehrere kleinere Werke auf dem Friedhof zu sehen, so die ›Pietà‹ nicht weit vom Eingang entfernt.

 Supetar

Vorwahl: 021.
Postleitzahl: 21400.
Turistička zajednica, Porat 1, Tel. 63 05 51, www.supetar.hr.

Privredna banka, Porat 9.
Splitska banka, Vlačica 17.

Porat 12, Tel. 63 11 22.

Hotel Britanida, Hrvatskih velikana 26, Tel. 63 10 38; 30 Betten, DZ 60 Euro. Mit Restaurant auf einer Terrasse.
Mandić, Vladimira nazora 9, Tel. 63 09 11; 38 Betten. Zentrale Lage.
Arthotel Bračka Perla, Put Vele Luke 53, Tel. 75 55-30, Fax -47, www. brackaperla.com; DZ 90 Euro. Schöner Garten mit Swimmingpool.
Pension Palute, Put Pasika 16, Tel. 63 15 41, pension_palute@dalmacija. net, Familiengeführt, mittlere Preisklasse.

Restaurant Dolac, Petra Jakšića 8.
Britanida, Hrvatskih velikana 26. Restaurantbetrieb auf einer Terrasse, etwas feiner.
Restaurant Vrilo, am Vrilo-Strand. Grillküche mit Fleisch- und Fischgerichten.
Pizzeria Mario, Porat b.b.

Einige Strände auf der **Westseite**, aber nicht sehr sauber.

Amber Divecenter, Vela Luka 10, Tel. 098/922 75 12. Von einem polnischen Paar betriebene Einrichtung, Anmeldung unter: www.amber-divecenter. com.

Kleiner **Supermarkt** am Hafen.

INA, Mladena Vodanovića 1.
Keine Tankstelle im Inneren der Insel, erst wieder in Bol.

Poliklinik und Ambulanz, Vodanovića 24, Tel. 63 31 04.
Apotheken: Puharić, Vodanovića 24. Škoko, Porat 24.

Camp Babura, Hrvatskih velikana b.b., 63 16 34. 40 Wohnwagenplätze und 100 Zeltplätze.
Camp Supetar, Melešnica b.b. Ungünstige Lage und nachlässiges Personal.

Postira

Der kleine Hafenort Postira hat mit seinen alten **Palästen** einiges an Flair zu bieten. In einem der Paläste ist der Schriftsteller und Politiker Vladimir Nazor geboren. An den Außenwänden des Hauses direkt an der Hafenmole sind zahlreiche Tafeln mit lateinischen Zitaten kroatischer Humanisten angebracht. Heute wird das Haus noch von einer alten Dame aus der Familie Nazor bewohnt.

An der Straße nach Pučišća sind in der Bucht Lovrečina die Ruinen einer großen **altchristlichen Basilika** aus dem 5. oder 6. Jahrhundert zu sehen. Sie gehörte später zu einem Benediktinerkloster, das im 11. Jahrhundert entstand.

Blick auf Postira

Pučišća

Der Ort mit seinem natürlichen und tiefeingeschnittenen Hafen bietet eine malerische Kulisse aus Renaissance- und Barockpalästen, die im 15. Jahrhundert angelegt wurde. Sie zeigen den Reichtum dieses Ortes, denn Pučišća war seit

Vorwahl: 021.

Hotel Vrilo, Tel. 63 21 88; 44 Betten, DZ 100 Euro. Direkt am Hafen.
Galeb, Tel. 63 91 17. Liegt nahe einem Pinienwald.

Pizzeria Lipa.
Restarant Lovrečina. Mit Terrasse.
Konoba Da Pipo.

Badestrände an den **Enden des Ortes** an weiterführenden Wegen, insbesondere Richtung Osten.

der Zeit der Römer der Hafen für den Export des Bračer Steins in alle Welt.

Zu den Kunden der Steinabbauunternehmer zählten früher die Großen der Steinmetzkunst wie Juraj Dalmatinac und Nikola Firentinac. Andrija Aleši pachtete sogar selbst einen Steinbruch im nördlichen **Veselje**, in dem jetzt eine Steinmetzschule eingerichtet ist.

Heute befindet sich das größte Abbaugebiet am nordöstlichen Ausgang der Bucht, dessen weißer Steinbruch weit über die See leuchtet. Er gehört der Firma ›Jadrokamen‹, die zahlreiche weitere Steinbrüche auf der Insel führt.

1906 wurde in Pučišća eine **Steinmetzschule** gegründet, die bis heute junge Steinmetze ausbildet. Für Besucher hat sie einen **Ausstellungsraum** mit beeindruckenden Arbeiten aus Generationen von Schülern eingerichtet.

Die Venezianer errichteten im Hafen 13 Wehrtürme, die die Türken abwehren sollten, davon sind heute nur noch drei zu sehen. Während des Zweiten Welt-

Der Hafen von Pučišća

krieges haben Italiener die Stadt von Schiffen aus massiv beschossen, so dass sie teilweise niederbrannte.

Die Pfarrkirche **Sv. Jeronim** enthält zahlreiche Kunstwerke. Das Bild des Sv. Rok (heiliger Rochus) vom Eingang rechts wird der Schule von Palma dem Jüngeren zugeordnet. Anfang der 80er Jahre wurde es gestohlen und kam 1989 wieder zurück, nachdem es in einer deutschen Wohnung gefunden wurde. Seitdem hängt es wieder an seinem Platz.

An der Wand neben dem Altar befindet sich die Ikone einer Schwarzen Madonna aus dem 18. Jahrhundert, die fast wie moderne Malerei anmutet. Sehr schön sind die modernen Fenster des bekannten kroatischen modernen Künstlers Vlaho Bukovac, die die Eingangsseite und den Chor schmücken.

Im Pfarramt der Kirche wird die berühmte Urkunde **Povaljska listina** von 1184 aufbewahrt. Sie ist das älteste in kroatischer Sprache formulierte und in Bosancica geschriebene Dokument. Sie wird für die östlich gelegene Gemeinde Povalja verwahrt, listet die Besitztümer der dortigen Abtei auf und überliefert einiges von den Lebensverhältnissen ihrer Zeit.

 Pučišća

Vorwahl: 021.

Postleitzahl: 21412.

Turistička zajednica, Nova riva b.b., am Hafen, Tel. 63 35 55, www.brac info.com/de/pucisca.

 Postamt, am Hafen, bei der TZ.

 Splitska banka, am Hafen.

 Hotel Palača Dešković, direkt am Hafen gelegen, Tel. 77 82 40, www.palaca-deskovic.com; DZ 200 Euro. Haus der Familie des berühmten Bildhauers Branko Dešković (1883 – 1939), bietet

Malkurse an und hat eine Bibliothek, obere Kategorie.
Porat, Tel. 63 30 19; 50 Betten. Einfach.

Restaurant Aquila, an der Mole.

Diskothek Monte Carlo, Pučišća bb.

Steinmetzschule (Kamenoklesarska Škola), Nova riva b.b., Tel. 63 31 14.

Sv. Jeronim, rund um den 30. September: Konzerte, Tanz und Ausstellungen.
Kultursommer: klassische, Pop- und Jazz-Konzerte, Ausstellungen, Theatervorstellungen, literarische Abende.

Sutivan

In den westlichen Teil der Insel führt die Straße nach Milna am Hafenstädtchen Sutivan vorbei. Mit seinen Renaissancepalästen und dem Wehrturm an der Uferpromenade hat der Ort eine würdevolle Ausstrahlung. Schön ist der Palazzo des Dichters Jerolim Kavanjin (1643–1714), über dessen Tür der Spruch ›Ostium non hostium‹ (Den Freunden, nicht den Feinden) prangt. Eine Steintafel aus jugoslawischer Zeit an seinem Haus besagt, dass die Partisanen dort während des Zweiten Weltkrieges ein Krankenhaus eingerichtet hatten. Hinter dem Ort befindet sich ein kleiner **Zoo**.

Lozišća

In einem schmalen Tal reckt sich ein **Kirchturm** in die Höhe, der für die Häuser drumherum überdimensioniert wirkt. Der Glockenturm ist ein Werk von Ivan Rendić aus der Mitte des 19. Jahrhunderts. Der Künstler hat ihn im Auftrag reicher Gutsbesitzer gebaut, denen allerdings bald das Geld ausging. Ein Wiener Arzt, der aus Lozišća kam, finanzierte die Fertigstellung, unter der Bedingung, lebenslang mit Wein und Olivenöl beliefert zu werden. Angeblich hat auch Rendić vor der Monumentalität gewarnt, konnte sich aber nicht durchsetzen. Die für das Dorf ebenfalls übergroße Kirche war bereits 1820 entstanden.

Bobovišća

Bobovišća besteht aus zwei Teilen: einmal oberhalb am Berg liegend, und einmal am Meer mit der Zusatzbezeichnung ›na moru‹. Der stille kleine Hafen wurde zum Rückzugsort und zur Sommerfrische vieler Adliger und hat sich bis heute sein Flair bewahrt.

In Bobovišća na moru verbrachte der Dichter Vladimir Nazor seine Kindheit. Oberhalb seines Elternhauses baute er sich einen **Gedenkturm**, der ihn an seinen Aufenthalt in Griechenland erinnern sollte.

Von der Bucht **Vičja Luka** erzählen die Alten, dass dort unterirdische Höhlen in das Reich der Hexen führten.

Lozišća mit dem Glockenturm von Ivan Rendić

Split und Trogir

Barockkirche in Milna

Milna

Entstanden ist Milna mit dem Bau der Sommerresidenz der Adeligen Cerenić Ende des 16. Jahrhunderts, so dass der Ort immer schon der Sommerfrische gewidmet war. Mitte des 19. Jahrhunderts wurde in Milna eine Werft gegründet, auf der ein eigener Holzboottyp entwickelt wurde: die Braccera, die bald in der ganzen Adria zu finden war.

1806 kam es vor Milna zur Seeschlacht zwischen Franzosen und Russen. General Viesse de Marmont, französischer Oberbefehlshaber der illyrischen Provinzen, wollte die Russen vor dem Hafenbecken überraschen, doch die Dörfler warnten die Russen mit Hilfe von Leuchtfeuern, so dass die Franzosen besiegt werden konnten. Dafür machte der russische Zar Milna für ein Jahr zum Verwaltungszentrum von Brač.

Die **Barockkirche** wirkt harmonisch, die Marienstatue über dem Eingang von einem unbekanntem Künstler scheint zu schweben. Der Turm ist mit Menschenköpfen verziert, sogenannten Mascarone, die Persönlichkeiten aus dem Dorfleben darstellen.

In der Kirche sind die Plastiken neben dem Altar von Ivan Rendić. Die Sakristei, im Übergang von der Gotik zum Renaissancestil erbaut, war die einstige Privatkapelle der Ortsgründer.

Nördlich der Kirche befindet sich ein weiterer repräsentativer Treppenaufgang zur **Loggia**. Hier erinnert heute auf einem Absatz ein Denkmal an Ivan Bonačić Sargo (1862–1920), der als junger Mann nach Chile auswanderte und dort durch den Handel mit Salpeter reich wurde. Er spendete 30 000 Dollar, damit sein Heimatdorf eine öffentliche Kanalisation und ein Stromnetz bekam. Heute lebt Milna vom Tourismus und dem Fischfang, gleich neben der Marina befindet sich eine kleine Werft für Reparaturen an Kuttern und eine kleine Fischfabrik.

Karte S. 209

Milna
Vorwahl: 021.
Postleitzahl: 21405.
Turisticka zajednica, Tel. 63 62 33, www.milna.hr.

Hotel Illyrian Resort, Tel. 635 66, www.illyrian-resort.hr.; Apartment 100–125 Euro. Schlichte, saubere und großzügige Apartments zu gehobenen Preisen.
Hotel La Baia Blu, Tel. 63 61 16, www.labaiabluhotel.com; 25 Zimmer, DZ 70 Euro. Einfach, schöne Terrassen.

Amfora, Elizabeta Lekšić. Schöner Ort direkt am Hafen.
Fontana, MB-Vicić, www.mb-vicic.com. Mit Terrasse.

Baden in der **Bucht von Milna** ist wegen mangelnder Strömung weniger ratsam.

ACI Milna, Milna bb, Tel. 63 63 06, 63 63 66 m.milna@aci-club.hr, www.aci-club.hr.
Marina Vlaška, Pantera b.b., Tel. 63 62 47.

Ein schönes Ziel ist das Kirchlein Sv. Josip in der Bucht **Osibova**.
Wanderwege führen zur **Südküste** mit einsamen Buchten und sauberen Stränden.

INA-Tankstelle, im Ort.

Von Milna nach Bol
Die Straße zum heutigen Inselzentrum Bol führt durch alte Inselorte. Als das älteste Dorf der Insel gilt **Donji Humac**. Vor der Pfarrkirche befinden sich Steinskulpturen, die bei internationalen Steinmetzkursen im Ort entstanden sind. In der Kirche hat über dem Chor ein byzantinisches Fresco aus dem 13. Jahrhundert überdauert, weil ihm Wundertätigkeit zugesprochen wurde. Einer Legende zufolge fällt jedes Jahr am 20. Januar Tau auf das Bild.
Der kleine Ort **Nerežišća** wirkt heute eher verlassen, war aber über 800 Jahre, bis 1828, das Verwaltungszentrum der Insel. Der Hauptplatz mit romanischen und gotischen Fassaden ist eine Pause wert.
Die kleine Siedlung **Gornji Humac** liegt wunderschön an einem Hang und ist touristisch völlig unberührt. In seiner kleinen Friedhofskirche befinden sich

Pfarrkirche in Donji Humac

Split und Trogir

mehrere Reliefs aus dem 15. Jahrhundert, eines ist von Nikola Firentinac, ein weiteres wahrscheinlich von einem seiner Schüler.

 Von Milna nach Bol

Am 2. Juli wird die Schutzpatronin des Ortes, Gospa Miraška, mit einem großen **Dorffest** gefeiert, am 6. Dezember der heilige Nikolaus (Schutzpatron der Seefahrer).

Wanderwege für geübte Wanderer von Nerežišća aus **zur Südküste**, vorbei am Kloster Blaca.
Ein weiterer Weg führt auf den **Vidova Gora**, dem mit 778 Metern höchsten Berg der Insel.
Wanderungen sind auch in die **Bucht Krušica** möglich, wo sich im Zweiten Weltkrieg ein Versteck für U-Boote befand.

Bol

Sicher ist das Zlatni Rat, das **Goldene Kap**, die Hauptattraktion von Bol. Die feine Kiesstrandspitze, die wie ein Horn in das Meer hineinragt, verändert entsprechend der Meeresströmung ständig ihre Position. Mit diesem Phänomen begann der Tourismus auf der Insel Brač bereits in den 1920er Jahren.
Weitere Attraktionen sind das **Dominikanerkloster** im Osten der Stadt, eine Grotte mit jahrhundertealten Drachendarstellungen und ein **Kloster,** das atemberaubend in ein enges Tal gebaut wurde und ein schönes Wanderziel bietet.
Bol ist der einzige Ort der Insel, der sich an der Südküste befindet und ist zugleich der einzige Ort, in dessen Nähe

Süßwasserquellen entspringen. Dadurch kamen Illyrer und Römer in die Gegend, die sich auf dem Vidova Gora (Veitsberg) niederließen. Noch heute sagen die Einheimischen nicht, sie gehen ›nach‹, sondern ›auf‹ Bol, weil einst das Dorf auf dem Berg gemeint war.
1475 siedelten sich dann die Dominikaner im Ort an, als sie die Halbinsel Glavica vom regierenden Fürsten geschenkt bekamen. Das zog Adelige an, deren Palazzi dem Ort heute noch Flair verleihen.
Im Jahr 1903 taten sich die Weinbauern der Umgebung zusammen und gründeten eine Weinbaugenossenschaft.

■ Ein Gang an der Promenade

Der romantische alte **Hafen** der Stadt ist von einigen schönen Palazzi umstanden, deren Stil bis in die Gotik zurückreicht. Das markanteste Gebäude am Hafen, das aussieht wie ein Kastell, ist das Gebäude der Weinbaugenossenschaft. Den dort produzierten Plavac bol sollte man unbedingt probieren, der Rotwein kann mit internationalen Standards durchaus mithalten und ist nicht einmal teuer.
Hinter der Weinbaugenossenschaft liegt die **Galerie Josip Botteris**, des landesweit bekannten modernen Künstlers, der der neuen (kirchlichen) Kunst wohltuende Impulse gibt. Ebenso ist die weiter östlich gelegene **Galerie Branko Dešković** schon wegen ihres schönen Palazzos zu empfehlen, sie zeigt Werke von Ivan Meštrović, Ivan Rendić und Ivo Dulčić.

■ Dominikanerkloster

Ein viertelstündiger Spaziergang weiter Richtung Osten führt zur malerischen

Split und Trogir

Altarbild von Jacopo Tintoretto im Dominikanerkloster in Bol

Am Goldenen Kap

Anlage des **Dominikanerklosters** auf der Halbinsel Glavica, direkt am Meer. Bereits seit 1184 befand sich an dieser Stelle ein Palais, das dem Bischof von Hvar gehörte. Das 1475 erbaute Kloster ist schon wegen seiner Anlage am Meerufer sehenswert. Der **Klostergarten**, der treppenförmig zum Meer abfällt, mit seinem alten Baumbestand ist ein phantastischer Ruhepunkt.

Die **Kirche**, ursprünglich als einschiffiger gotischer Andachtsraum für die Mönche errichtet, löste einen Streit mit der Gemeinde aus: Die Einwohner behaupteten, die Kirche sei auf dem Grundstück der Gemeinde gebaut. Deshalb fügten die Dominikaner nördlich ein Seitenschiff an, damit auch die Bevölkerung am Gottesdienst teilnehmen konnte.

Berühmt ist die Klosterkirche für das **Altarbild von Jacopo Tintoretto**, das die Madonna mit dem Kinde im Kreis von Heiligen und einem Dominikanermönch darstellt. Zweifel an der Autorenschaft des berühmten Kunstwerkes werden im Klostermuseum zerstreut, wo die Kopie einer Zahlungsanweisung an den Künstler zu begutachten ist. Allerdings fehlt dem Bild ein wenig die Leichtigkeit, mit der Tintoretto malte.

Bis zum letzten Krieg hing an der Stelle des Hauptaltars ein Gemälde von Josip Botteri. Es wurde aus unbekannten Gründen ausgewechselt und ist nun im Museum des Klosters zu sehen. Verblieben ist ein beeindruckender Kreuzweg von Botteri. Gleich hinter dem Eingang unter der Empore sind kleine Meisterwerke barocker Deckenmalkunst von Tripo Kokolja zu sehen. Die Szenen aus dem Leben des heiligen Domenikus, des Ordensgründers, entstanden im Jahr 1713.

Im **Museum** sind steinzeitliche Funde von der Insel ebenso wie alte wertvolle Inkunabeln und eine kleine Gemäldegalerie mit Meistern aus der venezianischen Schule bis zur Moderne ausgestellt.

Auf der westlichen Seite der Stadt führt ein schöner Spazierweg durch ein Kiefernwäldchen zum **Zlatni Rat**, dem Goldenen Kap.

Karte S. 209

Bol

Vorwahl: 021.
Postleitzahl: 21420.
Turistička zajednica, Porat Bolskih Pomoraca b.b., Tel. 63 56 38, www. bol.hr.

Splitska banka, Frane Radića 16.

Interactiv, Rudina 6.
Info graf, Uz pjacu b.b., Tel. 71 88 77.

Mehrmals am Tag Busverbindungen nach Supetar zum Ableger der Fähre nach Split.

Airport Brač, nordöstlich von Bol, Tel. 55 97 02, www.airport-brac.hr (auch auf englisch). Der Flughafen wird nur von drei Linien angeflogen: Croatia Airlines, Augsburg Airlines, Tyrolia Airlines.
Ansonsten erfolgt die Anreise über den **Flughafen Split** und weiter per Schiff nach Supetar.

Eine **Personenfähre** verbindet Bol mit Jelsa auf der Insel Hvar, Tagesausflüge nach Jelsa sind nicht möglich.
Verbindungen nach Split etwa viermal täglich, Tagesausflüge nur von Bol nach Split, nicht aber von Split nach Bol möglich.

Taxistand, schräg gegenüber der Weinbaugenossenschaft.

Die **Hotels Elaphusa, Bonaca, Borak**
gehören alle zu einer Gruppe, Tel. 63 52 10.
Hotel Ivan, David Cesta 11 A, Tel. 64 08 88, www.hotel-ivan.com; DZ 141 Euro. Schlichte Apartments und Zimmer in schöner Anlage, mit vielen Extras.
Kaštil, Frane Radića 1, Tel. 63 59 95, www.kastil.hr; DZ 140 Euro. Kleines Hotel im Zentrum, kinderfreundlich.
Villa Daniela, Domovinskog rata 54, Tel. 63 59 59, www.villadaniela.com; DZ 130 Euro. Die meisten Zimmer mit Balkon und schöner Sicht.
Dominikaner-Kloster, Tel. 77 80 00; DZ 60–80 Euro. Übernachtungsmöglichkeiten zu günstigen Preisen, auch mit Verpflegung. Schlicht, nur etwas für Vertreter des ruhigen Reisens.

Camp Meteor, Hrv. Domobrana 1, Tel. 63 56 30.
Camp Ranč, Tel. 63 56 35, Hrvatskih domobrana. Ortsnah.
Camp Njiva, Bračka Cesta, Tel. 63 54 72.

Konoba Gušt, Frane Radića, direkt hinter dem Hotel ›Kaštil‹ nahe dem Hafen.
Restaurant Laguna, A. Starčevića 9. Mit Terrasse und schönem Blick, Service betreibt Massenabfertigung.
Konoba Mendula, beim Restaurant ›Laguna‹ die Treppen rauf. Dalmatinische Hausmannskost zu günstigen Preisen.

Ende August findet die **Nacht der Fischer** statt. Morgens um 5 Uhr wird ein 120 Meter langes Netz vor Zlatni rat ausgelegt. Nachmittags gegen

Split und Trogir

17 Uhr wird es wieder eingeholt. Der Fisch, der sich dann in den Netzten befindet, wird öffentlich für alle gegrillt.

Stadthafen. Renoviert und erweitert, allerdings sind die Liegeplätze trotzdem rar.

Tauchzentrum Big Blue, Podan Glavice 2, Tel. 63 56 14, www.big-blue-sport.hr. Am Zlatni Rat, mit Surfschule und Sea-Kayaking.
Diving Center Bol, Familie Denis Barhanović, M. Marulic 3, Tel. 63 53 67, www.nautic-center-bol.com, denis@bol.hr. Vermieten auch 20 Boote für Küstenfahrten.

Zahlreiche **Taxi- und Ausflugsboote** bieten von der Promenade aus Touren entlang der Küste an oder auch Ausfahrten zum morgendlichen Fischen.

Es gibt auch Verbindungen bis unterhalb der **Drachenhöhle** oder zum **Kloster Blaca**.
Ausflüge in die **Bucht Krušica,** wo im Zweiten Weltkrieg U-Boote lagen, werden ebenfalls angeboten.
Entlang der Küste sind wunderschöne Wanderungen nach Westen möglich, dabei können die **Drachenhöhle** oder das **Kloster Blaca** erwandert werden. Die reine Wegzeit zum Kloster beträgt etwa vier Stunden für Hin- und Rückweg. Feste Schuhe sind für die Wanderung unabdingbar, ein ausreichender Wasservorrat sollte mitgenommen werden.

INA-Tankstelle, Vl. Nazora 3, schräg gegenüber der Weinbaugenossenschaft.

Ambulanz, am Hafen, Porat bolskih pomoraca b.b., Tel. 63 51 12.
Apotheke, neben der Ambulanz.

Dominikanerkloster in Bol

Kloster Blaca

Die in einem engen Tal im Westen von Bol romantisch versteckte Einsiedelei Blaca erfüllt alle Träume vom abgeschiedenen Leben. Mittlerweile ist sie aber auch ein beliebtes Ausflugsziel.

Im 16. Jahrhundert gegründet, wurde das Kloster wegen seiner landwirtschaftlichen Tätigkeit nicht nur reich, sondern durch das Abschreiben und Verfassen glagolitischer Texte auch bald zu einem geistlichen Zentrum. Allerdings war das Leben hart: Der Abt legte die Arbeit für die einzelnen Mönche fest und teilte zweimal im Jahr Schuhe und Kleidung aus. Zu letztem Ruhm kam das Kloster durch Don Niko Miličević den Jüngeren, der als Astronom zahlreiche Artikel in ausländischen Fachzeitschriften verfasste und 1962 als letzter Mönch in diesem Kloster starb.

Heute ist das Kloster ein **Museum**, das an das karge Leben der Priester erinnert. Zu sehen sind außerdem eine der wenigen erhaltenen Originalküchen aus dem 18. Jahrhundert, eine Waffen- und Uhrensammlung und eine kleine Druckerei. Die **Kirche** wurde 1588 im Renaissancestil gebaut und später barockisiert; zwei Altarbilder, die aus der venezianischen Schule des 17. Jahrhunderts stammen, zeigen die Büßerin Maria Magdalena und die Samariterin am Brunnen.

Kloster Blaca

Kloster Blaca

Das Kloster wird am Ufer entlang über **Murvica** erreicht, Dauer des Fußmarsches etwa 5 Std.

Man kann sich auch mit dem **Taxiboot ab Bol** zur Aufstiegsstelle bringen lassen, dann sind es nur noch etwa 1,5 Std. Aufstieg bis zum Kloster.

Von **Nerežišća** dauern Ab- und Aufstieg etwa 2 Std.

Murvica

Über Murvica wird nicht nur das Kloster Blaca erreicht, sondern auch die **Drachenhöhle** (Drakonjina pećina) oberhalb des Dorfes. Murvica war bereits bei den Römern ein beliebter Ort, sie nutzten den fruchtbaren Berghang mit seinen Quellen. Später wurden in der Umgebung zahlreiche Klöster und Einsiedeleien gegründet.

Eine der Einsiedeleien ist die Drachenhöhle. Ihre Wände zieren zahlreiche Reliefs mit Darstellungen von Drachen und anderen Fabelwesen. Die 20 Meter tiefe Höhle ist in vier Räume aufgeteilt, in der es eine kleine Kapelle, Vorratsräume, Wasserspeicher und Schlafnischen gab. Warum im 15. Jahrhundert einer der Einsiedler einen Meißel zur Hand nahm und die Wände des vorderen Bereiches so geheimnisvoll verzierte, ist bis heute unbekannt. In den Darstellungen vermischen sich biblische Motive aus der Offenbarung und altslawische Mythen.

Split und Trogir

Christ-König-Kirche in Selca

Außerdem entstand in dieser Höhle das erste glagolitisch geschriebene Messbuch der Insel, es ist heute im Museum des Dominikanerklosters zu sehen.

Der Zugang zur Höhle ist nur mit Führer möglich, der einen Schlüssel hat, die Adresse hat die Turistička zajednica in Bol.

Selca

Selca liegt am Verkehrsknotenpunkt, über den sich der Osten der Insel erschließt. Im 17. Jahrhundert durch die Steinbrüche reich geworden, brachten im 19. Jahrhundert junge Leute panslawische Ideen in den Ort und errichteten das erste Denkmal Dalmatiens für Leo Tolstoi und ein weiteres für den Bauernführer Stjepan Radić.

Während des Zweiten Weltkriegs brann-

ten die Faschisten aus Vergeltung für Partisanenaktionen mehrfach Häuser und ganze Straßenzüge nieder.

Weithin erkennbar ist die monumentale **Christ-König-Kirche**, die 1919 von dem Österreicher Adolf Schlauf geplant wurde. Der Architekt, der eigentlich in der Zadarer Bauabteilung der Eisenbahn beschäftigt war, mischte gotischen Stil außen mit byzantinischem Stil innen. Dadurch wirkt die Kirche streng in den Himmel gerichtet und wohltuend offen zugleich. Alle Teile, ob Ornamente oder Steinfiguren, stammen von einheimischen Steinmetzen.

Die drei Figuren an der Fassade stellen Christus, Method und Kyrill dar. Im Chorraum ist eine Christusfigur von Ivan Meštrović zu sehen, die er aus Granathülsen des Zweiten Weltkrieges gießen ließ.

In einem **Statuenpark** östlich der Kirche befinden sich neben Leo Tolstoi Plastiken von Franjo Tuđman, Hans-Dietrich Genscher und anderen. Besonders fallen in Selca die vielen weißen Steindächer auf. Diese traditionelle Deckweise besteht aus zementierten Steinplatten, die anschließend mit dem Staub aus den Steinbrüchen geweißt werden.

👁 **Selca**

Postamt, am Ort.

✖

Restaurant Ruzmarin, Trg Stjepana Radića 15.
Petrovac, Dujma Hrankovića 10.
Pizzerien Bonaca und Perivoj. Hier wird Pizza aus dem Holzofen serviert.

➕

Selca verfügt über eine **Poliklinik**, 63 30 10.

Novo Selo

Die Attraktion des Dorfes ist der **Künstlergarten** von Frane Antunjević. Wuchtige Formen, aber mit tiefer Bewegung, meißelt der Bildhauer in den weißen Stein. Vor der Kirche des Dorfes steht eine von Antunjević gestaltete überlebensgroße **Heiligenfigur des Sv. Antun**, Einsiedler und Heiliger der Haustiere. Obwohl eine lokale Berühmtheit, lebt Antunjević wie ein Einsiedler in seiner Hütte oberhalb des Figurengartens. Er zeigt gern sein Atelier und hat auch ein paar Kleinode für Touristen, die nicht teuer und echte Souvenirs sind.

Povlja

Unter den Römern bereits ein vielfrequentierter Hafen, ist Povlja heute ein verschlafenes kleines Fischerdorf am östlichsten Arm einer schönen, weitverzweigten Bucht. Historisch bedeutsam ist es durch die Urkunde von 1184 aus dem Benediktinerkloster, das die Besitztümer der Umgebung aufzählt.

Aus Povlja kamen viele Partisanen, die später unter Tito führende Positionen einnahmen, so auch der Leiter der Gefängnisinsel Goli Otok, auf der etwa 30 000 Inhaftierte Zwangsarbeit leisten mussten. Er verbringt heute unbehelligt seinen Ruhestand im Ort.

Unten an der Hafenbucht befindet sich vor der ehemaligen Schule eine moderne **Skulptur des Ivan Povaljski**, des Ivan aus Povlje. Der im Volk wie ein Heiliger verehrte Ordensmann soll durch stundenlanges Beten die Pest vom Ort ferngehalten haben.

Seine Gebeine wurden einst im **Kloster** oberhalb des Ortes aufbewahrt, dessen Ruine die eigentliche Sehenswürdigkeit des Ortes ist. Das Kloster stand an der Stelle der heutigen Pfarrkirche Sv. Ivan. Von dem Kloster, das einst auf den Re-

Frane Antunjević in seiner Werkstatt

sten eines römischen Tempels errichtet wurde, sind neben der heutigen Pfarrkirche nur noch Grundmauern und der Chor der Kirche zu sehen.

Im Chor der **alten Kirche** diente eine taufbeckenähnliche Bodeneinlassung in Kreuzform als Aufbewahrungsort für die Reliquien des Klosters. Noch heute holen sich Gläubige mit Tüchern Feuchtigkeit aus dem Becken und erhoffen sich dadurch Heilung von Krankheiten.

In der **neuen Kirche** gibt es rechts neben dem Chorraum ein Abbild der alten Urkunde von Povlja, die heute das Pfarramt von Pučišća aufbewahrt. Sie ist in Bosančica verfasst. Die Urkunde zählt die Besitzverhältnisse auf und gibt einen Einblick in das mittelalterliche Leben des Ortes.

Das Kloster wurde 1807 unter napoleonischer Herrschaft aufgelöst und seine Besitztümer verkauft.

Sumartin

Sumartin ist ein kleiner verschlafener Fährhafen, in dem die Autofähren von Makarska anlegen. Vor den Türken Geflüchtete aus Bosnien gründeten den Ort am 11. November 1646 und benannten ihn nach dem heiligen Martin.

Weil die Obrigkeit Landbesitz nicht erlaubte, verlegten sich die Neuankömmlinge auf den Fischfang. Bis heute soll es hier die größte Anzahl an Booten je Einwohner auf der ganzen Insel geben.

Die Bewohner sprechen als einzige Bevölkerungsgruppe auf der Insel noch ihren štokawischen Dialekt.

Die Franziskaner errichteten unter dem Guardian und landesweit bekannten Dichter Andrija Kačić-Miošić im Jahr 1747 das heute noch erhaltene **Kloster**. Die Kirche wurde 1911 neu erbaut und weist eine überladene pseudobarocke Farbenpracht auf. Dabei gehen leider einzelne Werke wie die Mosaiken vom ersten Lehrer Ivan Meštrovićs und auch so manche gelungene Plastik unter. 1944 requirierten die Deutschen das Kloster und machten daraus ein Krankenhaus.

Am Hafen unterhalb des Klosters gibt es eine Schiffswerft, die Holzboote von Fischern oder kleine Holzjachten reparieren.

Povlja

Vorwahl: 021.

Turistička zajednica, im Hafen neben der Post.

An der Spitze der Hafenbucht, das moderne Häuschen ist leicht erkennbar.

Hotel Galeb, nahe dem Hafen; 60 Zimmer. Mit Restaurant, Tennisplatz, Tauchclub und Bootsverleih.

Restaurant Galeb. Etwas gehobenes Ambiente, mit Terrasse.

Stara Uljara. Schöne Atmosphäre in einer alten Ölmühle.

Gastionica, am Ostufer des Hafens. Schlicht, einfache dalmatinische Hausmannskost zu kleinen Preisen.

Sumartin

Vorwahl: 021.

Es gibt eine Verbindung nach Makarska, 3x am Tag in der Vorsaison und 5x in der Hauptsaison, die Anlegestelle befindet sich am Hafen mitten im Ort.

Konoba Bernardo, Sumartin, Tel. 64 80 12. Einziges Restaurant am Platz mit einem größerem Angebot, eher einfache Küche.

Sehr schön ist es, am Meer entlang nach **Raostica** zu laufen, in der Bucht bei den verlassenen Häusern lässt sich ungestört baden.

Hafen und Bucht von Sumartin

Insel Hvar

Die milden klimatischen Bedingungen
im Südwesten der Insel haben Hvar früh
zu einem Ziel für Touristen gemacht.
Bereits 1868 wurde dazu die ›Hygieni-
sche Gesellschaft‹ in der Stadt Hvar gegründet. Die Stadt machte sich zunächst
einen Namen als Luftkurort, dessen Klima Bronchitis- und Asthma-Kranken Er-
leichterung verschaffte. Dagegen ist die
etwas rauhere und bergigere nordöstliche Spitze der Insel bis heute kaum vom
Fremdenverkehr berührt.
Hauptattraktionen sind die Hafenstädte
Hvar, **Stari Grad** und **Jelsa**, viele einsame Buchten und im Juni und Juli die
blühenden Lavendelfelder.

Geschichte

Es waren vor allem von außen kommen-
de Mächte, die die Insel Hvar geprägt
haben. Im 4. Jahrhundert vor Christus
kamen die Griechen von den Ionischen
Inseln über die See und errichteten die
Stadt Pharos (heute Stari Grad). Die einzige Kolonie, die nicht von Vis aus gegründet wurde, gab der Insel ihren Namen: Aus Pharos wurde Hvar, die Alten
nennen ihre Insel heute noch For.
Zahlreiche archäologische Forschungen
in den Höhlen der Insel belegen, dass es
sogar in der Jungsteinzeit eine eigene
Hvarer Keramik und damit Kultur gegeben hat.
Mit der Machtübernahme durch Rom
kam Hvar unter die Verwaltung von
Salona. Die Römer verdrängten die Einheimischen aus den fruchtbaren Ebenen
in den Ostteil der Insel. Damit erhielt
der Ostteil ein ›Sibirienimage‹: Bis heute
betrachten die Städter es eher als Makel,
im Ostteil der Insel zu wohnen.
Als die Venezianer 1420 die Macht übernahmen, erlebte die Stadt Hvar mit ih-

Insel Hvar

rem Hafen einen großen Aufschwung.
Die Türken zerstörten bei ihrem Überfall
1571 den südwestlichen Teil der Insel
völlig und wurden erst in Jelsa in die
Flucht geschlagen.

Mit der Einführung der Dampfschiffe
unter Österreich-Ungarn, die in den Häfen Hvar und Jelsa nicht landen konnten, verlor die Insel ihre wirtschaftliche
Basis und wurde zur Provinz.

Der Lavendel, der auf keiner anderen
dalmatinischen Insel angebaut wird,
kam 1938 nach Hvar. Erst in den 30er
Jahren wurden befestigte Straßen zwischen den Inselstädten gebaut, bis dahin fuhren manche von Stari grad nach
Hvar mit der Fähre über Split, um sich
einen Acht-Stunden-Ritt auf dem Esel zu
ersparen.

 Insel Hvar

Vorwahl: 021.
Vorwahl: 21450.
Turistička zajednica Hvar, Trg Svje-
tog Stjepana, Hvar, Tel. 74 10 59,
www.tzhvar.hr. Am Hauptplatz,
freundlich und sehr professionell.
Privatunterkünfte für die ganze Insel
unter www.hvarinfo.com.

Hvar ist von zwei Seiten erreichbar:
Autofähre von Split zum Hafen Stari
Grad (etwas außerhalb), 4x pro Tag
in der Nebensaison und 7x in der
Hauptsaison. Tagesausflüge von Split
möglich.
Autofähre von Drvenik nach Sućuraj
(Ostküste der Insel), Nebensaison
7x am Tag, Hauptsaison 12x.

Es gibt viele Möglichkeiten für Rad-
touren auf Hvar, Informationen unter
www.croatiabike.com.

Hvar-Stadt

Die Szenerie dieser Stadt vom Wasser
aus mit dem großen Bogen des **Arsenals**
vorn, dem großen Platz daneben und
der Turm der **Kirche Sv. Stjepan** hinten
ist unverwechselbar. Inzwischen landen
am Hafen Menschen aus vielen Ländern
an, die Jachten der Reichen und Schönen ebenso wie die Bustouristen. Sehenswert sind der Hauptplatz mit der
Stephanskirche, die **Festung** über der
Stadt und das **Franziskanerkloster.**

■ Geschichte

Als die Venezianer Hvar für Zwischen-
stops ihrer Handelsschiffe nutzten, begann der Aufstieg des Hafens, später
stellten Reeder sogar ihre eigenen Flot-
ten auf.

Hvar hat eine lange Theatertradition: Im
14. Jahrhundert wurde damit begonnen,
religiöse Stücke aufzuführen. Zunächst
vor der Kathedrale, dann in einer extra
errichteten Spielstätte, wo das Theater
in der Renaissance verweltlichte.

Als bei dem Angriff der Türken 1571 ein
Pulvermagazin explodierte, brannte die
gesamte Stadt ab. Sie wurde im Renaissancestil erneut aufgebaut und hat daher ihr heute einheitliches Aussehen.

Nach der Gründung der ›Hygienischen
Gesellschaft‹ 1868 konnte sich bald ein
gehobener Tourismus etablieren, der mit
der Eröffnung des Hotels ›Zarin Elisabeth‹ 1899 das passende Hotel bekam.

Heute streitet sich die Stadt um die
Zukunft im Tourismus. Während die eine Lobby die Jugend in die Stadt mit
mehr Erlebnis- und Feiertourismus lok-
ken will (gut für die Gastwirte), fordert
die andere Fraktion einen gehobenen
Tourismus (gut für die Hoteliers).

Mit ihrem Werbegag, im Winter Über-
nachtungskosten nicht zu berechnen,
sobald das Thermometer auf den Null-

Hvar-Stadt

0   150   300 m

punkt fällt, hat die Stadt in bescheidenem Maße den Fremdenverkehr auf das restliche Jahr ausdehnen können.

■ Trg Sv. Stjepana

Am großzügig gestalteten, zentralen Platz, Trg Sv. Stjepana, befinden sich das Arsenal und die Renaissancekathedrale Sv. Stjepan.

Das **Arsenal** am Hafen wurde nach dem Brand im Jahr 1571 in langer Bauzeit von 1579 bis 1611 neu errichtet. Der neue Bau erlaubte auch Kriegsgaleeren die Einfahrt.

Über dem Arsenal entstand 1612 das erste kommunale **Theater** in Europa überhaupt. Das Theater soll auch heute weiterhin betrieben werden, doch haben sich Renovierungsarbeiten auf Grund innerstädtischer Querelen so verzögert, dass der Start einer neuen Saison unklar ist.

Blick auf Hvar-Stadt und die Festung Španjola

Split und Trogir

■ Kirche Sv. Stjepan

Die Pfarrkirche Sv. Stjepan wurde Ende des 16. Jahrhunderts errichtet. Beeindruckend sind die modernen Bronzetüren von Kuzma Kovačić, die lokale Heiligenlegenden von den Inseln wiedergeben und sie mit Szenen aus dem Leben Jesu in Bezug setzen.

Gleich links nach dem Betreten der Kirche ist eine Geißelung Christi, die Kopie eines Werkes von Juraj Dalmatinac, zu sehen. Der Altar daneben zeigt in seiner Mitte die älteste Ikone der Stadt. Das Bild im Hauptaltar, das den heiligen Stephan und über ihm Maria darstellt, malte Palma der Jüngere 1626. An der Nordseite der Kathedrale befindet sich der heutige Bischofspalast mit dem **Museum kirchlicher Kunst**.

■ Festung Španjola

In nördliche Richtung gelangt man in etwa einer halben Stunde Aufstieg zum schönsten Aussichtspunkt der Stadt, der Festung Španjola. Sie wurde 1557 im Auftrag der Venezianer an der Stelle eines mittelalterlichen Kastells von spanischen Söldnern gebaut, daher der Name. Anfang des 19. Jahrhunderts machten die Österreicher eine Kaserne daraus.

Im Stadtteil Sv. Marak unterhalb der Festung haben sich in früheren Zeiten die kleineren Handwerker und die ärmere Bevölkerung niedergelassen.

In der Mitte des Stadtteils befindet sich ein halbzerstörtes **Dominikanerkloster**, dessen schöner Turm noch die Altstadt überragt. Heute ist in den übriggebliebenen Räumlichkeiten ein **Museum** untergebracht. Gezeigt werden Funde aus der Umgebung sowie aus den Höhlen der Insel. Darin sind unter anderem 19 000 Jahre alte Keramikreste der Hvar-Kultur zu sehen, die in den Höhlen auf der Südostseite der Insel ausgegraben wurden. Außerdem befinden sich im Hof römische Grabstelen und beeindruckende Plastiken von Künstlern der 1920er Jahre.

■ Franziskanerkloster

Entlang der Uferpromenade auf der anderen Seite der Stadt liegt das Franziskanerkloster. Berühmt ist das zwischen 1461 und 1489 gebaute Kloster vor allem wegen der zahlreichen Gemälde in der Kirche und dem angeschlossenem Museum. Die Mariendarstellung in der Lünette über dem Eingang zur Kirche ist von Nikola Firentinac. Auf dem Hauptaltar befindet sich ein Polyptichon von Francesco da Santacroce. Dieses sowie zwei weitere Polyptichen unterhalb der Sängertribüne zählen zu den wichtigsten Werken des Künstlers.

Im Kirchraum für die Gemeinde zeigen die sechs Bilder oberhalb der Tribüne eine Passion Christi, gemalt von einem einheimischen Multitalent, dem Organisten und Lustspieldichter Martin Benetović. In dem Raum links daneben ist eine dramatische und in dunklen Farben gemalte Kreuzigung Christi von Leandro Bassano zu sehen und am Seitenaltar eine Stigmatisierung des heiligen Franziskus, die Palma der Jüngere fertigte.

Auf der anderen Seite des Kreuzgangs, dessen Innenhof heute für Aufführungen genutzt wird, liegt das **Museum**. Hauptsehenswürdigkeit ist die Darstellung des heiligen Abendmahls von einem unbekannten Künstler im ehemaligen Refektorium. Angeblich sollen ihn die Franziskaner aus Seenot gerettet und wieder gesund gepflegt haben. Aus Dankbarkeit schenkte er den Mönchen dieses Gemälde, das an Lebendigkeit und Detailtreue seinesgleichen sucht. Heute wird der Kreis um die Künstlerschaft auf Matija Pončun oder Palma den Jüngeren eingegrenzt.

Durch das Museum kommt man auch in den schönen **Klostergarten**, wo man unter einer 500 Jahre alten Zypresse die Ruhe des Gartens genießen kann.

Geht man Richtung Innenstadt zurück, empfiehlt sich ein Gang durch die Gassen oberhalb der Uferpromenade. Dort haben einige lokale Berühmtheiten gewohnt. Zum Beispiel Ivan Vučetić, ein Polizeioffizier, der als erster den Fingerabdruck für die Polizeiarbeit nutzbar machte.

▲ *In der Kirche des Franziskanerklosters*

Hvar-Stadt

Vorwahl: 021.
Postleitzahl: 21450.
Turistička zajednica, Trg Sv. Stjepana, Hvar, Tel. 74 10 59, www.tzhvar.hr.

Splitska banka, Obala 4.
Splitsko-dalmatinska banka, Riva b.b.

Internetcafé, vor der Stadtloggia rechts.

Hotel The Palace, Trg Svetog Stjepana, Tel. 74 19 66, www.suncanihvar.hr; DZ 120–160 Euro. 1903 eröffnet, traditionsreiches Haus direkt am Hafen, mit Gastraum in der alten Loggia.
Pharia, Majerovica bb, Tel. 778 08-0, Fax -1, www.orvas-hotels.com; DZ 80–114 Euro.
Villa Tudor, etwas außerhalb bei Milna, Tel. 74 50 00, www.hvar-tudor.com. Sportmöglichkeiten am Haus, freundliches Personal.
Viele günstige **Privatunterkünfte** unter www.hvarinfo.com.

Camp Vira, Vira b.b., Tel. 71 80 63, www.suncanihvar.com; hochpreisig, 2 Pers. mit Zelt ca. 34 Euro. Vier Kilometer nordwestlich der Stadt Hvar in einem Pinienwald.
Autocamp Mala Milna, Mala Milna b.b., Tel. 74 50 27. Etwas außerhalb in Milna, kleine, schlichte, aber ordentliche Anlage.
Paklina, Tel. 76 70 92, mobil 091/ 518 02 03, ivo.ivankovic1@st.t-com.hr, www.hvar.hr/camp-paklina. Weiter außerhalb in Ivan Dolac auf der Südseite von Hvar mit ruhigem Strand.

Restaurant Kod Kapetana, Fabrika b.b., Tel. 74 22 30. Traditionsreiches Lokal an der Uferpromenade, gutes Niveau.
Palmižana, Meneghello, nahe der Marina. Fisch direkt aus dem Netz, auch Muscheln oder Steaks, schönes Ambiente, aber überlaufen.
Paradis. Empfehlenswert, aber versteckt, vor der Kirche Sv. Stjepan links in der kleinen Gasse.
Kod Barba Božjeg, etwas außerhalb in Milna. Einheimische Küche auf gemütlicher Terrasse mit Blick auf den Hafen.

Diskothek Venerada, Gojava b.b. 200 Meter entfernt vom Hotel ›Amfora‹, Open-Air-Disko.
Cocktail-Bar Carpe Diem, südliche Uferpromenade.

Im Sommer findet ein umfangreiches Kultur- und Partyprogramm auf dem Trg Svetog Stjepana statt.

Strände an der Südseite der Stadt, unterhalb der Baterija.
Tipp: Von **Brusje** zu einsamen Buchten hinunterwandern.

Unterhalb des Arsenals kann jeder Schiffe ausleihen und zu den schön zerklüfteten **Pakleni Otoci**, den vorgelagerten Inseln, fahren.
Für Segler: **Stadthafen**, schnell überlaufen, anlegen an Murings, da im Hafen Schwell entstehen kann.
ACI Marina Palmižana, Tel. 74 49 95, mobil 099/47 00 39, m.palmizana@

Split und Trogir

aci-club.hr, www.aci-club.hr. Etwas außerhalb, sauber.
Hafenamt, Tel. 74 10 07, www.jadro agent.hr/hvar.htm.

Ronilački centar, Tauchclub Jürgen Garstecki, Majerovica b.b., Tel. 74 16 03, mobil 098/32 12 29, www.divecenter-hvar.com.

Marinesa Dinko Petrić, Križna luka, Tel. 74 17 92, dinko.petric@st.htnet.hr.

Ambulanz am Trg Svetog Stjepana, ebendort auch eine **Apotheke.**

Von Hvar nach Stari Grad

Zwei Strecken verbinden Hvar und Stari Grad: Die neue Nationalstraße 116 ist schneller, die alte Strecke ist landschaftlich schöner.

Die alte Straße führt vorbei an kleinen Lavendelfeldern über Brusje, ein Dorf, das Anfang des 16. Jahrhunderts von Hirten gegründet wurde. Großer Sohn des Dorfes ist der moderne Maler Ivo Dulčić, von dem in der Pfarrkirche einige Gemälde zu sehen sind. Auf dem Weg nach Stari Grad kommt man an diversen Weingütern vorbei.

Stari Grad

Gegenüber Hvar mit seinem hektischen Tourismus wirkt Stari Grad eher gelassen. Die wenig herausgeputzte Stadt ist heute auch der Rückzugsort für Künstler, und so gibt es in ihr manche Ausstellung moderner Maler. Zeugnis einer einzigartigen Renaissancebaukunst ist der **Palast des Petar Hektorović.**

Noch bis 1948 war Stari Grad der größte Ort der Insel, dann lief Hvar ihm den Rang ab. Bereits seit 1205 hieß die Stadt ›Civitas vetus‹, übersetzt ›Alte Stadt‹ – Stari Grad. Tatsächlich gilt sie als die älteste Stadt der Insel. Belegt ist, dass griechische Kolonisten, die von den Ionischen Inseln kamen, sie 384 vor Christus, im Jahr der 99. Olympischen Spiele, gründeten. Sie nannten sie Pharos, später übertrug sich der Name auf die ganze Insel. Belegt ist auch, dass die Il-

lyrer vom Festland aus versucht hatten, die Griechen zu vertreiben, was ihnen aber nicht gelang. Bereits 219 vor Christus wurde Pharos von den Römern wieder zerstört.

Heute lebt die Stadt vom Tourismus und vom Wein: Stari Grads größte Weinkellerei hat eine Kapazität von 30 000 Litern.

■ Dominikanerkloster

Bereits von der Zufahrtstraße ist der festungsartige Komplex des Dominikanerklosters sichtbar. Auch für Touristen ist es heute nicht leicht, die Festung zu stürmen, nur kurze Öffnungszeiten lassen einen Blick hinter die Mauern der

Hvar ist für seinen Lavendel berühmt

Gasse in Stari Grad

imposanten Wehranlage mit Teilen eines Kreuzganges zu. Im schön gestalteten Museum sind griechische Stelen und Steintafeln mit Textfragmenten zu sehen sowie das älteste Gesangbuch Kroatiens. Außerdem sind eine Darstellung des Nikodemus, der in der Figur des Petar Hektorović gemalt worden sein soll, und eine Beweinung Christi des venezianischen Malers Jacopo Tintoretto zu sehen.

Kirche Sv. Ivan

Nicht weit vom Kloster entfernt liegt die kleine Kirche Sv. Ivan aus dem 5. oder 6. Jahrhundert. Teile ihrer Wände bestehen aus der ehemaligen griechischen Stadtmauer. Das durch seine Schlichtheit beeindruckende Kirchlein gilt als erste Bischofskirche von Hvar. An der Nordseite des Chores ist ein **römisches Mosaik** zu sehen, das bei Straßenbauarbeiten gefunden wurde und einen Vogel auf einem Ast zeigt.

Hektorović-Palast

Im Zentrum des Ortes ist der **Renaissancepalast** des Humanisten Petar Hektorović die Hauptattraktion. Er befindet sich in schlechtem Zustand, weil sich eine Erbengemeinschaft viel streitet und nichts für die Erhaltung tut. Um den einzigartigen Palast zu besichtigen, kann man einen der Hausbewohner herausklingeln. Für Dalmatiner hat das Haus hohen Symbolwert: Hektorović, der an dem Palazzo 40 Jahre gebaut hat, hat hier sein wichtigstes Werk geschrieben: ›Ribanje i ribarsko prigovaranje‹ (Gespräche von Fischfang und Fischern). Zu seiner Zeit ein Bestseller, ist es heute eine Art Nationalepos. Darin schildert Hektorović eine Seereise um Hvar mit zwei Fischern und beschreibt die Alltagskultur.

Mittelpunkt des Anwesens ist ein **Innenhof** in der Art eines Kreuzganges, der um einen Fischteich angelegt wurde. Über ein kompliziertes System unter der Mauer wird der Teich mit Wasser aus einem kleinen Bach von außen gespeist.

Split und Trogir

Im Innenhof des Hektorović-Palastes

In dem Teich hat Hektorivić Meeräschen gezüchtet, und auch heute tummeln sich diese Fische im Wasser. Überall, wo der Blick hinfällt, hat er lateinische Sinnsprüche anbringen lassen.

Außerdem war dieser Palazzo der erste mit einer Toilette. Ein Spruch über ihrem Eingang lautet: ›Wenn Du Dich erkennst, warum überhebst Du Dich?‹

 Stari Grad

Vorwahl: 021.
Postleitzahl: 21460.
Turistička zajednica, Obala F. Tuđmana bb, Tel./Fax 76 57 63, www.stari-grad-faros.hr, tzg-stari-grad@st.t-com.hr.

Splitska banka, am Hafen.

Die Großhotels gehören zu einer Kette, der **Hoteli Helios**, unter anderem die Häuser:
Arkada, Tel. 30 63 06; 268 Zimmer und 10 Apartments; DZ mit HP 100 Euro. Riesige Hotelanlage.
Lavanda, Tel. 30 63 88; 94 Zimmer. All-inclusive-Anlage.

Vrboska

Die kleine Bucht von Vrboska schlängelt sich in das Landesinnere. An der Spitze der Bucht beginnt ein fruchtbares Tal, das sich bis Stari Grad hinzieht und schon von den Römern besiedelt war. Eingerichtet wurde der kleine Hafen 1468 von dem Großreeder Matija Ivanić. Nach dem Türkeneinfall errichtete man oberhalb des Hafens eine **Wehrkirche**. An der Südseite des Platzes hat einer der letzten Netzflicker seine Werkstatt. Es lohnt, einen Blick hineinzuwerfen, der Eigentümer erklärt gern die verschiedenen Netzarten.

■ **Kirche Sv. Stjepan**
In der Pfarrkirche Sv. Stjepan befindet sich neben einer alten Ikone ein schönes dreiteiliges Gemälde von Francesco da Santacroce. Die Nordwand der Kirche war ursprünglich ein Teil der alten griechischen Stadtmauer, ebenso wie der Turm aus bereits von Griechen behauenen Steinen besteht.

Roko, Tel. 76 58 66; DZ 80 Euro. Die Anlage besteht aus einzelnen Pavillons, eher einfach, 50 Meter zum Strand.
Pension Herakleia, gegenüber der Konoba ›Pharia‹. Sehr einfach.
Auch das **Dominikanerkloster** bietet einfache Unterkünfte.

Camp Jurjevac, Njiva b.b, Tel. 76 58 43. Gehört ebenfalls zu den ›Hoteli Helios‹.

Konoba San Roko. In einem alten Weinkeller, Gerichte am offenen Grill.
Restaurant-Café Antica, Piazza Škor. Fisch- und Fleischgerichte, einfach.

Netzknüpfer in Vrboska

Karte S. 228

Unten am Hafen steht noch eine **Fischfabrik aus dem 19. Jahrhundert**, in der bis zu ihrer Schließung 1970 Sardinen in Dosen eingelegt und verpackt wurden. Noch heute sind eingelegte Sardinen im Ort eine Delikatesse.

Wie in der Fabrik gearbeitet wurde, ist auf der gegenüberliegenden Seite in einem liebevoll eingerichteten **Fischereimuseum** zu sehen, das viele Geräte aus der ehemaligen Produktionsstätte zeigt. Es dokumentiert aber auch eindrucksvoll die Entwicklung des Fischfangs.

Auf der kleinen Insel im Hafen wurden früher die Partisanen geehrt, heute ist das Denkmal abmontiert.

 Vrboska

Vorwahl: 021.
Postleitzahl: 21463.
Turistička zajednica, bei der Brücke, Tel. 76 10 17, www.tz-vrboska.hr.

Hotel Adratic, Tel. 77 40-39 Fax -68, www.vrboska-hotel.com; DZ 80 Euro. In einem Kiefernwald, 1,5 km vom Zentrum entfernt, mit Tauchzentrum.

🍽

Restaurant Trica Gardelin. Terrasse mit Blick auf den Hafen, frische und gut zubereitete Fischgerichte.
Škojić, bei der Brücke. Die Pizzen sind am besten, der Fisch ist Durchschnitt.

Arsenal, am Ende der Hafenmole. Hier kommt dalmatinische Hausmannskost auf den Tisch.

🎵

Anfang August findet die **Fischernacht** statt, auf der es Fischspezialitäten und mehr gibt.
Weinmesse, immer in der letzten Augustwoche, Infos bei der Turistička zajednica.

⚓

ACI Vrboska, Vrboska bb, 21463 Vrboska, Tel. 77 40 18, www.aci-club.hr, m.vrboska@aci-club.hr.
Auch im **Stadthafen** kann man gut festmachen.

Jelsa

Jelsa steht trotz guter Infrastruktur im Schatten von Hvar und Stari Grad. Die Stadt mit ihrem malerischen und großzügigen Hafen und zahlreichen **Renaissancepalästen** entstand als Anlegestelle für das Dorf Pitve. Als die Türken 1571 einfielen, konnte die festungsartige Pfarrkirche Sveti Fabijan i Sebstijan als letzte Bastion dem Türkeneinfall auf Hvar standhalten. Wahrscheinlich trafen hier die Verzweifelten auf Siegestrunkene.

Bis vor wenigen Jahrzehnten war Jelsa wichtigster Süßwasserlieferant für die ganze Insel. An der Spitze des Hafens, dort, wo heute der Park ist, entsprang eine Süßwasserquelle, die über viele Jahrhunderte die Landwirtschaft aufrechterhalten hat. Erst seit den 1970er Jahren, mit dem aufkommenden Tourismus, wird die Insel über eine Wasserleitung vom Festland versorgt.

Mit dem Kapitän Niko Duboković, dessen von Ivan Rendić gestaltetes Denkmal sich im Park befindet, stieg die Stadt zur ernsthaften Konkurrenz von Hvar auf. Der 1834 geborene Reeder hatte im 19. Jahrhundert eine der größten Segelschiff-Flotten in Dalmatien aufgebaut, die auf dem ganzen Mittelmeer verkehrte. Der Reeder wurde außerdem Banker, Industrieller und Politiker und sah im aufkommenden Tourismus bereits eine neue Geldquelle entstehen.

Split und Trogir

Die Kapelle Sv. Ivan in Jelsa

1911 entstand das ›Jadran‹, das als erstes großes Hotel bereits hochrangige Gäste empfing.

Wer die romantischen Ecken der Stadt entdecken will, muss von der Hafenpromenade in die kleinen und dunklen Gassen dahinter abbiegen. Einer der schönsten Orte ist der Platz mit der achteckigen Kapelle **Sv. Ivan** aus dem 17. Jahrhundert.

Ausflüge ab Jelsa

Von Jelsa lässt sich die Südküste entdecken. Über Pitve führt die Straße durch einen Tunnel nach **Zavala**, einen kleinen Küstenort mit hübschen Stränden.

Von Zavala kann man sich auf die **Insel Šćedro** mit ihren illyrischen Grabhügeln

und einsamen Stränden übersetzen lassen. Oberhalb von **Sv. Nidelja** (heiliger Sonntag) befindet sich eine Höhle, in der einst ein Augustinerkloster existierte.

Ein weitere Ausflugsmöglichkeit bietet sich zur berühmten **Höhle Grapčeva špilja** an, die abseits der Inselmagistrale (Richtung Sućuraj) von Humac zu erreichen ist. Etwa 45 Wanderminuten entfernt und 239 Meter über dem Meeresspiegel liegt der ehemalige Unterschlupf, den Steinzeitmenschen vor 19 000 Jahren genutzt haben. Die Höhle kann allerdings nur mit einem Führer besichtigt werden, Führungen finden nur in der Hauptsaison von Humac aus statt, Informationen bei der Touristiička zajednica Općine Jelsa.

Karte S. 228

Jelsa
Vorwahl: 021.
Touristička zajednica Opčine Jelsa, an der nördlichen Stirnseite des Hafens zu finden, Tel. 76 10 17, www.tzjelsa.hr, www.jelsa-online.com.

Postamt, Stossmayerovo Šet b.b.

Privredna Banka Zagreb und **Splitska Banka**.

Hotel Jadran, Tel. 76 10-26, Fax -06; 109 Zimmer. 1909 gegründet, hat wenig von seinem alten Charme behalten, gehört heute zur Hotelsiedlung ›Fontana‹. Dazu gehören außerdem die **Hotels Fontana** und **Pinus**. Sie liegen auf der Nordseite des Hafens direkt am Meer.

Campingplatz Holiday, www.auto camp-holiday.com; 2 Personen mit Zelt 15 Euro. Etwa 800 Meter von Jelsa entfernt, direkt am Meer.

Mina, auf der Halbinsel vor der Bucht. 2 Hektar groß, fast vollständig in einem Pinienwald, ziemlich schlicht.
Grebišče, ca. 1,5 km von Jelsa entfernt. 3 Hektar großer Platz, auf Terrassen inmitten eines Pinienwaldes gelegen.

Restaurants sind zahlreich:
Taverna Arsenal. Spezialität sind frische Fischgerichte.
Gastionica Dominko. Bei Regen sitzt man gemütlich im Kellergewölbe, sonst draußen. Sehr persönliche Rezepte aus einheimischer Küche.

Baden außerhalb des Hafens, entlang der **Ostküste** Richtung Campingplätze, an der Westküste.
An der Südküste der Insel gibt es einsame Buchten, bei **Zavala** oder ganz im Westen beim kleinen Weiler **Mudri Dolac**.

Anlegen kann man im **Stadthafen**, es gibt aber kaum Infrastruktur.

Sućuraj

Die lange Ostspitze von Hvar gilt den Bewohnern als rückständiges und ärmliches Hinterland. Deswegen ist dieser Teil der Insel kaum besiedelt und ideal für Naturliebhaber. Schöne Badebuchten sind von der Straße beschildert. Die Straße über die Insel ist in keinem guten Zustand und ziemlich eng.
An der östlichen Inselspitze befindet sich der kleine Fährort **Sućuraj**. Heute lebt er vor allem vom Durchgangsverkehr und seinem hübschen kleinen Hafen. 1331 erhielt die Siedlung ihren Namen nach der Kirche **Sv. Juraj**, der Name wurde zu Sućuraj verkürzt. Sućuraj wurde dreimal in seiner Geschichte von Piraten niedergebrannt und mehrfach von Türken überfallen. Dabei wurden viele Einwohner als Sklaven verschleppt.
Neben dem Eingang in der Friedhofsmauer befindet sich eine alte Inschrift in Bosančica. Sie bezeugt, dass die Bewohner schließlich die Osmanen besiegen konnten und in einer spektakulären Aktion von Türken gefangene Bewohner befreiten. Um sich vor den Gefahren von See her zu schützen, haben die Bewohner ihre Häuser wie Festungen um einen Hof gebaut und dicht aneinander ange-

Split und Trogir

Der Hafen von Sućuraj

schlossen. Zudem wurden sie mit hohen Toreinfahrten versehen. Solche Häuser gibt es nur noch wenige im Ort. Gegenüber der Kirche liegt ein **Franziskanerkloster**, in dem erst seit 1990 wieder Franziskaner aus Bosnien leben. Die ursprünglich im 16. Jahrhundert als Augustinerkloster gegründete Anlage wurde während des Zweiten Weltkriegs zerbombt. Nach ihrem Wiederaufbau dient sie jetzt als Erholungsheim für Franziskaner aus Bosnien und Herzegowina.

 Sućuraj

Vorwahl: 021.
Turistička zajednica, direkt neben dem Hafen auf der Nordseite, Tel. 77 32 03, www.sucuraj.com (mit Angeboten von Privatunterkünften).

Postamt, auf dem kleinen Platz auf der Nordseite des Hafens.

Eine **Autofähre** verkehrt zwischen Sućuraj und Drvenik, Hauptsaison 12 x, Nebensaison 7 x pro Tag.

Hotel Trpimir, an der Spitze des Hafens. Schlichtes Haus.

Camp Mlaska, Tel. 42 56 61, Fax 77 33 71, www.mlaska.com; 2 Pers. mit Zelt 15 Euro. Auf der Hauptstraße 3,5 km inseleinwärts an der Nordküste.

Strände **beim Campingplatz Mlaska** auf der Nordseite oder an der **südlichen Stadtseite** an der Küste entlang.

Karte S. 228

Von Split nach Ploče

Dieser Abschnitt auf der Küstenmagistrale gehört zu den schönsten. Insbesondere die **Schlucht der Cetina-Mündung** bei Omiš und die steil aufragenden Gebirge der **Makarska-Riviera** sind ein Erlebnis. Im Mittelalter regierten hier über Jahrhunderte Seeräuber und Piraten.

Jesenice

Jesenice ist eines von vielen typischen Straßendörfern südlich von Split, an denen man gern vorbeirauscht. Früher war das durchaus beabsichtigt: In den vom Meer aufsteigenden Bergen versteckten sich die Bewohner vor den Piraten. Heute sind viele Häuser verlassen; in den 60er und 70er Jahren gingen viele Menschen als Gastarbeiter nach Deutschland.

Weiter oben, noch über dem verfallenen Dorf **Zeljoviće**, befindet sich eine zugemauerte Höhle. Dort sollen sich während des Zweiten Weltkrieges Partisanen versteckt haben, zuletzt harrten zwei dort aus: einer aus dem Dorf und einer aus Split. Italienische Besatzungssoldaten entdeckten und erschossen sie. Am letzten Haus, heute eine Ruine, erinnert eine Tafel an eine Division von Partisanen, die dort in den Bergen ihre Stellung gehalten haben soll. Von der Höhle hat man einen wunderbaren Blick auf die Riviera. Unterhalb der Höhle führt ein markierter Wanderweg am Fels entlang.

Omiš

Achtung Piraten! Vom 9. Jahrhundert bis zur Eroberung durch Venedig 1444 war Omiš ein richtiges von Piraten regiertes Nest. Von hier bis zum Neretva-Delta war die Küste fest in der Hand der Seeräuber, die die Mächtigen in Rom und sogar den Papst zum Zittern brachten.

Die Szenerie der tiefeingeschnittenen Cetina-Mündung von Omiš ist grandios. Aus der Piratenzeit ist nur noch die kleine **Festung Peovica** oberhalb des Stadtteils Funtuna zu sehen. Sie ist eine der ältesten in Dalmatien und wurde zur Hochzeit der Seeräuberei im 13. Jahrhundert noch im romanischen Stil erbaut. Atemberaubend ist der Blick von der **Fortica**, die oben auf dem Felsen liegt. Sie wurde im 16. oder 17. Jahrhundert von den Venezianern errichtet.

Der Ort selbst ist wie jeder andere: In engen, malerischen Gassen innerhalb einer starken Befestigung haben die Piraten ihren Alltag bewältigt und sind zur Messe gegangen. Über einem Haus, das heute ›kuća sretnog čovjeka‹, Haus eines glücklichen Mannes, genannt wird, prangt ein Spruch aus dem 15. Jahrhundert, als die Piratenzeit gerade zu Ende gegangen war: ›Ich danke Dir, Herr, dass ich auf dieser Welt war‹.

Neben dem östlichen Stadttor befindet sich das **Städtische Museum**, in dem es noch einige Zeugnisse aus der großen Zeit von Omiš zu sehen gibt wie Urkunden der führenden Familie Kačić. Aber auch der Kopf einer Marmorstatue aus griechischer Zeit ist zu besichtigen.

Am nordwestlichen Cetina-Ufer, an dem heute die Betonburgen stehen, ist eine der wenigen vollständig erhaltenen frühchristlichen Kirchen zu sehen. Die einschiffige Kirche **Sv. Petar** aus dem 10. Jahrhundert mit ihren schönen Doppelrundbögen hat sogar noch die Kuppel auf der Mitte des Daches bewahrt, die bei den meisten aus dieser Zeit durch den Glockenturm ersetzt wurde. 1750 wurde neben der Kirche ein Glagolica-Seminar gegründet, das bis 1879

Split und Trogir

existierte. Es entwickelte sich zu einem wichtigen Zentrum, das die Tradition der kroatischen Schriftsprache bewahrte.

An der südöstlichen Ausfahrt von Omiš befindet sich ein **Franziskanerkloster** mit einem sehenswerten **Museum**. Auf dem Hof erinnert eine schön gemachte moderne Plastik an den Frater Stjepan Vrlić (1677–1742), der um 1716 viele Flüchtlinge vor den Osmanen aus Imotski (nahe der heutigen bosnischen Grenze) herausgeführt und an die Küste gebracht hatte. Das Museum enthält eine Gemäldesammlung, liturgische Geräte und Dokumente aus türkischer Zeit.

Omiš

Vorwahl: 021.
Postleitzahl: 21310.
Turistička zajednica, Trg kneza Mislava b.b., Tel. 86 13 50 www.tz-omis.hr.

Splitska banka, Vuvkovarska 8.
Privredna banka, Fošal 1.
Zagrebačka banka, Priko b.b.

Hotel Villa Dvor, Mosorska 13, Tel. 86 34 44, www.hotel-villadvor.hr; DZ 100–120 Euro.
Brzet, Brzet 13; 90 Zimmer, DZ 110 Euro. Alle Zimmer mit Meerblick.

Camp Galeb, Vukovarska bb, Tel. 86 44 30, www.galeb.hr. Massenbetrieb.
Autocamp Sirena, Cetvrt vrlo 10, Tel. 86 24 15, www.autocamp-sirena.com, Etwas außerhalb Richtung Dubrovnik.

Ein richtig gutes Restaurant gibt es nicht.
Konoba Milo. Noch das beste Restaurant, mit abwechslungsreichen Fischgerichten. Plätze zum Draußensitzen.
Pizzeria Brguja, Vukoverka b.b.

Pizzeria Tomato, Brzet 4, Kaštil Slanica, Kanjon Cetine.

Jedes Wochenende **Klapasingen**.
Stadtfest, am 2. August.
Raftingmeisterschaften, im Mai.

Mountainbiken: Fahrräder können bei Agenturen (Agentur ›Slap‹) ausgeliehen werden. Mountainbiketouren ins Hinterland sind sehr gut möglich.

Baden im Hafen ist nicht zu empfehlen, besser nach Südosten herausfahren, zum Beispiel nach **Stanići**.

Wanderungen im **Cetina-Tal**, **Freeclimbing** an den Felsformationen, Karten und Infos bei der Turistižka zajednica.
Raftingtouren auf der Cetina: **SunDance,** Tel. mobil 095/903 20 67, www.sundance-omis.com, oder in einer der Agenturen.

Tauchschule Almissa, Mala Luka, Tel. 86 24 13.
Omersclub, beim Hotel ›Ruskamen‹, Tel. mobil 091/518 54 00, www.ssi.hr.

Split und Trogir

Piraten und Seeräuber

Römer, Griechen, Venezianer, Ungarn, mächtige Handelstädte, kirchliche Macht-
interessen, lokaler Adel und nicht zuletzt die Türken: Die Bewohner der Adriaküste
wurden im Laufe der Geschichte von einer Vielzahl von Herrschern – oft auch
gleichzeitig – ausgebeutet. Da verwundert es kaum, dass so mancher den Traum
vom freien Leben verwirklichte und als Freibeuter anheuerte. Doch auch manch
lokaler Fürst merkte, wie schnell er zu Reichtum kommen konnte, wenn er seine
Kriegsschiffe nebenbei auf Beutezug schickte. Dabei hatte die Piraterie bereits eine
lange Tradition: So verlegten sich ab dem 2. Jahrhundert vor Christus die Illyrer auf
Plünderfahrten gegen römische und griechische Handelsschiffe. Mit ihren Liburnen,
dem wendigsten Schiffstyp ihrer Zeit, jagten sie den Händlern über Jahrhunderte
die Waren ab. Erst nach vielen Feldzügen besiegte Pompejius mit einer Flotte von
500 Schiffen die Illyrer.

Im Mittelalter setzten sich die Piraten zunächst in den Sümpfen des Neretva-Deltas fest. Für das aufstrebende Venedig wurden sie zu einer solchen Plage, dass es
830 freie Durchfahrt gegen Tributzahlungen mit den Piratenfürsten aushandelte.
Trotzdem überfielen die Seeräuber die Schiffe fröhlich weiter. Als Venedig 887
sogar seine Strafexpedition unter dem Dogen Pietro Candiano verlor, wurden die
Freibeuter eine feste Machtgröße. Im späten Mittelalter übernahm der Omišer Clan
der Kačić die beherrschende Stellung zwischen Cetina und Neretva. Erst als 1420
Dalmatien an Venedig fiel und die Serenissima ihre Herrschaft ab 1447 auch in
Omiš ausübte, konnte sie das Piratenproblem entschärfen; in den Griff bekam sie
es nicht. Sie änderte ihre Strategie: Angesichts der zunehmenden Türkengefahr
verbündete sie sich sogar mit den Piraten. Auch für die übrigen Bewohner der
Adria waren die Seeräuber eine Plage, da sie Dörfer und Felder überfielen und
Menschen versklavten. Aber auch manche venezianische Schiffbesatzung raubte
sich den Proviant von den Feldern der Bauern.

Wo einst die Piraten segelten, gleiten heute die Jachten dahin

Gata

Während in Omiš die Piraten die See absicherten, entwickelte sich dahinter in der Poljica eine mittelalterliche Demokratie. Im Westen durch den Fluss Žrnovnica und im Osten durch die Cetina begrenzt, ist das Gebiet gerade einmal 250 Qudratkilometer groß. Eine wunderschöne Straße führt in das stille Hochtal.

In Poljica gab es seit der Renaissance zwar auch einen regierenden Fürsten, doch der wurde alljährlich am Tag des heiligen Georg in einer Bauernversammlung am Fuße des Berges Gradac in Gata gewählt. Die Bewohner der zwölf Bauerndörfer trafen die wichtigen Entscheidungen in regelmäßigen Volksversammlungen selbst. Als Grundlage dazu diente ein Gesetzbuch, das im 15. Jahrhundert in Glagolica verfasst wurde und das eine Art Verfassung für die Bauerndemokratie darstellte. Es ist heute im Museum von Omiš ausgestellt. Sie verhandelten geschickt: So erkannte die Republik die Oberhoheit der Venezianer an, den Türken zahlten sie Tribut. Ironie der Geschichte: Erst der Revolutionär Napoleon beendete diese Demokratie. In Gata befindet sich neben der Pfarrkirche noch ein kleines **Museum**, das an das Leben in der Poljica erinnert. So ist unter anderem der repräsentative Mantel ausgestellt, den der gerade regierende Fürst trug. Im Dorf hat auch die Familie des heiligen Leopold Mandić gelebt. Der Kapuziner mit dem langen weißen Bart ist einer der beliebtesten kroatischen Heiligen, sein Bild hängt in vielen kroatischen Kirchen.

Brela und Baška Voda

An der Magistrale von Omiš aus in südliche Richtung erhebt sich steil das Biokovo-Gebirge bis auf fast 1400 Meter: unten schwarz mit Pinien bewachsen, deren Duft die Luft schwer macht, oben thront nackter Fels.

Lange, helle und feine Kieselstrände ziehen sich über Kilometer an der Küste von Brela und Baška Voda entlang. Seit Anfang des 20. Jahrhunderts wird ein ruhiger und familientauglicher Tourismus bei bester Wasserqualität gepflegt.

Das in den Bergen gelegene **Gornji Brela** zu besuchen lohnt sich, hinter dem Ort sind noch die Reste der türkischen Festung **Herzegova utvrda** zu sehen.

Im Seeort **Baška Voda** erinnern die Ruinen einer byzantinischen Festung aus dem 7. Jahrhundert an eine lange Vergangenheit. Eine kleine archäologische Sammlung dokumentiert das Leben an dieser Küste. Bereits in den 30er Jahren bauten die Brüder Sikavica das erste Hotel mit dem Namen ›Slavija‹. Es erhielt 1936 in London einen Preis für seine Servicequalität.

> **ℹ Brela und Baška Voda**
>
> **Vorwahl**: 021.
> **Turistička zajednica**, Kneza Domagoja b.b, Brela, Tel. 61 84 55, www.brela.hr.
> **Turistička zajednica opčine**, Obala Sv. Nikole 31, Baškavoda, Tel. 62 07 13, www.baskavoda.hr.

Makarska

Makarska heißt der zentrale Ort, der dem ganzen Küstenabschnitt seinen Namen gegeben hat. Heute ist die Stadt ein Ort, der hauptsächlich vom Sport-, Wander- und Nautiktourismus lebt.

Der Reiseschriftsteller Alberto Fortis schrieb bereits im 18. Jahrhundert, Makarska sei die einzige dalmatinische Stadt ohne geschichtliche Denkmäler. Das ist sie in gewisser Weise bis heute.

Helle Kiesstrände sind typisch für die Makarska Riviera

Im Zweiten Weltkrieg wurden auch die wenigen Zeugnisse noch schwer bombardiert und beschädigt. Denn in dem Ort hatten sich die deutschen Truppen verschanzt, nicht weit entfernt hatten sie sogar einen Unterschlupf für Kanonenboote in den Fels der Küste gehauen. Heute können am Hafen Boote gemietet werden, die dorthin fahren.

Fortis bezieht sich aber auf die vielen Schlachten, die viel früher stattgefunden hatten. So, als die Piraten 887 vor der heutigen Stadt den venezianischen Dogen Pietro Candiano besiegten, dessen Kopf sie auf einen Spieß steckten und an der Riva zur Schau stellten.

Als Makarska 1499 in türkische Hand fiel, kam es immer wieder zu Kämpfen mit Venedig, bis die Serenissmia 1684 den Küstenabschnitt zurückeroberte.

Inzwischen gibt es in Makarska mit 700 000 Übernachtungen mehr Touristen als vor dem Krieg. Dafür tut die Stadt einiges. Im Sommer finden täglich Konzerte auf der Riva statt. Es gibt zwei Flugplätze im Gebirge, von denen aus Paragliding betrieben werden kann. Und der Ski-Tourismus auf dem höchsten Berg **Sv. Jure** wird gefördert.

Entspannend ist es, an der breiten **Riva** entlangzuschlendern. Auf einer fast unbebauten Halbinsel befindet sich ein Park. Am Ostende ist eine **kleine Grotte** zu besichtigen.

Der zentrale und großzügig gestaltete Platz der Stadt ist der **Kačićev trg**, in dessen Mitte ein **Denkmal für Andrija Kačić-Miošić** steht. Der 1704 im nahen Brist geborene Franziskanerpater und Guardian war Brüder Grimm und Clemens von Brentano in einer Person. Er hat die Volksgeschichten und -lieder seiner Heimat gesammelt. Auf dem Höhepunkt seiner Karriere war der Professor päpstlicher Legat für Dalmatien, Bosnien und Herzegowina.

Das **Franziskanerkloster** von Makarska steht oberhalb des östlichen Endes der Riva. Im Keller befindet sich ein **Malakologisches Museum,** die angeblich größte Muschelsammlung der Welt. Den Schlüssel dazu gibt es im Kloster.

Karte: hintere Umschlagklappe

Makarska

Vorwahl: 021

Postleitzahl: 21300

Turistička zajednica Grada Makarske, Obala kralja Tomislava bb, Tel. 61 20 02, www.makarska-riviera.hr. Sehr hilfsbereit.

Splitska banka und **Privredna banka,** beide Obala kralja Tomislava.

Postamt, beim Hotel ›Biokovo‹.

Internetcafé Novi Millenium, Trg Tina Ujevića, Tel. 61 23 54.

Autofähre nach Sumartin (Brač), Nebensaison 3x, Hauptsaison 5x tägl.

Biokovo, Obala kralja Tomislava bb., Tel. 615-244, Fax -081, www.hotelbio kovo.com. Am Hafen; gehobene Preisklasse.

Bonaca, Kralja Petra Krešimira IV b.b., Tel. 61 55 74; DZ mit HP 85 Euro. Einfach und günstig.

Camp Podgora, südliche Ausfallstraße.

Zahlreiche Restaurants an der Riva.

Steakhouse El toro. Gute Fleisch- und Fischgerichte mit ausreichend Grün.

Restaurant Susvid, beim Hauptplatz. Grillgerichte, schönes Ambiente innen und auf der Terrasse.

Restaurant Riva, Obala Kralja Tomislava 6. Gute Fischgerichte.

Piratennacht im Sommer. Einheimische in Piratenkleidung bieten frische Gerichte und Getränke an.

Karneval, im Februar und im Juli für die Touristen.

Im August findet ein **Jazzfest** statt.

Krankenhaus: Stjepana Ivičevića 2, Tel. 61 20 33.

Biokovo-Gebirge

Seit 1981 ist das Biokovo-Gebirge zwar kein National-, aber ein Naturpark. Im Zentrum des knapp 20 000 Hektar großen Parks steht der 1762 Meter hohe Berg **Sv. Juraj**, er ist der zweithöchste Berg in Kroatien. Benannt wurde er nach einer Kapelle, die noch bis 1964 auf dem Berg stand und die dann wegen des Baus eines Funkturms weiter nach unten verlagert wurde. Am 3. August jeden Jahres findet eine Wallfahrt auf den Berg hinauf statt. Der Sv. Juraj kann erwandert oder auch über eine Bergstraße mit dem Auto erreicht werden, auf der man eine geringe Maut entrichten muss. Von

oben hat man einen herrlichen Blick über die Küstenregion und das Meer. Im Winter kann auf dem Berg an bestimmten Stellen Ski gefahren werden.

Wer den Berg erwandern will, sollte wegen der schnell aufkommenden Hitze früh losgehen und genug zu trinken dabeihaben. In Makarska gibt es zwar auch eine Bergwacht, aber Tote am Berg kommen immer wieder vor.

Oberhalb des Dorfes **Kotišina** gibt es einen **Botanischen Garten**, der zeigt, welche Artenvielfalt es im Biokovo-Gebirge gibt, trotz des bereits auf geringer Höhe einsetzenden Karsts. Die englische Version der Website www.biokovo.com

Split und Trogir

Stećci in Lovreć

befindet sich noch im Aufbau; unter www.biokovo.net finden sich Angebote zu Wander- und Raftingtouren.

Abstecher nach Imotski

Ein lohnendes Ziel im Hinterland der Makarska-Riviera ist Imotski, nicht weit zur Grenze nach Bosnien und Herzegowina. Zunächst führt die Fahrt durch rauhe Karstlandschaft, um im überraschend grünen Imotski-Tal zu enden. Imotski wartet mit dem Naturschauspiel eines **roten und blauen Karstsees** auf. Auf dem Weg sind am Ende des Dorfes **Lovreć** am Rande eines alten, verwahrlosten Friedhofs und links entlang der Straße große Steindenkmäler mit archaischen Zeichen zu sehen. Diese Stećci genannten Grabsteine aus dem Mittelalter stammen von Bogumilen, einer Glaubensgemeinschaft, die vor allem in Bosnien siedelte und im 13. bis 15. Jahrhundert sehr einflussreich war. Heute ist wenig über ihre Totenriten und die Symbolik bekannt.

Obwohl die Osmanen vom 15. bis Anfang des 18. Jahrhunderts in Imotski herrschten, ist davon nichts mehr zu sehen. Nach der Rückeroberung beseitigten die Christen alle türkischen Spuren. Dagegen sind Spuren der Römer wie Wasserleitungen, Gräber und Grundmauern zu besichtigen, sogar eine Götterfigur wurde gefunden. Mit der Übernahme befestigten die Österreicher die Stadt. Ihre Grenze verlief etwa entlang der heutigen nach Bosnien. Heute lebt Imotski hauptsächlich vom kleinen Grenzhandel mit dem Nachbarland.

■ Stadtrundgang

Unterhalb der Stadt befindet sich das **Franziskanerkloster**, das 1738 errichtet wurde. Dessen Kirche wurde 1995 mit

Glasfenstern des modernen Künstlers Josip Botteri ausgestattet. Das Kloster beherbergt auch ein **Museum** mit Gemälden aus allen Jahrhunderten, Funden aus illyrischer und römischer Zeit und einige Schätzen aus der Klosterbibliothek.

Die Innenstadt ist schön restauriert und erstrahlt im k.u.k.-Glanz. Im Zentrum befindet sich ein **Denkmal für Tin Ujević** (1891–1955) von Ivan Rendić. Der Schriftsteller wurde im nahen Vrgorac geboren und gilt als einer der größten kroatischen Schriftsteller der Moderne. Am Ende der Fußgängerzone schließt sich im tiefen Gebirgskrater der **Blaue See** an. Die strahlend blaue Farbe des Wassers in dem elliptischen Trichter gab dem See, der durch eine eingebrochene Höhle entstand, den Namen.

Im Laufe des Jahres schwankt der Wasserspiegel des Sees um bis zu 70 Meter, weil das Wasser durch unterirdische Verbindungen mit Quellen an anderen Stellen verbunden ist. Im Sommer kann es sogar passieren, dass das Wasser ganz versickert. Dann werden Fußballspiele auf dem Grund abgehalten. Ansonsten kann im kühlen Blauen See auch gebadet werden, manchmal finden Sprungwettbewerbe von den Felsen statt.

Nördlich liegt die **Burgruine** von Imotski. Vor dem Eingang der Burg ist heute ein Denkmal gestaltet für etwa 120 junge Männer, die im letzten Krieg gefallen sind. Von den Mauern hat man noch einmal einen schönen Blick auf den See, die Stadt und das ganze Tal.

Östlich der Stadt, an der Straße Richtung Postranje, liegt der **Rote See**. Ein Mineral verleiht den Wänden des Sees eine rote Färbung. Mit seinem Durchmesser von 200 und einer Tiefe von 500 Metern wirkt der See wie ein runder Brunnen. Er ist seit 1969 als Naturdenkmal geschützt.

Die Seen sind Ausgangspunkt zahlreicher Legenden. Eine davon, die sich um das Grab einer türkischen Frau am Blauen See rankt, wurde sogar von Johann Gottfried Herder und Johann Wolfgang von Goethe aufgenommen. Goethe übersetzte den ›Klagegesang von der edlen Frauen des Asan Aga‹ ins Deutsche.

Split und Trogir

 Imotski

Vorwahl: 021.
Postleitzahl: 21260.
Turistička zajednica, Jezeranska bb, Tel. 84 22 21 oder 098/43 33 41, 091/188 87 00, www.imotski.hr, www.tz-imotski.hr (nur teilweise auf deutsch oder englisch).

Hotel Venezia, A. Brune Bušića bb, Tel. 67 10 00, www.hotel-venezia.hr. Schlichtes, sauberes Hotel.

Zdilar, Glavina Donja, Tel. 67 10 40. Neues Gebäude etwas außerhalb, ebenfalls sauber und schlicht, aber hübsch gelegen.

Imota, Stjepana Radića 15, Imotski, Tel. 84 17 00. Sehr schlicht, liegt als einziges in der Innenstadt.

Konoba Perla, Ante Starčevića 16. Typische Konoba-Atmosphäre mit einfacher dalmatinischer Hausmannskost.

Konoba Grbavac, Glavina Donja, in der alten Mühle gegenüber vom Hotel ›Zdilar‹. Schönes Ambiente mit Blick auf das Tal, Bootsverleih.

Am Karfreitag finden in der Pfarrkirche **Kreuzprozessionen** in historischen Kostümen statt.

Drvenik

So klein und unscheinbar der Ort wirkt, so bedeutsam ist er doch für Touristen. Denn hier liegt der Fährhafen für den Trajekt nach Sućuraj auf Hvar und nach Korčula. Etwas oberhalb, östlich von Selo, befinden sich die **Ruinen der Festung Drvenik**, die während der Auseinandersetzungen mit den Osmanen entstand.

 Drvenik

Touristička zajednica, Drvenik, an der Hauptstraße zum Fähranleger, im Gebäude des Hotels ›Villa Nada‹, Tel. 62 82 00; nur in der Saison geöffnet.
Ansonsten **Touristička zajednica Gradac,** Stjepana Radića 1, Tel. 69 75 11, 69 73 75, www.gradac.hr.

Autofähre von Drvenik nach Sućuraj, in der Hauptsaison 12 x am Tag, in der Nebensaison 7 x.

Fähre zum Hafen Korčula-Dominiče: In der Hauptsaison 3 x, in der Nebensaison 2 x, Rest des Jahres nur 1 x.

Villa Nada, Donja Vala 189, Tel. 098/45 33 43; DZ 100 Euro. Dreistökkiges beigefarbenes Gebäude an der Einfahrt zum Hafen, ordentlich, mit einfacher Pizzeria.
Restaurant-Pension Adria, Gornja Vala 6, Tel. 62 81 73; 20 Zimmer. Blick auf das Meer, Terrasse zum Strand, schlichte Küche.

Zaostrog

Eine parkähnliche Landschaft erwartet den Besucher, flache Strände eignen sich für Kinder, allerdings wirkt im Ort alles etwas improvisiert. Wer dem aufgetakelten Tourismus entfliehen will, ist hier genau richtig.
Eine besondere Sehenswürdigkeit ist das **Franziskanerkloster**, das der Bettelorden 1468 von den Augustinern übernahm. In ihm verbrachte Andrija Kačić-Miošić seinen Lebensabend. Ivan Meštrović goss eine lebensgroße Bronzeplastik von ihm, die sich im Eingang zur Klausur des Klosters befindet. Weil Kačić-Miošić wie Brentano Volkslieder der Umgebung aufschrieb, hat ihn Meštrović mit einer Laute dargestellt, nicht als strengen Guardian und Kirchenpolitiker. Am Portal der Kirche befindet sich eine alte Inschrift in Bosančica.
Von der nachträglich barockisierten Kirche des Klosters kommt man direkt in den kleinen, mit Zitruspflanzen bewachsenen Kreuzgang. Der **Renaissance-Innenhof** gilt als einer der schönsten in Dalmatien.
Die Attraktion für große und kleine Kinder ist der **Bonbon-Baum** in der Mitte des Klostergartens. Der wahrscheinlich von Seefahrern aus China mitgebrachte Baum lässt zweigförmige Früchte wachsen, die wie eine Mischung aus Feigen und Datteln schmecken.
Im Kloster befindet sich ein kleines **Museum** mit ausgesuchten Kunstwerken von der Renaissance bis in die Moderne. Unter anderem hängt hier das einzige Gemälde, auf dem ein Dalmatiner-Hund zu sehen ist; auf einer Abendmahlsdarstellung aus dem 18. Jahrhundert. Vor allem sind eine große Zahl an Arbeiten von Mladen Veža ausgestellt, einem modernen Künstler aus dem nahen Brist, der mit lokalen Motiven landesweit bekannt geworden ist. Das Kloster vermietet auch Zimmer an Gäste.

hintere Klappkarte

Zaostrog

Vorwahl: 021.
Vertreten durch die **Turistička zajednica Gradac**, Stjepana Radića 1, Tel. 69 75 11, 69 73 75, www.gradac.hr.

In Zaostrog sollte man auf **Privatunterkünfte** ausweichen, z.B. Erika und Filip Babič, in der Straße am Ufer, Tel. 62 90 86.

Autocamp Dalmacija. Campingplatz unter Olivenbäumen, gut geführt mit Restaurant und Apartmenthäusern.

Zaostrog lockt mit einem breiten Sportangebot: Tennis, Paragliding, Klettern, Berwandern, Mountainbiking, Windsurfen, Tauchen und Trekking sind möglich.

Brist

Brist ist ein kleines Fischerdorf, das vor allem wegen zwei seiner Söhne bekannt ist: Andrija Kačić-Miošić und Mladen Veža.
Der Franziskaner Kačić-Miošić wurde 1704 in dem Ort geboren, ihn ehrten die Bewohner 1870 mit einer Büste des jungen Ivan Meštrović vor der **Kirche Sv. Ante**. Auch das Geburtshaus des Franziskaners neben der Kirche Sv. Margarite ist noch erhalten.
Der zweite Sohn des Dorfes, Mladen Veža, ein im ganzen Land bekannter moderner Künstler, wohnt immerhin noch in den Sommermonaten in dem kleinen Ort. Von ihm ist ein Mosaik westlich des Hafens in der ulica Slakovac zu sehen.

Ploče

Die Stadt Ploče ist, wenn man von Norden Richtung Dubrovnik fährt, die erste größere Stadt der Verwaltungseinheit Županije Dubrovnik.
1937 entstand in dem kleinen Ort ein moderner Hafen, der für das Neretva-Delta die großen Überseeschiffe aufnehmen sollte.
Heute werden 85 Prozent des Warenverkehrs mit Bosnien und Herzegowina abgewickelt. Per Bahn landen Erze, Bauxit und Holz aus dem nördlich gelegenen Nachbarland für den Export an.
In der 10 000-Einwohner-Stadt überwiegen mehrstöckige Plattenbauten um den Hafen. Heute ist Ploče als Fährhafen wichtig, von hier fahren die Schiffe nach Trpanj (Pelješac) ab.

 Ploče

Vorwahl: 020.
Turistička zajednica Dubrovačko Neretvanske Županije, Cvijete Zuzoric 1/1, 20000 Dubrovnik, Tel. 32 49 99, www.visitdubrovnik.hr.
Gegenüber dem Ableger im Hafen befinden sich **Reiseagenturen** und andere touristische Büros. Ebenfalls hier befindet sich die **Kartenverkaufstelle der Jadrolinja.**

Autofähre nach Trpanj (Pelješac), Hauptsaison 7x, Nebensaison 4x, die letzte um 19.30 Uhr.

Hotel Bebić, Kralja Petra Krešimira IV, Tel. 67 64 00, www.hotel-bebic.hr; 40 Zimmer und 6 Apartments. Am Hafen gelegen, mit Nachtbar, Fitness, sehr schlicht.

Split und Trogir

Freiheit so wunderbar, köstlich und liebenswert,
Gabe, in der, fürwahr, Gott alle Schätze beschert.
Wahrhaftiger Ursprungsquell jeglicher Ruhmestat,
einziges Schmuckjuwel unserer Heimatstatt!
Kein Gut noch Geld der Welt, kein Opfer, Tod noch Leid
Kann zählen als Entgelt für deine Herrlichkeit!

Ivo Frane Gundulić (1589–1638): Die befreite Dubrava (aus dem Epos ›Dubrava‹, Übersetzung: Ina Broda)

Dubrovnik
und Umgebung

Dubrovnik

Dubrovnik ist nicht nur eine Stadt, Dubrovnik ist ein Symbol. Dubrovnik ist die Werbe-Ikone für den Tourismus in Kroatien. Ihre reiche Architektur aus fast allen Epochen, die engen und romantischen Gässchen, die Lage der dicken Bastionen am Meer haben sie zu einem Freilichtmuseum gemacht.

Für Kroaten bedeutet Dubrovnik noch etwas anderes. Für sie ist die Stadt ein Symbol für die Freiheit, die das übrige Land nie hatte. Denn Dubrovnik hat es geschafft, über die längste Zeit ihrer Geschichte ein selbständiger Stadtstaat zu bleiben.

Die Stadt selbst ist eine einzige Sehenswürdigkeit: Einen Besuch wert sind die **Stadtmauer**, das **Franziskaner-** und das **Dominikanerkloster**, die **Kathedrale** und die **Kunstausstellungen.**

Geschichte

Beim Rundgang durch die Stadt fallen die vielen Tafeln an den Häuserwänden auf, die beschreiben, an welcher Stelle im letzten Krieg wann welches Haus von einer Granate oder einem sonstigen Geschoss wo getroffen wurde. Tatsächlich ist Dubrovnik die einzige Stadt in Dalmatien, die so offensiv ihre Kriegsschäden aus dem letzten Krieg öffentlich macht. Denn sie wurde bombardiert, obwohl sie auf der Liste des Weltkulturerbes der UNESCO steht. Doch der Schutz durch die internationale Gemeinschaft blieb aus.

Dubrovnik ist in vielerlei Beziehungen anders als andere Städte an der Adria. Die Stadt war den überwiegenden Teil ihrer Geschichte ein eigenständiger Stadtstaat, in dem Politik und Diplomatie Teil des öffentlichen Lebens waren. Über die Entstehung der Stadt gibt es

zwei Theorien. Die neuere wurde entwickelt, als Archäologen 1979 unter der heutigen Kathedrale Reste eines romanischen Kirchenbaus aus dem 6. Jahrhundert fanden, der genauso groß wie der heutige Bau war. Daraus schlossen sie, dass es bereits in römischer Zeit eine recht große Stadt auf dem Felsen gegeben haben muss, der ursprünglich vom Land getrennt war. Die ältere Theorie besagt, dass sich im 6. Jahrhundert Slawen mit dem Überfall der Awaren unterhalb des Berges Srđ ansiedelten. Den Eichenwald am Fuß des Berges nannten sie ›dubrava‹. Während die Slawen zum Christentum bekehrt wurden, slawisierten die Neuankömmlinge die Alteingesessenen. Sie nannten die Stadt Dubrovnik.

Bereits im Mittelalter bestand die Geschäftsidee der Stadt darin, zwischen Hinterland und Venedig zu vermitteln, über die Drehscheibe des Dubrovniker Hafens Waren und Informationen aus-

Gasse in Dubrovnik

Karte S. 255

Dubrovnik, Altstadt

0   100   200 m

Jadransko More

Dubrovnik und Umgebung

zutauschen, so dass die Stadt bereits im 12. Jahrhundert zu Reichtum kam.

Ab dem 14. Jahrhundert vergrößerte Dubrovnik vorsichtig sein Territorium um die Inseln Lastovo und Mljet und ab 1333 um die Halbinsel Pelješac, wobei die Salzgewinnung in Ston zu einer Haupteinnahmequelle für den Stadtstaat wurde. Der neue Reichtum ermöglichte die heute noch sichtbaren Stadtmauern von Dubrovnik, an denen unter anderem Juraj Dalmatinac baute. Bereits seit dem 14. Jahrhundert prägte die Stadt ihre eigenen Münzen. 1436 wurden Wasserleitungen und ein Abwassersystem gebaut, die teilweise heute noch in Betrieb sind. Als 1442 die Türken auf den Plan traten, sicherte sich der Stadtstaat mit diplomatischen Verträgen den Schutz der christlichen Mächte einerseits und der türkischen Macht andererseits, unterhielt diplomatische Missionen an beiden Höfen und ließ die Informationen über den jeweils anderen kreisen. Was andere zwischen den Mächten zerrieb, nutzte Dubrovnik für das Geschäft. Im 16. Jahrhundert besaß die Stadt die drittgrößte Handelsflotte der damaligen Welt, die bis in den Indischen Ozean unterwegs war. Doch nach der Entdeckung der Neuen Welt verlagerten sich die Handelsströme, im 17. Jahrhundert schrumpfte die Seeflotte auf ein Drittel. Zusätzlich zerstörte 1667 ein Erdbeben einen Großteil der Stadt. Erst Ende des 18. Jahrhunderts konnte Dubrovnik wieder im Seehandel mitspielen, aber vor allem durch unternehmerische Aktivitäten des Bürgertums, das auf Mitbestimmung pochte und von dem der Adel bald abhängig war.

1799 kam es zu einem Aufstand, den österreichische Truppen niederschlugen. Erst seit der Eroberung durch Napoleon teilt Dubrovnik die Geschichte mit Dalmatien. Beim Zerfall Jugoslawiens wurde Dubrovnik 1991 von der Armee Rest-

Jugoslawiens eingekesselt. Von den Bergen wurde die Stadt mit Granaten beschossen, vom Meer als eine der wenigen Städte von Kriegsschiffen angegriffen. Drei Monate saßen die Menschen in Kellern und waren vom Rest der Welt abgeschnitten. Über 400 Einschläge haben die Dubrovniker akribisch zusammengezählt. Während die Spuren weitgehend beseitigt sind, erinnern noch Tafeln daran. 2009 wurden zehn Offiziere der Jugoslawischen Armee wegen der Bombardierung angeklagt. Inzwischen wurden die Touristenzahlen wieder erreicht, die die Stadt vor dem Krieg hatte.

Die Stadtbefestigung

Die meisten Besucher betreten die Stadt durch das **Pile-Tor** im Westen der Stadt. Es ist eines von fünf Toren der Stadt, die durch die dicken Mauern Einlass gewähren. Über dem Tor, das 972 eine eigene Burg war, befindet sich eine kleine Statue von Ivan Meštrović, sie stellt den Schutzheiligen der Stadt, Sveti Vlaho (heiliger Blasius), dar.

■ **Minčeta-Festung**

Vom Pile-Tor gelangt man auf die **Stadtmauer**, auf der man die Stadt fast ganz umrunden kann. Im Norden liegt die Minčeta-Festung, heute auch das Wahrzeichen der Stadt. Charakteristisch ist der nach der Adelsfamilie Menčetić benannte Turm wegen des runden Aufsatzes. 1453 nach dem Fall Konstantinopels von Juraj Dalmatinac gebaut, war der Turm nicht nur eine ästhetische Verbesserung, sondern auch eine militärische, denn er galt zu seiner Zeit als uneinnehm- und unzerstörbar.

■ **Revelin-Festung**

Die Revelin-Festung an der Nordost-Seite der Mauer wurde 1583 bis 1594 in der Zeit einer akuten Bedrohung durch Venedig errichtet. Sie war so groß, dass in ihr auch Ratssitzungen stattfanden und der Schatz der Stadt gelagert wurde. Die ausladende Terrasse bietet einen wunderschönen Blick auf den Hafen und wird während der Sommerfestspiele als Bühne genutzt.

▲ *Das Pile-Tor*

■ **Lukas-Festung**

Südlich der Revelin-Festung an der Mauer liegt die Lukas-Festung, die aus dem 13. Jahrhundert stammt und damit die älteste Festung der Stadt ist. Um den Weg auf der Mauer fortzusetzen, muss man bis zur Johannes-Festung ein kurzes Stück am Hafen entlanggehen.

■ **Johannes-Festung**

Die Johannes-Festung gehört zu den drei Hauptfestungen Dubrovniks. Zwischen ihr und der Lukas-Festung wurde vor dem 15. Jahrhundert eine Kette gespannt, um den Hafen zu verriegeln. Später wurde der heute noch sichtbare Wellenbrecher Kaše vor den Hafen plaziert. In dem ursprünglich aus zwei Bauwerken zusammengeschlossenen Fort sind heute Museen untergebracht: das Marinemuseum und ein Aquarium. Auch diese Festung wird für die Sommerspiele genutzt.

■ **Bokar-Festung**

Als Eckverstärkung nach Südwesten folgt die Bokar-Festung. Über 100 Jahre wurde an der Festung gebaut, bevor sie 1570 fertiggestellt wurde. Vom Bokar-Turm wurden Schießübungen veranstaltet, um die Reichweite von Kanonen zu testen.

■ **Lovrijenac-Festung**

Vom Bokar-Turm aus zu sehen ist die vorgelagerte Lovrijenac-Festung. Bereits im 9. Jahrhundert soll es dort eine erste Verteidigungsanlage gegeben haben. Doch erst aus dem 14. Jahrhundert sind Baupläne bekannt. Sie ist berühmt, weil sie eine Inschrift trägt, die das Motto der Stadt sein könnte: ›Non Bene Pro Toto Libertas Venditur Auro‹: Für alles Geld in der Welt werden wir unsere Freiheit nicht verkaufen.

Der Stradun

Hinter dem Pile-Tor beginnt die große Prachtstraße, der Stradun. Sie war einst ein Kanal und machte somit die seezugewandte Seite der Stadt zur Insel.

■ **Großer Onofriobrunnen**

Gleich hinter dem Tor befindet sich der Große Onofriobrunnen, der ab 1438 Endpunkt einer zwölf Kilometer langen Wasserleitung war. Beim großen Erdbeben 1667 wurde die Dekoration des sechzehneckigen Brunnens zerstört. 1992 wurde der Brunnen durch Granatenbeschuss der Serben schwer beschädigt. Nach dem Krieg wurde er nach alten Vorlagen seines Erbauers Onofrio della Cava wieder aufgebaut.

■ **Franziskanerkloster**

Schräg gegenüber vom Brunnen befindet sich das Franziskanerkloster, dessen Kreuzgang eine der Hauptsehenswürdigkeiten der Stadt ist. Er scheint das Lebenswerk des Mihoje Brajkov aus Bar zu sein, der damit ab 1317 im spätromani-

Der Große Onofriobrunnen

schen Stil begann. Keine Säule gleicht der anderen, jedes Kapitel hat sein eigenes Tier- oder Pflanzenmotiv.

Die Lünette des spätgotischen Südportals zur Kirche, eine der schönsten in Dalmatien, zeigt eine Maria mit Jesus auf dem Schoß, darüber Gottvater und im Hintergrund den heiligen Hieronymus, einen der Schutzheiligen Dalmatiens. In der Kirche befindet sich das Grab von Ivo Frane Gundulić (1589–1638). Der berühmte Dichter ist ein Sohn der Stadt.

Beeindruckend sind auch die **Museumssammlungen** des Klosters mit dem Inventar einer alten Apotheke aus dem 15. Jahrhundert.

■ Sponza-Palast

Entlang des Stradun lassen sich die schönen Palazzi und Bürgerhäuser bewundern. Die schlichten Fassaden waren vor dem Erdbeben 1667 reich verziert. Auf der rechten Seite befindet sich eine Buchhandlung, in der sich sicher ein schönes Souvenir finden lässt. Die Eigentümerin spricht auch gern etwas deutsch.

Ein Beispiel für die reichen Verzierungen der Palazzi vor dem Erdbeben ist der Sponza-Palast, der am Ende des Straduns auf der linken Seite das Beben unbeschadet überstanden hat. Erbaut zwischen 1506 und 1522, hat der schöne Palazzo nacheinander als Zollamt, Lagerhaus, Bank und Gefängnis gedient. Gestaltet in einer Stilmischung aus Gotik und Renaissance, ist das Gebäude um einen schönen Innenhof gebaut. Dort steht über der Loge die berühmte Inschrift: ›Es ist uns verboten, zu betrügen und falsch zu wiegen, und wenn ich die Ware wiege, wiegt Gott mich selbst.‹ Im ersten Stock des Palastes stehen die originalen Bronzefiguren, die früher Teil des Schlagwerkes am Stadtglockenturm waren. Heute befindet sich im Haus das Stadtarchiv.

Karte S. 255

■ Rolandsäule

Gegenüber dem Sponza-Palast, in der Mitte des Luža-Platzes, steht die Rolandsäule. Dass der ursprünglich karolingische, das heißt westliche Rolandmythos an die Adria kam, ist den vielen Kontakten der Diplomaten aus Dubrovnik auch nach Italien und Nordeuropa zu verdanken.

Die von Bonino da Milano 1418 geschaffene Rolandsäule war ein Versammlungsort für die Städter, um Nachrichten oder Urteile aller Art zu erfahren, die hier verlesen wurden. Am Ellenbogen des Rolands konnte Maß genommen werden. Die Länge der Dubrovniker Elle ist am Säulensockel noch einmal eingemeißelt: Sie betrug 51,2 Zentimeter. Im Krieg 1991 bis 1995 wurde der Roland mit einem Bretterverschlag ummantelt, um ihn zu schützen.

■ Jüdisches Viertel

Links in der Žudioska ulica, Judenstraße, begann das kleine jüdische Viertel der Stadt. Nur ein schmaler Hauseingang in der Straße zeigt an, dass in einem der schönen Palazzi 1408 eine **Synagoge** untergebracht ist (Besichtigung Mai bis November Montag bis Freitag 10 bis 20 Uhr). Derzeit leben allerdings nicht einmal mehr 20 jüdische Familien in der Stadt. Die Juden kamen im 13. Jahrhundert als Flüchtlinge nach Dubrovnik. 1492 brachten weitere Zuwanderer eine Tora-Rolle aus Spanien mit. Ein alter maurischer Teppich in der Synagoge soll ein Geschenk der Königin Isabella an ihren jüdischen Arzt gewesen sein.

■ Kirche Sv. Vlaho

Auf der Südseite des Platzes befindet sich die Kirche Sv. Vlaho, die Blasiuskirche. Der barocke Bau enthält die berühmte, aus Silber und Gold geschmie-

Der Sponza-Palast

dete Statue des heiligen Blasius aus dem 15. Jahrhundert. Historisch bedeutsam ist, dass sie ein Modell der Stadt in der Hand hält, das zeigt, wie sie vor dem Erdbeben ausgesehen hat.

■ **Dominikanerkloster**

Am Ende des Straduns, unter dem Stadtturm hindurch, befindet sich der einzige Ausgang zum Hafen. Dort hängt auch das später nachgebaute **Schlagwerk**, das einst vor Gefahr warnte oder Festivitäten buchstäblich einläutete.

Hinter dem Turm rechts hinauf läuft man auf das monumentale, 1315 erbaute Dominikanerkloster zu. Der 1456 errichtete Kreuzgang mit seinen hohen dreiteiligen Bögen im Stil der Spätromanik und seinen hohen gotischen Kreuzrippengewölben ist der prachtvollste in Dalmatien. Das Kloster hat nicht nur eine umfangreiche Bibliothek, sondern besitzt auch eine **Sammlung wertvoller Kunstschätze**: Goldschmiedearbeiten und die wichtigsten Werke der Dubrovniker Malerschule vom 15. bis zum 19. Jahrhundert, zum Beispiel von Vlaho Bukovac und Ivo Dulčić. Das wohl prominenteste Kunstwerk in der großen Kirche des Predigerordens ist ein Bild von Tizian aus dem Jahr 1554, das die heilige Maria Magdalena zeigt und links in einem Seitenaltar zu sehen ist. In einer Nische des Chores auf der Südseite befindet sich eine Pietà von Ivan Meštrović. Außerdem ist in der Kirche ein Gemälde aus dem Jahr 1911 von Vlaho Bukovac zu sehen, das die Wunder des heiligen Domenicus darstellt.

■ **Rektorenpalast**

Zurück in der Innenstadt, befindet sich auf der Straße Prid dvorum, der Fortsetzung des Straduns nach Süden, der **Kleine Onofriobrunnen**, ein Kleinod unbeschwerter Renaissancekunst. Der Erbauer, Onofrio Giodano della Cava, hat auch zwei Häuser weiter in südlicher Richtung den Rektorenpalast gebaut. Im

Palast residierte der kleine Rat, der innerste Zirkel der vom Adel getragenen Macht, der die Geschicke des Stadtstaates steuerte und die offiziellen Besuche empfing. Heute befindet sich im Palast ein Museum.

Der ursprünglich rein gotische Palast wurde nach dem Erdbeben originalgetreu wieder aufgebaut, allerdings mit einer neuen, im Stil der Renaissance entworfenen Vorhalle. Der Innenhof wird wegen seiner Akustik bei Kammermusikaufführungen geschätzt.

Im Gang zwischen den Säulen des Palastes befindet sich eine Tafel, die die Legende des Aeskulap herzählt. Sie behauptet, der Gott der Ärzte stamme aus dem nahen Epidaurum (heute Cavtat).

Im **Museum** werden viele Gegenstände aus der Geschichte der Stadt ausgestellt: Möbel, Rüstungen, Geldmünzen und vieles mehr. Schätze weist auch die **Ge-**

Die Jesuitenkirche Sv. Ignacija

mäldesammlung auf, mit Werken von Jacopo Tintoretto und anderen italienischen Meistern.

■ Kathedrale

Die Kathedrale, die nach dem Erdbeben 1667 als dreischiffige barocke Basilika ›neu‹ entstand, ist der Auferstehung Mariens (Uznesenje Marijino) gewidmet. Projektiert vom römischen Baumeister und Architekten Andea Buffalini, ist sie im Stil des italienischen Hochbarocks ausgestattet. 1979 fand man unter dem Boden der Kathedrale mannshohe Mauern einer Kirche aus dem 6. Jahrhundert, an denen sogar noch Fresken freigelegt werden konnten.

Wohltuend schlicht ist die Gestaltung des Altarraums mit einem Triptychon, dessen mittleres Bild von Tizian stammt und die Himmelfahrt Mariens darstellt

Karte S. 255

▲ *Detail am Kleinen Onofriobrunnen*

während die beiden anderen seiner Werkstatt zugerechnet werden.

Besonders stolz sind die Bürger von Dubrovnik auf die **Reliquiensammlung,** die in einem eigenen Raum an der Südseite des Chors zu sehen ist. Sie enthält nur einen Teil dessen, was nach dem Erdbeben gerettet werden konnte. Wichtigstes Stück der Sammlung ist ein Teil der Schädeldecke vom heiligen Blasius, der im 12. Jahrhundert in Gold gefasst wurde. Daneben sind zahlreiche byzantinische Arbeiten aus dem 11. und 12. Jahrhundert und alte Fresken aus römischer und byzantinischer Zeit zu sehen. Beachtenswert sind die Tafeln eines modernen Kreuzwegs an den Säulen, die 2007 von Miša Baričević gefertigt wurden.

■ Museum für moderne Kunst

Schräg gegenüber dem Eingang zur Kathedrale befindet sich seit jüngstem ein Museum für moderne Kunst. Im Eingang wird des US-Journalisten Ronald Brown gedacht, der im letzten Krieg bei seiner Berichterstattung umgekommen ist. Die Galerie zeigt die Arbeiten Dubrovniker Maler seit dem 19. Jahrhundert. So sind Bilder von Vlaho Bukovac über den Franziskaner Mato Medović bis hin zu Đuro Pulitika zu sehen. Dabei können durchaus Entdeckungen gemacht werden.

■ Sv. Ignacija

An der Nordseite des Platzes befindet sich der repräsentative Treppenaufgang zur Jesuitenkirche Sv. Ignacija. Der von 1669 bis 1725 errichtete Bau soll die erste Jesuitenkirche außerhalb Roms gewesen sein. Auch innen ist sie mit ihren groß angelegten Fresken des spanischen Malers Gaetano Garcia ein Monument für die Gegenreformation. Die Fassade wurde wegweisend für die weiteren Fassaden von Jesuitenkirchen in Dalmatien.

Dubrovnik ist heute die einzige Stadt in Dalmatien, die allen Religionen auf dem Balkan ein Gotteshaus zugesteht. Unterhalb der Ignatiuskirche befindet sich eine kleine **Moschee** für die islamischen Einwohner der Stadt, in der Straße Božidarevića die kleine **serbisch-orthodoxe Kirche**. Neben ihr ist ein kleines serbisch-orthodoxes Museum mit 50 Ikonen aus vielen Jahrhunderten zu sehen.

 Dubrovnik

Vorwahl: 020.

Turistička zajednica, C. Zuzorić ul., Tel. 323 88-7, -9 Fax 32 37 25, www.tzdubrovnik.hr.

Dr. A. Strčevića 2, Put Republike 32, Šetalište kralja Zvonimira 21.

Privredna Banka, Stradun, Placa 12.
Raiffeisenbank Austria, Vukovarska 17.
Splitska Banka, Vukovarska 28.
Erste & Steiermärkische Bank d.d., Vukovarska 26.

DuNet Club, Put Republike 7, www.dunet.hr.

Stadtbusse am Piletor, Brsalje 2.
Überlandbusse, Busbahnhof im Stadtteil Gruž, Put Republike, Hotel ›Stadion‹, Tel. 230 88, nahe Fähranleger. Verbindungen in alle großen Städte Kroatiens mehrmals täglich.
Eurolines-Busse (www.eurolines.com) steuern Dubrovnik europaweit an.
Der **Montenegro-Express** verbindet mehrmals täglich Dubrovnik mit Herceg Novi (Montenegro).

Dubrovnik und Umgebung

Flughafen, 18 km südöstlich der Stadt, www.airport-dubrovnik.hr. Busverbindung ins Stadtzentrum (20 Min. Fahrzeit).
Croatia Airlines, Reservierung unter Tel. 062/77 77 77.

Verbindungen nach Bari/Italien, Autofähre über Soduraď auf Šipan nach Sobra auf Mljet, Hauptsaison 4x täglich, Nebensaison 2x täglich.
Jadrolinja, Tel. 41 80 00, www.jadrolinja.hr.

Taxistand am Busbahnhof am Piletor, Brsalje, Tel. 0800/14 41 oder 0800/970.

Wer mit dem Auto unterwegs ist, kann auch gut auf Hotels in der Umgebung, z.B. in Cavtat, ausweichen.
Hotel Hilton Imperial, Marijana Blazića 2, Tel. 32 03 20, Fax 32 02 20, www.hilton.de/dubrovnik. Edelhotel.
Grand Villa Argentina, Put Frana Supila 14, Tel. 44 05 55, Fax 47 57 93, www.gva.hr; DZ 95-450 Euro. Legendäres Traditionshotel, das seit den 1920er Jahren besteht, Luxusklasse mit Wellnessbereich und Swimmingpool am Meer, nicht weit vom Ploče-Tor.
Villa Dubrovnik, Vlaha Bukovca 6, östlich der Altstadt, Tel. 42 29 33, Fax 42 34 65, www.villa-dubrovnik.hr; 48 Zimmer, 6 Apartments. Anspruchsvolles Hotel in ruhiger Lage, mit eigenem Strand. Wurde nach Renovierung zur Saison 2009 wieder eröffnet.
Lapad, Lapadska obala 37, Tel. 43 29 22, Fax 42 47 82, www.hotel

lapad.hr; 166 Zimmer, DZ 140–170 Euro. Mondänes Jahrhundertwendebauwerk, im nördlichen Stadtteil Babin kuk, 3 km von der Innenstadt entfernt, Klimaanlage, Fernsehen im Zimmer, eigener Pool, behindertengerecht.
Petka, Obala Stjepana Radica 38, Tel. 41 05 00, Fax 41 01 27, www.hotelpetka.com; 104 Zimmer, DZ 140 Euro. In der Nähe der Fähranlagen an der Durchgangsstraße, etwa 4–5 km von der Innenstadt entfernt. Betonkasten aus jugoslawischer Zeit im Stadtteil Gruž, Zimmer meist mit Balkon, klimatisiert mit Dusche und WC, Satelliten-TV, Mini-Bar, Telefon und Heizung; Restaurant.
Sumratin, Šetaliste Kralja Zvonimira 31, Tel. 43 63 33, Fax 43 60 06, www.hotels-sumratin.com; 44 Zimmer, DZ 100 Euro. Bau aus den 20er Jahren in Babin Kuk, Parkplatz, Restaurant und Bar. Sehr schlicht, aber mit schönem Garten.
Zagreb, Šetaliste Kralja Zvonimira 27, Tel. 43 89 30, Fax 43 60 06, www.hotels-sumratin.com; 22 einfache Zimmer, DZ 145 Euro. Neben dem Hotel ›Sumratin‹, gleicher Eigentümer. Bau aus der Jahrhundertwende mit Parkplatz und Restaurant. Ebenfalls schöner Garten.
Lero, Iva Vojnovića 14, Tel. 34 13 33, Fax 33 21 23, www.hotel-lero.hr; DZ 72–88 Euro. Schlicht, etwas außerhalb (5 Min. Busfahrt zur Innenstadt).
Micika, Mate Vodopica 10, Tel. 43 73-32, Fax -23, www.vilamicika.hr; 7 Zimmer, DZ 42–58 Euro. Kleines einfaches Privathotel, zwischen den Stadtteilen Lapad und Babin kuk gelegen, kein Restaurant.
Villa Antea, im Wohngebiet Babin Kuk; Apartment 110–170 Euro. Jedes

der Apartments verfügt über eine Terrasse und Klimaanlage.

Hotel R., Alberta Hallera 2, Tel. 33 32-10, Fax 33 32-08, www.hotel-r.hr; DZ 90 Euro Schlichtes Hotel in Lapad, mit Klimaanlage und Internetzugang, 15 Gehminuten von der Innenstadt entfernt.

Fischrestaurant Lokanda Pescarija, unmittelbar am Hafen der Altstadt. Schönes Panorama, wenige Gerichte, dafür gut.

Restaurant Dundo Maroje, in einer Querstraße der Prijeko-Straße. Klein, mit guten Fischgerichten.

Domino, Od Domina 6. Im Kellergewölbe, Steakhouse mit Fischangebot.

Proto, Široka ulica 1, www.esculap-teo.hr. Gehobenes Restaurant, mit Auszeichnung.

Dalmacija Grill, Gruzka Obala. Gutbürgerlich.

Atlas Club Nautika, zwischen Fort Bokar und Fort Lovrjenac, www.esculap-teo.hr. Renommiertes Restaurant in hübscher Lage.

Lapidarium, in der Festung Bokar. Sammlung von Fragmenten antiker und neuerer Architektur.

Fest des Stadtheiligen Sv. Vlaho. Am 15. Februar gibt es zu Ehren des Stadtpatrons zahlreiche Veranstaltungen.

Dubrovniker Sommerfestival. Vom 10. Juli bis 25. August finden Konzerte mit Stardirigenten aus aller Welt statt.

Stadtstrände am alten Hafen, nicht unbedingt zu empfehlen.

Baden besser auf den vorgelagerten Elaphitischen Inseln oder auf der Insel Lokrum (im Sommer stündlich Fähren ab Stadthafen).

Einheimische baden in der **Župa Dubrovačka** vor Srebreno und Mlini.

Aquarius Diving Dubrovnik, Robert Znaor und Ivo Gale, Tel. 098/22 95 72. Etwas außerhalb in Mlini, fährt 25 Tauchplätze an, Boot für 30 Taucher.

Allgemeines Krankenhaus, Roka Mišetica b.b. (Stadtteil Lapad), Tel. 43 17 77.

Apotheken: Ljekarna Gruž, Gruška obala; Ljekarna kod Male Brace, Placa 30; Ljekarna Lapad, M. Vodopića 30; Ljekarna Čebulic, I. Metohijska 4, Tel. 31 33 70.

Insel Lokrum

Viele Patrizier aus Dubrovnik haben auf der Insel Lokrum ihre Sommer- und Wochenendhäuser gebaut. Deshalb gehört die 700 Meter südlich vom Hafen gelegene Insel heute zum Stadtgebiet und nicht zu den Elaphitischen Inseln. Auf der 91 Meter hohen Anhöhe haben die Franzosen unter Napoleon ein Fort errichtet.

Im Süden befindet sich ein **Salzsee** und nicht weit davon entfernt ein neogotisches **Schloss**, das Erzherzog Maximilian von Habsburg 1858 zusammen mit dem naheliegenden Park erbauen ließ. Es steht auf den Resten eines ehemaligen Benediktinerklosters, das im 11. Jahrhundert errichtet wurde. Im letzten Krieg wurde das Schloss schwer beschädigt.

Dubrovnik und Umgebung

Die Elaphitischen Inseln

13 Inseln und Eilande bilden vor Dubrovnik den Archipel der Elaphitischen Inseln: Koločep, Lopud, Ruda, Šipan, Jakljan, Olipa, Tajan, Crkvina, Goleč, Kosmeč, Mišnjak, Daksa, Sv. Andrija. Die Inseln sind für ihre ruhigen und einigermaßen sauberen Badebuchten bekannt. Als die Griechen sie entdeckten, waren die Hirsche die heimlichen Herrscher auf den Inseln, deshalb nannten sie die Inseln nach ihnen: elaphos = Hirsch.

■ Insel Koločep

Die Insel Koločep ist für ihre vielen kleinen Kirchlein bekannt. Sie wurde bereits von Illyrern und dann von Römern bewohnt, die sie Calaphodia nannten. Im 15. Jahrhundert konnte sich in **Gornje Čelo** eine kleine Schiffswerft etablieren, und schließlich wurde der Hafen Stützpunkt für eine Handelsflotte von 65 Schiffen. 1571 eroberten und zerstörten die Türken die Insel. Heute ist in Gornje Čelo noch die frühchristliche Kirche Sv. Antun zu sehen. Bereits nach dem Ersten Weltkrieg wurde die Insel für den Tourismus entdeckt. **Donje Čelo** war bereits zur Zeit der Römer ein beliebter Siedlungsplatz, viele römische Skulpturen und Fragmente frühchristlicher Ornamentik wurden hier ausgegraben. Sie sind an der Wand der Pfarrkirche aus dem 13. Jahrhundert zu sehen.

■ Insel Lopud

Lopud ist die einzige Insel mit einer Süßwasserquelle. Die zentrale Ortschaft **Lopud** wird wegen der schönen Strände gern angesteuert. Die Hafenpromenade mit ihren alten Palazzi Dubrovniker Adeliger ist ein romantischer Traum. Dominiert wird die Stadt vom Turm der **Franziskanerkirche**. Das Kloster wurde zu einer Festung verstärkt, die vor Piraten Schutz bot. 1808 wurde das Kloster unter Napoleonischer Herrschaft aufgelöst. Hübsch ist die romanische **Sv.-Marija-od-Špilice-Kirche** mit ihrem schöngeschnitzten Chorgestühl. Eine Reihe von

Die Elaphitischen Inseln

0   2500   5000 m

Strand auf der Insel Lopud

Kunstschätzen ist in der **Gospa-od-Sunja-Kirche** zu sehen, unter anderem ein Altarbild von Palma dem Älteren.

■ Insel Šipan

Die größte Insel ist Šipan. Einst soll es 30 Kirchen auf der Insel gegeben haben, 15 sind es heute noch. Šipan ist die am wenigsten frequentierte Insel. Weltgeschichte spielte sich zur Zeit der Römer vor der Insel ab, als 47 nach Christus in ihrer Nähe Cäsar und Pompejus aufeinandertrafen und die Macht um Rom ausfochten. Auf dem **Berg Sutlija** sind noch mehrere tausend Jahre alte **Trokkenmauern der Illyrer** erhalten. Der höchste Berg ist aber mit 234 Metern der **Velij Vrh**. Das Inselzentrum **Šipanska Luka** liegt im Nordwesten. Bereits die Römer hatten sich hier niedergelassen, wie eine villa rustica beweist. Mit seinen **Palazzi** wirkt der Ort malerisch.

 Elaphitische Inseln

Vorwahl: 020.

Turistička zajednica Dubrovačko Neretvanske Županije, Cvijete Zuzorić 1/2, 20000 Dubrovnik, Tel. 32 49 99, www.visitdubrovnik.hr.

Von den Elaphitischen Inseln werden nur **Šipan, Lopud** und **Koločep** von Dubrovnik angefahren, nur 2–3x täglich, eine genaue Planung ist nötig.

Hotel Šipan, Šipanska luka, unübersehbar in der Hafenbucht.

Villa Vilina, Lopud, www.villa-vilina.hr; DZ 170–185 Euro. Gegenüber der Anlegestelle, mit Restaurant und Meerblick, das Haus ist seit 1792 in Familienbesitz.

Ville Koločep, Koločep, Donje Čelo, an der westlichen Seite, www.kolocep.com; DZ mit HP 137 Euro. Mit allen Annehmlich- und Sportmöglichkeiten.

Dubrovnik und Umgebung

Cavtat

Im Scheitelpunkt zweier Landzungen, die von oben aussehen, als bildeten sie ein Hufeisen, liegt Cavtat. Der kleine Hafen inmitten von Hainen mit Zypressen und Zitrusfrüchten hat mit seiner geschlossenen Front von Renaissancepalästen an einer frisch renovierten Uferpromenade ein unverwechselbares Flair. Höhepunkte einer Besichtigung sind ein **Mausoleum von Ivan Meštrović**, die **Franziskanerkirche** und das **Geburtshaus des Malers Vlaho Bukovac**.

Geschichte

Wahrscheinlich kommt der Name für die Stadt von Civitas Vetus, doch romantischer ist die Legende um die Königstochter Cavtislava. König Kordun und seine Gemahlin Amrusa wollten sie demjenigen zur Frau geben, der es als erster schaffen würde, entweder eine Stadtmauer, ein Aquädukt, ein großes Heiligtum zu errichten oder ein Schiff voll Seide in die Stadt zu bringen. Als erster war der Adlige Vrsanin mit einem Aquädukt fertig. Am großen Tag der Einweihung sollte die Königstochter aus einer goldenen Schale den ersten Schluck des herangeleiteten Wassers nehmen. Da fiel eine Eidechse in ihren Schoß, wodurch die Dame einen Herzanfall bekam und an Ort und Stelle starb. In Erinnerung an die schöne Prinzessin wurde die Stadt Cavtat genannt. Tatsächlich trug sie bis in das Mittelalter den Namen, den die griechische Siedler ihr gegeben hatten: Epidaurum. Kaiser Augustus eroberte die Doppelhalbinsel 47 vor Christus. Unterhalb vom Hotel ›Croatia‹ sind Reste eines römischen Theaters zu sehen, das Ruinenfeld dehnt sich bis weit in das Meer aus.

Im Mittelalter kam die Stadt zu Dubrovnik und blieb es mit einer Unterbrechung zwischen 1303 und 1427, als sie serbisch beherrscht war.

In jugoslawischer Zeit war der Ort Sommersitz vieler serbischer Intellektueller. Die meisten verkauften nach dem Krieg

Die Bucht von Cavtat, im Vordergrund die Grundmauern des römischen Amphitheaters

Vlaho Bukovac

Die Biografie des am 4. Juli 1855 geborenen Vlaho Bukovac ist typisch für seine Zeit. Er wurde in arme Verhältnisse
unter dem Namen Faggioni geboren,
denn sein Vater war Italiener; seine Mutter stammte aus Dubrovnik. Er übersetzte später seinen Namen über das Wort
faggio = Buche in Bukovac.

Vlaho wurde seinem Onkel in die USA
mitgegeben, der vier Jahre später bereits
starb.

16jährig heuerte er in Dubrovnik auf
einem Schiff an und verdingte sich 1873
zusammen mit seinem Bruder in Peru als
Zeichner, bevor er ein Jahr später nach
Kalifornien ging.

Zurück in Dalmatien, legte er dem ein-
flussreichen Erzbischof Josip Strossmay-
er ein Bild von einem türkischen Harem
vor und konnte ihn damit überzeugen,
einen Sponsor zu finden, der ihm ein
Kunststudium finanzierte.

Vlaho Bukovac, Selbsbildnis mit 17

1877 ging Bukovac nach Paris, wo er
drei Jahre an der Académie Française
lernte und insgesamt 16 Jahre blieb. In
der französischen Hauptstadt und in
England schlug er sich als Portraitmaler
durch und wandelte sich zum Impres-
sionisten.

Schließlich schloss er sich in Prag der
Wiener Sezession an und wurde Professor für Kunst. Er starb kurz nach seinem
67. Geburtstag am 23. April 1922.

Bukovac hinterließ 400 Portraits und
150 Gemälde. Charakteristisch für seine
Werke ist sein fast durchsichtiger Stil,
die Figuren wirken zwar sehr lebendig,
aber zugleich auch zart und zerbrech-
lich wie Glas. Diese Darstellungsweise
verleiht bereits den Werken der Frühphase eine Leichtigkeit und Klarheit, die
seiner Kunst einen einzigartigen Platz
zuweist.

*Selbstbildnis auf dem Höhepunkt seiner
Karriere*

von 1991 bis 1995 ihre Häuser. Während des Krieges war Cavtat von serbischen Einheiten besetzt, und die kroatische Bevölkerung wurde in Sicherheit gebracht. Die Serben zerstörten wenig an der historischen Substanz, plünderten aber alles, auch den legendären Weinkeller des Hotels ›Croatia‹. Ihm trauern die Stadtoberen immer noch nach.

■ Fürstenhof

Die Stadt hat einen symmetrischen, fast planvollen Grundriss. Im rechten Winkel von der Uferpromenade führen in regelmäßigen Abständen malerische kleine Gässchen den Hang hinauf.

Die meisten Sehenswürdigkeiten finden sich aber am Hafen. Eines der ersten Gebäude am Hafen ist der Fürstenhof, der Knežev Dvor. Von dort regierte der Statthalter von Dubrovnik die Stadt. Heute ist darin ein **Museum** mit der beeindruckenden Sammlung von Baltazar Bogišić eingerichtet. Der Jurist und Wissenschaftler, der mit 41 Jahren nach Paris gezogen war, hat neben Büchern die größte kroatische Münzsammlung zusammengetragen. Augenfällig ist vor allem die Grafiksammlung mit über 8000 Blättern, darunter Arbeiten von Lukas Cranach dem Jüngeren, Andrija Medulić und einigen italienischen Meistern. Außerdem befinden sich über 10 000 Briefe von Persönlichkeiten der Zeit im Besitz der Sammlung. Sie ist heute Teil der Kroatischen Akademie der Wissenschaft und Kunst.

■ Kirche Sv. Nikola

Weiter an der Uferpromenade entlang, kommt als nächstes markantes Gebäude die Kirche Sv. Nikola mit vier Gemälden von Vlaho Bukovac (1855–1922). Die Bilder von Bukovac oberhalb des Altars stellen in einer ungewöhnlichen Form

von vier Viertelkreisen je einen Evangelisten dar. Beachtenswert ist die Darstellung des Matthäus als arabischer Scheich mit einem Totenschädel in der Hand und die Darstellung des Johannes mit seinem Sinnbild, dem Adler, der eine Schlange, Symbol für die Ursünde, frisst.

■ Geburtshaus von Vlaho Bukovac

Wenige Straßen weiter führt die Bogišićeva zum Geburtshaus von Bukovac hinauf. Bukovac hat als 17jähriger das Haus vollständig ausgemalt. Im Gebäude hängen zahlreiche Bilder aus verschiedenen Schaffensperioden. Er gehört sicher zu den großen Malern Kroatiens, der westeuropäische Entwicklungen in das Land gebracht hat. Später hat er sein Elternhaus zum Atelier umgebaut.

■ Franziskanerkloster

Die Promenade entlang des besiedelten Teils der Altstadt schließt mit dem Franziskanerkloster ab. Vor der Kirche steht das Denkmal des Politikers Frano Supilo (1870–1917), der sich seinerzeit gegen die Mehrheiten für die Selbständigkeit Kroatiens eingesetzt hatte. In der **Kirche** ist das Polyptichon von Lovrin Dobričević (16. Jahrhundert) zu sehen. Es zeigt im Zentrum Sv. Mihovil mit der Seelenwaage, zusammen mit Johannes, dem Täufer, dem heiligen Nikolaus und Franziskus. Die vielen kleinen Szenen und Heiligen auf dem Altar, insbesondere im Fries, machen ihn zu einem Kleinod. Über dem Chor befindet sich ein Fresco von Vlaho Bukovac, eine Darstellung Mariens, die über die Stadt Cavtat wacht. Sehenswert ist auch der **Renaissance-Kreuzgang** des Klosters aus dem Jahr 1483.

Heute vermietet das Kloster Zimmer an Feriengäste.

■ **Račić-Mausoleum**

Hinter dem Franziskanerkloster führt ein Weg den kleinen Berg hinauf. Oben befindet sich der Friedhof mit dem berühmten Mausoleum der Reederfamilie Račić von Ivan Meštrović. In zweijähriger Arbeit hat es der Bildhauer ab 1920 an der Stelle einer kleinen Rochus-Kirche (Pestheiliger) aus dem 15. Jahrhundert errichtet. Seine erhöhte Lage erlaubt einen wunderschönen Blick über das Meer und die Küste. Die Familie war an der spanischen Grippe gestorben, die 1918 in Cavtat wütete.

An den Eingang des architektonisch streng gestalteten Gebäudes hat Meštrović große Engelsfiguren gestellt, die wie Wächter vor dem Grab stehen. Innen ist jedem der vier Verstorbenen ein Altar und an den Vierungspfeilern ein Engel gewidmet, die in meisterhaft expressivem Jugendstil die Trauer ausdrücken. Die Tür trägt archaisch anmutende Darstellungen der Sternzeichen.

 Cavtat

Vorwahl: 020.
Turistička zajednica, Tiha 3, Tel. 47 90 25, www.tzcavtat-konavle.hr. An der nördlichen Hafenmole.

Post, Ravnica ul.

OTP banka, trumbičev put 7.
Privredna banka, Put od Cavtata 4.

Internetcafé in der **Caffe bar Ancora**, Obala A. Stačevića 22.

Hotel Croatia, Frankopanska 10, Tel. 47 55 55, 47 80 55, www.hoteli-croatia.hr; DZ 180–220 Euro. Edel restauriertes Hotel aus kommunistischen Zeiten, von der Terrasse hat man einen schönen Blick auf die Altstadt.
Supetar, Obala A. Starčevića 27, Tel. 47 98 33; DZ 140 Euro. Kleines Hotel direkt in der Altstadt, das zur selben Gruppe gehört wie das ›Croatia‹.
Cavtat, Tiha, 47 82 46. www.iberostar.de. Am Meer nördlich der Altstadt, Restaurants, Zimmer mit Klimaanlage, Balkon und Meerblick.

Restaurant Domižana, Žal 2, Tel. 47 13 44. Mit Meerblick, Fisch- und Fleischgerichte.
Leut, Trumbićev put 11, Tel. 47 84 77. Beim Eingang zur Altstadt, Terrasse unter Pinien mit Meerblick, Fischgerichte.
Ivan, Tiha. Abseits der Altstadt, günstige Hausmannskost.
Alle Restaurants sind durchgehend von 11 bis 23 Uhr geöffnet.

In der Region um Cavtat werden hauptsächlich die Trauben Plavac, Rukatac, Dubrovačka und Malvasija angebaut.
Für eine Degustation lohnt es sich, nach Komaji zu fahren und sich zur **Weinkellerei Crvik** durchzufragen.

Zahlreiche Badestellen **auf der Halbinsel**, FKK-Strand auf der Südseite des Hotels ›Croatia‹.

Poliklinik (Tel. 47 86 83) und **Ambulanta Cavtat** (Tel. 47 80 01), beide Put od Cavtata.
Apotheke Mišković, Trumbičev put 2.

Dubrovnik und Umgebung

Neretva-Delta

Das breite Tal des Neretva-Unterlaufes scheint wenig mit Badetourismus des übrigen Dalmatiens zu tun zu haben. Die intensiv genutzte Agrarlandschaft auf einer Fläche von 20 000 Hektar hat jedoch ihren eigenen Reiz. Hunderte künstliche Wassergräben, die das Delta durchziehen, zeugen von einer einzigartigen Anbaulandschaft.

Auf Grund der klimatischen Bedingungen können drei Ernten pro Jahr eingebracht werden. Zahlreiche Sorten von Apfelsinen, Mandarinen und Zitronen kann man dort entdecken. Außerdem wachsen Kiwis und Melonen, und es wird sogar Reis angebaut.

Seit dem Krieg verfallen zahlreiche Industriebetriebe, was dem Tal zusätzlich eine eigene morbide Ästhetik verleiht. In der Region wurde der Film ›Schlacht an der Neretva‹ gedreht, eine jugoslawisch-deutsch-italienische Koproduktion mit großer Besetzung: Yul Brynner, Hardy Krüger, Orson Welles und Curd Jürgens. Derzeit bemühen sich einige Gruppen, das Neretva-Delta zu einem Naturpark werden zu lassen. Doch die Interessen der Landwirtschaftslobby sprechen dagegen. Erst fünf kleine, abseits gelegene Abschnitte sind bis heute geschützt. Im Delta gedeiht eine Vielzahl von seltenen Pflanzenarten, besonders dort, wo sich Fluss- und Meerwasser mischen. Die Einheimischen werben stolz damit, dass um die 300 Vogelarten im Delta gezählt worden sein sollen. In **Metković** gibt es ein **ornithologisches Museum**, das die Arten zeigt. Allerdings haben Untersuchungen ergeben, dass die Zahl der Arten und Tiere abnimmt. Umweltschützer machen das lückenhafte kroatische Jagdrecht und lasche Kontrollen dafür verantwortlich. Über 2000 einheimische Jäger seien gemeldet, das seien 47 pro Quadratkilometer, eine viel zu hohe Dichte, so der Vorwurf.

Dennoch kommt langsam ein Agro- und Naturtourismus in Gang. Dazu wurden auf der Grundlage traditioneller Transportboote eigene Boote entwickelt. Auf einer sogenannten ›Lađa‹ kann man in kleinen Gruppen auf Safari durch die Kanäle gehen. Leihen kann man solche Boote in Vid, am Hotel ›Đuđa & Mate‹. An der Straße nach Metković befindet sich auf freier Strecke die ›Villa Neretva‹, www.restaurant-villa-neretva.hr. Auch von dort werden Safaris angeboten.

Karte S. 276

▲ *Mit den Lađa-Booten lässt sich das Delta erkunden*

Geschichte

Erst mit der Begradigung des Flusses und dem Ausbau von größeren Häfen begann 1890 die ausgedehnte landwirtschaftliche Nutzung des Neretvadeltas. Dass bereits die Randgebiete früh für ihre Fruchtbarkeit geschätzt wurden, zeigt die Ausgrabung der römischen Stadt Narona in der Nähe des heutigen Vid nördlich von Metković.

Danach wurde das Sumpfgebiet ein ideales Versteck für Piraten, die darin ihren Verfolgern entwischen konnten. In diesem von Mücken bevölkerten und malariaverseuchten Delta gründeten die Piraten im 9. Jahrhundert eine Herrschaft, die sich im Lauf von 600 Jahren bis nach Omiš ausdehnte.

Nach ihrem Sieg über den Dogen Pietro Candiano 887 festigten die Seeräuber ihre Macht, die Clanführer etablierten sich zu anerkannten Feudalherren. Nach Berichten aus dem 13. Jahrhundert ging es bei den Seeräubern nicht zimperlich zu. Darin wird von Sklavenhaltung und -handel berichtet. Menschen wurden aus dem Hinterland verschleppt und bis an die afrikanische Nordküste verkauft.

Ab 1490 besetzten die Türken das Tal für 200 Jahre. Über viele Jahrhunderte legten die Menschen die Sümpfe nach und nach trocken und gewannen den fruchtbarsten Boden Dalmatiens. Mit dem Ausbau des Hafens in Metković und vor allem dem Bau der Eisenbahn im 19. Jahrhundert wurde das Delta zur Drehscheibe im Handel mit dem Hinterland. 1937 wurde zusätzlich der moderne Hafen in Ploče eingerichtet, der größere Frachter aufnehmen konnte. Unter kommunistischer Herrschaft beschäftigte eine Großmarkthalle in Metković 2500 Arbeiter, die den Export der Früchte in die ganze Welt abwickelten.

Obststand am Straßenrand

Die Halle ist heute stillgelegt, ebenso wie diverse Plastik- und Textilfabriken.

Nun versuchen viele Bauern den Handel mit Früchten, Mandarinenschnaps und Honig auf eigene Faust und bieten ihre Erzeugnisse am Straßenrand Touristen an. Sie bereiten sich auf einen möglichen Beitritt Kroatiens zur Europäischen Union vor und versuchen sich mit immer neuen Anbauflächen und Gewächshäusern einen möglichst guten Start zu sichern.

Opuzen

Oberhalb von Opuzen zieht eine **Burgruine** den Blick an: Reste einer Festung, die 1499 von den Türken besetzt und nach der Eroberung von den Venezianern zuletzt 1686 erneuert wurde. Die Besatzer vom Lido nannten sie Fort Opus, was der Stadt den Namen Opuzen einbrachte. Von der Burgruine hat man einen schönen Blick über das ganze Delta.

Das 1333 erstmals unter dem Namen ›Posrednica‹ erwähnte Opuzen war der Ausgangsort für den Handel mit Sklaven, ein Geschäft, an dem auch Dubrovniker Händler verdienten.

Dubrovnik und Umgebung

Opuzen am Abend

Über Brücken geht es in die Altstadt. Um den zentralen Platz stehen eher gedrungen wirkende Palazzi und Häuser der ehemaligen Freibeuter.

An der Nordseite des Platzes ragt seit dem 18. Jahrhundert die Kirche **Sv. Stjepan** auf. Zuvor hatte an dieser Stelle eine alte Holzkirche gestanden. Im Inneren der Kirche ist die Darstellung des heiligen Stephan erwähnenswert, der von Türken gesteinigt wird, was sachlich falsch, aber eine Interpretation der lokalen Verhältnisse ist.

Opuzen ist ein beliebtes Ziel von Sportfischern, im Ort werden Aale als Spezialität angeboten.

 Opuzen

Vorwahl: 020.
Postleitzahl: 20355
Turistička zajednica, Trg kralja Tomislava 1, Tel. 67 16 51, www.visitdubrovnik.hr, turistickazajednica.opuzen@gmail.com.

Camp Rio, Tel. 67 16 40, lzonjic@inet.hr, www.rio-autocamp.hr; 2 Pers. mit Zelt ca. 10 Euro. Campingplatz unter Zitrusbäumen, Platz für 1000 Besucher auf 40 000 qm, ausgestattet mit Laden und Bootsverleih.

Hotel Merlot, Prokopica bb, Tel. 41 06 00, www.hotelmerlot.hr; 16 Zimmer und 1 Apartment, DZ 70 Euro. Mit Restaurant, eigener Winzerei und Weinkeller.

Restaurant Teta Olga, außerhalb in Rogotin, Mostina bb, Tel. 68 90 05. Serviert werden Süß- und Meerwasserfische, von der Terrasse hat man einen schönen Blick.

Metković

Die Stadt Metković, Verwaltungszentrum für die Bewohner des Neretva-Deltas, liegt direkt an der Grenze zu Bosnien und Herzegowina.

Die Österreicher bauten die Neretva soweit aus, dass Schiffe in Metković anlegen konnten, und verbanden die Stadt durch eine Eisenbahnlinie mit Sarajevo.

Karte S. 276

Im Juni 1914 wurden die Bewohner der Stadt zu Zeugen weltgeschichtlicher Ereignisse. Auf dem Weg nach Sarajevo reiste der österreichische Erzherzog Franz Ferdinand mit seiner Ehefrau Sofia von Chotek im Juni über Metković an. Beide hatten in der Küstenstadt Rijeka die k.u.k.-Jacht ›Dalmat‹ bestiegen und gingen in Metković an Land.

Die Bewohner bereiteten dem Paar einen begeisterten Empfang. Der Erzherzog und seine Frau blieben über Nacht und bestiegen am nächsten Morgen die Hofeisenbahn nach Sarajevo. Dort wurde das Ehepaar am 20. Juni 1914 von dem serbischen Attentäter Gavrilo Princip im offenen Wagen erschossen.

Die Särge wurden über den gleichen Weg nach Wien zurückexpediert. Und so sahen die Metkovićer nur die sterblichen Überreste des erzherzöglichen Ehepaars auf ihrem Rückweg wieder durch ihren Bahnhof fahren. Zwei Stunden dauerte es, bis die Särge unter Beteilung der ganzen Stadt auf die Jacht des Herrscherhauses umgeladen waren. Dann fuhr das Schiff zur Flussmündung, wo sie das Kriegsschiff ›Viribus Unitis‹ übernahm. Zwar hatte Franz Ferdinand auf seine Thronfolge verzichtet, aber seine Ermordung löste wegen einer komplizierten Bündnispolitik den Ersten Weltkrieg aus.

In Metković erinnern die verschmutzten Fassaden noch entfernt an den k.u.k.-Glanz. Dadurch, dass nach dem letzten Krieg viele Industrien weggebrochen sind, die sich mit dem Güterbahnhof in den 60er Jahren entwickelt hatten, sind zahlreiche alte Häuser verlassen und verfallen.

In der ulica Stjepana Radića 1 befindet sich die angeblich drittgrößte **ornithologische Sammlung** Europas. Dort stehen 310 ausgestopfte Vögel in Vitrinen und auf Regalen, die meisten der Arten leben oder lebten im Neretva-Delta.

 Metković

Vorwahl: 020.
Postleitzahl: 20350.
Turistička zajednica Dubrovačko Neretvanske Županije, Cvijete Zuzorić 1/2, 20000 Dubrovnik, Tel. 32 49 99, www.visitdubrovnik.hr.

Post, Ante Starčevića 9.

Croatia banka, Stjepana Radića 8.
OTP Banka, Trg kralja Tomislava 1.
Privredna Banka Zagreb, Ivana Gundulića b.b.
Splitska Banka, Ante Starčevića 6.

Hotel-Restaurant MB, Matice hrvatske 6, Tel. 68 18 12, www.hotelmb.com; DZ 67 Euro.
Hotel Narona, Trg kralja Tomislava 1, Tel. 68 14 44, Fax 68 17 32, www.hotelmb.com; DZ 67 Euro.
Beide Hotels gehören dem gleichen Besitzer, einfach und sauber.
Europa, an der Ausfallstraße Richtung Grenzübergang. Für sehr einfache Ansprüche.
Hotel-Restaurant Villa Neretva, Krvavac II., Tel. 67 22 00, Fax 67 11 99, www.restaurant-villa-neretva.hr; DZ 55–63 Euro. Bieten auch Lađa-Bootstouren an.

Restaurants der Hotels MB und Narona. Gute dalmatinische Hausmannskost.

Vid

Das verschlafene Dorf nordöstlich von Metković haben Archäologen zu einer internationalen Berühmtheit gemacht. Über Jahrzehnte gruben sie Teile der antiken Stadt Narona aus, auf die Vid gebaut ist. Narona war bereits im 4. Jahrhundert vor Christus ein griechisches Handelszentrum, das die Römer übernahmen. Es hatte alles, was die Herrscher angenehm fanden: Heiligtümer, Thermen und ein Theater. 1951 wurde erstmals ein römisches Mosaik gefunden. 1980 gruben Archäologen eine frühchristliche Basilika aus, deren Grundmauern am Eingang der Stadt zu sehen sind. 1996 kam dann die jüngste Attraktion zum Vorschein: ein **Augustustempel** mit 16 Statuen, die noch an ihrem Platz lagen. Damit gelang ein seltener Fund, der die Anordnung von Götterfiguren überlieferte. Seit 2007 ist das Heiligtum in einem hochmodernen **Museum** rekonstruiert worden, die Statuen sind an ihrem ursprünglichen Platz zu sehen. In Vitrinen werden die gefundenen Gold- und Keramikschätze gezeigt.

 Vid

Restaurant-Pension Đuđa i Mate, 20352 Vid, Krvavac II, Tel. 68 75 00, Fax 68 74 40, www.djudjaimate.hr. Gut geführt. Hier kann man auch Lađa-Boote ausleihen.

Neum

Neum liegt auf einem schmalen Streifen Küste, der zu Bosnien und Herzegowina gehört und den Südteil der dalmatinischen Küste abtrennt. Bereits nach dem Zweiten Weltkrieg begann in Neum der Massentourismus, heute tobt sich in den Betonburgen die gesamte bosnische Reiselust aus. Entstanden ist dieser bosnische Korridor zum Meer im Friedensvertrag von Karlowitz 1699. Damit sollte eine Pufferzone zwischen Venedig und Dubrovnik entstehen, sie wurde von den Osmanen besetzt. Seither hat sie sich auf allen Landkarten gehalten, bis zum Friedensabkommen von Dayton 1995. Ein Jahrzehnt nach dem Krieg war die Stadt wegen des geringeren Mehrwertsteuersatzes das Einkaufsparadies für Kroaten. Doch seit die bosnische Regie-

Rekonstruktion eines römischen Mosaiks im Museum von Vid

Karte S. 276

Halbinsel Pelješac

Pelješac ist der Inbegriff für guten Wein in Kroatien. Weine von Pelješac werden auch auf den Speisekarten kroatischer Restaurants in Deutschland als Spezialität angeboten. Für viele ist die 70 Kilometer lange und 350 Quadratkilometer große Halbinsel weniger touristisches Ziel als vielmehr eine Durchgangsstation, meist auf dem Weg ins Museumsstädtchen Korčula. Daher gibt es viele unberührte Ecken. Hauptsehenswürdigkeit ist die sogenannte **Chinesische Mauer Europas** bei Ston, die längste Stadtbefestigung auf dem Kontinent.

Geschichte

Über 500 Jahre gehörte Pelješac zu Dubrovnik und bildete so etwas wie dessen Hinterland, das als wichtiges Wirtschaftszentrum eine große Rolle spielte: Bei Ston wurde Salz gewonnen, im Inneren Wein gekeltert und Olivenöl gepresst. Orebić wurde später zu einem Umschlaghafen, der Dubrovnik zusätzliche Handelserlöse einbrachte.

Entsprechend bildeten das kaufmännisch orientierte Orebić und das landwirtschaftlich geprägte Ston zwei höchst unterschiedliche Zentren. Dabei beäugen sich die Bewohner gegenseitig etwas distanziert. In der Mitte leben Landbewohner, auf die als Bauern noch heute gern herabgeblickt wird, vor allem von den stolzen Orebićern.

Fast scheint es so zu sein, dass es sogar in der Frühgeschichte zwei Zentren gegeben hat. In zwei Höhlen, der Gudnja-Höhle bei Ston und in der Nakovana-Höhle fast an der nordwestlichen Spitze von Pelješac, wurden jeweils Spuren unterschiedlicher steinzeitlicher Kulturen gefunden. In Gudnja wurden Reste einer eigenständig entwickelten Keramikkul-

Blick auf das bosnische Neum

rung die Steuer drastisch angehoben hat, ist dieser Handel deutlich abgekühlt.

Nach heftigen Konflikten und Protesten hat Kroatien im Jahr 2007 angefangen, eine 2,3 Kilometer lange Brücke nach Pelješac zu bauen, um die beiden Landesteile zu verbinden, ohne über das Gebiet des östlichen Nachbarn zu müssen. Der Bau, der an seinem höchsten Punkt 55 Meter über dem Meer ragen soll, ist mit 1,9 Milliarden Euro veranschlagt worden. Durch die Finanzkrise verzögert sich die Fertigstellung des Baus auf unbestimmte Zeit. Noch weiß aber niemand, ob sich das Land damit nicht finanziell übernimmt. Bosnien hatte vor allem gefürchtet, dass die Meerdurchfahrt beeinträchtigt würde.

Der Grenzübertritt, um an die südliche Küste von Dalmatien zu gelangen, ist reine Formsache. Allerdings sollten Reisepass und grüne Versicherungskarte bereitliegen.

Dubrovnik und Umgebung

tur aus dem 6. Jahrtausend vor Christus ausgegraben, so dass man von der Gudnja-Kultur spricht. Dagegen werden die Nakovana-Funde auf 8000 vor Christus datiert. 1180 kam Pelješac unter die Herrschaft serbischer Fürsten, die die Halbinsel der orthodoxen Kirche unterstellten. Bei einem Streit zwischen dem serbischen König Stefan Dušan und dem bosnischen Ban Stjepan II. Kotromanić um die Halbinsel vermittelte Dubrovnik und konnte durch einen geschickten Schachzug Pelješac 1333 selbst gegen eine Zahlung in Besitz nehmen.

Dubrovnik hielt seine Erwerbung bis 1808. Die Stadt schottete die Halbinsel nicht nur mit einer fünf Kilometer langen Mauer vom Festland ab, sondern rekatholisierte die orthodox geprägte Halbinsel gewaltsam und teilte die Güter neu auf. Die verarmte ehemalige Oberschicht begann, sich der Schifffahrt zuzuwenden und begründete die reiche Seefahrertradition im Südwesten der Insel.

Im Krieg zwischen 1991 und 1995 lagen die Serben vor Ston und versuchten, Pelješac zu erobern, wobei sich die Kroa-

ten hinter der Mauer von Ston verschanzten. Versorgt wurde die Bevölkerung vom Meer her, dabei spielte die ›Jadrolinja‹, die in kroatischer Hand war, eine wichtige Rolle. Die wehrfähigen Männer der Halbinsel kämpften vier Tage bei Ston, die restlichen drei bestellten sie ihre Felder. Dabei wurde Ston stark in Mitleidenschaft gezogen.

1996 erschütterte ein heftiges Erdbeben die Halbinsel. Es hatte sein Epizentrum bei Ston. Es stürzten zwar nur wenige Häuser ein, aber viele wurden so stark geschädigt, dass sich die Bewohner neue Häuser in der Umgebung bauten.

Trpanj

Wer von Ploče mit der Fähre in Trpanj landet, ist in einem historischen Piratendorf gelandet. Bereits von weitem blinkt einem die überlebensgroße weiße **Madonnenstatue** auf dem Felsvorsprung im Hafen entgegen, die sogenannte Meeresmadonna. Von den Einheimischen ›Sea Star‹ genannt, wurde sie 1938 von einer reichen Frau errichtet, deren Kind aus schwerer Krankheit gerettet wurde.

Dubrovnik und Umgebung

Am Hafen von Trpanj

Trpanj

Vorwahl: 020.

Turistička zajednica, am westlichen Teil des Hafens, Tel. 74 34 33; nur in der Saison geöffnet.

Für die Anreise nach Pelješac gibt es drei Möglichkeiten:
Von Norden kommend von Ploče mit der **Autofähre** nach Trpanj übersetzen.
Über die **Landbrücke** bei Ston.
Von Süden über Korčula mit der **Fähre** nach Orebić.

Hotel Faraon, Put Vila 1, am westlichen Teil des Strandes, Tel. 74 34 08; DZ 117 Euro. All-Inclusive-Hotel, einfacher Standard, mit Restaurant.

Vrila, Don Nedjeljka 33, 20240 Trpanj, Tel. 74 37 00, mobil 098/22 56 75. Zelten unter Olivenbäumen, mit Zugang zum Meer.

Es gibt außer im Hotel ›Faraon‹ kein Restaurant mit Meerblick.
Restaurant Dubrovnik und **Restaurant Trpanj**, beide in der Hauptstraße. Gute Restaurants, aber nicht durchgehend geöffnet.

Beachbar Plavi, nahe dem Hotel ›Faraon‹.

INA-Tankstelle, am Hafen.

Oberhalb des Hafens versteckt befinden sich die **Reste einer alten Burg.** Möglicherweise gehörte sie der Adelsfamilie Gundulić, die hier nach der Machtübernahme von Dubrovnik herrschte. Aus dem Geschlecht stammte der Dichter Ivo Frane Gundulić (1589–1638).

Die Südküste

Auf dem Weg von Trpanj nach Orebić überwindet man die wildromantische Hügelkette bei **Bande**. Auf dem Pass erhebt sich ein großes Denkmal für die gefallenen Partisanen der Halbinsel.
Orebić ist das Zentrum einer Reihe von Orten, die sich entlang der Küste bis Viganj hinaufziehen. Sie haben eine gemeinsame Geschichte.
Orebić erlebte seine Blüte vom 16. bis Anfang des 19. Jahrhunderts, als die Schiffahrt boomte, ein Boom, der die ganze westliche Küste erfasste. Schmucke palazzoähnliche Häuser entstanden bis hinauf nach Viganj. Je reicher und

bedeutungsvoller, desto weiter oben im Berg residierte man, so dass die einfachen Seeleute in der Nähe des Meeres siedelten und die Überfälle der Seeräuber und Venezianer abwehren mussten.
Sogar Kaiser Franz Joseph I. besuchte Orebić. Man soll, so heißt es, für ihn den ganzen Weg vom Hafen bis zum Rathaus mit Perserteppichen ausgelegt haben. Heute sind von der Pracht nur noch Ruinen sichtbar, die die Durchgangsstraße oberhalb der Stadt begleiten.
Mit der einsetzenden Dampfschiffahrt im 19. Jahrhundert begann der Niedergang der Region. Die Reblausplage nach dem Ersten Weltkrieg trieb die Menschen in die Immigration bis nach Neuseeland, wo sie angeblich den Weinbau einführten. Österreichische und deutsche Studenten entdeckten als erste die klimatisch angenehme Lage von Orebić und kamen Ende des 19. Jahrhunderts zur Erholung, erste Hotels wurden gegründet.

Karte S. 276

Einer der frühen berühmten Touristen war Ernst Jünger, der 1932 mit seinem Bruder Friedrich Georg auf Insektenjagd ging und dafür auch den Sv. Elija bestieg. Auf dem höchsten Berg der Insel soll er Schakale gehört haben – auch heute noch sollen Schakale auf Pelješac leben. Wegen der Schlangen nannten die Italiener den Berg auch den Monte Vipera.

 Südküste

Vorwahl: 020.
Turistička zajednica Orebić, Trg Mimbelli, Tel. 71 37 18.

Wandertour zum Sv. Elija: ca. 8 Std. dauert Auf- und Abstieg, Beginn beim Franziskanerkloster, Informationen in der Turistička zajednica Orebić. Unterhalb der Spitze befindet sich eine Hütte zum Übernachten. Die Schlangengefahr ist gering, aber vorhanden, deshalb ist gutes Schuhwerk nötig.

Orebić

Orebić ist ein entspannter Touristenort mit dem Ambiente einer verarmten Renaissancesiedlung. Seinen Namen erhielt der Ort von der gleichnamigen Familie, die 1586 an dem bis dahin bestehenden kleinen Hafen ein Kaštel errichtete. Das Dorf drumherum hieß bis dahin Trstenica.
Im Zentrum befindet sich ein **Schifffahrtsmuseum**, dessen Exponate vom Stolz über die alte Größe der Stadt künden. Oberhalb von Orebić ist das **Franziskanerkloster** wie ein Ansitz in den Berg über der Küste gebaut. Zwischen 1470 und 1480 wurde es dort von der Republik Dubrovnik errichtet, damit die Mönche das Treiben der Venezianer auf Korčula im Auge behielten. Ihre Order

Ehemals prächtige Villa in Orebić

lautete angeblich: Wenn die Venezianer Anstalten machen sollten, überzusetzen, dann hatte ein Mönch sofort Richtung Ston loszureiten, um Meldung zu geben.
In der barockisierten **Klosterkirche** sind bedeutende Reliefs italienischer Meister zu sehen, unter anderem ›Die Mutterschaft‹ von Nikola Firentinac. Beeindruckend ist auch das Kruzifix des leidenden Christus, dessen Darstellung der Wunden an Werke von Matthias Grünewald erinnern.
Das Kloster, in dem heute nur noch zwei Priester leben, hat einen wundervollen und stillen Kreuzgang, an den sich im früheren Kapitelsaal ein kleines **Museum** anschließt. Es zeigt weitere Meisterwerke aus italienischen Schulen.
Der ehemalige Reichtum der Gegend ist auch an einigen prachtvollen Mausoleen auf dem **Klosterfriedhof** abzulesen. Beachtenswert ist das **Mausoleum der Familie Mimbelli** mit der dahinfließenden Figur unter dem Baldachin. Nicht nur weil sie von dem großen kroatischen Bildhauer Ivan Rendić ist, sondern auch, weil sich eine wahre Romeo-und-Julia-

Dubrovnik und Umgebung

Das Mausoleum der Familie Mimbelli

Geschichte um sie rankt: Demnach machte die Orebićer Familie Mimbelli ihren Reichtum in Russland, wo sich Baldo, der Sohn der Familie, in die Tochter der russischen Gouvernante verliebte. Doch eine derart unstandesgemäße Verbindung unterbanden die Eltern des Baldo. Baldo schwor, niemals in seinem Leben zu heiraten und hielt seinen Schwur. Zu Lebzeiten beauftragte er Ivan Rendić mit dem Bau des Mausoleums. Das Dach des Mausoleums, ein russischer Zwiebelturm, war mit purem Gold bedeckt und sollte über das Meer seinen Schmerz leuchten lassen. Der umgedrehte Wasserkrug, aus dem ein letzter Tropfen läuft, ist das Symbol für das Ende der Dynastie.

 Orebić

Vorwahl: 020.
Turistička zajednica, Trg Mimbelli, Tel. 71 37 18.

Post, Obala Pomorica 32.

Dubrovačka banka, Bana Jelačića 17.
Splitska banka, Obala Pomoraca b.b.

Zaro informatika, Bana Jelačića b.b.

Verbindungen gibt es nach Zagreb, Sarajevo, Dubrovnik, Trpanj, Lovište, allerdings nicht sehr häufig, vorher nach den Abfahrtszeiten fragen.

Autofähre, von Orebić nach Korčula, mehrmals täglich, auch abends.

Hotel Adriatic, Mokalo, Tel. 71 34 20, www.adriatic-mikulic.hr; DZ 105–120 Euro. Kleines Hotel mit großem Ange-

Karte S. 276

bot, Zeltplatz, Restaurant und Tauchzentrum.
HTP Orebić, Obala Pomoraca 36,
Tel. 71 31 93, www.orebic-htp.hr. Ho-
telgruppe, zu der das **Hotel Orsan** (DZ
112 Euro), das **Bellevue** und die **Apartmentsiedlung Bellevue** gehören.
Hotels Villa Meridiana und **Villa
Orebić,** Podvlaštica, Tel. 71 43 02,
www.villameridiana.com.

Zahlreiche Plätze vor allem in östlicher
Richtung direkt am Meer:
Camp am Vala Mokalo 28, 71 34 46.
Glavona Plaža, Tel. 71 39 99.
Camp Mario, Tel. 71 31 26.

Restaurant Mlinica, an der Riva. In
einer alten Mühle, schmackhafte
Fleischgerichte.
Amfora. Einfache Fischgerichte, Pizza.
Kod Bože (Bei Gott), nicht weit vom
Franziskanerkloster. Schönes Ambien-
te und gutes Essen.

Pfingstmontag findet die traditionelle
Prozession der Franziskaner statt.

Im Sommer gibt es zahlreiche **Folkloreveranstaltungen und Konzerte**, u.a.
in der Franziskanerkirche, Informationen in der Turistička zajednica.

Liegeplätze an der Innenseite des Wel-
lenbrechers.
Am 1. Augustwochenende findet eine
Segelregatta statt, von Orebić über
Korčula und Mljet nach Dubrovnik.

Snorkeling Adventure Sokol, Orebić,
Tel. mobil 098/34 41 82.
Orebeach Club Scuba Diving, Tel.
71 39 85, Fax 71 39 86.

Einkaufsmöglichkeiten auf der **Bana
Jelačića**, der Durchgangsstraße oberhalb des Ortes.

Ambulanz, krlja Tomislava 24,
Tel. 71 36 94.
Apotheke Orebić, Ban Jelačića b.b.,
Tel. 71 30 19.
Apotheke Korčula, Trg kralja Tomislava
b.b. Tel. 71 10 57.

Nakovanj, Kučište, Viganj

Die drei Orte Nakovanj, Kučište, Viganj
scheinen inzwischen ineinander überzu-
gehen. Sie alle haben ähnliche Reize:
einen flachen Strand mit guten Bade-
und Windsurfmöglichkeiten und eine
Seefahrertradition.
Eine Legende erzählt von der Namensgebung der Orte: Drei Söhne eines
Schmieds mussten sich nach dem Tod
des Vaters das Erbe teilen. Einer der
Söhne nahm den Amboss (kovački nakovanj) und gründete Nakovanj oberhalb der Küste, einer nahm den Blase-

balg (kovački viganj) und baute Viganj
auf, und der dritte blieb zu Hause (kod
Kuće) in Kučište.
Der Ortskern von **Kučište** macht wegen
seiner alten Reederhäuser rund um den
Komplex der Reederfamilie Lazarović
aus dem 18. Jahrhundert einen mondä-
nen Eindruck.
Die Küste bietet ein Windsurfparadies,
das sich bis Viganj zieht. Weil zwischen
Pelješac und Korčula Wind wie durch
einen Kanal geht, finden Windsurfer hier
oft ideale Bedingungen. Für die Badegä-
ste wird es an der Küste nie zu heiß.

Dubrovnik und Umgebung

Viganj ist ebenfalls ein langgezogenes Straßendorf mit barocken Palazzi. Im Ort befindet sich das Dominikanerkloster, das das Holzrelief einer thronenden Mutter Gottes aus dem 15. Jahrhundert beherbergt. Im Ort hält sich der Mythos von der Sultanin von Viganj: 1820 geboren, sei sie bald ausgewandert und habe sogar verkleidet als Mann auf Piratenschiffen angeheuert, wenn nicht sogar die Schiffe selbst befehligt. Sie habe in New Orleans geheiratet und sei mit ihrem Mann, ebenfalls einem Kroaten, durch eine erfolgreiche Austernzucht reich geworden. Im Alter soll sie nach Viganj zurückgekehrt sein und sich ein Haus gekauft haben, das Ortkundige heute noch zeigen können.

Viganj

 Nakovanj, Kućište, Viganj

Vorwahl: 020.
Turistička zajednica, Trg Mimbelli, Orebić, Tel. 71 37 18.
Lokale Büros in **Kućište**, Tel. 71 91 23 und **Viganj**, Tel. 71 92 95, nur in der Saison geöffnet.

Pension Vrgorac, Perna 24, Kućište, Tel. 71 91 52; DZ mit HP 90 Euro. Schlicht, aber gemütlich.

Camp Perna, Kuićište. Direkt am Meer, mit Fahrradverleih, Einkaufsladen, Bootsanlegestelle und Kran.

Plaža, Viganj. Klein und überschaubar unter Bäumen.
Weitere Plätze reihen sich entlang der Küste, leicht zu finden.

Konoba Montun, Viganj. Trinken und speisen bei einem echten Kapitän: Eigentümer Ivan Pamič ist im Sommer Konobar, im Winter geht er auf große Fahrt.

Windsurfen in Viganj ist möglich beim **Windsurfing Center Viganj** (Nähe Kapelle Sv. Liberan), im Sommer finden Regatten statt.

Nakovana

Nakovana ist Mittelpunkt eines archäologischen Schutzgebietes, das vor einigen Jahren eingerichtet wurde. Nichts darf aus dem Gebiet entnommen werden. Nach dem Dorf ist auch die Höhle oberhalb am Rücken des Berges **Grad** benannt, in der Fundstücke einer 8000 Jahre alten Kultur ausgegraben wurde. 1999 eher zufällig bei einer Begehung entdeckt, kam im hinteren verschütteten Teil eine Kultstätte für einen Fruchtbarkeitsgott ans Tageslicht. Heute sind die Funde leider in irgendwelchen Magazinen in Dubrovnik vergraben.
Auf dem Berg existierte einst eine mäch-

Karte S. 276

tige Siedlung der Illyrer. Von Nakovana aus führt ein bezeichneter Weg zur Höhle und zur Bergspitze.

Nakovana ist auch der Geburtsort von Ivan Lupis Vukić, der als Offizier der österreichisch-ungarischen Marine als erster die Idee zur Entwicklung von Torpedos hatte. Der unter italienischem Namen Giovanni Luppis bekannte Offizier stellte sein erstes Modell 1860 in Rijeka vor. Seinen noch schwachen Antrieb verbesserte Robert Whitehead, der mit der ersten einsatzfähigen Unterwasserwaffe ein Vermögen verdiente. Vukićs Geburtshaus ist heute noch in Donja Nakovana zu sehen.

Wie am Ende der Welt fühlt man sich im äußersten Südwesten der Insel, in **Lovište**; dort gibt es zahlreiche einsame Badestrände.

Kuna

Der Ort, dessen Name sich wie die Landeswährung von dem Wort für ›Marder‹ herleitet, liegt malerisch in den Bergen. Es ist der Geburtsort des Malers und Franziskanerpaters Celestin Medović (1857–1920). In der Kirche sind Bilder von Medović zu sehen. Er lernte zunächst in Wien, bevor er von 1886 bis 1893 in München an der Akademie der Künste studierte und, inspiriert von der Münchener Schule, erste Erfolge hatte. Er kam über Umwege nach Zagreb und schloss sich einer Künstlerkolonie an, bis er eines Tages alles abbrach und zurück nach Kuna ging, wo er mit den einfachen Menschen seines Dorfes leben wollte.

Für den Maler hat Ivan Meštrović die Statue vor der Kirche gefertigt.

Potomje

Potomje ist das alte neue **Weinzentrum**, das den Ruf Pelješacs als Weinanbaugebiet begründet hat. Bereits im alten Jugoslawien etablierte sich hier eine Weinbaugenossenschaft, die heute noch tätig ist. Der ›Dingač‹ erhielt als erster Wein 1961 das Prädikat, aus kontrollierter Erzeugung zu stammen. Außerdem werden ›Postup‹ und ›Plavac mali‹ gekeltert.

Viele Bauern züchten schlicht die Weintrauben und verkaufen diese dann an die Winzereien zum bestmöglichen Preis. 1975 wurde für sie in Potomje ein Tunnel gegraben, so dass sie die Südseite der Insel erreichen können. Dort wachsen die Reben an steilen Hängen mit bis zu 60 Prozent Neigung. Bereits bei den Römern in Salona und auch später, im österreichisch-ungarischen Kaiserreich, hatte der Wein aus Pelješac einen guten Ruf. Heute haben sich im Ort einige private Winzer niedergelassen, die das Geschäft auch für den Export betreiben, allen voran die ›Vinarija Matuško‹, die sich früh nach dem Krieg selbständig gemacht hat und heute als deutsch-kroatischer Familienbetrieb zur zweitgrößten Kelterei des Ortes aufgestiegen ist.

Dubrovnik und Umgebung

🛏 Kuna

Eselhof, Miljenko Antunovic, in Kuna (ist ausgeschildert), Tel. 74 20 35, mobil 098/55 58 70, 098/913 13 70 (engl.), miljenko.antunovic@du.t-com.hr. Auf dem Eselhof kann man nicht nur Urlaub auf dem Land verbringen, sondern auch an Weinproben teilnehmen.

Potomje

Vinarija Matuško. Die Winzerei ist bereits von der Straße zum Weintunnel sichtbar.

Vinarija Postup, Potomje. Hier wird Wein ausschließlich aus der Traube ›Postup‹ erzeugt.

Auf dem Weg nach Ston

Auf der Strecke nach Ston laden immer wieder malerische, manchmal halbverlassene kleine Orte zum Verweilen ein, insbesondere an den Stichstraßen zur Küste können ruhige Buchten mit lauschigen Ortschaften gefunden werden. Zum Beispiel **Trstenik**: Das Fischerdorf in einer schönen Bucht war früher einmal Fähranleger für die Schiffe nach Mljet. Der Fährhafen wurde nach Prapatno verlegt.

Eine verfallende Schönheit ist der kleine Ort **Janjina** mitten auf der Halbinsel. Hier hatten einst Kapitäne ihre Ruhesitze und bauten Wein an. Oberhalb auf dem Berg sind Reste einer illyrischen Wallburg zu sehen.

Von **Dubrava** geht es hinab an die Südküste zum Ort **Žuljana**, der sich durch eine Süßwasserquelle auszeichnet. Auch in diesem Ort siedelten bereits die Römer, die eine Wasserfüllstation einrichteten. Im 15. Jahrhundert wütete die Pest, so dass die Bewohner den ganzen Ort niederbrannten.

Ston

Sie ist schon von weitem zu erkennen und windet sich über den Hügel: die Mauer von Ston. Sie ist die längste Verteidigungsmauer Europas und wird scherzhaft als ›Chinesische Mauer Europas‹ bezeichnet. Die Mauer verbindet die zwei Teile des Renaissance-Ortes Ston: **Mali Ston** im Norden und **Veliki Ston** im Süden. Die Orte liegen fünf Kilometer voneinander entfernt.

Von der Nordseite der Stadt Veliki Ston kann man an der ganzen Mauer entlang bis nach Mali Ston gehen und den schönen Blick auf die Landbrücke zum Festland genießen. Alle großen Baumeister, die in Dubrovnik an der Stadtbefestigung gearbeitet haben, haben auch an dieser

 Trstenik, Janjina, Dubrava, Žuljana

Vorwahl: 020.

Turistička zajednica Orebić, Trg Mimbeli b.b., 20250 Orebić, Tel. 71 37 18, www.tz-orebic.hr.

Turistiička zajednica Žuljana, Tel. 75 62 27.

In den kleinen Ortschaften gibt es keine Hotels, nur **Privatquartiere**.

Sreser: kleiner Campingplatz am Ende des Ortes.

Žuljana: zwei kleine Plätze im Ort.

Camp Dubrava, Platz im Olivenhain, 800 Plätze.

Lopin & Co Diving Center, Žuljana, Tel. 75 61 08, mobil 098/166 31 65, www.tauchbasis-zuljana.de. Eine der ältesten Tauchbasen, 25 Tauchplätze (u.a. Wracktauchen) und mit Unterkunft, DZ 30–40 Euro.

Verteidigungsanlage gewirkt: Michelozzo Michelozzi, Bernhardin von Parma, Jura Dalmatinac und viele andere. 40 Wehrtürme gab es einst an der Doppelmauer, heute sind noch 20 zu erkennen.

■ Veliki Ston

Heute scheint der Ort Veliki Ston in Agonie zu liegen, tatsächlich müssen die Bewohner erst einmal den Krieg verarbeiten und die durch das Erdbeben von 1996 entstandenen Lücken schließen. Derzeit leben in der Stadt nur noch etwa 350 Menschen, vor dem Krieg waren es 1000 Bewohner.

Veliki Ston, der südliche und, wie der Name (veliki=groß) sagt, größere Teil der Doppelstadt, wurde an der Spitze der

Bucht Stonski-Kanal gebaut. Vor Ston liegen die großen Salinen mit ihrer Salzverarbeitungsanlage, die noch heute pro Jahr 200 Waggons Meersalz produziert. Die Anlage kann besichtigt werden. Bereits die Illyrer sollen an diesem flachen Meerausläufer Salz gewonnen haben. Später siedelten im Tal die Römer.

Gegenüber von Veliki Ston haben bereits 5700 Jahre vor Christus an den Hängen der Zagorje-Berge, die sich knapp 700 Meter hoch auftürmen, in der **Gudnja-Höhle** Steinzeitmenschen gelebt. In den 1980er Jahren gruben Archäologen dort Keramikscherben aus, die von einer eigenständigen Kulturleistung zeugen. Deswegen spricht man auch von der Gudnja-Kultur.

Die Ausgrabungsfunde sind im neu eingerichteten **Museum** zu sehen, das sich im Fürstenpalast am Hauptplatz gegenüber der Post befindet. Neben einigen sehr markant gestalteten Scherben von Gebrauchskeramik ist das Fragment einer kleinen Frauenfigur zu sehen, die möglicherweise einmal kultische Funktion hatte. Zur Höhle kann man hinaufwandern, dazu sollte man sich in der Turistička zajednica nach dem Weg erkundigen, er ist nicht gut ausgeschildert.

Veliki Ston wurde im 14. Jahrhundert auf dem Reißbrett entworfen und hat einen schachbrettartigen Grundriss. Bereits 1581 wurden Wasser- und Abwasserleitungen verlegt. Trotz der zahlreichen Kriege hat sich das Renaissanceambiente erhalten, so sind der **Rektorenpalast** mit seinem hübschen Brunnen davor und der **Bischofspalast** in der Nähe sehenswert.

Im Westen dehnt sich ein **Franziskaner-nonnenkloster** aus, das mit einem wunderschönen gotischen Kreuzgang und einer Kreuzesdarstellung von Blaž Jujev Trogiranin in der Kirche aus dem 18. Jahrhundert aufwartet.

Im Franziskanerkloster wird auch der Schlüssel für die kleine **Kapelle Sv**. Mihovil aus dem 10. Jahrhundert verwahrt. Sie liegt außerhalb von Ston auf einem Hügel im Tal, zu dem eine kleine beschil-

Dubrovnik und Umgebung

Die Mauer von Ston

Brunnen vor dem Rektorenpalast

derte Straße von den Salinen führt und auf den ein halbstündiger Fußweg hinaufführt. Der Aufstieg lohnt sich: Die renovierten **Fresken** in der Kapelle gelten als das besterhaltene Denkmal frühmittelalterlicher Wandmalerei in Dalmatien. Gleich links vom Eingang befindet sich eine der wenigen Darstellungen eines kroatischen Königs. Die bärtige Gestalt mit einer fränkischen, also westlichen Krone hat nationale Symbolkraft und stellt wahrscheinlich König Mihovil I. (1077–1081) als Kirchenstifter dar; darauf weist das Modell einer Kirche in seiner Hand hin.

■ Mali Ston

Mali Ston ist ebenfalls ein kleiner am Hang gelegener Ort, der von starken Wällen mit nur schmalen Einlasstoren umgeben ist. Viele Häuser sind seit dem Erdbeben 1996 verlassen und müssen mühsam gestützt werden. Oberhalb liegt die kleine **Festung Koruna**, die mit ihren fünf Wehrtürmen zum Festland schaut. Mali Ston lebt heute von der Austernzucht, die an einem der größten künstlich angelegten Parks Kroatiens vor der Küste zu sehen ist. Da gehört es dazu, in diesem Ort die Delikatesse einmal probiert zu haben.

ⓘ Ston

Vorwahl: 020.
Turistička zajednica, Pelješki Put 1, Tel. 75 44 52.

Fischrestaurant Bakus, Veliki Ston, in der östlichen Altstadt.
Fischrestaurant Sorgo, Veliki Ston.

Pizzeria Stagnum, Veliki Ston. Schönes Ambiente unter einer Weinlaube.
Villa Koruna, Mali Ston, gleich am Meer. Hier lassen sich Fischspezialitäten probieren, inklusive Austerngerichte.
Taverne Bota, Mali Ston. Fisch und traditionelle Gerichte.
Konoba Kapetanova Kuća, Mali Ston. Einheimische Spezialitäten.

▲ Karte S. 276

Hotel Ostrea, Mali Ston, Tel./Fax 75 45 55, www.ostrea.hr. Traditionshaus, inklusive Restaurant mit Austerngerichten.
Villa Koruna, Mali Ston; DZ 91 Euro. Schlicht und sauber. Dem Eigentümer kann man alle Fragen zur Geschichte des Ortes stellen.

Camp Prapatno, drei Kilometer westlich von Ston. Unter Olivenbäumen in eigener Bucht, mit Gastronomie.

Ordinacija Ston, Put Braće Mihanovića 7, Tel. 75 40 04.

Offenes Geläut in Mali Ston

Insel Korčula

Die Insel Korčula wird sofort mit der gleichnamigen romantischen **Stadt Korčula** auf der vorgelagerten Insel gleichgesetzt. Hier soll die Wiege des großen Asienreisenden von Marco Polo gestanden haben, auch wenn der letzte Beweis nicht geführt werden kann.

Nach dem Krieg bewirkt die Schönheit der Stadt heute wieder einen touristischen Andrang, den die Stadt kaum bewältigen kann. Dagegen ist der übrige Teil der 276 Quadratkilometer großen Insel kaum frequentiert, lockt aber mit eher unberührter Natur und vielfältiger Flora, einsamen Badestränden und verschwiegenen Dörfern.

Geschichte
Überlieferungen der griechischen Antike nannten die Insel wegen ihrer dunklen Nadelbäume Korkyra Melaina, schwarze Insel, woraus sich später die Bezeichnung Korčula gebildet hat. Dieser legendäre Baumreichtum, der immer wieder aufgeforstet wurde, ließ bereits früh Werften auf der Insel entstehen, die im Mittelalter die Schiffe für Dubrovnik und Venedig bauten. Heute besteht nur noch ein Schiffbauunternehmen, das sich mühsam im internationalen Wettbewerb hält und eher für andere große, auch deutsche Werften vorproduzierte Teile liefert.

Die Griechen kolonisierten im 5. Jahrhundert vor Christus diese Insel, wovon der Volksbeschluss von Lumbarda zeugt, das älteste steinerne Dokument, das im gleichnamigen Dorf gefunden wurde. Wie in einem Grundbuch zählt es Griechen aus Unteritalien und Sizilien ebenso als Landeigentümer auf wie zugewanderte Illyrer. Zwischen den Griechen und den Illyrern, die in Vela Luka siedelten, kam es immer wieder zu Konflikten.

Inseln Korčula und Lastovo

0   5   10 km

Mit seinem Namen hat Korčula die gleiche Wurzel wie die Insel Korfu und so überschneiden sich auch die Mythen, wonach Poseidon, der Gott des Meeres, Kerkyra, der Tochter des Asopos, auf Korčula ein Zuhause geschaffen haben soll.

Besiedelt war die Insel bereits seit der Steinzeit. In einer Höhle oberhalb von Vela Luka, der **Vela špilja**, sind 20 000 Jahre alte Funde einer Steinzeitkultur gemacht worden.

1571 verwüsteten die Türken die Insel, konnten konnten die Stadt Korčula jedoch trotz ihrer Übermacht nicht einnehmen. Ein plötzlich aufkommender Sturm, später der Mutter Gottes zugeschrieben, zerschlug die Flotte. Der Handel wurde jedoch durch die Zerstörungen zurückgeworfen, er verlagerte sich auf die Halbinsel Pelješac. Der Sieg über die Osmanen wird heute noch im säbelrasselnden Moreška-Tanz gefeiert, der in der Stadt Korčula aufgeführt wird.

1943 eroberten deutsche Truppen die Insel nach heftigen Schlachten. Anfang 1944 drangen, unterstützt von alliierten Lufteinheiten, über den westlichen Teil der Insel Partisanen ein, die schließlich im April die Insel vollständig übernehmen konnten.

Während des Krieges zwischen 1991 und 1995 war die Stadt zwar ständig durch Kriegsschiffe bedroht, tatsächlich kam es nur zu einem Raketenangriff auf die nicht mehr in Betrieb befindliche

Radiostation ›Zrnovo‹ bei Pupnat. Dabei wurden zwei Menschen verletzt. Viele Männer aus Korčula kämpften in Ston. Die Versorgung Dubrovniks und der Insel Mljet wurde über Korčula organisiert.

■ Wein auf Korčula

Auf Korčula wird eine große Vielfalt an Trauben angebaut. Dabei ist der Anteil der Weißweine besonders hoch. Das beginnt mit dem **Grk**, der auch mit sandigen Böden in Lumbarda vorliebnimmt. Der eher schwere Weißwein, den griechische Kolonisten bereits im 5. Jahrhundert vor Christus mitgebracht haben, ist inzwischen ein Markenzeichen des Ortes. In Pupnat wird an Weißweinen der eher leichtere **Rukatac** und der volle tiefgelbe **Pošip** angebaut. Bei den Rotweinen ist das der vergleichbar tieffarbene und tanninreiche **Plavac mali**. ›Pošip‹ wird auch in Smokvice gekeltert, hier hat der Wein erstmals ein Qualitätssiegel eines regionalen Verbandes erhalten. Im Ort Blato ist Plavac, Rukatac, Pošip und Korkyra zu haben.

Lumbarda: Milina Frano Bire, Lumbarda br. 585, Tel. 71 22 08.
Otok Korčula, Stjepan Cebalo, Lumbarda 101, Tel. 71 21 31.
Beide bauen Grk an.
Pupnat: Familie Farac, unweit der Kirche. Mit drei verschiedenen Weinsorten, u.a. Plavac mali, füllen vor Ort in Glasflaschen ab.
Smokvica: Vinarija Tureta, Frano Baničević, Brna 496, Tel. 83 21 00. Kleines Weinmuseum, angebaut werden Pošip und Rukatac.
Blato: Vinarja Blato 1902 d.d., ulica 31 BR. 2/1, Tel. 85 12 34, Fax 85 13 07. Größte und traditionsreichste Kellerei mit zahlreichen Rebsorten.

■ Tänze auf Korčula

Die **Moreška** ist einer von vielen seit dem späten Mittelalter beliebten Säbeltänzen. Der Tanz kam einst aus Spanien und hat sich, obwohl er im ganzen Mittelmeerraum aufgeführt wurde, nur in Korčula erhalten. Als ›Morisco‹ entstanden, entlehnt vom Wort für ›Mauren‹, verarbeitet er den Kampf mit den Osmanen. Gegenstand des Männertanzes ist eine Braut, die von einem Schwarzen, einem Mauren, entführt und zur Hochzeit gezwungen werden soll. Also kommen die Roten, und in sieben Tanzformationen, die immer komplizierter werden, erobern sie die Frau zurück. Ein junger Korčulaner Komponist hat eine passende neue Musik dazu komponiert.

In Blato, dem zweitgrößten Städtchen der Insel, wird die **Kumpanija** aufgeführt, ein Rittertanz in 18 Figuren. In Žrnovo und Pupnat wird die **Moštra** dargeboten, ein von Trommel und Dudelsack begleiteter Tanz in zehn Figuren, bei dem ursprünglich am Ende der Kopf

Moreška-Aufführung

Dubrovnik und Umgebung

eines lebenden Ochsen mit einem Streich abgeschlagen werden musste. Doch seit dies einmal vor laufenden Kameras einer Liveübertragung im kroatischen Fernsehen nicht ›auf Anhieb‹ gelang und der Ochse zu lange leiden musste, wird eine Attrappe verwendet.

Korčula-Stadt

Die Stadt auf der vorgelagerten Halbinsel, die von oben wirkt, als wolle sie wie ein Schiff gerade ablegen, ist ein einziges Freilichtkunstwerk. In den engen Gässchen lassen sich an den Renaissancefassaden verborgene Skulpturen, verzierte Fenster und repräsentative Hauseingänge entdecken.

Zu den größten Attraktionen gehört das Haus, in dem **Marco Polo** geboren worden sein soll, die Kirche **Sv. Marak** mit ihrem frischrenovierten Altarbild von Tintoretto und die kleinen **Museen** am Kirchplatz. Ein besonderes abendliches Erlebnis ist der Moreška-Tanz.

◾ Geschichte

Wenn Korčulaner die Schönheit oder sogar die Magie ihrer Stadt beschreiben sollen, erzählen sie gern diese Geschichte: Im Zweiten Weltkrieg sollte ein deutscher Flieger einen Bombenteppich über der Stadt Korčula abwerfen. Doch er fand die Stadt beim Anflug so schön, dass er beschlossen habe, die ganze tödliche Ladung im Meer davor niedergehen zu lassen. Eine ähnliche Rettung hatte die Stadt schon einmal erlebt, als der algerische Befehlshaber Ali Khan in türkischen Diensten 1571 nur durch einen Sturm davon abgebracht wurde, die Stadt nicht wie bereits die übrige Insel zu zerstören.

Laut einer Inschrift am Stadttor soll die Inselstadt von dem Griechen Antenor gegründet worden sein, andere antike Quellen schreiben den ersten Spatenstich sogar Äneas zu.

Im 13. Jahrhundert wurde der Grundriss der Stadt nach römischen Vorbild noch einmal völlig neu am Reißbrett geplant. Seitdem gehen von einer Nord-Süd-Achse Seitenstraßen wie Fischgräten nach Ost und West ab. Das hat den Vorteil, dass die Sonne nur morgens und abends in die Stadt scheint und die Mittagshitze in die meisten Gassen nicht eindringen kann. Bereits 1214 hat sich Korčula als selbständige Stadt eine Gemeindeverfassung gegeben, die als die fortschrittlichste in Europa galt: Sie verbot unter anderem die Sklavenhaltung und regelte eine frühe Form der Demokratie mit Wahlen der Stadtoberhäupter. Eine alte Abstimmungsurne ist noch im Ikonenmuseum zu sehen.

Korčula wurde erst am 13. Juni 1986 an die allgemeine Trinkwasserversorgung des Festlandes angeschlossen und bezieht seitdem das süße Naß aus dem Neretva-Tal.

◾ Trg Antuna i Stjepana

Die meisten betreten die Stadt über die mondäne Freitreppe, die zum Tor im Veliki Revelin-Turanj, dem **Großen Revelin-Tor**, führt. Zuvor war die Stadt an dieser Stelle durch einen Graben getrennt, über den einst eine Hängebrücke führte.

Gleich hinter dem Turm liegt der kleine Platz Trg Antuna i Stjepana Radića. Auf deren Westseite macht eine schöne Loggia aus der frühen Renaissance mit einem venezianischen Löwen auf sich

Blick durch die ulica korčulanskog Statuta, im Hintergrund die Kathedrale

Dubrovnik und Umgebung

Blick auf Korčula-Stadt

aufmerksam. Sie gehört zum Rathaus, das an dieser Stelle im 16. Jahrhundert gebaut wurde.

Gegenüber vom Tor beginnt die ulica Korčulanskog Statuta 1214, die Nord-Süd-Achse der Stadt, von der kleine Gassen links und rechts abgehen. Am Eckhaus zur ulica od Teatra sollte man die vorragenden Balkonstützen beachten, auf denen heute kein Balkon mehr ruht. Sie sind mit romanischen Figuren verziert, die an archaischer Lebensfreude keinen Wunsch offenlassen.

■ Markuskathedrale

Der Trg Sv. Marka genannte Platz ist nach der Markuskathedrale benannt, die an seiner Ostseite steht. Die zwischen Anfang des 15. und Mitte des 16. Jahrhunderts gebaute dreischiffige Kathedrale ist die Bischofkirche des genau im Jahr 1300 gegründeten Bistums Korčula.

Die Kathedrale besteht aus einer einzigartigen Stilmischung. Noch Anfang des 15. Jahrhunderts, als in Venedig bereits die Renaissance aufkam, gestaltete Bonino da Milano den Eingang noch in gotisch-romanischer Form. Marko Andrijić, der bekannteste Korčulaner Baumeister, vollendete den Bau Anfang des 16. Jahrhunderts mit der Rosette und dem Turm, indem er gotische Spitzbögen und verspielte Elemente aus der Renaissance miteinander verband.

Nach dem Betreten der insgesamt dunklen Kirche wird der Blick sofort auf das **Altargemälde** des heiligen Markus am Altar gelenkt. Es ist ein Frühwerk von Jacopo Tintoretto (1518–1594) und wurde 2007 restauriert. Dabei wurde durch eine Röntgenaufnahme festgestellt, dass Tintoretto die zentrale Figur des Markus zweimal gemalt hat. Die darunterliegende Schicht zeigt ihn als Evangelisten, doch die Korčulaner verehren ihn als Bischof. Deswegen musste Tintoretto erneut zum Pinsel greifen und ihn zum Bischof ummalen. Flankiert wird Markus von Sv. Bartul und Sv. Jeronim, letzterer ist einer der Schutzheiligen Dalmatiens.

Korčula-Stadt, Altstadt

Dubrovnik und Umgebung

0   25   50 m

Die Markuskathedrale

Vor dem Bild wird der Altar von einem **Ziborium** überwölbt, das Marko Andrijić geschaffen hat. Im rechten Seitenschiff befindet sich noch unrestauriert ein weiteres Gemälde, das Tintoretto zugeschrieben wird. Es stellt eine Verkündigungsszene dar, gemalt auf einer Doppelplatte, die ursprünglich als Türflügel für die Orgel gedacht war.

Rechts neben dem Bild hängt eine **Reihe von Waffen** an der Südwand der Kirche. Dies sind Beutestücke aus der Belagerung von 1571 durch Heerführer Ulus Ali mit seiner algerischen Flotte.

Auf der gegenüberliegenden Seite der Kirche befindet sich als Anbau und viertes Schiff der Kirche die 1525 begonnene **Rochuskapelle** zu Ehren des Pestheiligen. Unter dem Turm steht das **Taufbecken**, eine schöne Steinmetzarbeit aus der Renaissance mit Tierdarstellungen, darüber eine schlichte moderne, aber ausdrucksstarke Jesusfigur aus Bronze. Aus dem gleichen Metall, aber nachträglich vergoldet, schuf Ivan Meštrović die **Statue des Sv. Vlaho** (heiliger Blasius) an der Nordseite neben dem Altar.

■ **Kirchliches Museum**
Neben der Kirche zeigt das vollgestopfte kirchliche Museum im **ehemaligen Bischofspalast** Sammlungen aller Art. Zu sehen sind sowohl ein Polyptichon von Blaž Trogiranin als auch zahlreiche weitere Gemälde aus italienischen Schulen: eine Geburt Christi aus der Tizianschule und zwei Zeichnungen von Leonardo da Vinci.

■ **Stadtmuseum**
Gegenüber am Platz befindet sich im ehemaligen Palast der Familie Gabrielli das Stadtmuseum. Es stellt vor allem zahlreiche griechische und römische Steinmetzarbeiten aus, aber auch steinzeitliche Funde, wie die Steinmesser von der Insel Badija, die etwa 7000 Jahre alt sein dürften, außerdem Werke neuerer Bildhauer aus Lumbarda.

■ **Marco-Polo-Haus**
Folgt man der der Ulica Sv. Roka Richtung Norden, ist bald das Schild in die Straße rechts zum Marco-Polo-Haus nicht zu übersehen. In der ulica Depolo soll der Asienreisende geboren worden sein, behaupten die Korčulaner. Beweise gibt es dafür nicht, wohl aber ist sicher, dass in diesem Haus eine Familie Polo gelebt hat. Das Haus mit dem Turm, von dem aus die Handelsreisenden der Polos bereits den Kanal vor Pelješac im Blick hatten, ist heute eine Ruine und das Beispiel eines ehemaligen schönen gotischen Palasts. Er war in Privatbesitz, bis die Stadt Korčula 2004 die Hausreste aus der Hand von sieben Schwestern für die Rekordsumme von 400 000 Euro

Karte S. 293

Marco Polo

Es ist kaum auseinanderzuhalten, was an der Lebensgeschichte des großen Asien-reisenden Marco Polo Wahrheit und Legende ist. So wenig wie sicher ist, ob er in Korčula geboren wurde, so stark wird bezweifelt, ob er überhaupt in China war. Wahrscheinlich ist: Marco Polo wurde 1254 geboren. Sicher ist: Er kam in der Familie des Kaufmannes Niccolo Polo zur Welt, der zusammen mit seinem Bruder Maffeo einen florierenden Handel mit Seide aus China zwischen Konstantinopel und Venedig betrieb. Marco Polo nahm 1298 als Kommandant eines veneziani-schen Schiffes in der großen Schlacht der Serenissima gegen Genua teil, die vor Korčula stattfand. Nach dem Sieg der Genuesen wurde Polo von seinen Gegnern gefangengenommen. In der Gefängniszelle diktierte er seinen Bericht über die Chinareise einem Mithäftling in die Feder. ›Das Buch von den Wundern der Welt‹ wurde zu seiner Zeit das meistkopierte, -übersetzte und -gelesene Buch nach der Bibel. Doch bereits kurz nach Veröffentlichung wurden erste Zweifel laut. Sie be-schäftigen bis heute die Wissenschaft. So sind im Reich der Mitte nie Dokumente aufgetaucht, die belegen, dass Marco Polo je im Dienst des Kaisers von China gestanden habe. Dinge, die ihm in China hätte auffallen müssen, wie das Schieß-pulver und die chinesische Mauer, werden von Polo nicht erwähnt. Er könnte dort gewesen sein oder aber auch nicht.

Ähnlich unklar ist auch sein Geburtsort: Es gibt Indizien, dass Polo in Korčula geboren ist. Einheimische Forscher führen an, dass keine weiteren Polos außerhalb von Korčula nachweisbar sind. Dafür ist ein Haus, das die Familie Polo bewohnt hat, sicher in Korčula zu lokalisieren. Polo selbst gab an, venezianischer Kaufmann

zu sein. Doch weil Korčula zu Polos Zeit Teil Venedigs war, ist diese Angabe kein eindeutiger Beleg. Eine Tauf- oder Ge-burtseintragung existiert auch für die Stadt Venedig nicht. Dann gibt es da noch ein späteres Dokument aus dem 14. Jahrhundert, das im Nebensatz sagt: »Polo, dieser Mann kam ursprünglich aus Dalmatien ...«.

Schon bei seiner Geburt beginnt die Frage, was ist echt, Seemannsgarn oder mystische Verbrämung? Seine Geschich-te zeigt vor allem dies: Von chinesischen Märkten träumte bereits die Kaufmanns-welt im 14. Jahrhundert.

Wenn Kroatien heute Marco Polo unter dem Label ›Der erste Europäer‹ vermarktet, so geschieht das wohl auch in der Hoffnung, einen historischen Brückenschlag zwischen Kroatien und der EU zu schaffen.

Marco Polo: In Korčula geboren oder nur eine gut verkäufliche Legende?

gekauft hat. Nun sollen darin ein Museum und ein Begegnungszentrum entstehen. Bereits jetzt sind im unteren Geschoss einige Ausstellungsstücke aus dem Leben des Asienreisenden zu sehen. Vom Turm ergibt sich ein schöner Blick über die Dächer der Stadt und auf den Kanal von Pelješac.

■ Kirche Svi Svetih

Die ulica Depolo hinunter kommt man zur Šetalište Petra Kanavelića, der Promenade am Wasser, die rund um die Stadt führt.

In südöstlicher Richtung liegt die Kirche Svi Svetih (Alle Heiligen) mit dem dazugehörigen Ikonenmuseum, Räume, in denen einst die Bruderschaft der Allerheiligen lebte. Während im **Museum** zahlreiche Ikonen ausgestellt sind, die Korčulaner Soldaten aus dem Kretischen Krieg (1645–1669) als Beute mitgebracht hatten, ist in der Kirche venezianische Malerei und Plastik zu bewundern, unter anderem von Blaž Jurjev Trogiranin.

In der Kirche Svi Svetih

Insel Badija

Die Insel Badija ist die größte im Archipel um Korčula. Pinienwald bedeckt die knapp einen Quadratkilometer große Insel. Sie war bereits von den Römern besiedelt. Im 15. Jahrhundert gründeten die Franziskaner auf Badija ein **Kloster**, das der Insel ihren Namen (abbatia = Abtei) gab. Der im Süden der Insel gelegene Klosterkomplex ist im Mischstil zwischen Gotik und Renaissance errichtet. Charakteristisch sind der eigene Hafen und das Arsenal, in das kleine Schiffe hineinfahren konnten. Im spätgotischen Kreuzgang mit seinen sehr hohen Gängen zeigen die Kapitelle bereits verspielte Motive der Renaissance.

1950 wurde die Insel zu militärischen Zwecken enteignet. Trotzdem konnte Regisseur Toma Janjic den überwiegenden Teil seines Films ›Crni Biseri‹ (Schwarze Perlen) auf der Insel drehen. Hin und wieder wird der Film in Korčula gezeigt.

In den 60er und 70er Jahren wurde das Kloster zu einem Sportzentrum umfunktioniert.

Heute ist die Insel Badija, die viele einsame Strände bietet, mit kleinen Taxibooten von Korčula aus erreichbar.

ℹ **Korčula-Stadt**	
Vorwahl: 020.	Franje Tudmana 4, Tel. 71 58 67, www.
Postleitzahl: 20260.	visitkorcula.com, www.korcula.net,
Turistička zajednica Korčula, Obala dr.	www.korculainfo.com (private Website).

Splitska banka, Plokata 19.
Dubrovačka banka, Trg 19. Travanja.

Busbahnhof, Obala korčulanskih brodograditelja, Tel. 71 12 16.

Fähren nach Korčula landen im **Hafen Dominče**, 5 km außerhalb der Stadt. Die Verbindung mit Bussen ist sichergestellt.
Die **Autofähre** von Orebić auf Pelješac fährt stündlich nach Dominče auf Korčula, von Drvenik 1x tägl. (Nebensaison), 3x tägl. in der Hauptsaison.

Die meisten Hotels gehören zur ›HTP Korčula d.d.‹, Šetalište F. Kršinića 102, www.korcula-hotels.com:
Hotel Liburna, Put Od Luke 17, Tel. 72 60-06, -26; DZ mit HP 86–128 Euro. An der Ostküste, von der Terrasse schöner Blick auf die Stadt.
Korčula, Obala dr. Franje Tuđmana 5, Tel. 71 10 78, 71 17 32; DZ 86–112 Euro Euro. Das 20-Zimmer-Hotel liegt in einem alten Haus direkt in der nördlichen Altstadt mit Blick auf das Meer.
Park, Tel. 72 600-4; DZ 72–112 Euro. Ebenfalls am östlichen Strand von Korčula mit Blick auf die Stadt.

Zeltplätze gibt es vor allem an der Westküste.
Camp Oskorušica, Žrnovo, Vlaho Brčić, Tel. 71 07 47 (spricht auch Deutsch) Tel. 71 08 97. Schlicht, mit nur 30 Plätzen.
Vrbovica, Bucht Vrbovica, Žrnovo, Ankica Curać, Tel. 72 13 11, 72 13 23; 50 Plätze.

Kalac, auf der Insel Badija, HTP Korčula d.d., Tel. 71 11 82; 2 Personen und Zelt ca. 20 Euro. Schlichte Anlage mit Platz für 600 Personen.

Restaurant Kanavelic, Sveta Barbara 12, Tel. 71 18 00. Garantiert für Fisch aus einheimischen Gewässern.
Konoba Marco Polo, Vl. Nenad Todorović, Tel. 71 50 77. Fisch und einheimische Gerichte.
Pizzeria, am nördlichen Platz Sv. Marka. Empfehlenswert, nicht billig.

Termine für die Tänze:
Stadt Korčula: Moreška, seit 30 Jahren jeden Donnerstag, im Juli und August zusätzlich am Montag, Beginn jeweils um 21 Uhr auf dem Platz neben dem Revelin-Tor.
Blato: Kumpanija, 2x pro Monat und am Volksfesttag, am 28. April.
Vela Luka und Pupnat: Kumpanija, im Sommer 2x im Monat.
Zrnovo: Moštra, am 15. August, dem Tag des Volksfestes.

Strände sind eher außerhalb von Korčula zu finden, bei den großen Hotels. In **Luka Korculanska**, vor Ort auch Porto Pedoci genannt, gibt es sogar einen Sandstrand.
Wer mit dem Auto unterwegs ist, sollte lieber die Strände an der **Südseite** der Insel aufsuchen. Die wohl lauschigste Badebucht der Insel ist **Pupnatska Luka.**
Strände gibt es auch auf den vorgelagerten Inseln, zum Beispiel auf **Planjak** oder den etwas entfernteren Inseln **Mala und Velika Stupa**, die per Taxi-Boot zu erreichen sind.

Dubrovnik und Umgebung

ACI Korčula, Autobusni Kolodvor bb, 20260 Korčula (otok Korčula), Tel. 71 56 68, m.korcula@aci-club.hr, direkt neben der Altstadt, Tankstelle eine halbe Seemeile östlich.

Dominče, am Fährhafen, und auf der Straße Richtung Pupnat.

Ambulanz: Put Sv. Nikole bb, Tel. 71 61 66 oder 71 11 93.

Insel Vrnik

Auf der kleinen Insel mit ihrem verschlafenen Dorf wurde seit römischer Zeit über Jahrhunderte hochwertiger und weißer Kalkstein abgebaut. Zahlreiche kleine familiäre Steinmetzbetriebe arbeiteten in bis zu 29 Steinbrüchen auf der Insel. Früher wurde der Stein der Insel mit dem aus Brač zusammen ausgeliefert, so dass das weiße Gold von der Insel Vrnik in der Hagia Sophia und auch im Weißen Haus in Washington verbaut sein mag.

Heute ist die Insel ein beliebtes Ausflugziel für Einheimische, auf der nur wenige Familien und einige Künstler leben. Auch Vrnik ist nur per Taxiboot zu erreichen.

Lumbarda

Lumbarda liegt an einer sich dahinschlängelnden Küstenlinie, die seit alters her von Sommerhäusern bestanden ist. Dem entspannten Ort ist seine Gründung in der Antike durch die Griechen im 5. Jahrhundert vor Christus, von der der sogenannte Volksbeschluss von Lumbarda zeugt, heute nicht mehr anzusehen.

Immerhin hat eine Weinsorte überlebt, die an die Zeit der Griechen erinnert: der Grk, heute das Markenzeichen des Ortes.

An der Hauptstraße des Ortes befindet sich ein **Denkmal des einheimischen Bildhauers Frano Kršinić**, der für seine expressiven Frauenakte berühmt ist.

Es erinnert an die Gefallenen im Partisanenkampf.

Östlich hinter dem Dorf links an der Kapelle Sv. Križ vorbei steht noch ein Turm aus römischer Zeit. Er gehört zu einer **Villa rustica**, deren Ruinen unterhalb von ihm am Meer liegen. Das Anwesen, das noch lange in Funktion war, ist heute ein beliebtes Ausflugsziel mit Badestelle.

Der Zutritt zur östlichen Spitze der Insel ist für Ausländer verboten. Sie war als militärisches Sperrgebiet bereits seit jugoslawischer Zeit abgetrennt. An der Ostspitze befindet sich eine vollständige unterirdische Infrastruktur für die Armee, die die wichtige Durchgangsstraße zwischen Split und Dubrovnik im Auge behalten soll.

Statue von Frano Kršinić in Lumbarda

Karte S. 288

Lumbarda
Vorwahl: 020.
Postleitzahl: 20263.
Turistička zajednica, Prvi zal bb, Tel. 71 20 05, tz-lumbarda@du.t-com.hr, www.lumbarda.hr.

Hotel Borik, Tel. 71 22 15, www.hotel-borik.hr; 42–60 Euro. Modern und in Meeresnähe.
Lumbarda, Tel. 48 12 50, www.lumbardahotel.com; 43 Zimmer und ein Apartment, DZ 80–100 Euro.

Camp Lumbarda, im Zentrum, Tel. 71 20 67; 80 Plätze. 100 Meter vom Meer.
Camp Jurjević, Račišće-Bucht, Tel. 20 71 24 40; 30 Plätze, 12–14 Euro für 2 Personen mit Zelt. 500 Meter vom Zentrum.
Camp Mala Glavica, Mala Glavica bb, Tel. 71 23 42.

Konoba Lovrić, Tel. 71 20 52. Schlichte Küche, geschützte Terrasse zum Draußensitzen.

Pizzeria Poladin. Schöne Terrasse mit Meerblick.
Konoba Jure. Engagierte Eigentümer bieten deftige Hausmannskost und Fischgerichte.

In der ganzen Bucht Bademöglichkeiten, empfehlenswert ist die **Bucht Pržina** mit flachem Sandstrand, für Kinder geeignet. Sauber und nicht so stark frequentiert ist der **Strand bei der Villa Rustica,** wo man vom Steg aus ins Wasser kommt.

Marina Lučica-Lumbarda, Lumbarda 495, Tel. 71 24 89, lucica-lumbarda@du.htnet.hr.

Snorkelling Adventure Sokol, Capt. Zoran, Tel. mobil 098/34 41 82.
Tauchzentrum Lumbarda MM-SUB-Zentrum, Tel. 71 22 88, 713 21, mobil 098/28 50 11, www.mm-sub.hr.

Tankstelle beim Fährhafen Dominče.

Smokvica

Das klassische Weinbaudorf Smokvica liegt an einem Berghang und strahlt die Tristesse verfallener Schönheit aus. An die Vergangenheit, als die Weinproduktion noch reich machte, erinnert lediglich der Kirchplatz, an dessen westlicher Seite man eine **Loggia** restauriert hat. Sie diente einmal der öffentlichen Rechtsprechung. Die **Kirche** an der Loggia ist Ende des 16. Jahrhunderts entstanden.
Gegründet wurde das Dorf mit seinen heute 1000 Einwohnern im 15. Jahrhundert von Flüchtlingen vor den Osmanen. Unterhalb etwas westlich vom Kirchplatz befindet sich das **Omladinska Dom**, das Jugendhaus. Darin haben am 26. November 1942, eineinhalb Jahre bevor die deutschen Besatzer von der Insel vertrieben wurden, die ersten jugoslawischen Kommunisten ihre lokale Parteizelle gegründet. Unterhalb von Smokvice liegt der Hafen **Brna** in der gleichnamigen Bucht. Früher wurde von hier aus einst der Wein verschifft, seit den 70er Jahren befindet sich hier eine Feriensiedlung.

Dubrovnik und Umgebung

Smokvica

Vorwahl: 020.
Turistička zajednica, Brna b.b., Tel. 832-255, Fax -188, www.brna.hr.

Hotel Feral, Tel. 83 20 02. Das Hotel ist seit 2005 renoviert, direkt am Wasser, schönes Ambiente.
Ansonsten nach **Privatunterkünften** fragen.

Blato

Das 4000-Einwohner-Dorf Blato liegt in einem schönen langgestreckten grünen Tal. Die Fruchtbarkeit rührt von eigenen Wasserquellen her, die bereits Illyrern und später Römern ideale Siedlungsbedingungen boten. Noch heute versorgen diese Quellen die Küstenstadt Vela Luka mit Wasser.

Wein- und Olivenanbau brachten den Bewohnern über Jahrhunderte Arbeit und Reichtum. Doch der Einfall der Reblaus Anfang des 20. Jahrhunderts beendete das gute Auskommen. 1925 wanderten 1300 Bewohner auf zwei Schiffen gemeinsam nach Australien aus. Heute leben in Sidney mehr Nachfahren aus Blato als in Blato selbst. Derzeit kann sich ein Zulieferbetrieb für den Schiffbau halten und Arbeitsplätze sichern.

Vom Tourismus bekommt der Ort heute nicht viel ab. Auf dem Dorfplatz im alten Zentrum von Blato erinnern die Kirche **Svi Sveti** und eine **Loggia**, in der Gericht gehalten wurde, an Zeiten des Wohlstands. Die Kirche wurde im 14. Jahrhundert in gotischem Stil errichtet und später erweitert: zunächst um den Chor, dann um das Mausoleum, das die Reliquien der heiligen Vincentia beherbergt. Die Heilige wird im Dorf am 28. April mit einem Volksfest gefeiert. Das Altarbild mit der Madonna und dem Kind, umgeben von allen Heiligen,

Loggia in Smokvica

ist von Girolamo da Santacroce aus dem Jahr 1540. Der linke Seitenaltar zeigt eine kleine, in Silber gekleidete Marienstatue. Unter dem silbernen Mantel befindet sich eine hölzerne Statue, die der Legende nach in einer Höhle gefunden und später zum Schutz eingefasst wurde.

An der Westseite des Platzes steht das Haus der reichsten Winzerfamilie des Ortes: Familie Petković-Kovać. Ihr gehörte ein Siebtel der Insel, und sie beschäftigte in den besten Zeiten Ende des 19. Jahrhunderts etwa 750 Arbeiter in den Weinbergen und Olivenhainen.

Aus dieser Familie stammte die spätere Nonne Marija Petković (1892–1966), die erste Kroatin, die je seeliggesprochen wurde. Zunächst kümmerte sie sich um die Bildung der Kinder im Dorf, nach dem Einfall der Reblaus sorgte sie für die verarmende Bevölkerung und wendete dafür das Erbe der Familie auf. 2002 wurde sie von Papst Johannes Paul II. seeliggesprochen. Ausschlaggebend für die Seeligsprechung der 1966 verstorbenen Ordengründerin war die Rettung eines U-Bootes, das ein Bild von ihr mit sich führte.

1920 gründete Marija Petković den Orden der Töchter der Barmherzigkeit. Hinter dem Chor der Kirche die Gasse hinauf befindet sich das modern ausgestattete Kloster der Schwestern, von dem nur die Kapelle im Eingangsbereich zugänglich ist.

 Blato

Vorwahl: 020.
Postleitzahl: 20271.
Turistička zajednica, Tel. 85 18 50.
Blato Tours, Hauptstraße, oder **Touristička zajednica**, im Zentrum von Prižba, www.blato-croatia.com (engl.).

Die Durchgangsstraße zwischen Vele Luka und Korčula wird in größeren Abständen von Bussen frequentiert.

Hotel Alfir, Prižba, Tel. 86 11 51. Das einfach ausgestattete Hotel liegt an der Südküste von Korčula.
Apartment-Hotel Prišćapac, Prižba, Tel. 86 11-78, Fax -50, Reservierung Tel. 288 22 79.

Ravno Motor Camp, beim Ort Prižba, Tel. 85 13 56; 30 Plätze. Kleines Camp mit Plätzen zwischen Pinien und Olivenbäumen.

Auto camp Potirna, Jasenka Šimunović, Tel. 85 20 56; 30 Stellplätze. 9 km südlich von Blato, unterhalb der Kirche Sv. Jure. 400 Meter vom Strand.
Camp Gršćica, bei der gleichnamigen Höhle, Tel. 86 12 24; nur 12 Plätze.

Restaurant-Pension Prigradica, Tel. 84 12 22.
Restaurant Kraljević, Tel. 84 10 76.

Fahrradverleih in Prižba, Infos bei der Turistička zajednica.

Baden am Strand unterhalb des Ortes in den Bucht **Gršćica** und **Prižba** oder an der Nordseite bei **Prigradica**.

Zahlreiche Wanderwege führen vorbei an alten Weilern auf die schöne Südseite der Insel, aber auch an der Nordseite rund um Prigradica.

Dubrovnik und Umgebung

Vela Luka

Die verzweigte Bucht von Vela Luka ist weiträumig mit Neubauten zersiedelt. Damit ist der 5000-Einwohner-Ort der flächenmäßig größte auf der Insel. Bereits vor 20 000 Jahren lebten in der **Höhle Vela špilja**, die nördlich des Ortes am Berghang zu finden ist, die ersten Menschen. Die Höhle ist nicht nur wegen ihrer Funde beachtenswert, sondern vor allem wegen ihres Eingangs mit den großen Löchern in der Wölbung imposant. Seinen Aufschwung zur heutigen Größe nahm der Ort aber erst im 18. und 19. Jahrhundert. Es entstanden eine Werft, eine Fabrik für Fischverarbeitung und andere kleine Industrie- und Verarbeitungsbetriebe.

Das **Renaissance-Kastell der Familie Ismaeli** an der Uferpromenade ist heute das älteste Gebäude. Es beherbergt ein Kulturzentrum mit einem **Museum**, das einige Funde aus der Höhle Vela špilja zeigt, sowie eine Sammlung moderner Kunst, die zahlreiche Künstler dem Ort gestiftet haben; so ist von der einheimischen Künstlerin Anka Prizmić-Šega eine ganze Sammlung zu sehen.

ℹ Vela Luka

Vorwahl: 020.
Postleitzahl: 20270.
Turistička zajednica, ulica 41 br. 11, Tel. 81 36 19. Etwas versteckt bei einem Park.

Zagrebačka Banka und **Splitska Banka**.

Regelmäßige Verbindung nach Korčula-Stadt.

🚢

Eine **Autofähre** verbindet Vela Luka und Split, je nach Strecke 2x pro Tag, außerdem ein **Personenschnellboot** 2x am Tag mit Zwischenstop in Hvar.

Die Kette der HUM-Hotels unterhält vier Häuser im Ort, alle zu finden unter www.humhotels.hr:
Hotel Dalmacija; DZ 60 Euro. Einfaches, nicht sehr großes Haus im Zentrum, mit Gastronomie und Sitzmöglichkeiten auf der Terrasse.
Jadran, im Zentrum; 50 Zimmer, DZ 80 Euro.

Adria, 2,5 km außerhalb von Vela Luka; DZ 120 Euro. Größere Anlage in der Nähe einer ruhigen Bucht mit Pool und anderen Annehmlichkeiten.
Posejdon, Obala 2 br. 1, Tel. 81 22 46, 81 20 64; DZ 80 Euro. Mit einer Apartmentanlage, zentrale Lage.

Camp Mindel, Stani 192, 81 36 00, mobil 098/163 64 09, www.mindel.hr; 2 Peronen mit Zelt 10 Euro. Unter Olivenbäumen, gut ausgestattet, Laden, Wassernähe.

Konoba Kod Tete Anke (bei Tante Anka). Rustikales Sitzen auf Holzbänken bei gutem Fisch und Hausmannskost.
Restaurant Feral. Etwas edler mit großer Auswahl.

🚤

Insel Prozid: Der Strand auf der nördlich von Vela Luka gelegenen Insel war 2007 ›Strand des Jahres‹, eine vom Ministerium für See, Tourismus, Transport und Entwicklung Kroatiens vergebene Auszeichnung. Die Insel kann mit dem **Taxiboot** erreicht werden.

Schöne Wanderungen sind auf der nördlichen und südlichen Seite der Bucht möglich, Informationen zu den Strecken gibt es in der Turistička zajednica.

Tauchbasis am Hotel Posejdon, Tel. 81 35 08, www.croatiadivers.com.

Liegeplätze am Kai der Stadt.

Insel Lastovo

Mit seiner schroff ins Meer abfallenden Küstenlinie hat die Ex-Pirateninsel Lastovo einen eher herben Charme. Die 47 Quadratkilometer große Insel liegt im Zentrum eines Archipels, das aus 46 Inseln und Riffen besteht. Sie ist zu zwei Dritteln grün und mit Aleppokiefern bewachsen. Die karge Macchia dehnt sich lediglich auf der Südseite aus. Die Inselwelt zeichnet sich durch weitgehend unberührte Landschaft und fischreiche Gewässer aus.

■ Geschichte

Wie Vis war Lastovo bis 1996 militärisches Schutzgebiet und durfte von Ausländern nicht betreten werden. In Fels gehauene Unterstände für Schiffe sind noch auf der Nebeninsel Prežba zu sehen. Auf diese Weise hat sich keine touristische Infrastruktur entwickelt. Um die Unberührtheit zu erhalten, wurde die ganze Inselgruppe 2006 zu einem Naturschutzgebiet erklärt.

Im Namen ist die ursprünglich illyrische Ortsbezeichnung ›Ladesta‹ erhalten geblieben, die im 4. Jahrhundert vor Christus erstmals in einem griechischen Dokument erwähnt wird.

Ab dem 7. Jahrhundert nach Christus gehörte Lastovo zunächst zum kroatischen Staat, im Verlauf des Mittelalters lebten die Menschen vom Freibeutertum, wahrscheinlich im Zusammenspiel mit der Piratenrepublik Neretva, und

Dubrovnik und Umgebung

Partisanendenkmal an der Uferpromenade von Vela Luka

sicherten sich weitgehende Autonomie. Ein Dokument aus dem Jahr 1000 beschreibt, dass ›die Venizianer, die in diesem Bereich zur See fuhren, sehr oft nackt und ohne ihre Habe fliehen mussten.‹ Dabei waren die Inselbewohner wohl auf ihrer Festung, die heute noch über dem Hauptort Lastovo zu sehen ist, nahezu unangreifbar.

1310 verleibte sich die Stadtrepublik Dubrovnik Lastovo ein. Indem sich die Insulaner am 30. Januar 1310 einem Gewohnheitsrecht unterwarfen, ließ Dubrovnik die Insel weitgehend autonom gewähren. Bis zur Eroberung Napoleons probten die Piratennachfahren allerdings mehrfach den Aufstand, wobei sie sich zwischen 1602 und 1606 die längste Zeit von der Stadtrepublik loslösen konnten.

Spätere Legenden berichten, dass Lastovo einmal von türkischen Piraten aus Katalonien überfallen werden sollte. Die Bewohner flehten den heiligen Georg um Hilfe an. Darauf zerstörte ein Gewitter die Schiffe der Angreifer. Berichtet wird, dass die Lastovaner den feindlichen Boten ergriffen, ihn zum Spott auf einem Esel durch das Dorf führten und ihn schließlich verbrannten. Seitdem wird alljährlich in der Karnevalsprozession des heiligen Georg gedacht.

Mit dem Vertrag von Rapallo 1920 gehörte die Insel zu Italien, doch nachdem die Partisanen Mussolinis Regierungsvertreter auf der Insel ermordet hatten, wurde sie ohne völkerrechtliche Verträge in die sozialistische Republik Jugoslawien eingegliedert und später dann in das heutige Kroatien überführt.

■ Ubli und Lastovo

Der Besucher landet im westlich gelegenen Fährort **Ubli** an, das archäologischen Funden zufolge bereits in der

Die Insel Lastovo

Frühzeit besiedelt war. Am Ortsrand sind mit den Grundmauern von Sv. Petar Zeugnisse frühchristlicher Spuren aus dem 5. oder 6. Jahrhundert zu sehen. Wenige Kilometer im Inneren, an der Nordseite der Insel, liegt das Inselzentrum **Lastovo**. Wie Ränge eines Amphitheaters ziehen sich die Häuser an einem 96 Meter hohen Berg hinauf, auf dessen Spitze die Festung liegt. Der Ort ist von 20 Renaissancehäusern aus dem 15./16. Jahrhundert geprägt. Charakteristisch sind die großen Terrassen und die zylindrischen Schornsteine. Im Zentrum befindet sich die 1474 erbaute Kirche **Sv. Cosmas i Damian**. Ihre dreigliedrige Fassade erhielt sie erst Anfang des 17. Jahrhunderts. Die Kirche **Sv. Marija** von 1512 gilt als die schönste der Insel. Wichtigster Sohn des Ortes ist der 1454 geborene Dobrić Dobričević. Unter dem Namen Boninus de Ragusia machte er als Drucker eine internationale Karriere und erregte mit seinen Klassiker-Ausgaben von Catull, Vergil, Plutarch und Dantes ›Göttlicher Komödie‹ in Europa großes Aufsehen. Unter anderem arbei-

Karte S. 288

tete er in Venedig, Verona, Brescia und Lyon, bevor er 1528 in Treviso starb.

Über der Stadt thronte seit dem Mittelalter eine Festung, von der nichts mehr erhalten ist. Zu sehen sind heute nur noch **Reste eines Kastells**, das die Franzosen 1808 errichteten. Nach dem Aufstand von 1606 war das mittelalterliche Bauwerk von den Dubrovnikern zerstört worden. Heute dient die Bergspitze als Wetterstation.

Schöne Buchten sind **Passadur** im Westen der Insel und das auf der Südseite gelegene **Skrivena Luka** (Versteckter Hafen), in der einer der ältesten Leuchttürme Kroatiens aus dem Jahr 1839 steht. Mit einer Brücke verbunden ist die Insel Prežba.

 Ubli und Lastovo

Vorwahl: 020.
Postleitzahl: 20290.
Turistička zajednica, Lastovo, Tel. 80 10 18.

Anreise von Split über Vela Luka (Korčula) mit der **Autofähre** nach Ubli.

Hotel Ladesta, Pasadur, Tel. 80 50 02. Bei der Brücke auf die Insel Prežba.

Bademöglichkeiten bestehen in der **Zaklopatica-Bucht**, **Skrivena-Luka** (Portorus), **Velo-** und **Malo-Lago-Bucht**. Wer Zeit hat, sollte sich auf die **Insel Saplun** bringen lassen, wo einsame Strände warten.

Einzige Tankstelle am Fährhafen in Ubli.

Insel Mljet

Mit ihren ausgedehnten Pinienwäldern ist die 37 Kilometer lange und durchschnittlich drei Kilometer breite Insel eine der grünsten in der Adria. Denn bereits ab 1345 gebot ein Gesetz, regelmäßig neue Bäume zu pflanzen. Bewahrt wird das Naturidyll besonders im **Nationalpark** an der Nordwestseite der Insel. Darin bildet die verschlungene Küstenlinie zwei Salzseen, in dem auf einer kleinen Insel idyllisch das Benediktinerkloster Sv. Marija liegt. Doch auch der Süden mit seinen steilen Küsten und einsamen Dörfern ist eine Entdeckung.

Geschichte

Mljet, heißt es, soll die sagenhafte Insel Ogygia der Nymphe Kalypso aus der Odyssee sein. Diese habe in einer Höhle den listenreichen Odysseus auf seiner Irrfahrt sieben Jahre lang umgarnt und festgehalten.

Verbürgt ist, dass die Griechen die Insel ›Melitä nesos‹, Honiginsel, nannten.

Doch nicht nur Odysseus ist mit der Insel verbunden: Nach einem Sturm, wie er in der Apostelgeschichte beschrieben wird, soll Paulus auf der Insel ›Melitä‹ gestrandet sein. So nannten die Griechen sowohl Malta als auch Mljet, und deshalb behauptete bereits Porphyrogennetos im 10. Jahrhundert, dass auf seinem Weg nach Rom Mljet die von Naturgewalten erzwungene Station für den Apostel gewesen sei. Das ganze Mittelalter kannte die Insel, und so machten viele Kreuzfahrer auf Mljet Station, um den biblischen Briefeschreiber zu ehren. Bis heute gilt Paulus für die orthodoxe Kirche deshalb als erster Missionar der kroatischen Küste.

Dokumentiert ist, dass 35 nach Christus Kaiser Augustus die Insel und ihre illyri-

Die Insel Mljet

An der Ostküste von Mljet

schen Bewohner unterwarf. Im 12. Jahrhundert erhielten die Benediktiner einen Großteil von Mljet. Sie bauten auf der Marieninsel ihr Kloster und dominierten das Eiland bis Anfang des 19. Jahrhunderts, als Napoleon Orden und Klöster auflöste. Der übrige Teil der Insel gehörte zunächst den Neretvaner Piraten, ab 1345 kam er zu Dubrovnik. Die Stadtrepublik führte die berühmten Gesetze von Mljet ein, mit denen aus den Mljeter Piraten artige Inselbewohner werden sollten. Unter Strafe gestellt wurde, sich Jungfrauen ohne Heiratsabsichten zu nähern und ebenso, sich im Streit die Bärte auszureißen. Viehdiebstahl wurde mit Verbannung geahndet, und das Einschlagen von Holz war nur mit Genehmigung und bei gleichzeitigem Aufforsten gestattet.

Von 1813 bis 1918 kam die Insel dann unter die Herrschaft Österreichs. Der österreichische Baron Schilling, der für die Forstverwaltung in Dalmatien zuständig war, siedelte auf Mljet (aber auch auf anderen Inseln wie zum Beispiel Korčula) Mungos aus Indien an, um die Insel von Schlangen zu befreien. Inzwischen haben die Mungos sich so vermehrt, dass sie auch anderes Kleingetier zu vernichten drohen und zu einer Plage für Bauern geworden sind.

Babino Polje

Nach dem Hafen von **Sobra**, in dem die Fähre landet und in dem sich die einzige Tankstelle der Insel befindet, ist das Inselzentrum Babino Polje der nächstgelegene Ort Richtung Nordwesten.

Der Name des Ortes, ›Großmutters Feld‹, ist Legende: So sollen in der Gegend zwei Herrscher Krieg gegeneinander geführt haben. Doch die Handlungen gerieten ins Stocken; da traf einer von ihnen eine alte Oma und die gab ihm den Tipp, wie er die Wasserzufuhr abdrehen konnte. Schon bald wurde der Widersacher vom Durst aus seinen Stellungen getrieben und konnte besiegt werden. Zum Dank schenkte der Gewinner dem Großmütterchen ein Stück Land: Babino Polje.

Die gotische Kirche des Ortes, **Sv. Đurđ** aus dem 12. Jahrhundert, wurde auf dem Grundriss einer älteren Kirche erbaut. 1493 errichtete die Stadt Dubrovnik den Fürstenpalast. Der Turm daneben entstand zur gleichen Zeit. Die Südküste unterhalb des Dorfes bietet einige schöne Badebuchten. Im Hafen von **Uvala Jame** landen die Fischer von Babino Polje an. In der Bucht befindet sich auch die legendäre Höhle **Odisijeva spilja**, in der Odysseus von der Meeresnymphe Kalypso festgehalten worden sein soll. Sie ist die einzige Höhle in Kroatien, die sowohl von der Land- als auch von der Seeseite zugänglich ist.

ℹ️ Babino Polje

Vorwahl: 020.
Postleitzahl: 20225.
Turistička zajednica, neben der Pfarrkirche, Tel. 74 60 25.

🏕️

Autocamp Mungos, unterhalb der Inselmagistrale, Tel. 74 53 00.

⚙️

Wandermöglichkeiten von Babino Polje auf den 514 Meter hohen **Berg Ve**lijgrad, nur mit guter Ausrüstung. Der Weg führt an Höhlen vorbei, wie der 100 Meter langen **Movrica-Höhle** mit Tropfsteinformationen.

###

Einkaufsladen im Ort.

###

Tankstelle beim Fähranleger in Sobra.

➕

Ambulanz, Tel. 74 50 05.

Polače

Auf dem Weg zum Nationalpark führt die Straße mitten durch einen **römischen Palast**, der dem Ort seinen Namen gab: Polače. An der Bucht zeugen noch bis zu 15 Meter hohe Mauern von ihm. Erbaut wurde er im 3. oder 4. Jahrhundert vom germanischen Statthalter Pierus. Der Palast diente mehrere Jahrhunderte zur Verwaltung der Insel. Dahinter befinden sich Reste einer **Basilika** von ersten Christen aus römischer Zeit. Links vom Chor ist sogar noch das Taufbecken im Boden des Baptisteriums zu sehen.
Einige Kilometer weiter folgt der Ort **Goveđari**, dessen Name sich von ›Govedar‹, Rinderhirt, herleitet. Zunächst eine Siedlung der beim Benediktinerkloster angestellten Fronarbeiter, ließen sich ab 1793 Kolonisten hier nieder und bauten schöne palazzoähnliche Häuser.

Nationalpark Mljet

Zwischen Babino Polje und Polače beginnt der 54 Qudratkilometer große Nationalpark mit seinen beiden Salzseen. Vor 10 000 Jahren waren diese beiden Becken noch mit Süßwasser gefüllt. Erst um 600 nach Christus stieg der Meeresspiegel, so dass sie mit Salzwasser geflutet wurden. Messungen zufolge steigt mit der Tiefe der Salzgehalt, was auf eine unterirdische Verbindung zum Meer hindeutet.
Die Durchfahrt vom Meer hatte bis zum Jahr 1960 lediglich eine Tiefe von etwas mehr als einem halben Meter. Danach

Karte S. 306

Die Ruine der Basilika von Polače

wurde sie dann auf 2,50 Meter ausgehoben.

Der Eingang zum Nationalpark liegt eine halbe Stunde Fußmarsch oberhalb der Seen, dort wird ein Eintrittsgeld verlangt, das auch eine Fahrt auf die Marieninsel einschließt. Das Befahren mit dem Auto ist nur Einheimischen erlaubt; ein Bus fährt in unregelmäßigen Abständen.

■ Die Marieninsel

Das Besondere am Park ist eine 120 mal 200 Meter große Insel im Veliko jezero, die seit der Römerzeit alle Träume vom abgeschiedenen Leben erfüllt, wie Funde zeigen. 1151 schenkte der serbische Fürst Deša von Zahumlje den Benediktinern diese Insel. Sie errichteten darauf eine **romanische Klosteranlage**, die in der Renaissance behutsam überbaut wurde.

Gegründet wurde das Kloster von Mönchen aus Pulsano auf dem Monte Gargano im heute italienischen Apulien. Sie gehörten einem intern umstrittenen Sonderzweig der Benediktiner an, dessen Mitglieder als Eremiten leben wollten, obwohl die Regeln ein Leben in Gemeinschaft vorschreiben. Besiedelt wurde das Kloster von der Insel Lokrum aus.

Von 1869 bis 1941 befand sich die Forstverwaltung der Insel Mljet in dem Komplex. 1960 wurde unter Tito im Kloster das Hotel ›Melita‹ eingerichtet, es diente als Erholungsort für Arbeiter einer Staatsfirma aus Belgrad. Seit 1995 gehört es wieder den Benediktinern, doch ein Versuch zweier österreichischer Ordensmitglieder, ein mönchisches Leben aufzubauen, ist wohl im August 2007 an bürokratischen Hürden gescheitert. Die zukünftige Nutzung ist ungewiss.

Zugänglich ist vor allem die beeindruckende **romanische Kirche**, deren Architektur sich an der Bauweise apulischer Gotteshäuser orientiert. Der Bau gilt als Bindeglied zur serbischen Architektur. Denn die Kirche ist vom serbischen Herrscher Stephan dem Erstgekrönten

Die Marieninsel

(1165–1227) gestiftet worden. Im 16. Jahrhundert entstand der Vorbau mit seinen schönen Renaissanceornamenten. Zu sehen ist noch das Wappen der Familie Gundulić, die diesen Bau finanziert hat.

Nur von außen erkennbar ist ein Wachturm über dem Chor, der früher auch einmal einen Umgang hatte.

 Nationalpark Mljet

Vorwahl: 020.
Nationalpark Mljet, Pristanište 2, 20226 Goveđari, Tel. 744 04-1, Fax -3, www.np-mljet.hr; Eintritt 90 Kuna.

An den Seen gibt es einige private Unterkünfte zu mieten. Diverse Pensionen in der Umgebung.
Hotel Odisej, Pomena, Tel. 74 40 22, www.hotelodisej.hr; DZ 100–130 Euro. Direkt am Meer gelegen, mit Restaurant.

Prožura

Auf dem Weg in den eher einsamen südöstlichen Teil der Insel liegt rechts der Magistrale, versteckt in einer Talsenke, das verschlafene Dorf Prožura. Im Zentrum befindet sich die kleine Renaissancekirche **Sveta Trojica**, die von Benediktinern erbaut wurde. Der Orden unterhielt am Platz auch eine kleine Gemeinschaft. Das vielfach beschriebene wertvolle gotische Kruzifix aus Bronze wurde nach Dubrovnik gebracht. Die Bewohner sprechen dabei hinter vorgehaltener Hand von staatlichem Kunstraub.

Oberhalb auf der nördlichen Seite des Dorfes steht ein **Wehrturm** aus dem 17. Jahrhundert, der heute als Heuschober dient. Auf der Spitze des Hügels befindet sich das Friedhofskirchlein, von dem sich ein wunderschöner Blick über

■ **Pomena**

Pomena ist der Ferienort, um im Naturpark unterzukommen. An der nordwestlichen Spitze der Insel mit ihren vorgelagerten Inseln kann man einen erholsamen Urlaub verbringen. Von hier aus lassen sich viele naturnahe Aktivitäten angehen: Baden, Mountainbiken, Tauchen.

Im Hafen von Pomena liegen zahlreiche Restaurants, deren Spezialität meist Fisch ist.

Baden ist auf den **vorgelagerten Inseln** möglich, zu denen man sich mit dem Taxiboot bringen lassen kann. **Pomeštak** ist eine FKK-Insel.

Liegeplätze am Pier des Hotels ›Odisej‹ in Pomena, mit Strom und Wasser.

Blick von der Friedhofskapelle

Dubrovnik und Umgebung

Blick auf Saplunara

die Inselwelt und über die Dächer des Dorfes bietet. Unterhalb von Prožura liegt der Ort **Okuklje** in einer stillen Bucht. Das von Dubrovnik aus gegründete Dorf wurde 1669 von Piraten dem Erdboden gleichgemacht, heute wird die Bucht als Geheimtipp wiederentdeckt.

Saplunara

Die meisten steuern Saplunara an der südöstlichen Spitze der Insel wegen seiner sandigen und ruhigen Badebucht an. Die Straße dorthin eröffnet einen grandiosen Blick auf das Meer, und man kommt an zwei kleinen bemerkenswerten Dörfern vorbei. Versteckt am südlichen Hang liegt **Maranovići.** Die Gründerfamilie Maranović betrieb an diesem Berg Oliven- und Weinanbau. Später haben sich sephardische Juden aus Spanien in diesem Ort angesiedelt. Maranovići war über mehrere Jahrhunderte hinweg der einzige Ort mit einer eigenen Öl-

mühle. Die Romantik eines verlassenen Dorfes strahlt **Korita** aus. Nur noch 20 alte Bewohner leben hier, ihre Kinder leben in Paris und anderen Metropolen. Über die Dächer ragt ein alter Wehrturm, der privat als Geräteschuppen genutzt wird. Trotz der geringen Einwohnerzahl hat der Ort drei kleine Kirchlein: Sv. Vid, Sv. Velika Gospa und auf dem Hügel Sv. Mihovil, zu der an besonderen Feiertagen Prozessionen führen.

Die Bucht von Saplunara wirkt noch sehr natürlich, weil die touristische Infrastruktur eher bescheiden ist. Am Ende der Straße führt ein schöner Pfad an der südöstlichen Spitze der Insel entlang.

 Saplunara

Pension Baldo Kralj, an der Einfahrt zur Bucht.
Villa Mirosa. Mit Restaurant.
Außerdem zahlreiche **Privatapartments.**

Karte S. 306

Sprachführer

Buchstaben	Aussprache
c	wie tz in ›Tatze‹
č	wie tsch in ›watschen‹
ć	wie tch in ›kitchen‹
đ	wie dsch in ›Ingenieur‹
h	wie ch in ›Woche‹
š	wie sch in ›wischen‹
z	stimmhaftes s wie in ›seelig‹
ž	stimmhaftes sch wie in ›Garage‹

deutsch	kroatisch

Begrüßung/wichtige Worte

Guten Morgen!	Dobro jutro!
Guten Tag!	Dobar dan!
Guten Abend!	Dobra večer!
Auf Wiedersehen!	Doviđenja!
Gute Nacht!	Laku noć!
Ja!	Da!
Nein!	Ne!
Danke!	Hvala!
Bitte! (auch nach ›Danke‹)	Molim!
Nichts zu danken!	Nema na čemu!
Entschuldigung!	Oprostite!
Verzeihung!	Pardon!
Mein Name ist ...	Zovem se .../Moje ime je ...
Wie heißen Sie?	Kako se zovete?
Freut mich, Sie kennenzulernen	Drago mi je.
Sprechen Sie Englisch?	Govorite li engleski?
Sprechen Sie Deutsch?	Govorite li njemački?
Ich spreche kein Kroatisch.	Ja ne govorim hrvatski.
Ich verstehe./ich verstehe Sie nicht.	Razumijem./Ne razumijem.
Wo ist .../wo gibt es ...?	Gdje je ...?

deutsch	kroatisch
Zahlen/Zeit	
0	nula
1	jedan
2	dva
3	tri
4	četiri
5	pet
6	šest
7	sedam
8	osam
9	devet
10	deset
11	jedanaest
12	dvanaest
13	trinaest
14	ćetrnaest
15	petnaest
16	šestnaest
17	sedamnaest
18	osamnaest
19	devetnaest
20	dvadeset
21	dvadesetjedan
22	dvadesetdva
30g	trideset
40	cetrdeset
50	pedeset
60	šezdeset
70	sedamdeset
80	osamdeset
90	devedeset
100	sto

deutsch	kroatisch
1000	tisuća
1000000	milijun
Montag	ponedjeljak
Dienstag	utorak
Mittwoch	srijeda
Donnerstag	četvrtak
Freitag	petak
Samstag	subota
Sonntag	nedjelja
Januar	sječanj
Februar	veljača
März	ožujak
April	travanj
Mai	svibanj
Juni	lipanj
Juli	srpanj
August	kolovoz
September	rujan
Oktober	listopad
November	studeni
Dezember	prosinac
Wie spät ist es?	Koliko je sati?
Jetzt ist es neun Uhr.	Sada je devet sati.
halb vier	...pola četiri
viertel nach sieben	...sedam i petnaest
fünf vor eins	pet do jedan
zwanzig nach fünf	pet i dvadeset
Mittag	podne
Mitternacht	ponoć
heute	danas
morgen	sutra
gestern	jučer

deutsch	kroatisch
Stunde	sat
Tag	dan
Woche	tjedan
Wochenende	vikend
Monat	mjesec
Jahr	godina

Unterwegs

Eingang	ulaz
Ausgang	izlaz
offen	otvoreno
geschlossen	zatvoreno
Information	informacije
Entschuldigung, wie komme ich nach ...?	Oprostite, kuda se ide u ...?
Wo ist ...?	Gdje je ...?
Geld	novac
Bank	banka
Wechselstube	mjenjačnica
Wechselkurs	tečaj
Ich würde gern 100 Euro wechseln.	Molim promjenite mi sto Eura.
Postamt	pošta
Brief	pismo
Postkarte	karta
Briefmarke	poštanska marka
Eine Briefmarke für Deutschland/ Österreich/Schweiz, bitte.	Molim jednu poštansku markicu za Nijemačku/Austriju/Švicarsku.
Touristenbüro	turistički ured
Touristenverband	Turistička zajednica
Unterkunft	smještaj
Bahnhof	kolodvor
Busbahnhof	autobusni kolodvor
Flughafen	zračna luka
Fahrkarte	vozna karta

deutsch	kroatisch
Autofähre	Trajekt
Tankstelle	benzinska stanica
Werkstatt	radionica
Bus	autobus
Zug	vlak
Straße	ulica
Platz	trg
Brücke	most

Gesundheit

Arzt	doktor
Krankenhaus	bolnica
Ich habe hier Schmerzen.	Boli me ovdje.
Ich habe Kopfschmerzen.	Boli me glava.
Kopfschmerztablette	tableta za glavobolju
Apotheke	apoteka/ljekarna
Zahnarzt	zubar
Krankenwagen	hitna pomoč

Übernachten

Hotel	hotel
Ich habe reserviert für ...	Imam rezervaciju za...
Haben Sie noch ein Zimmer frei?	Imate li slobodnih soba?
Ich hätte gern ... ein Einzelzimmer/ Doppelzimmer.	Trebao(/la) bih ...jednokrevetnu sobu / ...dvokrevetnu sobu.
Was kostet das Zimmer für eine Nacht?	Koliko košta soba za jednu noć?
Was kostet das Zimmer für eine Person?	Koliko košta soba po osobi?
Ist das Frühstück inbegriffen?	Da li je doručak uključen?
Hat das Hotel eine Klimaanlage?	Da li je hotel klimatiziran?
Ich nehme das Zimmer für eine Nacht.	Uzet ću sobu za jednu noć.
Um wie viel Uhr ist das Frühstück?	U koliko sati je doručak?
Aufzug	lift
Stockwerk	kat

deutsch	kroatisch
Balkon	balkon
Dusche	tuš
Swimming-Pool	bazen
Sonnendeck	sunčalište
Strand	plaža
Wie weit ist es bis zum Strand?	Koliko je udaljena plaža?
Fünf Minuten zu gehen.	Pet minuta hoda.
Ist der Strand sandig oder steinig?	Da li je plaža pješčana ili šljunkovita?
Wie weit ist es zur Innenstadt?	Koliko je udaljen centar grada?
Ich würde gern zahlen.	Želio bih platiti račun. Molim platiti.
Kann ich mit Kreditkarte zahlen?	Mogu li platiti sa kreditnom karticom?
Akzeptieren Sie die Mastercard?	Primate li Visa ili Mastercard karticu?

Zug/Bus

Busbahnhof	Autobusni kolodvor
Wann fährt der Zug nach Split ab?	U koliko sati polazi vlak za Split?
Von welchem Bahnsteig?	Sa kojega perona?
Wo kann ich eine Fahrkarte für den Zug kaufen?	Gdje se može kupiti karta za vlak?
Was kostet die Fahrkarte einfach?	Koliko košta jedna smijerna do ...?
Fahrkarte hin und zurück	povratna karta
Fahrkartenschalter	blagajna
Ankunft	dolazak
Abfahrt	odlazak
Wie lang ist die Reise nach Split?	Koliko traje putovanje do Splita?
Wann kommen wir in Split an?	Kada dolazimo u Split?
Entschuldigen Sie, ist der Platz frei?	Da li je ovo mjesto slobodno?
Rauchen verboten	zabranjeno pušenje
Nichtraucher	za nepušaće
Erste Klasse	prvi razred
Zweite Klasse	drugi razred
Wo ist die Toilette?	Gdje je WC?
Ist die nächste Haltestelle Split?	Da li je Split slijedeća stanica?

deutsch	kroatisch
Markt	
Was kostet ...?	Koliko košta ...?
Wo ist der Markt?	Gdje je tržnica?
Früchte	voće
Äpfel	jabuke
Trauben	grožđe
Ein Kilo Trauben bitte	Molim jednu kilu grožđa.
Feigen	smokve
Pfirsiche	breskve
Wassermelone	lubenica/karpuz
Eine halbe Melone, bitte.	Pola lubenice, molim.
Ist das Gemüse aus eigenem Anbau?	Je li to domaće povrće?
Was ist das für eine Fischart?	Koja je to vrsta ribe?
Kann ich mal davon probieren?	Mogu li molim malo probati?
Stadtrundgang	
Entschuldigung, wo ist die Gundulićeva-Straße?	Oprostite, gdje je Gundulićeva ulica?
Wo ist der Supermarkt?	Gdje je supermarket?
Platz	trg
Kathedrale	katedrala
Kirche	crkva
Denkmal	spomenik
Museum	muzej
Galerie	galerija
Park	park
Straße	ulica
Überlandstraße	cesta
Gibt es hier ein Internet-Café?	Ima li ovdje Internet café?
Wo ist das Hotel ›Neptune‹?	Gdje se nalazi Hotel ›Neptune‹?
Gehen Sie geradeaus und dann nach rechts und dann nach links.	Idete ravno i druga ulica na desno i onda lijevo.
Welcher Bus führt zum Hauptplatz?	Koji broj autobusa vozi do glavnog trga?

deutsch	kroatisch
Restaurant	
Restaurant	restoran
Frühstück	doručak
Tee mit Zitrone	čaj s limunom
Kaffee	kava
Milch	mlijeko
Milch für Kaffee	vrhnje za kavu
Espresso	espreso
Capuccino	kapučino
Zucker	šećer
Brötchen	pecivo
Butter	maslac
Marmelade	pekmez
Honig	med
Eier	jaje
Mittagessen	ručak
Sandwich, Käse-Sandwich, Schinken-Sandwich	sendvić, sendvić sa sirom, sendvić sa šunkom
Abendessen	večera
Gibt es etwas Vegetarisches?	Imate li nešto za vegetarijance?
Speise	jelo
Brot	kruh
Suppe	juha
Fleisch	meso
Rindfleisch	govedina
Schweinefleisch	svinjetina
Lamm	janjetina
Fisch	riba
Stockfisch/Kabeljau	bakalar
Karpfen	šaran
Lachs	losos
Forelle	pastrva

deutsch	kroatisch
Hummer/Languste	jastog
Tintenfische	lignje
Huhn	piletina
Kartoffel	krumpir
Bohnen	grah
Grüne Bohnen	mahune
Erbsen	grašak
Kohl	kupus
Pilze	šampinjoni
Zwiebel	luk
Knoblauch	ćešnjak
Tomaten	Rajčica/paradajz
Gurke	krastavac
Grüner Salat	(zelena) salata
Pasta	tjestenina
Reis	riža
Kuchen	kolač
Eiscreme, mit Vanille, mit Schokolade	sladoled, od vanilije, od čokolade
Was möchten sie trinken?	Što želite popiti?
Wein/Wasser/Bier, bitte.	vino/vodu/pivo, molim.
Weißwein/Rotwein	bijelo vino/crno vino
Fruchtsaft	voćni sok
Apfelsaft	Sok od jabuke
Salz	sol
Pfeffer	peper
Öl	ulje
Olivenöl	maslinovo ulje
Essig	ocat
Paprikasauce/scharf/mild	ajvar/ljuti/blagi
gekocht/gegrilt/gebraten	kuhano/na žaru/prženo
Ich hätte gern einen Kaffee mit/ohne Milch und Zucker.	Molim jednu kavu sa/bez mlijekom(a) i šećerom(a).

deutsch	kroatisch
Ausgehen	
Kaffeehaus	kavana
Kellerkneipe	konoba
Bierkeller	pivnica
Traubenschnaps	rakija
Slivovitz/Pflaumenschnaps	šljivovica
Starker Schnaps	travarica
Likör	liker
Cognac	konjak
Nachtclub	noćni klub (/bar)
Konzert	koncert
Kino	kino
Film	film
Theater	kazalište
Filmfestival	filmski festival
Was wird im Kino/Theater gespielt?	Što igra u kinu/kazalištu?
Was kostet der Eintritt?	Koliko je ulaznica?
Wie teuer ist die Karte?	Koliko je karta?
Wo kann ich eine Eintrittskarte kaufen?	Gdje si mogu kupiti karte?
Small talk	
Wie geht es Ihnen?	Kako ste?
Heute ist schönes/schlechtes Wetter.	Danas je lijepo/loše vrijeme.
Wie heißt du/heißen Sie?	Kako se zoveš/zovete?
Ich heiße ...	Ja sam ...
Freut mich/angenehm.	Drago mi je.
Woher kommst Du/kommen Sie?	Odakle si ti/ste vi?
Und du/Sie?	A ti/vi?
Ich komme aus ...	Ja sam iz ...
Wie alt bist du/sind Sie?	Koliko imaš/imate godina?
Ich bin müde, gute Nacht.	Ja sam umoran(m)/umorna(f), la kunoć.

Reisetipps von A bis Z

Alkohol

Grundsätzlich ist es kein Problem, Alkohol in der Öffentlichkeit zu trinken. Allerdings wird er gemeinsam sitzend eingenommen; mit der Bierflasche durch die Stadt zu laufen, wirkt befremdlich. Einladungen auf ein Glas Wein oder Schnaps darf man ruhig annehmen.

Am Steuer allerdings gilt in Kroatien die 0,5-Promille-Grenze. Kontrolliert wird eher gelegentlich, dann aber mit allen Konsequenzen.

Anreise mit dem Auto

Aus Deutschland: Die direkte Anreise empfiehlt sich auf der **E55 über München und Salzburg** entlang der Tauernautobahn nach Villach. Von dort Transit durch Slowenien durch den Karawankentunnel nach Ljubljana, dann nach Zagreb und über die neue Autobahn nördlich an Zadar vorbei weiter nach Split.

Schöner ist die Strecke an der **Küstenstraße entlang**, sie dauert aber einen Tag länger. Es geht über Postojna nach Ljubljana zum kroatischen Grenzübergang Rupa weiter nach Rijeka und dann immer entlang der **Adria-Magistrale E65** Richtung Süden.

Der Weg **über Italien** ist möglich, aber nicht zeitsparend.

Aus der Schweiz: Die Straße über die Gotthardt- oder Bernardino-Route vorbei an Chiasso und über die A4 (E64/70) nach Triest.

Straßenbenutzungsgebühren: Halten Sie bis Split etwa 65 Euro bereit für die diversen Mautstellen und Autobahngebühren (Vignettenpflicht in Österreich (7,60 für 10 Tage) und seit Sommer 2008 in Slowenien (30 Euro Monatsvignette PKW). Zu den Gebühren in Kroatien siehe auch www.hac.hr/?task=aut.

Dokumente: Pflicht sind Führerschein, Fahrzeugschein und grüne Versicherungskarte.

Die Dichte der **Tankstellen** nimmt insbesondere an den Haupturlaubsorten und -strecken zu, zum Beispiel entlang der Adria-Magistrale. Achtung: Auf den Inseln gibt es nur vereinzelt Tankstellen.

Die neue Autobahn nach Split

Anreise mit dem Bus

Knapp **50 Zielorte in Kroatien** werden durch Europabusse von deutschen Städten angesteuert, wie zum Beispiel Dubrov-nik, Rijeka, Split, Zadar und Zagreb. Buchung über das örtliche Reisebüro oder die Deutsche Touring in Deutschland, www.deutsche-touring.com, Eurolines Austria in Österreich, www.eurolines.at, oder Eurolines Eggman-Frey in der Schweiz, www.eurolines-schweiz.ch. Verbindungen in Kroatien unter www.autobusni-kolodvor.com

Anreise mit der Bahn

Der **Eurocity** von München nach Split braucht etwa 20 Stunden, es gibt auch die Möglichkeit des **Autoreisezuges** bis Split. Eine frühzeitige Reservierung ist ratsam.

Anreise per Flugzeug

Folgende Flughäfen können angesteuert werden: Rijeka (auf der Insel Krk gelegen), Zadar (etwa 25 km außerhalb), Split (nahe Trogir), Brač (bei Bol), Dubrovnik (bei Cavtat). Die Flughäfen liegen alle weiter außerhalb, deshalb sollte man von den Flughäfen in die Stadt mindestens 30 Minuten Fahrzeit einplanen.

Inzwischen wird Dalmatien von allen wichtigen Flughäfen angesteuert, auch einige Billigflieger landen hier: TUIfly, www.tuifly.com, Germanwings, www.germanwings.com, oder Ryanair, www.ryanair.com. Die einheimische Fluglinie ist Croatia Airlines, www.croatiaairlines.hr, Tel. 08 00/77 77.

Apotheken

Apotheken finden sich in jeder kleinen und mittleren Stadt. Öffnungszeiten sind meist von 7 bis 20 Uhr.

Ärztliche Versorgung

Ein dichtes Netz von Krankenhäusern, Ambulanzen und Ärzten bietet einen hohen Standard an medizinischer Hilfe. Meist sprechen die Ärzte gut Englisch oder sogar Deutsch.

Der **Rettungsdienst** hat die Nummer 987, vom deutschen Handy muss die Vorwahl 1 gewählt werden.

Wer sichergehen will, besorgt sich bei den gesetzlichen Krankenversicherungen in Deutschland, Österreich oder der Schweiz einen Auslandskrankenversicherungsschein.

Ansonsten lassen Sie sich die Leistungen quittieren und reichen Sie sie ein, beachten Sie dabei aber mögliche Fristen. Empfehlenswert ist eine Auslandskran-

kenversicherung, die auch den Rücktransport im Notfall einschließt.

Automobilclub/Pannenhilfe

Hilfe gibt es beim **Kroatischen Automobil Club** (HAK): Tel. 987, Mobil-Tel. 01987 (ADAC-Schutzbriefschecks werden akzeptiert). Für ADAC-Mitglieder: **ADAC-Notruf** für Kroatien in Zagreb: Tel. 01/3440666 (ganzjährig). **ADAC-Notrufzentrale München**: Tel. 0049/89/222222 (rund um die Uhr), **ADAC-Ambulanzdienst München**: Tel. 0049/89/767676 (rund um die Uhr). Für ÖAMTC-Mitglieder: **Österreichischer Automobil Motorrad und Touring Club**, ÖAMTC Schutzbrief-Nothilfe: Tel. 0043/1/2512000. **Touring Club Schweiz**, TCS Zentrale Hilfsstelle: Tel. 0041/2/24172220.

Alle Verkehrsunfälle sollten der Polizei gemeldet werden. Um Probleme bei der Ausreise zu vermeiden, sollte man sich bei größeren Schäden stets das Protokoll (Potvrda) geben lassen.

Autoverleih

In größeren Orten und vor allem an Flughäfen gibt es Autovermietungen. Ein Preisvergleich lohnt sich. Am günstigsten ist, das Auto per Internet vorzubestellen, vor Ort kostet es bis zu 20 Prozent mehr.

Die Regeln für das Anmieten sind: Mindesalter 25 Jahre, ein Jahr Führerscheinbesitz, als Sicherheit gilt der Abzug von der Kreditkarte oder eine Kaution. Die Preise sind so hoch wie in westeuropäischen Ländern.

Baden

Die dalmatinische Küste besteht überwiegend aus **Stein, Kiesel-, selten auch Sandstränden**. Für das Baden gibt es an öffentlichen Stränden kaum Einschrän-

kungen, außer bei **FKK**, das nur an bestimmten Abschnitten erlaubt ist. Badeschuhe sind gegen Seeigel hilfreich.
Auch wenn die kroatische Adria in punkto Wasserklarheit regelmäßig gute Noten erhält, sollte man in der Nähe von Städten und Dörfern eher einen abseits gelegenen Strand aufsuchen, weil die Abwässer vielfach ungeklärt entsorgt werden.

Banken und Wechselstuben
Geldtausch darf nur noch in Banken und Wechselstuben erfolgen, nicht mehr in Geschäften. Der Kurs der Kuna ist gegenüber dem Euro gesunken, 1 Euro liegt etwa bei 7,20 Kuna (Juni 2010).

Badestrand in Časka auf Pag

Botschaften und diplomatische Vertretungen
Deutsche Botschaft
Grada Vukovara 64
10000 Zagreb
Tel. 01/630 01 00
Fax 615 55 36
Deutsches Honorarkonsulat
Svačićeva 4
21000 Split
Tel. 021/40 93 47
Fax 48 64 01
Österreichische Botschaft
Radnička cesta 80, 9. Stock
10000 Zagreb
Tel. 01/488 10 50
Fax 483 44 61
Schweizer Botschaft
Bogovićeva 3, 10000 Zagreb
Tel. 01/487 88 00
Fax 481 08 90

Busverbindungen
Viele, auch kleinere Orte lassen sich mit dem Bus erreichen. Allerdings findet auf kleineren Inseln kein Busverkehr statt. Daher ist es ratsam, sich am Busbahnhof

zu informieren und die Karten vorher zu kaufen. Allerdings gibt es keinen Ticketverkauf im Internet. Fahrplanauskunft: www.autobusni-kolodvor.com.

Elektrizität
Jeder deutsche und EU-Stecker passt in kroatische Steckdosen, die Netzspannung beträgt 220 Volt und 50 Hertz.

Feiertage und Ferien (landesweite Feiertage, Schulferien)
1. Januar, Neujahrstag
6. Januar, Heilige Drei Könige
Ostermontag
1. Mai, Tag der Arbeit
Fronleichnam, wechselndes Datum
22. Juni, Tag des antifaschistischen Widerstandes
25. Juni, Staatsfeiertag
5. August, Tag des Sieges im Heimatkrieg
15. August, Maria Himmelfahrt
8. Oktober, Unabhängigkeitstag
1. November, Allerheiligen
25./26. Dezember, Weihnachtsfeiertage

Reisetipps von A bis Z

Fähren

Es gibt **Autofähren**, Trajekt genannt, und Brzobrodske (Schnellboote), **Personenfähren**. Die dominierende und meist einzige Reederei ist die Jadrolinja. Sie fährt meist überpünktlich ab. Außer in Zeiten mit starken Verkehrsaufkommen: Dann fahren die Schiffe ab, sobald sie voll sind, und es wird auch schon mal der Takt erhöht, dann kommt der Zeitplan meist durcheinander. Pünktliches Erscheinen am Hafen lohnt sich.

Jadrolinja
Rijeka
Zentrale Tel. 051/66 61 11
Fax 21 31 16
www.jadrolinja.hr (auch auf deutsch, mit aktuellen Fahrplänen)

Feuer

Die **Brandgefahr** ist gerade im Sommer sehr hoch. Grillen sollte man im Freien mit aller Vorsicht, es kann auch verboten sein, am besten vorher informieren. Werfen Sie keine brennenden oder brennbaren Gegenstände weg! Wenn Sie ein Feuer bemerken, benachrichti-

Achtung: Waldbrandgefahr!

gen Sie bitte die anderen Personen in Ihrer Umgebung; rufen Sie sofort die **Tel.-Nr. 93** an. Versuchen Sie, das Feuer bis zum Eintreffen der Feuerwehr zu löschen, aber ohne sich oder andere zu gefährden.

FKK

Der sogenannte Nudismus hat bereits seit den 1930er Jahren Tradition. Das Sonnen ohne Bikinioberteil ist an fast allen Stränden akzeptiert, FKK dagegen ist nur an bezeichneten Stränden erlaubt. Allerdings, wo es einsam ist und sowieso keiner guckt, ist auch kein Richter.

Fotografieren und Filmen

Es gibt grundsätzlich kaum Beschränkungen für den Einsatz von Kameras aller Art, abgesehen von militärischen Sperrgebieten, das kann allerdings harsche und vor allem langwierige bürokratische Konsequenzen haben.

Gesundheit

Impfungen zur Einreise sind nicht vorgeschrieben, empfohlen werden Impfungen gegen Tetanus, Diphtherie und Hepatitis A. Vorsicht beim Trinkwasser, aus manchen Leitungen kommt Zisternenwasser, vorher fragen oder lieber gleich Mineralwasser trinken.

Haustiere

Für Haustiere genügt der internationale Impfpass. Für Hunde muss außerdem eine Tollwutimpfbescheinigung vorgelegt werden, die nicht jünger als 15 Tage und nicht älter als ein Jahr ist.

Internet

Internetcafés schießen im Moment wie Pilze aus dem Boden, sind aber auch nicht immer beständig. Deshalb ist mit den Adressen vorsichtig umzugehen.

Kriminalität

Schwarze Schafe gibt es immer, aber im Großen und Ganzen ist Kroatien ein sehr sicheres Reiseland. Dennoch heißt das nicht, dass man alles offen liegenlassen kann. Offenen Diebstahl gibt es selten, und Ehrlichkeit wird großgeschrieben, was nicht heißt, dass nicht manchmal geschummelt wird, zum Beispiel beim Abwiegen auf dem Markt oder beim Handeln.

Mehrwertsteuervergütung

Bei 23 Prozent Mehrwertsteuer kann es sich für größere Anschaffungen lohnen, die Rückzahlung der Mehrwertsteuer zu beantragen. Dafür gibt es folgende Bedingungen: Der Warenwert einer Rechnung beträgt über 740 Kuna, der Verkäufer hat ein ausgefülltes PDV-P Formular ausgestellt, die gekaufte Ware wurde dem Zollamt, das das PDV-P- Formular beglaubigt und das Datum des Grenzüberganges einträgt, zur Einsicht übergeben. Den Antrag auf Steuerrückzahlung muss der ausländische Staatsbürger innerhalb von drei Monaten ab Ausstellungsdatum der Rechnung abgeben.

Minen

Die Außenministerien warnen weiterhin vor 260 000 Minen, die auf einer Fläche von über 1100 Quadratkilometern liegen. Erhöhte Gefahr besteht nicht nur an der Grenze zu Bosnien, sondern besonders entlang der Grenze **der früheren Krajina,** am **östlichen Stadtrand von Zadar** und im **Hinterland der Küste zwischen Senj und Split,** in der Nähe von **Ston** am Übergang zur Insel Pelješac, **in den Bergen südöstlich von Dubrovnik** und auch auf der **Insel Vis,** die einst militärisches Sperrgebiet war.
Nähere Informationen stehen auf der Homepage des kroatischen Minenräum-

Schilder warnen vor Minengefahr

zentrums Hrvatski centar za Razminiranje (www.hcr.hr) auch in englischer Sprache zur Verfügung.
Straßen und Wege sollten in diesen Gebieten nicht verlassen werden. Minen wurden oft dicht am Straßenrand verlegt. Minenfelder sind meist durch Schilder oder Pfähle mit Plastikstreifen gekennzeichnet. Trümmergrundstücke und leerstehende Gebäude sollten ohne Einheimische oder die Eigentümer gemieden werden.

Öffnungszeiten

Öffnungszeiten sind generell frei und werden auch sehr frei angewandt. Als Faustregel gilt: Je kleiner der Ort, desto früher sind die Geschäfte zu. In der Regel sind Geschäfte 7–20 Uhr geöffnet, in kleineren Orten gibt es eine Unterbrechung 13–16 Uhr. In größeren Orten kann man auch bis 22 Uhr einkaufen.

Post

Das Netz der Postämter ist dicht. Sie sind an einem Horn und der Abkürzung ›HPT‹ zu erkennen.

Radfahren

Ein Radwegenetz gibt es gar nicht, und damit ist Radfahren am Rand der Straße bei den risikofreudigen Autofahrern auch nicht ganz ungefährlich. Doch immer mehr tun es, und daran gewöhnen sich auch die Einheimischen.

Fürs **Mountainbiken** gibt es in vielen Regionen eigene Karten bei den Touristenbüros, so auf vielen Inseln, in der Region Kaštel und der Makarska-Region.

Radio und Fernsehen, Presse

In den Sommermonaten werden auf ›Hrvatski Radio‹ und ›HR1‹ zu jeder vollen Stunde Verkehrsnachrichten in englisch und deutsch verlesen, manchmal werden auch Nachrichten vom Bayerischen Rundfunk übernommen. In Touristenbüros liegt das deutschsprachige Magazin ›Adria‹ aus, mit nützlichen Terminen und Nachrichten aus der Region.

Rafting/Kanuting

Die Tradition des Kanufahrens auf den Flüssen Kroatiens ist jahrhundertealt. Kanu und Kajakfahren unterliegt keinen Beschränkungen. Für Rafting muss man die Lizenz der International Rafting Federation (IRF) haben.

Rauchen

Seit April 2010 wird das 2008 beschlossene Nichtraucherschutzgesetz umgesetzt, das heißt, es darf in einem Großteil der Gastronomie nicht mehr geraucht werden. Ausgenommen sind 156 Lokale, deren Fläche kleiner als 50 Quadratmeter ist. Die Strafe kann jeweils für den Raucher und für den Kellner, der nicht darauf hingewiesen hat, bis zu 1000 Kuna betragen. Der Lokalbesitzer muss zwischen 5000 und 15000 Kuna zahlen. Wer im Lokal rauchen will, sollte also dringend erst fragen.

Reisedokumente

Für die Einreise nach Kroatien ist für Deutsche, Österreicher und Schweizer ein **gültiger Reisepass** oder ein **gültiger Personalausweis** erforderlich. Der österreichische Reisepass darf bis zu fünf Jahre abgelaufen sein. Allerdings wird zunehmend von Problemen berichtet. Bei Deutschen wird zwar ein vorläufiger Reisepass anerkannt, aber nicht ein vorläufiger Personalausweis. Für Aufenthalte bis zu 90 Tagen besteht keine Visumspflicht (sofern keine Erwerbstätigkeit ausgeübt wird).

Der **deutsche Kinderausweis** wird nur mit Lichtbild anerkannt.

Für alle deutschsprachigen Länder gilt: Die Eintragung von Kindern in die Reisepässe eines Elternteils ist zur Einreise ausreichend. **Alleinreisende Minderjährige** benötigen eine Einverständniserklärung des/der Erziehungsberechtigten.

Für die Einfuhr von Jagd- oder Sportgewehren besteht für Reisende aller deutschsprachigen Länder eine Anmeldepflicht (erfolgt durch Eintragung in das Reisedokument).

Reiseveranstalter

Maestral Putnicka Agencija
R. Boskovica 13/15, Kaleta 2
HR-21000 Split
Tel. 003 85/21/47 09-44, Fax -80
www.travel.maestral.hr
Umfangreiches Angebot an Kultur-, Aktiv- und Spezialreisen in Kroatien.

Balkan Tours
Louisenstraße 74b
01099 Dresden
Tel. 03 51/81 08 75-8, -9
www.balkantours.de
Studien und Wanderreisen.

DNV-Touristik
Heubergstraße 21
70806 Kornwestheim

Tel. 071 54/13 18-30
www.dnv-tours.de
Boot&Bike in Süddalmatien.

Dr. Maiers Studienreisen
Goldschmiedgasse 10
Tel. 01/535 06 15, Fax 533 87 96
www.maiers.org
Studienreise dalmatinische Küste.

Erlebnisreisen weltweit
Dorfstr. 19
87616 Marktoberdorf
Tel. 083 42/919 33-7, Fax -8
www.erlebnisreisen-weltweit.de
Wander-, Natur- und Kulturreisen.

Ikarus Tours
Am Kaltenborn 49–51
61462 Königstein
Tel. 061 74-29 02-0, Fax -71
www.ikarus.com
Kroatien-Rundreise.

Intercontact
In der Wässerscheid 49
53424 Remagen
Tel. 026 42-20 09-0, Fax -38
www.ic-gruppenreisen.de
Städtereisen Dubrovnik, Rundreisen Kroatien.

Lupe Reisen
Weilbergstr. 12a
53844 Troisdorf
Tel. 65 45 55, Fax -6
www.lupereisen.com
Wander- und Wanderstudienreisen.

Olympia Reisen
Siegburger Str. 49
53229 Bonn
Tel. 02 28/400 03-, Fax -33
www.olympia-reisen.com
Schiffsreisen dalmatinische Küste.

Paradeast
Adlerweg 6a
92637 Weiden
Tel. 09 61/63 44-168, Fax -142
www.paradeast.com
Diverse Kroatien- und Balkanreisen.

Phoenix Reisen
Pfälzer Str. 14
53111 Bonn
www.phoenixreisen.com
Tel. 02 28/92 60-0, Fax -999
Schiffsreisen dalmatinische Küste.

ReNatour
Brunner Hauptstr. 2a
90475 Nürnberg
Tel. 0911/89 07-04, Fax -79
www.renatour.de
Individualreisen, z.B. Lastovo.

Studiosus Reisen
Riesstraße 25
80992 München
Tel. 089/500 60-0, Fax -100
www.studiosus.com
Wander- und Studienreisen Kroatien.

Reiten

Der Pferdesport wird immer beliebter, vor allem im Hinterland. Berühmt für seine Reiterspiele ist Sinj, der Sinska Alka, Infos bei der Turistička zajednica, Tel. 021/82 63 52. Genauere Informationen für einen Reiterurlaub hat der Tourismusverband in Frankfurt.

Segeln

Die Adria wird mit ihren vielen Inselchen zu einem immer beliebteren Segelrevier. Dabei gibt es aber einiges zu beachten. Der Schiffskapitän, der auf dem Seeweg einreist, muss auf dem kürzesten Weg den nächstliegenden für den internationalen Verkehr geöffneten Hafen zur Grenzkontrolle anzulaufen, eine **Vignette** kaufen sowie im Hafenamt oder dessen Zweigstelle die **Crew-Liste** beglaubigen zu lassen. Keine Vignette benötigen Wasserfahrzeuge unter 3 Meter Länge bzw. mit einer Gesamtantriebsstärke unter 5 KW.
Für das Schiff muss abhängig nach Länge eine **Kurtaxe** entrichtet werden. Die

Jahresgebühr ist seit 1. Januar 2010 abgeschafft. Bei Charter gilt 1 Euro pro Person und Tag.

Außerdem werden benötigt: eine beglaubigte **Besatzungsliste**, ein **Nachweis über die Seetüchtigkeit des Schiffes**, ein **Nachweis über die Haftpflichtversicherung** für Schäden gegenüber dritten Personen, ein **Eigentumsnachweis** und eine informative **Seekarte**. Zwischenzeitliche Irritationen beim Sportbootführerschein sind wieder aufgehoben: Deutsche, österreichische und Schweizer Nachweise sind wieder anerkannt, mindestens einer an Board muss einen haben. Weitere Infos auf www.aci-club.hr oder herunterladbar auf www.nautik-verlag.de/gesetze.

Ganzjährig geöffnete Seegrenzübergänge: Umag (nicht ACI-Marina), Poreč, Rovinj, Pula, Raša/Bršica, Rijeka, Mali Lošinj, Zadar, Šibenik, Split, Ploče, Korčula, Dubrovnik, Vela Luka und Ubli. **Saisonweise geöffnete Seegrenzübergänge:** Novigrad, Primošten, Hvar, Stari Grad (Hvar), Vis, Komiža und Cavtat.

Neu ist, dass für **Bojenfelder** in zahlreichen Buchten Gebühren erhoben werden dürfen. Erstmals seit 2010 gibt es eine offizielle Gebührenliste, die unter www.segeln-magazin.de/images/aktuell/BuchtenlisteHR.xls abrufbar ist. Für das Einfahren in **Nationalparks** (Kronati, Mljet) ist ebenfalls eine Gebühr fällig.

Es ist auch möglich, im Land Jachten zu chartern. Dazu gibt der Deutsche Segler-Verband Auskunft, Tel. 089/58 62 82, oder der kroatische Adriatic Croatic Int. (ACI). Eine große Chartergesellschaft ist die ›Blue Magic Yachtcharter Croatia‹, www.magicyachting.com.

ACI
Maršala Tita 115, 51410 Opatija
Tel. 051/27 17 88

Souvenirs

Als Souvenirs eignen sich am besten Spezialitäten aus dem Sortiment ›Essen und Trinken‹, zum Beispiel Wein und Hochprozentiges. Leider ist die Ausfuhr begrenzt (siehe ›Zoll‹).

Bei **lose gekauftem Wein** sollte man die Verschlüsse gut prüfen. Ansonsten lässt sich der einheimische **Käse** wie Paški Sir oder Dalmacija oder Geräuchertes wie Kulen und prošut (Schinken) gut transportieren. Überall, auch in den Supermärkten, kann man sich Stücke zum Probieren geben lassen.

Auch **Honig und Olivenöl** sind schöne Andenken. Dabei sollte man darauf achten, sie dort zu kaufen, wo auch Einheimische kaufen, auf den Märkten in den zentralen Städten und Orten zum Beispiel. An den Straßenständen ist die Ware qualitativ nicht immer hochwertig. Bei Honig wurde vor kurzem ein Standard eingeführt, deshalb ist bei Gläsern ohne Etikett immer eine Geschmacksprobe ratsam, um zu prüfen, ob Wasser beigemischt wurde. Außerdem eignen sich **Lavendelprodukte**, vor allem von

Orangen- und Mandarinenschnaps im Neretva-Tal

der Insel Hvar. Selbst pflücken kann man **Thymian und Rosmarin**.

In den Städten bieten ältere Frauen oft kunstvolle Handarbeiten an, **Klöppeleien** und **Spitzendecken**, in Pag gibt es die berühmten **Pager Spitzen**. Künstler verdienen sich mit dem Verkauf von **Bildern** an der Straße etwas dazu.

Tauchen

Die Zahl der registrierten und lizenzierten Tauchzentren wächst ständig. Es gibt auch viel zu sehen: Unterwasserwände und -riffe, eine reiche Flora und Fauna, Höhlen sowie Schiffs- und Flugzeugwracks.

Für das **Wracktauchen** sind vor allem Gebiete interessant, die an den Handelsrouten liegen, wie Cavtat, Mljet, Kročula, Hvar, Vis, Split, Solin, Trogir, Rogoznica, die Ankerplätze im Gebiet der Kornat-Inseln (Žirje, Lavsa, Murter), aber auch vor der Insel Olib und im Kanal bei Pelješac.

In Kroatien befindet sich ein Tauchergesetz kurz vor der Verabschiedung, das bei Redaktionsschluss noch nicht vorlag. Seit 2003 gilt: Selbständige Taucher müssen eine ein Jahr gültige **Tauchgenehmigung** erwerben, die kostet 2400 Kuna. Tauchplätze sind durch Bojen oder Flaggen zu markieren. Tauchguides brauchen eine 3-Stern-Tauchqualifikation und müssen eine umfangreiche Zusatzausrüstung mitnehmen (Tauchtagebuch, Sauerstoff, Funk oder Handy, Notfallnummern etc.). Allgemeine maximale **Tauchtiefe** ist 40 Meter.

Telefonnummern

Internationale Vorwahl für Kroatien: 00385.

Die allgemeine Notrufnummer bei Unfällen, benötigter medizinischer Hilfe, Brand(-gefahr) und Bergnot lautet **112**, der Anruf wird auch auf deutsch und englisch entgegengenommen und ist kostenlos.

Pannenhilfe: 987 (mit dem ausländischen Handy 00385/1/987)

Such- und Seenotrettungsdienst: 9155

Allgemeine Auskunft: 981

Inlandsauskunft: 988

Auslandsauskunft: 902

Wettervorhersage und Verkehrsservice: 060/520520

Automobilclub Kroatien: Tel. (0)1/4640800, www.hak.hr (auch dt.)

Tourismusverbände

Kroatische Zentrale für Tourismus Deutschland

Hochstr. 43

60313 Frankfurt/Main

Tel. 069/238535-0, Fax -20

info@visitkroatien.de

http://de.croatia.hr

Mo–Do 9–18, Fr 9–17 Uhr

Zweigstelle in München

Tel. 089/223344

Kroatische Zentrale für Tourismus Österreich

Am Hof 13, 1010 Wien

Tel. 01/5853884

Fax 5853884-20

office@kroatien.at

http://at.kroatien.at

Mo–Fr 9–17 Uhr

Kroatische Zentrale für Tourismus Schweiz

Badenerstr. 332, 8004 Zürich

Tel. 043/336203-0, Fax -9

info@kroatien-tourismus.ch

http://ch.croatia.hr

Mo–Fr 9–12 und 13–17 Uhr

Croatian National Tourist Board

Iblerov Trg 10/IV

HR-10000 Zagreb

Tel. 01/4699333

Fax 4557827

info@htz.hr
www.htz.hr
Ministry of Tourism
Prisavlje 14
HR-10000 Zagreb
Tel. 01/616 91 11
Fax 378 45 89
glasnogovornica@mmtpr.hr
www.mmtpr.hr

Trinkgeld

Wie im deutschsprachigem Raum: Zehn Prozent sind üblich, aber mehr als zwei bis drei Euro werden nicht erwartet.

Unterkunft

Hotels: An den einzelnen Orten finden Sie in diesem Buch Tipps zur Unterkunft in Hotels. Die meisten Hotels in Kroatien haben drei Sterne und bieten einen mittleren Standard. Preislich liegen sie zwischen 70 und 120 Euro. Hotels mit weniger Sternen sollten entsprechend billiger sein. Lassen Sie sich die Zimmer zeigen.

Privatunterkunft: Deutlich günstiger als Hotels sind Privatunterkünfte. In jedem noch so kleinen Ort vermieten Einheimische Zimmer und Apartments. Die lassen sich auch über Internet vorbestellen, oft lässt sich aber auch spontan etwas finden. Freie Zimmer und Apartments sind an blauen Schildern mit der Aufschrift ›Sobe‹ oder ›Apartman‹ zu erkennen. Das Preis-Leistungs-Verhältnis sollte man sich genau ansehen und eher mal ein Angebot ablehnen. Die meisten Privatleute sind enorm gastfreundlich und versuchen nach Möglichkeit, alles zur Zufriedenheit des Gastes beizutragen, wenige wollen nur den schnellen Euro machen. Eine Privatunterkunft mit mittlerem Standard kostet zwischen 20 und 40 Euro pro Zimmer, Apartments können je nach Größe und Einrichtungs-

Zimmer zu vermieten

standards bis zu 60 Euro kosten. Auch wenn keine Hinweisschilder zu finden sind: Gehen Sie freundlich auf die Menschen im jeweiligen Ort zu und fragen Sie nach Unterkunftsmöglichkeiten. Irgendjemand kennt immer jemanden, der Sie unterbringt; nehmen Sie das als Abenteuer.

Jugendherbergen: gibt es nicht flächendeckend, aber in allen größeren Städten, Infos unter www.hfhs.hr.

Camping: Bis heute ist Campen in Kroatien beliebt, allerdings sind die Preise laut ADAC auf die dritthöchsten Europas geklettert, so dass eine Privatunterkunft sogar billiger sein kann. Fast an der ganzen Küste sind Campingplätze zu finden. Viele Plätze haben nur von Mai bis September geöffnet, nur wenige sind ganzjährig offen. Platzsuche auf der Website der Croatian Camping Union, www.camping.hr. Wildes Zelten ist streng verboten.

Veranstaltungen

Die kroatische Gesellschaft ist einerseits stolz auf ihre Tradition, andererseits stürzt sie sich auf alles Westliche und Moderne. Es gibt Volksfeste, die meist eng mit kirchlichen Festen verbunden sind. Außerdem gibt es an der östlichen Adria in jeder größeren Stadt Sommer-kulturveranstaltungen. Programme gibt es in den örtlichen Touristenbüros.

Traditionelle Feiern beginnen alljährlich auf vielen Inseln und in Städten mit dem **Karneval**, der sich am venezianischen Karneval orientiert, zahlreiche kirchliche Prozessionen folgen **Karfreitag**, die **Gospa**, die Muttergottes, wird im Marienmonat Mai gefeiert und dann noch einmal zu **Maria Himmelfahrt** am 15. August. Dann finden zahlreiche Prozessionen statt. Im Herbst gibt es lokale **Wein- und Erntefeste.**

Auch **Volkstänze** sind an einzelnen Orten zu sehen. Volkstheaterstücke gibt es in Pag und vor allem in Korčula, wo in der Stadt der Säbeltanz **Moreška** und in den Dörfern die **Kumpanija** aufgeführt wird, Stücke, die einst in ganz Dalmatien zu sehen waren. In Sinj findet das berühmte **Reiterspiel Sinska Alka** statt.

Eine Institution ist das **Internationale Sommerfestival** in Dubrovnik, das bereits seit 1950 stattfindet und renommierte Klassikkonzerte bietet. Ebenso renommiert ist das **Internationale Kinderfestival** in Šibenik. Dort gibt es auch ein alljährliches **Internationales Orgelfestival.**

Meist im Spätherbst startet in Split das **Internationale Comicfestival** (www.crsfestival.com) und davor im September das **Internationale Festival des neuen Films** (www.splitfilmfestival.hr). Ein junges **Filmfestival**, das im Oktober stattfindet, etabliert sich derzeit in Dubrovnik.

In Salona findet Ende Juli die **Ethnoambient** statt, ein Festival der Welt- und Volksmusik. Ein Festival für Klapachöre,

traditionelle Volksmusik, wird regelmäßig in Omiš organisiert.

Partytreffs gibt es in Novalja, Vodice, Makarska, auf den Inseln Pag, Murter und Hvar.

Verkehrsregeln

Die **Geschwindigkeitsbegrenzungen** betragen innerorts 50 km/h, für Pkw auf Landstraßen 80 km/h, Schnellstraßen 100 km/h, auf der Autobahn 130 km/h, mit Anhänger außerorts überall 80 km/h. **Wohnmobile** ab 3,5 Tonnen dürfen auf Land- und Schnellstraßen 80 km/h und auf Autobahnen 90 km/h fahren.

Auch tagsüber besteht die Pflicht, stets mit **Licht** zu fahren. Es besteht **Gurtpflicht**. Kinder unter 12 Jahren müssen hinten sitzen, Kinder bis 5 Jahre brauchen einen Kindersitz, danach reicht ein Sitzkissen. Beim **Überholen** muss während des gesamten Vorgangs geblinkt werden. Eine **Unfallweste** an Bord des PKW ist in Österreich und auch in Kroatien Pflicht. **Haltende Schulbusse** dürfen nicht passiert werden. Das **Telefonieren mit dem Handy** beim Fahren ist verboten.

Verhaltensregeln

Kroaten wirken nach außen etwas rau im Umgang und halten sich nicht mit umständlichen Höflichkeitsfloskeln auf, sind aber grundsätzlich herzlich und gastfreundlich. ›Danke‹, ›Bitte‹ und ›Entschuldigung‹ gehören aber immer dazu. Gefragt wird immer direkt: ›Ich will ...‹ (=hoću), ›Ich möchte ...‹ (=želim), ›Geben Sie mir bitte ...‹ (daijte mi molim), so gut wie nie ›Darf ich ...‹ (smiemli?) oder ›Ich hätte gern ...‹ (želio bih rado). Kroaten werden dann umständlich, wenn der Stolz droht, verletzt zu werden, denn das kann heftige Reaktionen hervorrufen. Es gilt: Direktes Ansprechen von Problemen immer im Scherz und lächelnd oder mit ein bisschen Ironie oder über einen Umweg.

Begrüßen und Verabschieden: wie im deutschsprachigen Raum: Beim Betreten eines geschlossenen Raumes oder bei unverbindlichen Begegnungen reicht ein kräftiges ›Dobar dan‹, bei Jüngeren ›Bog‹. Ansonsten gibt man sich gern bei jeder Gelegenheit fest die Hand: beim Vorstellen, Begrüßen und beim Verabschieden. Kennt man sich besser, ist auch dreifaches Küsschen beliebt, allerdings weniger unter Männern. Umarmt wird auch unter Männern eher selten, Schulterklopfen dagegen schon eher mal.

Kirchen oder andere öffentliche Gebäude dürfen Frauen nur mit bedeckten Schultern betreten, und Hosen und Kleider müssen über die Knie reichen. Meist wird insbesondere vor Kirchen darauf gesondert darauf hingewiesen.

Einladungen zu einem Schnäpschen oder einer Weinprobe sind überwiegend freundlich gemeint, kann man gern annehmen, aber auch ein ›Nein‹ ist kein Problem. Sagen Sie dann, Sie hätten keine Zeit. Die Gesellschaft ist sehr kommunikativ. Fragen zu stellen, ist kein Problem, erzählen Sie von Ihrem Leben. Wenn man sich ein paar Tage kennt, kann es sogar passieren, dass Sie nach ihrem Gehalt gefragt werden, das ist für Kroaten nichts Ungewöhnliches.

Manchmal hofft der Einladende auf einen Verkauf, aber auch wenn man nichts kauft, gibt es selten beleidigte Gesichter oder massive Versuche zur Umstimmung. Eine gute Entschuldigung für eine Ablehnung ist, gesundheitliche Probleme anzugeben, wenn es um etwas zu trinken oder zu essen geht.

Währung

Offizielle Landeswährung ist die **Kuna.** Es lohnt sich, eine kleinere Menge von Deutschland mitzunehmen und ansonsten im Land zu tauschen. Beim Geldtausch in Wechselstuben können die Gebühren unterschiedlich ausfallen. Vorher fragen lohnt.

Mit der **EC-Maestro-Card** kann man inzwischen in den meisten Geschäften und allen Tankstellen (PIN nicht vergessen) zahlen, ebenso mit deutschen Kreditkarten.

Bargeldabhebungen sind an den meisten Bankautomaten (allerdings zu unterschiedlichen Gebühren) mit der deutschen EC-Maestro-Card oder der Kreditkarte möglich.

Zeitzonen

In Kroatien gilt ebenso wie in Deutschland die Mitteleuropäische Zeit (MEZ) und im Sommer die Mitteleuropäische Sommerzeit (MESZ), dabei wird die Uhr eine Stunde vorgestellt. Sie beginnt am letzten Sonntag im März und endet am letzten Sonntag im September.

Zoll

Für die Einfuhr nach Kroatien gilt: Frei ist, was zum persönlichen Gebrauch zählt, wie Radio, CD-Player, TV, Computer und Haushaltsgeräte, die einen Wert von 1000 Kuna nicht überschreiten. Geld darf inzwischen in unbegrenzten Mengen ein- und ausgeführt werden (siehe www.carina.hr.).

In die EU dürfen 1 Liter Spirituosen mit einem Alkoholgehalt von mehr als 22% vol. oder unvergällter Ethylalkohol mit einem Alkoholgehalt von 80% vol. und mehr oder 2 Liter Alkohol und alkoholische Getränke mit einem Alkoholgehalt von 22% vol. oder eine anteilige Zusammenstellung dieser Waren, außerdem 4 Liter nicht schäumende Weine und 16 Liter Bier eingeführt werden (Infos: www.zoll.de).

Glossar

Apsis Altarnische am Ende des Chorraums.

Baptisterium Eigener Raum in der Kirche oder sogar eigenes Gebäude, in dem das Taufbecken stand, meist neben dem Chorraum. Im Mittelalter durften Ungetaufte die Kirche nicht betreten.

Bogomilen Religiöse Gemeinschaft, die auf dem südlichen Balkan vor allem in Bosnien ihr Zentrum hatte. Sie sind letzte Überlieferer eines gnostischen, stark dualistischen Glaubens. Darin spielen Gegensätze wie Gut und Böse, Himmel und Erde und Geist und Fleisch eine große Rolle.

Cippus Eigentlich ein Fachterminus für etruskische Grabsteine. Wegen ihrer verschiedenen pfahlartigen, zylindrischen oder kugeligen Form auch auf in Dalmatien gefundene Grabstelen angewandt.

Ciborium Ein auf meist vier Säulen ruhender Baldachin über dem Altar, von ihm herab hing ein Gefäß mit geweihtem Brot, an den Seiten waren Vorhänge befestigt.

Doline Trichter im Kalkstein, der durch Ausschwemmung oder Einbruch eines Hohlraumes entsteht.

Eparchie Verwaltungsbezirk eines orthodoxen Bischofs.

Flechtwerkornamentik In Stein gearbeitete Verzierungsform aus vorromanischer Zeit. In Form eines Reliefs entsteht der Eindruck zweier oder mehrerer geflochtener Bänder, meist auf Steinstürzen oder auch Kapitellen. Die Flechtwerkornamentik ist ein nationales Symbol, weil die Kroaten annehmen, diese Art der Verzierung sei ein in ihrem Land entwickelter Stil, was aber in der Wissenschaft inzwischen bezweifelt wird. Die Flechtwerkornamentik findet aber in Kroatien die ausgeprägteste Verwendung.

Guardian (lat.: Wächter), Leiter eines Franziskaner- oder Kapuzinerklosters entspricht dem Abt, Stellvertreter ist der ›Vikar‹.

Ikonostase In der orthodoxen Kirche Wand mit Ikonen, die den Altarraum vom Gebetsraum der Gläubigen als das Allerheiligste abgrenzt.

Flechtwerkornamentik

Lünette

Koncha/Konche (griech: Muschelschale) Halbkugel der Apsis bei vorromanischen Kirchen, meist drei- oder fünfkonchig.

Inkunabel Wiegendrucke, die bis zum Jahr 1500 nach dem Verfahren von Johannes Gutenberg hergestellt wurden, heute sind etwa 30 000 Buchtitel bekannt.

Konoba Keller.

Krypta Unter dem Chor befindlicher Raum als Grabstätte oder Aufbewahrungsort für Reliquien.

Lapidarium Außen angebrachte Sammlung beziehungsweise Ausstellung von Steindenkmälern aller Art.

Lünette (frz.: kleiner Mond) In der Architektur der Halbkreis über einer Tür oder einem Fenster.

Megalitische Funde Funde aus der Jungstein- oder Bronzezeit, die aus großen unbehauenen Steinblöcken bestehen.

Neolithikum Jungsteinzeit.

Paläolithikum Altsteinzeit.

Peristyl (griech.) Von Säulen umgebener Hof, römisch Atrium.

Polyptichon Altar mit mehr als zwei Flügeln, auch für Altar mit mehreren Feldern (Heiligendarstellungen) gebraucht.

Sakristei Vom Chor einer Kirche abgehender Raum, der als Umkleideraum für Priester und zur Aufbewahrung von Kultgegenständen dient.

Serenissima (ital.: durchlauchtigst) Synonym für Venedig, dessen Doge und seine Räte so bezeichnet wurden.

Stećci Grabsteine der Bogumilen, die erstmals im 12. Jahrhundert vor allem in Bosnien auftauchten. Sie haben keine Inschriften, sondern Symbole, die wie Strichzeichnungen wirken.

Trockenmauern Mauern, deren Steine nicht mit Wasser und Mörtel verbunden, sondern ›trocken‹ aufeinandergeschichtet sind.

Vierung Der Punkt, an dem sich in Kirchen Lang- und Querhaus kreuzen.

Villa rustica Römisches Landgut.

Literaturhinweise

Reisepraktische Literatur

Küstenhandbuch Kroatien. Delius Klasing.

Sportbootkarten, Satz 7, Adria 1. Delius Klasing. Kartensatz für Nautiker.

Schönfelder, Peter und Ingrid: Was blüht am Mittelmeer? Kosmos.

Pröttel, Michael: Wandern mit Kindern in Kroatien. Bruckmann.

Sachbuch/Geschichte

Steindorf, Ludwig: Kroatien. Verlag Pustet. Gut geschriebener Überblick über die kroatische Geschichte.

Matuz, Josef: Das Osmanische Reich. Primus.

Hösch, Edgar: Geschichte des Balkans. C.H. Beck.

Drakulić, Slavenka: Café Paradies oder die Sehnsucht nach Europa. Aufbau.

Drakulić, Slavenka: Wie wir den Kommunismus überstanden. Aufbau.

Anthologien

Strutz, Johann (Hg.): Dalmatien erlesen. Wieser.

Artl, Inge (Hg.): Dubrovnik erlesen. Wieser.

Swartz, Eichard: Der Andere nebenan. S. Fischer.

Popović, Nenad (Hg.): Kein Gott in Susedgrad. Schöffling.

Bremer, Alida/Hinzmann, Silvija/Schruf, Dagmar (Hg.): Südliche Luft. 20 Liebeserklärungen an Kroatien. List Taschenbuchverlag.

Fabula Rasa oder: Zagreb liegt am Meer. Die kroatische Literatur der letzten 25 Jahre. die horen.

Romane und Lyrik

Andrić, Ivo: Die Brücke über die Drina. SZ-Bibliothek, Band 69.

Krleža, Miroslav: Zadars Gold und Silber. Wieser.

Krleža, Miroslav: Die Rückkehr des Phillip Latinovicz. Wieser.

Bodrožić, Marica: Tito ist tot. Suhrkamp.

Bodrožić, Marica: Der Spieler der inneren Stunde. Suhrkamp.

Marinić, Jagoda: Russische Bücher. Suhrkamp.

Jergović, Miljenko: Buick Riera, Schöffling.

Jergović, Miljenko: Freelander. Schöffling.

Popović, Edo: Ausfahrt Zagreb Ost. Voland & Quist (mit Hör-CD).

Popović, Edo: Die Spieler. Voland & Quist.

Simić, Roman: In was wir uns verlieben. Voland & Quist (mit Hör-CD).

Škunca, Andriana/Jacob, Matthias (Übers.): Lichtschrift von Novalja. Daedalus.

Dalmatien im Internet

www.htz.hr, www.croatia.hr Offizielle Seite der Touristićki zajednica, der Tourismuszentrale in Kroatien (dt.).

www.dalmacija.net Reiseportal mit vielen Unterkunftsangeboten (engl.).

www.privaturlaub-kroatien.de Unterkünfte aller Art, privater Anbieter.

http://reisejournal.start.de Online-Reiseführer.

www.faszination-kroatien.de Privatseite mit Links und Forum.

www.kroatien-links.de Umfangreiche Linksammlung.

www.adriatica.net Online-Buchungen (engl.).

http://info-kroatien.de Private Kroatienseite.

www.crodict.com Deutsch-kroatisches Wörterbuch.

Anhang

Für Nautiker

www.jadroagent.hr Hafendienstleister.
www.skippertipps.de Auch für Sloweni-
en und Montenegro (dt.)
www.aci-club.hr Seite des Adriatic Croatic Int. (ACI), Infos zu den Marinas in
Dalmatien (dt.).
www.taucher.net Infos, Taucherberich-
te.

Gastronomie

www.gastronaut.hr Viele Restaurantkri-
tiken und -tipps, leider nur auf kroatisch.

Über den Autor

Matthias Koeffler, geb. 1964, hat evan-
gelische Theologie studiert und eine
Buchhändlerlehre absolviert, war Pres-
sesprecher, hat lange als freier Journalist
unter anderem für große Tageszeitungen
geschrieben und ist derzeit Redakteur
beim Branchenmagazin ›BuchMarkt‹. Er
lebt zusammen mit seiner kroatischen
Ehefrau in Krefeld.

Matthias Koeffler

Danksagung

Zuerst danke ich Marija Koeffler, die mir
zusammen mit ihrer Familie täglich Einblick in die kroatische Seele gewährt,
viele praktische Informationen, auch vor
Ort, zusammengesammelt und mir den
Rücken freigehalten hat. Außerdem
Dank an Matthias Jacob, Slavistikdozent
an der Universität Tübingen, für seine
unermüdliche Hilfe bei der Recherche
und beim Übersetzen; von ihm stammen auch einige Textteile. Ferner danke
ich Bürgermeistern, vielen Pfarrern und
lokalen Touristenbüros, die durch lange
Interviews zahlreiche neue Quellen eröffnet haben, hervorzuheben sind: Bürgermeister Andreja Bukša, Pag; Touristenbüro Zadar; Josip Predovan, Lehrer
und Fotograf in Benkovac und Zadar;
Olga Kromja, die in Šibenik jeden kennt;
Familie Koscak in Hilden und Tisno; Dubravka Polić, Leiterin des Touristenbüros
in Kaštel; Slavica Caktaš von der TZ Klis;
Goran Nikšić, Autor und Leiter des Touristenbüros in Split; Denkmalschutzamt
in Split; Tonči Lalić, Leiter des Tourismus-
büros in Makarska; Frau Matusko vom
gleichnamigen Weingut auf Pelješac; der
Leiterin des Touristenbüros in Korčula;
Neda Farac, Stadtführerin in Korčula;
Marinko Petrič, Historiker und Autor auf
der Insel Hvar; Leiterin des Tourismus-
büros in Hvar; Alida Bremer für zahlreiche Kontakte und nicht zuletzt Anjalena
Galić und Christiane Jacob.

Ortsregister

Personen- und Sachregister

Bildnachweis

Alle Bilder von Matthias Koeffler, außer:

Christian Nowak, transit Bildarchiv:
S. 106, 109, 265
Josip Predovan: S. 111, 113, 115, 116, 138, 140
Bernd Schwenkros: S. 157
Turistička zajednica Croatia, Ivo Pervan: S. 156
Turistička zajednica Knin: S. 145
Turistička zajednica Makarska: S. 246

Titelbild: Blick auf Dubrovnik
S. 14/15: Am Hafen von Trogir
S. 64/65: Blick auf Zadar
S. 124/125: Blick auf Šibenik von der Festung Sv. Ana
S. 164/165: Blick auf Split
S. 252/253: Stadtmauer und Altstadt von Dubrovnik
Klappe vorn: Römischer Palast in Polače, Insel Mljet
Klappe hinten: Hafen von Supetar, Insel Brač

ANZEIGE

Kreuzfahrten Dalmatien & Montenegro

mit komfortabler Yacht für max. 25 Personen, alle Kabinen mit eigener Dusche/WC/AC

* Abwechslungsreiche Routen, interessante Ausflüge & Baden vom Schiff od. Ufer aus

* 15tägige Kreuzfahrten inkl. Flug, Vollpension, deutscher Reiseleitung, Termine zwischen Mai und Oktober

Studienfahrten Prof. Kutscher GmbH
Brucknerstr. 54, 77654 Offenburg
Tel: 0781/93 289 10
www.kutscher-neptun.de

Anhang

Kartenlegende

🚢	Autofähre		🍴	Restaurant
🚉	Bahnhof			Ruine/Ausgrabungsstätte
💲	Bank			Synagoge
🍸	Bar		★	Sehenswürdigkeit
⚓	Brunnen			Theater
	Burg/Festung			Tor
🚌	Busbahnhof		ℹ️	Touristeninformation
⛺	Campingplatz			Turm
	Denkmal			
	Dorfkirche			
	Fähre			
✈️	Flughafen			
⚓	Hafen			
	Höhle			Autobahn
H	Hotel			Autobahn im Bau
@	Internetcafé			sonstige Straßen
	Kirche		243	Straßennummern
	Kloster			Eisenbahn
	Leuchtturm		⊖	Grenzübergang
	Moschee			Staatsgrenze
🏛️	Museum			Hauptstadt
✉️	Post		●	Stadt/Ortschaft

Kartenregister